Alexanders Mundwinkel verzogen sich zu einem letzten Lächeln. «Ich sehe gewaltige Leichenspiele voraus.» Er seufzte, dann schlossen sich seine Augen, die in dieser Welt mehr Wunder geschaut hatten als die irgendeines anderen Menschen zuvor.

Und sie sahen nichts mehr.

Robert Fabbri, geboren 1961, lebt in London und Berlin. Er arbeitete nach seinem Studium an der University of London 25 Jahre lang als Regieassistent und war an so unterschiedlichen Filmen beteiligt wie «Die Stunde der Patrioten», «Hellraiser», «Hornblower» und «Billy Elliot – I Will Dance». Aus Leidenschaft für antike Geschichte bemalte er 3500 mazedonische, thrakische, galatische, römische und viele andere Zinnsoldaten – und begann schließlich zu schreiben. Mit seiner epischen historischen Romanserie «Vespasian» über das Leben des römischen Kaisers wurde Robert Fabbri Bestsellerautor.

Mehr zum Autor und zu seinen Büchern:
www.robertfabbri.com

Anja Schünemann studierte Literaturwissenschaft und Anglistik in Wuppertal. Seit 2000 arbeitet sie als freiberufliche Übersetzerin der verschiedensten Genres und hat seitdem große Romanprojekte und Serien von namhaften Autorinnen und Autoren wie Philippa Gregory, David Gilman sowie Robert Fabbri aus dem Englischen ins Deutsche übertragen. Historische Romane sind eines ihrer Spezialgebiete: Von der Antike bis zum Mittelalter, in die frühe Neuzeit sowie bis ins 20. Jahrhundert verfügt sie über einen reichen Wissensschatz, der ihre Übersetzungen zu einem gelungenen Leseerlebnis macht.

ROBERT FABBRI

Alexanders Erbe

DIE MACHT DEM STÄRKSTEN

Historischer Roman

Aus dem Englischen von
Anja Schünemann

ROWOHLT TASCHENBUCH VERLAG

Die Originalausgabe erschien 2020 unter dem Titel
«Alexander's Legacy: To the Strongest» bei
Corvus/Atlantic Books Ltd., London.

Deutsche Erstausgabe
Veröffentlicht im Rowohlt Taschenbuch Verlag,
Hamburg, Dezember 2021
Copyright © 2021 by Rowohlt Verlag GmbH, Hamburg
«Alexander's Legacy: To the Strongest»
Copyright © 2020 by Robert Fabbri
Redaktion Tobias Schumacher-Hernández
Karte und Illustration Anja Müller
Covergestaltung Hauptmann & Kompanie Werbeagentur, Zürich,
nach der Originalausgabe von Atlantic Books Ltd.
Coverabbildung Larry Rostant
Satz aus der Kepler Std.
bei hanseatenSatz-bremen, Bremen
Druck und Bindung GGP Media GmbH,
Pößneck, Germany
ISBN 978-3-499-00608-1

Die Rowohlt Verlage haben sich zu einer nachhaltigen Buchproduktion verpflichtet. Gemeinsam mit unseren Partnern und Lieferanten setzen wir uns für eine klimaneutrale Buchproduktion ein, die den Erwerb von Klimazertifikaten zur Kompensation des CO_2-Ausstoßes einschließt.
www.klimaneutralerverlag.de

*Für meinen Agenten Ian Drury,
mit dem ich eine Leidenschaft für
diese historische Epoche teile.*

SELEUKOS
DER ELEFANTENBULLE

ROXANE
DIE WILDKATZE

PHILON
DER HEIMATLOSE

ANTIPATROS
DER REGENT

PTOLEMAIOS
DER BASTARD

KRATEROS
DER FELDHERR

ANTIGONOS
DER EINÄUGIGE

OLYMPIAS
DIE MUTTER

EUMENES
DER LISTIGE

ADEA
DIE KRIEGERIN

PERDIKKAS
DER
HALBERWÄHLTE

PROLOG

Babylon, Sommer 323 v. Chr.

Dem Stärksten.«

Der große Ring von Makedonien verschwamm in Alexanders sich trübender Sicht; seine Hand zitterte von der Anstrengung, ihn hochzuhalten und dabei zu sprechen. Dieser Ring mit der sechzehnstrahligen Sonne repräsentierte die Macht über das größte Reich, das in der bekannten Welt jemals erobert worden war – ein Reich, das er so früh, zu früh vererben musste. Denn er, Alexander, der dritte König von Makedonien, der diesen Namen trug, hatte nun die endgültige Gewissheit: Er lag im Sterben.

In ihm brodelte Wut auf die launischen Götter, die so vieles gewährten, jedoch einen solch hohen Preis forderten. Sterben zu müssen, obwohl sein Ehrgeiz erst zur Hälfte befriedigt war – diese Ungerechtigkeit vergällte ihm seine Errungenschaften und machte den Geschmack des Todes, der in seiner Kehle aufstieg, umso bitterer. Bislang hatte er lediglich den Osten unter seine Herrschaft gebracht; der Westen hätte erst noch Zeuge seiner Ruhmestaten werden sollen. Und doch – war er nicht gewarnt worden? Hatte nicht der Gott Amun ihn ermahnt, nicht der Hybris zu verfallen, als er vor bald zehn Jahren das Orakel der Gottheit in der Oase Siwa weit draußen in der ägyptischen Wüste befragt hatte? War dies nun seine Strafe dafür, dass er den Rat Amuns missachtet und mehr gewagt hatte als je ein Sterblicher vor ihm? Hätte er noch die Kraft aufgebracht, dann hätte Alexander geweint, um sich selbst und um den Ruhm, der ihm nun durch die Finger glitt.

Er hinterließ keinen natürlichen Erben, wem also würde er erlauben, seine Nachfolge anzutreten? Wem würde er die Gelegenheit geben, in die Höhen aufzusteigen, die er bereits erreicht hatte? Die Liebe seines Lebens, Hephaistion, der einzige Mensch, den er als Gleichgestellten behandelt hatte, sowohl auf dem Schlachtfeld als auch im gemeinsamen Bett, war ihm vor weniger als einem Jahr entrissen worden; nur Hephaistion, der schöne und stolze Hephaistion, wäre würdig gewesen, weiter zu vergrößern, was er, Alexander, bislang erschaffen hatte. Doch Hephaistion war nicht mehr.

Alexander hielt den Ring dem Mann hin, der am nächsten bei ihm stand, rechts von seinem Bett. Er war der ranghöchste seiner sieben Leibwächter, die ihn umringten, begierig zu erfahren, wie er in diesen seinen letzten Augenblicken entscheiden würde. Alle standen reglos lauschend in dem Gemach mit Gewölbedecke, das mit glasierten Fliesen in Tiefblau, Karminrot und Gold dekoriert war, im großen Palast des Nebukadnezar im Herzen Babylons. Hier in der Düsternis, im schwachen Schein weniger Öllampen – denn durch die hohen Fenster drang kaum Licht vom bedeckten frühabendlichen Himmel herein –, warteten sie darauf, ihr Schicksal zu erfahren.

Perdikkas, der Befehlshaber der Hetairenreiterei, der zum Chiliarchen aufgestiegen war, bislang dem makedonischen Königshaus der Argeaden treu, jedoch von persönlichem

Ehrgeiz erfüllt und skrupellos, nahm das Symbol der höchsten Macht vom Zeigefinger seines Königs. Zum zweiten Mal stellte er hörbar angespannt die Frage: «Wem von uns hinterlässt du deinen Ring, Alexander?» Er schaute rasch in die Runde, dann richtete er den Blick wieder auf seinen sterbenden König und fügte hinzu: «Mir?»

Alexander machte keine Anstalten zu antworten. Er betrachtete das Halbrund der Männer, die ihm am nächsten standen, allesamt herausragende Feldherren mit der Fähigkeit, eigenständig zu handeln, und alle von der menschlichen Begierde nach Macht erfüllt: Leonnatos, hochgewachsen und eitel, trug sein langes, blondes Haar genau wie sein König, äffte dessen Äußeres nach, jedoch war er ihm so treu ergeben, dass er ihn mit seinem eigenen Körper gedeckt hatte, als Alexander im fernen Indien verwundet worden war. Peukestas neben ihm begann sich in seiner Kleidung bereits den einheimischen Sitten anzupassen – er hatte auch als Einziger unter den Leibwächtern Persisch gelernt. Lysimachos, der Kühnste von allen, zeichnete sich durch eine Tapferkeit aus, mit der er nicht selten seine eigenen Kameraden in Gefahr brachte. Peithon, mürrisch, aber unerschütterlich, führte selbst die grausamsten Befehle aus, ohne sie zu hinterfragen, wo andere sich gescheut hätten. Dann waren da noch die beiden Älteren: Aristonous, einst der Leibwächter von Alexanders Vater Philipp, dem Zweiten dieses Namens; der einzige Überlebende des alten Regimes, aus dessen Rat die Weisheit eines erfahrenen alten Kriegers sprach. Und schließlich Ptolemaios – was war von Ptolemaios zu halten, dessen Aussehen darauf hindeutete, dass er ein Bastard war, ein unehelicher Halbbruder? Einerseits milde und nachsichtig, andererseits jedoch zu skrupellosem und geschicktem politischem Handeln fähig, wenn jemand diese Seite seines Wesens ausnutzte. Auf militärischem Gebiet weniger fähig als die anderen, würde er politisch auf lange Sicht wohl am erfolgreichsten sein.

Als Perdikkas die Frage ein drittes Mal stellte, richtete Alexander den Blick an den sieben vorbei auf die Männer dahinter, Männer, die ihn auf seinem zehnjährigen Eroberungszug begleitet, die Gefahren und Triumphe mit ihm geteilt hatten. Nun standen sie schweigend in den Schatten und lauschten angespannt auf seine Antwort. Sein matter Blick glitt über das runde Dutzend vertrauter Gesichter, bis er an Kassandros hängenblieb, der neben seinem jüngeren Halbbruder Iolaos stand. Alexander glaubte in seinen Augen Triumph zu erkennen. Seine Krankheit hatte begonnen, einen Tag nachdem Kassandros als Bote seines Vaters Antipatros aus Makedonien eingetroffen war. Hatte Antipatros, der Mann, der in den vergangenen zehn Jahren als Regent im Mutterland geherrscht hatte, seinen ältesten Sohn mit Gift, der Waffe der Frauen, zu seiner Ermordung ausgesandt, statt selbst Alexanders Ruf zu folgen? Iolaos als sein Mundschenk hätte ihm das Gift leicht zuführen können. Alexander verfluchte Kassandros im Stillen – er hatte den rotblonden, pockennarbigen Musterknaben schon immer verabscheut, und dieser erwiderte die Abneigung, erst recht, da er die Schmach empfand, all die Jahre übergangen worden zu sein. Alexanders Gedanken kehrten zu Antipatros zurück, hundert Tagesreisen entfernt in Pella, der Hauptstadt von Makedonien, und zu dessen andauernder Fehde mit seiner, Alexanders, Mutter Olympias, die in ihrer Heimat Molossien im Königreich Epirus brütete und Ränke schmiedete. Wie würde das ausgehen, wenn er nicht mehr da war und die beiden gegeneinander ausspielte? Wer würde wen töten?

Doch dann erblickte Alexander am hinteren Ende des Sterbegemachs, halb hinter einer Säule verborgen, eine Frau, eine schwangere Frau: seine baktrische Ehefrau Roxane, die drei Monate vor der Niederkunft stand. Welche Aussichten hätte ein Kind aus zwei Welten? Nicht viele teilten seinen Traum, die Völker des Ostens und des Westens zu einen; nur wenige Makedonen würden sich hinter ein Neugeborenes stellen, dessen Mutter eine asiatische Wildkatze war.

Alexander schloss die Augen in der Gewissheit, dass auf sein Dahinscheiden Unruhen und Kämpfe folgen würden, sowohl in Makedonien als auch hier in Babylon und dann überall in den unterworfenen griechischen Stadtstaaten sowie unter denjenigen seiner Satrapen, die sich in dem riesigen von ihm geschaffenen Reich Herrschaftsgebiete zu eigen gemacht hatten; Männern wie Antigonos dem Einäugigen, dem Satrapen von Phrygien, und Menandros, dem Satrapen von Lydien, dem letzten von Philipps Generälen.

Dann war da noch Harpalos, sein Schatzmeister, dem er bereits einmal seine Untreue verziehen und der sich, um sich Alexanders Zorn nicht ein zweites Mal stellen zu müssen, mit achthundert Talenten in Gold und Silber abgesetzt hatte, genug, um eine gewaltige Streitmacht aufzustellen oder den Rest seiner Tage im Überfluss zu leben – welches von beidem würde er wählen?

Und was würde Krateros tun? Krateros, der Liebling der Armee, als Feldherr einzig von Alexander selbst übertroffen? Gerade befand er sich irgendwo zwischen Babylon und Makedonien, mit zehntausend Veteranen auf dem Weg in die Heimat. Würde er finden, er hätte zu Alexanders Nachfolger ernannt werden sollen? Doch Alexander, der nun seine Kräfte schwinden fühlte, hatte seine Entscheidung getroffen, und als Perdikkas die Frage erneut stellte, schüttelte er den Kopf – weshalb sollte er verschenken, was er errungen hatte? Weshalb sollte er einem anderen die Gelegenheit verschaffen, sich mit ihm auf eine Stufe zu stellen oder ihn gar noch zu übertreffen? Weshalb sollte er nicht für alle Zeiten der Einzige sein, den man unter dem Beinamen «der Große» kannte? Nein, er würde es nicht tun; er würde den Stärksten nicht benennen; er würde ihnen keine Hilfestellung geben.

Sollten sie es unter sich ausmachen.

Zum letzten Mal schlug er die Augen auf, blickte zur Decke empor, und sein Atem wurde schwächer.

Alle sieben, die um das Bett herumstanden, beugten sich vor, jeder in der Hoffnung, seinen Namen zu hören.

Alexanders Mundwinkel verzogen sich zu einem letzten Lächeln. «Ich sehe gewaltige Leichenspiele voraus.» Er seufzte, dann schlossen sich seine Augen, die in dieser Welt mehr Wunder geschaut hatten als die irgendeines anderen Menschen zuvor.

Und sie sahen nichts mehr.

PERDIKKAS
DER HALBERWÄHLTE

Der Ring lag schwer in seiner Hand, als Perdikkas die Finger darum schloss; es war nicht das Gewicht des Goldes, aus dem er geschmiedet war, sondern das der Macht, die in ihm lag. Perdikkas schaute auf Alexanders regloses Gesicht hinunter, im Tode ebenso schön wie im Leben, und er fühlte, wie seine Welt ins Wanken geriet, sodass er sich mit der freien Hand am Kopfteil des Bettes festhalten musste. In das alte Eichenholz waren lebendig wirkende Tiergestalten geschnitzt.

Er atmete tief durch, dann richtete er den Blick auf seine Gefährten, die anderen sechs Leibwächter, die auf Leben und Tod auf den nunmehr verstorbenen König eingeschworen waren. Ihre Mienen zeugten von der Bedeutungsschwere des Augenblicks: Leonnatos und Peukestas liefen die Tränen, und ihre Brust bebte von Schluchzern. Ptolemaios' Gesicht war erstarrt, die Augen geschlossen, als sei er tief in Gedanken versunken. Lysimachos spannte immer wieder die Kiefermuskeln an und ballte die Fäuste so fest, dass seine Fingerknöchel weiß wurden. Aristonous rang nach Atem, dann vergaß er seine Würde, sank in die Hocke und stützte sich mit einer

Hand am Boden ab. Peithon starrte Alexander mit großen, ausdruckslosen Augen an.

Perdikkas öffnete seine Hand und schaute auf den Ring hinunter. Dies war sein Moment – sollte er es wagen, ihn für sich zu beanspruchen? Immerhin hatte Alexander ihn dazu erwählt, den Ring zu empfangen.

Und er hat klug gewählt, denn von allen hier in diesem Raum bin ich seiner am meisten würdig, ich bin sein wahrer Erbe.

Er nahm den Ring zwischen Daumen und Zeigefinger und betrachtete ihn eingehend: so klein, so mächtig. *Kann ich ihn beanspruchen? Würden die anderen es zulassen?* Die Antwort kam schnell, unliebsam und wenig überraschend. In der zweiten Gruppe abseits des Bettes stand sein jüngerer Bruder Alketas zwischen Eumenes, dem listigen kleinen griechischen Sekretär, und dem ergrauten Veteranen Meleagros. Alketas fing seinen Blick auf und schüttelte langsam den Kopf; er hatte Perdikkas' Gedanken gelesen. Überhaupt hatten alle im Raum seine Gedanken gelesen, denn nun ruhten alle Blicke auf ihm.

«Er hat ihn mir gegeben», betonte Perdikkas, und aus seiner Stimme klang die Autorität des Symbols, das er vor sich hielt. «Er hat mich erwählt.»

Aristonous richtete sich auf und erwiderte mit matter Stimme: «Aber er hat dich nicht benannt, Perdikkas, auch wenn ich wünschte, er hätte es getan.»

«Dennoch halte ich den Ring in Händen.»

Ptolemaios deutete ein verwirrtes Lächeln an und zuckte die Schultern. «Es ist wahrhaftig ein Jammer, aber er hat dich halb erwählt, und ein halberwählter König ist nur ein halber König. Wo ist die andere Hälfte?»

«Ob er jemanden erwählt hat oder nicht», dröhnte eine Stimme, rau vom Kommandieren auf dem Schlachtfeld, «die

Heeresversammlung entscheidet darüber, wer König von Makedonien wird. So ist es von jeher gewesen.» Meleagros trat vor, eine Hand am Griff seines Schwertes. Ein grauer Vollbart dominierte sein wettergegerbtes Gesicht. «Freie Makedonen haben zu bestimmen, wer auf dem makedonischen Thron sitzt, und freie Makedonen haben das Recht, den Leichnam des toten Königs zu sehen.»

Zwei dunkle Augen starrten Perdikkas an, forderten ihn heraus, sich den alten Sitten zu widersetzen; Augen, die voller Groll waren, das wusste Perdikkas nur zu gut, denn Meleagros war fast doppelt so alt wie er und doch nicht über den Rang eines Infanteriekommandeurs hinausgekommen – Alexander hatte ihn nie in höhere Ämter erhoben. Doch dass er nicht weiter aufstieg, war nicht mangelnder Fähigkeit geschuldet, sondern gerade seinen Qualitäten als Führer einer Phalanx. Es bedurfte großen Geschicks, die sechzehn Mann breite und tiefe makedonische Phalanx zu befehligen; noch größeren Sachverstand erforderte es, vierzig dieser zweihundertsechsundfünfzig Mann starken Einheiten, *Syntagmata* genannt, im Verbund zu befehligen, und Meleagros war der beste Mann für diese Aufgabe – *möglicherweise mit Ausnahme von Antigonos dem Einäugigen*, räumte Perdikkas ein. Stets das richtige Tempo zu halten, während die Einheit in wechselndem Gelände manövrierte, sodass jeder Mann mit seiner sechzehn Fuß langen *Sarissa*, der Lanze, seinen Platz in der Formation behielt, das konnte man nicht in einer Feldzugsaison erlernen. Die Stärke der Phalanx bestand in ihrer Fähigkeit, auf jeden Mann in der Frontreihe fünf Lanzen zum Einsatz zu bringen. Armeen waren daran zerbrochen, seit Alexanders Vater diese Formation eingeführt hatte, aber nur weil Männer wie Meleagros es verstanden, die Reihen geordnet zu halten. Nur so konnten die fünf vordersten Reihen ihre Waffen einsetzen, während die hinteren Reihen die ihren dazu nutzten, Wurfgeschosse abzulenken, die von oben auf sie niedergingen. Meleagros sorgte für die Sicherheit seiner Männer, und sie liebten ihn dafür, und sie waren zahlreich. Meleagros durfte man nicht unterschätzen.

Perdikkas wusste, dass er geschlagen war, wenigstens vorerst; um sein Streben zu verwirklichen, brauchte er die Armee auf seiner Seite, sowohl die Infanterie als auch die Kavallerie, und Meleagros vertrat die Infanterie. *Götter, wie ich die Infanterie hasse, und ich hasse diesen Hurensohn dafür, dass er mir im Wege steht – einstweilen.* Er lächelte. «Du hast natürlich recht, Meleagros. Wir stehen hier und diskutieren miteinander, was zu tun ist, und dabei vergessen wir unsere Pflicht gegenüber unseren Männern. Wir sollten die Armee versammeln und ihr die Kunde mitteilen. Alexanders Leichnam sollte in den Thronsaal gebracht werden, damit die Männer daran vorbeidefilieren und ihm die letzte Ehre erweisen können. Sind wir uns wenigstens darüber alle einig?» Er schaute sich um und sah keine Anzeichen von Widerspruch. «Gut. Meleagros, rufe du die Infanterie zusammen, ich werde indessen die Kavallerie versammeln. Außerdem werde ich Boten in alle Satrapien entsenden, um die Nachricht zu überbringen. Und lasst uns stets daran denken, dass wir alle Alexanders Brüder sind.» Er schwieg kurz, um seine Worte wirken zu lassen, dann nickte er den anderen zu und ging zur Tür. Er brauchte ein wenig Zeit für sich, um seine Position zu überdenken.

Doch es war ihm nicht vergönnt. Während bei Alexanders Leichnam ein Dutzend Gespräche einsetzten, die in dem hohen Raum widerhallten, fühlte Perdikkas, wie jemand neben ihm in Gleichschritt fiel.

«Du brauchst meine Hilfe», sagte Eumenes, ohne zu ihm aufzublicken, als sie durch die Tür in den zentralen Hauptkorridor des Palastes hinaustraten.

Perdikkas schaute auf den Griechen hinunter, der einen ganzen Kopf kleiner war als er, und fragte sich, weshalb Alexander ihm eigentlich das militärische Kommando übertragen hatte, das frei geworden war, als er, Perdikkas, Hephaistions Nachfolge angetreten hatte. Es hatte erheblichen Unmut verursacht, als Alexander Eumenes zum ersten nicht makedonischen Befehlshaber der Hetairenreiterei ernannt hatte, zum Lohn für seine jahrelangen Dienste als Sekretär Philipps und später, nach dessen Ermordung, als Alexanders eigener Sekretär. «Was könntest *du* denn schon tun?»

«Ich wurde dazu erzogen, höflich zu Leuten zu sein, die Unterstützung anbieten – in Kardia gilt das als gutes Benehmen. Aber ich räume ein, dass wir uns in vielerlei Hinsicht von den Makedonen unterscheiden, beispielsweise haben wir von jeher eine Vorliebe dafür, unsere Schafe zu *essen*.»

«Und wir haben von jeher eine Vorliebe dafür, Griechen zu töten.»

«Nicht so viele, wie von ihren eigenen Landsleuten getötet werden. Aber wie dem auch sei, du brauchst meine Hilfe.»

Perdikkas erwiderte eine Weile lang nichts, während sie nun zügig den Korridor entlanggingen. Er war hoch und breit, vom Alter muffig, und das feuchte Klima Babylons hatte den geometrischen Mustern an den Wänden zugesetzt – die Farben waren verblasst und blätterten ab. «Also gut, du hast mich neugierig gemacht.»

«Eine vorzügliche Verfassung – nur durch Neugier können wir Gewissheit erlangen, denn sie treibt uns dazu, ein Thema von allen Seiten zu betrachten.»

«Ja, ja, das ist bestimmt alles sehr weise, aber ...»

«Aber du bist nur ein stumpfsinniger Soldat und hast keinen Sinn für Weisheit?»

«Weißt du, Eumenes, einer der Gründe, weshalb die Leute dich nicht leiden können, ist ...»

«Dass ich ihnen immerfort ins Wort falle und ihre Sätze beende?»

«Genau!»

«Dabei dachte ich, es läge nur daran, dass ich ein schmieriger Grieche bin. Nun, mir scheint, man lernt mit dem Alter unweigerlich dazu, es sei denn natürlich, man wäre Peithon.» Ein listiges Funkeln trat in seine Augen, und er blickte zu Perdikkas auf. «Oder Arrhidaios.»

Perdikkas machte eine wegwerfende Handbewegung. «Arrhidaios hat in seinen dreißig Jahren nicht mehr gelernt, als sich zu bemühen, nicht aus beiden Mundwinkeln gleichzeitig zu sabbern. Wahrscheinlich weiß er nicht einmal, wer sein Vater ist.»

«*Er* mag nicht wissen, dass er Philipps Sohn ist, aber wir alle wissen es. Und die Armee ebenfalls.»

Perdikkas blieb stehen und wandte sich dem Griechen zu. «Was soll das heißen?»

«Siehst du, ich sagte doch, du brauchst meine Hilfe. Du hast es selbst ausgesprochen: Er ist Philipps Sohn. Somit ist er Alexanders Halbbruder und als solcher sein legitimer Erbe.»

«Aber er ist geistesschwach.»

«Und? Die einzigen anderen direkten Erben sind Herakles, Barsines vierjähriger Bastard, und was immer die asiatische Hure Roxane im Bauch trägt. Nun, Perdikkas, hinter wen wird sich die Armee stellen, wenn sie zwischen diesen dreien wählen muss?»

Perdikkas knurrte und wandte sich ab. «Niemand würde sich für einen Schwachkopf entscheiden.»

«Wenn du das glaubst, schließt du zugleich dich selbst aus.»

«Schere dich fort, du griechischer Schwächling, und lass mich in Ruhe. Du kannst dich nützlich machen, indem du deine Kavallerie versammelst.»

Doch während Perdikkas davonging, war er sicher, Eumenes murmeln zu hören: «Du brauchst meine Hilfe wirklich dringend, und du wirst sie bekommen, ob es dir passt oder nicht.»

ANTIGONOS
DER EINÄUGIGE

Götter, wie ich die Kavallerie hasse. Antigonos, der makedonische Statthalter von Phrygien, murmelte eine Reihe Kraftausdrücke vor sich hin, während er zusah, wie die lanzenbewehrte, schildlose schwere Reiterei auf seinem linken Flügel versuchte, sich im unebenen Gelände zu formieren. Die Reiter waren viel weiter von der linken Flanke seiner Phalanx entfernt, als er es befohlen hatte. Durch diesen Fehler entstand eine so große Lücke, dass seine Peltasten sie nicht würden schließen können, nachdem sie die Plänkler von dem Buschland vertrieben hatten, das die gegenüberliegende Flanke des Feindes schützte. Außerdem wurden so seine mit Wurfspeeren bewaffneten leichten Reiter, thrakische Söldner, zu weit nach außen gedrängt, um schnell auf seine Signale zu reagieren. Dennoch hoffte er, mit einem einzigen gewaltigen Schlag seiner zwölftausendachthundert Mann starken Phalanx das Werk dieses Tages zu vollenden. Schon sein ganzes Erwachsenenleben lang war Antigonos Infanteriekommandeur. Er stand als Anführer selbst mit einer Sarissa bewehrt in vorderster Front, äußerlich nicht von seinen Männern unterscheidbar, während er dem Signalgeber sechs Reihen weiter hinten Kommandos zurief. Mit seinen neunundfünfzig Jahren erfreute er sich noch immer an der Kraft der Kriegsmaschine, die sein alter Freund König Philipp eingeführt hatte. Er kannte auch den Wert der Kavallerie, welche die schwerfälligen Flanken der Phalanx vor feindlicher Reiterei schützte – doch gerade deshalb empfand er solche Abneigung gegen sie, denn diese Leute brüsteten sich immerfort damit, dass die Infanterie ohne sie tot wäre. Ärgerlicherweise entsprach das der Wahrheit.

«Reite dort hinüber», bellte Antigonos einem jungen Untergebenen zu, «und richte meinem Schwachkopf von einem Sohn aus, wenn ich fünfzig Schritt sage, meine ich nicht hundertfünfzig. Ich mag nur ein Auge haben, aber blind bin ich nicht. Und sage ihm, er soll sich beeilen, in einer Stunde wird es dunkel.» Er kratzte sich in seinem grauen Bart, der buschig und lang gewachsen war, dann biss er von der Zwiebel ab, die sein Abendessen darstellte. Trotz seiner Jugend zeigte sein Sohn vielversprechende Ansätze, das musste Antigonos einräumen, auch wenn Demetrios sich – entsprechend seinem Hang zur Großspurigkeit – zur Kavallerie hingezogen fühlte. Antigonos wünschte nur, sein Sohn möge Befehle gewissenhafter befolgen und sich mehr Gedanken um mögliche Folgen machen, wenn er tat, was ihm beliebte. Der Junge brauchte eine Lektion in Disziplin, sinnierte Antigonos, doch dabei kam ihm stets seine Frau Stratonike in die Quere, die ganz vernarrt in ihren Sohn war und alles guthieß, was er tat. Um Demetrios von ihrem Rockzipfel loszureißen, hatte Antigonos den Fünfzehnjährigen auf seinen ersten Feldzug mitgenommen und ihm den Befehl über die Hetairenreiterei übertragen.

Antigonos kaute seine Zwiebel und überblickte von seinem Kommandoposten auf einem Hügel mittig hinter seiner Armee den Rest der Formation. Er schluckte und spülte den

Bissen mit starkem geharztem Wein hinunter. Mit einem lauten Rülpser gab er den Weinschlauch einem bereitstehenden Sklaven, dann atmete er tief die warme Spätnachmittagsluft ein. Er mochte dieses Land mit seinen zerklüfteten Bergen und schnell strömenden Flüssen, den Felsen und dem Gestrüpp. Es war eine unwirtliche Landschaft, die ihn an seine Heimat im makedonischen Hochland erinnerte. Ein Land, das einen Mann wie mit dem Meißel zurechthaute, statt ihn mit sanften Händen zu formen. Doch so gut die Landschaft auch geeignet sein mochte, den Charakter eines Mannes zu bilden, sie gefährdete den reibungslosen Ablauf militärischer Operationen.

Diese Betrachtungen gingen Antigonos im Kopf herum, während er die Armee des Satrapen von Kappadokien überblickte, die ihm gegenüber in Stellung gegangen war. In ihrem Rücken verlief ein hundert Schritt breiter Fluss, von einer steinernen Brücke mit drei Bogen überspannt. Antigonos ließ den Blick über die Reihen der Stammeskrieger in ihren bunten Gewändern wandern, deren Farben in der sinkenden Sonne leuchteten. Sie waren um ein paar tausend Mann regulärer persischer Infanterie gruppiert, die mittig vor der Brücke im Schutz ihrer aufrecht gestellten Langschilde die Sehnen auf ihre Bogen spannten. Die Männer trugen bestickte Hosen, lange Hemdgewänder in leuchtendem Orange und Tiefblau und ein dunkelgelbes Stirnband. Dies war die ursprüngliche Garnisonstruppe der Satrapie, mit deren Hilfe der von Dareios ernannte Ariarathes sich den makedonischen Eroberern zehn Jahre lang erfolgreich widersetzt hatte, seit Alexander nach einem kurzen Vorstoß bis nach Gordion seine Armee über die Küstenroute an Zentralanatolien vorbei gen Süden geführt hatte.

Doch nun hatte Antigonos diesen Kriegsfürsten des Binnenlandes in die Enge getrieben, der immer wieder seine Nachschublinien überfallen und viele seiner Männer überall im Land einen qualvollen Tod auf Pfählen hatte erleiden lassen. Oder wenigstens hatte er seine Armee in die Enge getrieben, denn Antigonos zweifelte nicht daran, dass Ariarathes selbst entkommen würde, wie auch immer die bevorstehende Schlacht ausgehen mochte. Es war eine Schande nach der Anstrengung des Gewaltmarsches von Ankyra über die Königsstraße, das mächtige Bauwerk, das die großen Städte des Perserreiches mit dem Mittelmeer verband. Dank seiner Schnelligkeit hatte er Ariarathes' Armee überrumpelt, während diese gerade versuchte, sich nach ihrem jüngsten Raubzug auf der schmalen Brücke über den Fluss Halys nach Kappadokien zurückzuziehen. In diesem Flaschenhals gefangen, hatte Ariarathes keine andere Wahl gehabt, als zum Gegner herumzuschwenken und sich dem Kampf zu stellen, während er versuchte, möglichst viele seiner Männer aus der prekären Lage in Sicherheit zu bringen. Nur der Sonnenuntergang konnte ihn retten. Antigonos sah zu, wie viele Dutzend der Rebellen über die Brücke strömten, und er zweifelte nicht daran, dass Ariarathes sie als Erster überquert hatte. *Aber heute werde ich ihm die Flügel stutzen, mag er selbst auch überleben.* Er schaute sich nach der sinkenden Sonne um. *Allerdings muss ich es jetzt gleich tun und schnell.* Mit einem raschen Blick nach links stellte er fest, dass Demetrios endlich wie vorgesehen in Stellung war. Zufrieden, dass alles bereit war, stopfte Antigonos sich den Rest der Zwiebel in den Mund, trottete im Laufschritt den Hügel hinunter und marschierte durch die Phalanx zu seiner Position in der vordersten Reihe. Dabei rieb er sich die Hände und kicherte bei der Aussicht auf einen anständigen Kampf.

«Danke, Philotas», sagte er und nahm von einem etwa

gleichaltrigen Mann seine Sarissa entgegen. «Zeit, dass wir möglichst viele dieser Ratten ersäufen», fügte er grinsend hinzu. Er nahm seinen runden Schild, den er am Riemen über der Schulter getragen hatte, und schob seinen linken Arm durch die Schlaufe. So konnte er seine Lanze mit beiden Händen fassen und hatte dennoch einen gewissen Schutz, auch wenn er den Schild nicht so einsetzen konnte wie ein Hoplit sein größeres *Hoplon*. Ohne sich umzuschauen, rief er dem Signalgeber zu: «Phalanx vorwärts, Angriffstempo.»

Drei langgezogene Töne erschollen und wurden überall entlang der gut vier Stadien breiten Front der Phalanx wiederholt. Als das letzte Signal in der Ferne ertönte, holte der erste Hornbläser tief Luft und blies einen langen, schrillen Ton. Fast wie ein Mann machte die Frontreihe einen Schritt nach vorn, gefolgt von der nächsten. Glied um Glied setzte sich in Marsch, sodass die Bewegung durch das Heer lief wie eine Welle; wie Wogen, die ans Ufer branden, strömte Antigonos' Armee dem Feind entgegen.

Antigonos marschierte vorwärts, erfüllt von dem Stolz, den er stets empfand, wenn er im Herzen einer Phalanx vorrückte, die mächtige Lanze aufrecht haltend, sodass er einen möglichst großen Teil seines Körpers mit dem Schild decken konnte, während sie sich dem Feind näherten. *Götter, ich könnte ewig so weitermachen.* Er hatte in der Phalanx gekämpft, seit diese Formation eingeführt worden war, zuerst in Philipps Kriegen gegen den Stadtstaat Byzanz und die thrakischen Stämme, um seine Grenzen nach Osten und Norden abzusichern. Dort hatten die Stammeskrieger sich an dem Wald eiserner Spitzen aufgespießt, die aus der Formation ragten. Nur ganz wenige waren überhaupt nah genug herangekommen, um den Kampf Mann gegen Mann zu beginnen, der ihre Stärke war. Doch ihre eigentliche Bewährungsprobe hatte die neue, tiefere Formation in Griechenland bestanden: Philipp dehnte seine Macht allmählich nach Süden aus, bis die griechischen Städte unter makedonischer Oberherrschaft standen. Vorbei waren die Tage, da Makedonen öffentlich verspottet wurden und als kaum zivilisierte Provinzler von fragwürdigem hellenischem Blut galten – derlei Ansichten äußerte man heute nur noch hinter vorgehaltener Hand. Die schwerere Phalanx hatte die Formationen der Hopliten vernichtet, und die lanzenbewehrte makedonische Kavallerie hatte ihre mit Wurfspeeren bewaffneten Gegner vom Schlachtfeld gefegt. Antigonos hatte jeden Augenblick genossen – nie war er glücklicher als im Herzen einer Schlacht.

Allerdings hatte Alexander ihn zurückgelassen, bald nachdem er nach Asien weitergezogen war und in Gaugamela die Armee geschlagen hatte, die Dareios gegen ihn ins Feld schickte. Doch es war keine unehrenhafte Entlassung gewesen: Alexander hatte Antigonos dazu auserkoren, ihn als Satrap in Phrygien zu vertreten, gerade weil Antigonos solche Freude am Krieg fand. Der junge König hatte es vertrauensvoll ihm überlassen, die Belagerung der phrygischen Hauptstadt Kelainai zum Abschluss zu bringen und dann die Eroberung des anatolischen Binnenlands zu vollenden, während er selbst nach Süden und Osten zog, um sich ein Großreich zu eigen zu machen.

Ariarathes war der letzte persische Satrap, der in Anatolien noch immer Widerstand leistete, und Antigonos dankte den Göttern dafür, denn ohne ihn hätte er nichts mehr weiter zu tun, als Steuern einzutreiben und Appellationen anzuhören. Manchmal fragte er sich selbst, ob er absichtlich zugelassen hatte, dass Ariarathes so lange durchhielt, nur um jederzeit einen guten Vorwand für einen Feldzug zu haben. Doch nun hatte ihn die Nachricht erreicht, Alexander sei aus dem Osten zurückgekehrt und kürzlich in Babylon eingetroffen. Antigonos hatte daher entschieden, einen sehr ernsthaften Versuch zu unternehmen, diesen Teil des Reiches vom letzten rebellischen Satrapen zu befreien – er wollte dem jungen König nicht zum ersten Mal seit fast zehn Jahren gegenübertreten, ohne die Aufgabe, mit der er betraut worden war, bewältigt zu haben.

Zwölftausend Paar Füße donnerten im Gleichschritt auf den harten Boden, als die Phalanx vorrückte, und Antigonos ging das Herz über. Zu seiner Linken konnte er die Peltasten ausmachen, so benannt nach der *Pelte*, ihrem halbmondförmigen, aus Zweigen geflochtenen und mit Fell überzogenen Schild. Sie vertrieben die Bogenschützen, die diese Flanke bedrohten, aus dem Buschland, das sie als Deckung nutzten. Blut war geflossen, und das Leben war gut. Die Peltasten schickten den im Rückzug befindlichen Plänklern noch eine letzte Salve Wurfspeere hinterher, dann sammelten sie sich wieder und zogen sich auf ihre Position zwischen der Phalanx und der schützenden Kavallerie zurück. Diese rückte wie befohlen im gleichen Tempo wie die Infanterie vor. *Götter, wie ich das liebe.* Antigonos' Bart zuckte, als er lächelte; sein gutes Auge leuchtete vor Begeisterung, und die wulstige Narbe in der linken Augenhöhle, die ihm ein furchterregendes Aussehen verlieh, weinte blutige Tränen. *Noch hundert Schritt. Götter, das wird gut.*

Im Schutz ihrer Langschilde zielten die persischen Fußsoldaten mit ihren Bogen hoch. Eine Wolke aus zweitausend Pfeilen stieg in den Himmel auf, und Antigonos' Lächeln wurde breiter. «Macht euch bereit, Jungs!» Dann hagelten die Pfeile herab, doch der schwankende Wald aufrecht gehaltener Lanzen bremste ihren Schwung, und so richteten sie nur wenig Schaden an. Da und dort ertönte ein Schrei, gefolgt von

Flüchen, wenn die Kameraden des Gefallenen über ihn hinwegsteigen mussten und dabei Mühe hatten, nicht über seine Lanze zu stolpern. Stellenweise würden sich Lücken auftun, das wusste Antigonos, doch die Reihenschließer würden sie bald wieder füllen, indem sie die nachfolgenden Männer nach vorn schoben. Er brauchte sich nicht einmal umzuschauen, um sich zu vergewissern, dass ebendas geschah.

Der nächste Hagelschauer eiserner Pfeilspitzen ging vom Himmel nieder, und wieder wurde er von dem Wald über den Köpfen der Phalanx nahezu unschädlich gemacht. Die Schäfte fielen zu Boden wie im Sturm abgebrochene Zweige. *Noch fünfzig Schritt.* «Lanzen!» Ein neues Signal ertönte und wurde entlang der Linie wiederholt, doch diesmal brauchte das Manöver nicht gleichzeitig ausgeführt zu werden; in einer Bewegung, die in der Mitte begann und sich wie eine Welle nach rechts und links fortsetzte, wurden Lanzen gesenkt, die der ersten fünf Reihen waagerecht, die der hinteren schräg über die Köpfe der Vordermänner, um sie weiter vor dem anhaltenden Pfeilhagel zu schützen.

Antigonos lief mit vorgebeugtem Oberkörper und zählte voller Ungeduld seine stetigen Schritte, während der Feind näher kam. Jetzt lösten die Perser ihre Pfeile in flacherer Flugbahn, sodass sie in die Schilde der Frontlinie einschlugen. Diese gaben unter den Einschlägen nach und schwankten heftig, da die Männer sie nicht fest in der Faust hielten, sondern die Schlaufe nur lose über den Arm gestreift hatten. Nun gab es mehr Tote und Verletzte – ungeschützte Gesichter und Beine wurden getroffen, die Schmerzensschreie mehrten sich, wenn Eisenspitzen in Fleisch drangen und zitternd in Knochen stecken blieben. Schaft um Schaft zischte durch die Luft, und Antigonos lächelte noch immer; er selbst hatte keinen Pfeil mehr abbekommen, seit einer sein Auge durchbohrt hatte. Es war in der Schlacht von Chaironeia gewesen, wo Philipp die vereinigte Streitmacht von Athen und Theben besiegt hatte. Seit damals war Antigonos vom Kriegsgott Ares gesegnet und empfand keine Furcht, wenn er in ein Unwetter aus Pfeilen hineinmarschierte. Nun konnte er bereits die Augen der Perser sehen, während sie mit ihren Bogen zielten. Instinktiv duckte er sich, und ein Pfeil prallte von seinem Bronzehelm ab, dass ihm die Ohren klingelten. Er hob das Gesicht und lachte den Feinden entgegen, denn sie würden sterben.

Die Perser nahmen nun ihre Langschilde auf, um sie wie gewöhnliche Schilde zu gebrauchen, steckten ihre Bogen zurück in die Hüllen, die sie an der Hüfte trugen, und zogen ihre langen Stichspeere aus dem Boden. Schulter an Schulter standen sie da und starrten mit dunklen Augen der von tödlichen Eisenspitzen starrenden Phalanx entgegen, die auf sie zukam. Antigonos' Lachen steigerte sich zu Gebrüll, als er die letzten paar Schritte lief. Seine Armmuskeln schmerzten von der Anstrengung, die Lanze gerade zu halten. Seine Männer stimmten in das Gebrüll ein, die natürliche Angst fiel von ihnen ab, und an ihre Stelle trat Kampflust.

Und dann war er da, und nun konnte er töten. Von seiner eigenen Kraft beglückt, stieß Antigonos mit seiner Lanze nach dem Gesicht des Persers vor ihm, dessen Bart mit Henna gefärbt war. Jeder Soldat in der Frontlinie passte selbständig den richtigen Zeitpunkt für den tödlichen Stoß ab. Der Perser wich der Lanzenspitze aus, packte den Schaft und versuchte, ihn Antigonos zu entreißen. Doch der stürmte gemeinsam mit seinen Männern weiter vorwärts, sodass beim übernächsten Schritt die Sarissen der zweiten Reihe in Bauchhöhe unter denen der ersten zum Einsatz kamen. Schritt um Schritt rückten sie unter Einsatz ihrer Waffen weiter vor, noch immer sicher außerhalb der Reichweite der Gegner, die zunehmend in Bedrängnis gerieten, da nun auch die Lanzenspitzen der dritten Reihe sie erreichten.

Zwei besonders kühne Perser schlüpften zwischen den hölzernen Schäften hindurch, die Speere auf Schulterhöhe, und stürmten Antigonos entgegen, dessen Lanzenspitze nun nicht mehr zu sehen war. Blindlings stieß er weiter zu, während die Perser nah genug herankamen, um ihre Waffen zu gebrauchen. Doch Antigonos wich nicht zurück, denn er kannte die Männer hinter sich. Aus dem Augenwinkel sah er, wie ein Soldat im vierten Glied seine Lanze hob, dann schnellte die Waffe vor. Ein Perser krümmte sich mit einem Aufschrei und umklammerte mit beiden Händen die Lanze, die in seinem Unterleib steckte. Indessen erledigte ein anderer Kamerad hinter Antigonos mit einem kraftvollen Stoß den zweiten Mann. Und noch immer rückten sie vor. Der Druck wurde mit jedem Schritt stärker, doch gerade die Masse der Phalanx machte es so schwer, ihr zu widerstehen. Überall entlang der Linie gab die gegnerische Front an zahlreichen Stellen nach und wurde zurückgedrängt. Die Ersten, die den Rückzug antraten, waren die kappadokischen Stammeskrieger zu beiden Seiten der Perser, zähe Männer aus dem gebirgigen Binnenland. Nur mit Wurfspeeren und Schwertern bewaffnet, konnten sie es nicht mit der makedonischen Kriegsmaschine aufnehmen, und so machten sie kehrt und rannten zu Tausenden zum Fluss, denn sie wussten, dass eine makedonische Phalanx nicht zu einer schnellen Verfolgungsjagd fähig war.

Voller Stolz schaute Antigonos nach links und sah genau das, was er erhofft hatte: Sein Sohn führte den Angriff der Kavallerie an. Mit wehendem weißem, purpurverbrämtem Mantel ritt er an der Spitze des Keils, der bevorzugten Formation der makedonischen Hetairenreiterei. Diese Reiter würden erledigen, was die Phalanx nicht vermochte. Schnell und wütend stießen sie in die zerrissenen Reihen der Kappadokier vor, und der Druck wurde stärker, je tiefer der Keil eindrang. Männer wurden beiseitegestoßen, viele gerieten unter die Hufe der Pferde, während Lanzen die Fliehenden im Rücken trafen und ihnen schändliche Verletzungen beibrachten. Dann kam die Kavallerie von der rechten Flanke dazu und schnitt der geschlagenen Armee den Rückweg ab. Nun wussten die Perser, dass für sie keine Hoffnung mehr bestand, sich über die Brücke in Sicherheit zu bringen, und auch sie ergriffen die Flucht.

Antigonos reckte die Faust in die Luft; wieder ertönte ein Hornsignal. Die Phalanx hatte ihr Werk vollbracht und hielt nun inne, um auszuruhen, während vor ihren Augen die jungen Helden der Kavallerie den leichten Teil der Arbeit übernahmen: die Wehrlosen abzuschlachten.

Die schwere Reiterei griff von beiden Flanken an und trieb alle vor sich zusammen. Weiter außen zogen Patrouillen leichter Reiter ihre Kreise und brachten die wenigen zur Strecke, denen es gelungen war zu entkommen. Antigonos hatte vor der Schlacht erklärt, er sei nicht an Gefangenen interessiert, es sei denn, es handelte sich um Ariarathes selbst, denn für diesen Rebellen hielt er einen besonders dicken Pfahl bereit. Nur der feindlichen Kavallerie gelang die Flucht – ihre Pferde schwammen ans andere Flussufer hinüber.

Die Phalanx machte jedes Entkommen nach Westen unmöglich, und so war die Brücke bald mit panisch Fliehenden verstopft. Diejenigen, die nicht darauf gelangen konnten, hatten nur noch die Wahl zwischen dem sicheren Tod durch die Lanzen der Kavallerie und dem Fluss. Und so brodelte der Halys von Ertrinkenden, von denen jeder versuchte, auf

Kosten der anderen das eigene Leben zu retten, während die Strömung sie davonriss und in die Tiefe zog. Manche, denen ihre Götter hold waren, konnten sich an einem der zwei mächtigen steinernen Pfeiler festhalten, die in das Flussbett gesenkt waren, doch viele von ihnen wurden von anderen mitgerissen, die sich im Vorbeitreiben an sie klammerten. Einigen wenigen gelang es, bis zur Brüstung hinaufzuklettern, doch keiner schaffte es bis in den Menschenstrom, der sich oben drängte. Sie wurden zurück in den Fluss gestoßen, denn jeder fürchtete, eine Person mehr auf der Brücke werde die eigenen Überlebenschancen schmälern.

Lachend sah Antigonos zu, wie Demetrios und seine Kameraden fliehende persische Fußsoldaten aufspießten, die versuchten, sich auf die Brücke zu drängen. Ihre böotischen Helme, weiß bemalt und mit einem goldfarbenen Kranz verziert, glänzten warm in den Strahlen der untergehenden Sonne. Gelassen saßen die Reiter auf ihren Rossen. Ihre Füße hingen frei herab, und sie lenkten die Tiere mit dem Druck ihrer Schenkel, geschickt, wie es nur Männer vermochten, die ihr halbes Leben auf dem Pferderücken verbracht hatten. Sie trugen wadenlange Lederstiefel, Muskelpanzer aus Leder oder Bronze, darunter lederne *Pteryges* zum Schutz der Weichteile sowie Chitone und Mäntel in unterschiedlichen Farben – Rot, Weiß und diverse Gelb- und Brauntöne. Ein prächtiger Anblick, das musste Antigonos einräumen. Und als sie metzelnd durch das Gedränge derer ritten, die zur Brücke strömten, versuchten nur wenige, sich ihnen zu widersetzen, denn die meisten hatten auf der Flucht ihre Waffen weggeworfen.

Antigonos schlug Philotas auf die Schulter, als Demetrios' Lanze brach und er sie umdrehte, um mit der Spitze am anderen Ende zuzustoßen. «Der Junge genießt es. Mir scheint, er findet Geschmack an asiatischem Blut. Das wurde auch Zeit: Alexander war etwa in seinem Alter, als er zum ersten Mal Krieger in die Schlacht führte.»

Philotas grinste, als Demetrios' Nebenmann einem Perser die Hand abschlug, da dieser versuchte, den Jüngling vom Pferd zu zerren. «Kaunos gibt auf ihn acht, also wird er wohl nicht zu Schaden kommen. Du musst ihm nur nachdrücklich erklären, dass es nicht immer ganz so leicht geht.»

«Das wird er noch früh genug lernen.»

Demetrios' Einheit, eine *Ile* aus einhundertachtundzwanzig Mann, hatte nun die Brücke erreicht. Die vorderen sechs hieben und stachen den Weg frei. Die Schar der Besiegten war inzwischen ausgedünnt, sodass sie auf ihrer Flucht schneller vorankamen; und noch immer töteten Demetrios' Reiter, und noch immer flohen Männer vor ihnen. Immer weiter ritten sie, und nun erstarb das Lächeln auf Antigonos' Gesicht. *Der kleine Schwachkopf.* Er wandte sich zu dem Signalgeber um. «Zum Rückzug blasen!»

Das Horn brachte eine ansteigende Tonfolge hervor, die sich durch die Formation fortsetzte, doch Demetrios führte seine Männer weiter, bis es auf der Brücke niemanden mehr zu töten gab und die Reiter das östliche Ufer erreichten. Im letzten Tageslicht schlachteten sie dort alle ab, die sie finden konnten.

«Falls ihn nicht ein Kappadokier umbringt», murmelte Antigonos, «dann tue ich es, wenn er zurückkommt.»

«Nein, alter Freund, das wirst du nicht tun. Du wirst ihn ohrfeigen und dann in die Arme schließen, weil er ein Schwachkopf ist, aber ein kühner.»

«Von wegen. Durch solches törichte Verhalten kommen Männer unnötig zu Tode. Er muss entweder Disziplin lernen oder sich damit abfinden, nicht alt zu werden.»

«Nach meiner Erfahrung sind es nicht immer die Törichten selbst, die unter den Folgen ihres Handelns leiden.»

Antigonos' Miene verdüsterte sich. «Wenn mein Sohn das jemals wieder tut, Philotas, dann bete ich zu Ares, dass du recht behältst und er sich nicht selbst umbringt.»

ROXANE
DIE WILDKATZE

Das Kind in ihr trat. Roxane legte beide Hände auf ihren Leib. Sie saß verschleiert im offenen Fenster ihrer Gemächer im zweiten Stockwerk des Palastes zu Babylon. Unter ihr lag der riesige Innenhof des Komplexes, von lodernden Fackeln erhellt, da die Sonne am bedeckten Himmel unterging. Dort unten trat gerade wieder einmal die makedonische Armee zu einer Versammlung an.

Das war eine dieser sonderbaren Eigenheiten der Makedonen, die sie noch nie recht hatte begreifen können: Weshalb gestanden sie all ihren Bürgern ein Mitspracherecht zu? Bevor Alexander ihren Vater Oxyartes besiegt und anschließend zum Satrapen von Paropamisaden ernannt hatte, war in ihrer Heimat Baktrien jeder gepfählt worden, der seinen Willen in Frage stellte. Alexander hingegen, ein Mann, von dem sie zugeben musste, dass er weit mächtiger war, als ihr Vater je sein würde, hörte sich tatsächlich die Ansichten gemeiner Soldaten an. Auf seinem Eroberungszug nach Indien hatte es sogar beinahe eine Meuterei gegeben, sodass er hatte umkehren müssen. Sie schüttelte den Kopf über die Gesetzlosigkeit eines Systems, in dem der Konsens regierte, und sie schwor sich, der Sohn, mit dem sie schwanger war, sollte sich nicht mit solchen Widrigkeiten herumschlagen müssen, wenn er einmal den Thron bestieg.

Dieser Gedanke lenkte ihre Aufmerksamkeit wieder auf die Frage, die sie während Alexanders Krankheit am meisten beschäftigt hatte und die seit seinem Tod vor zwei Stunden zum dringenden Problem geworden war: wie sie sicherstellen konnte, dass der Knabe an die Herrschaft gelangen würde, denn sie wusste, dass ihr Leben davon abhing.

Wieder versetzte das Ungeborene ihr einen kräftigen Tritt, und Roxane verfluchte ihren verstorbenen Mann dafür, dass er sie gerade jetzt im Stich gelassen hatte, da sie ihn am nötigsten brauchte. Gerade als sie im Begriff war, zu triumphieren und als Erste einen Sohn zur Welt zu bringen, vor seinen anderen beiden Frauen – den persischen Huren, die Alexander bei der Massenhochzeit von Susa geheiratet hatte, als alle seine Offiziere auf sein Geheiß Perserinnen ehelichen mussten; gerade als sie im Begriff war, der wichtigste Mensch in Alexanders Leben zu werden, nun, da ihr ärgster Rivale Hephaistion nicht mehr war.

Sie schnippte mit den Fingern und schaute sich nach den drei jungen Sklavinnen um, die mit gesenkten Köpfen kniend in der hinteren Ecke des Raumes warteten, wie Roxane es gernhatte. Ein Mädchen stand auf und durchquerte, noch immer mit gesenktem Kopf, das Zimmer, das mit allerlei Teppichen in unterschiedlichen Farben und Mustern ausgelegt war, wie man sie im Osten bevorzugte. Die Sklavin blieb so dicht bei ihrer Herrin stehen, dass Roxane nicht die Stimme zu erheben brauchte, denn das erforderte Anstrengung, und Roxane fand, eine Königin sollte sich nicht unnötig anstrengen müssen. Sie sollte ihre Kräfte für ihren König aufsparen.

Roxane beachtete das Mädchen nicht weiter, sondern richtete ihre Aufmerksamkeit wieder auf das Geschehen unten im Hof. Hornsignale ertönten, und die fünfzehntausend makedonischen Bürger, die der babylonischen Armee angehörten und nun in ihren Einheiten angetreten waren, verstummten. Sieben Männer stiegen auf das Podium in der Mitte des Hofes.

«Welcher?», murmelte Roxane vor sich hin, während sie Alexanders Leibwächter aufmerksam beobachtete. «Welcher wird es sein?» Sie kannte sie alle, manche besser als andere. Seit ihrer Heirat vor drei Jahren – sie war damals fünfzehn gewesen – hatte sie mit ihnen allen gewetteifert, um ihren Stand in der Männergesellschaft zu behaupten, die Alexanders Armee war.

Es war Perdikkas, der in voller Uniform – Helm, Brustpanzer, Lederschurz, Beinschienen und tiefroter Mantel – vortrat, um das Wort an die Versammelten zu richten. Roxane hatte schon damit gerechnet, dass er derjenige sein würde, da sie mit angesehen hatte, wie er den Ring von Alexander empfing. Dennoch verfluchte sie ihr Pech: Leonnatos wäre aufgrund seiner Eitelkeit weit formbarer gewesen; Peukestas, der den Genuss und die Schönheit liebte, wäre leicht in ihr Bett zu locken, und bei Aristonous hätte sie an sein ausgeprägtes Pflichtgefühl gegenüber dem makedonischen Königshaus der Argeaden appellieren können. Aber Perdikkas? Wie würde sie ihn dazu bringen, sich ihrem Willen zu beugen?

«Soldaten von Makedonien», hob Perdikkas mit heller Stimme an, die im Halbdunkel über die riesige Heerschar trug; der Fackelschein spiegelte sich auf seinem Bronzehelm, dessen roter Rosshaarbusch sich im leichten Wind bewegte. «Ich nehme an, ihr alle habt von dem schweren Schicksalsschlag gehört, der uns getroffen hat, denn schlechte Nachrichten verbreiten sich schneller als gute. Alexander, der Dritte seines Namens, der Löwe von Makedonien, ist tot. Und wir, seine

Soldaten, werden ihn nach makedonischer Sitte betrauern. Der Feldzug nach Arabien wird daher verschoben, damit in den kommenden Tagen Leichenspiele mit reichlichen Siegespreisen gehalten werden können. Aber zuerst werden wir tun, was sich geziemt: Wir werden unserem König die letzte Ehre erweisen, jeder Einzelne von uns. Sein Leichnam wurde in den Thronsaal gebracht. Die Einheiten werden nacheinander vorbeidefilieren, die Kavallerie macht den Anfang. Wenn alle mit eigenen Augen gesehen haben, dass er tot ist, dann und erst dann werden wir eine Versammlung abhalten, um einen neuen König zu ernennen. Dies soll in zwei Tagen geschehen.»

Während Perdikkas seine Ansprache fortsetzte, schnippte Roxane mit den Fingern und richtete das Wort an die Sklavin, die wartend hinter ihr stand. «Hole Orestes her, ich muss einen Brief schreiben.»

Wenige Augenblicke nachdem das Mädchen den Raum verlassen hatte, war der Sekretär zur Stelle, als habe er auf ihren Ruf gewartet – vielleicht hatte er das tatsächlich, überlegte Roxane. Er war überaus aufmerksam, seit sie den kleinen Finger seiner linken Hand hatte abschneiden lassen, weil er sie zu lange warten ließ, nachdem sie ihn gerufen hatte. Alexander hatte sie dafür gescholten, dass sie einen freigeborenen Griechen derart bestrafte, und verlangt, sie solle den Mann entschädigen. Doch sie hatte ihn ausgelacht und erklärt, eine Königin dürfe man niemals warten lassen. Außerdem sei es nun einmal geschehen, und keine Entschädigung könne den Finger nachwachsen lassen. Töricht, wie er war, hatte Alexander Orestes daraufhin aus seiner eigenen Kasse entschädigt. «An Perdikkas», sagte sie nun, ohne sich umzuschauen, ob der Sekretär bereit war. «Königin Roxane von Makedonien grüßt dich.» Sie hörte den Griffel kratzen, während sie sich im Kopf die nächsten Worte zurechtlegte. Dabei wandte sie den

Blick nicht von ihrer Beute ab, die unten im Hof noch immer zu den Soldaten sprach. «Ich wünsche dich zu sehen, um die Regentschaft und andere Themen in beiderseitigem Interesse zu erörtern.»

«Ist das alles, Hoheit?», fragte Orestes, als sein Griffel ruhte.

«Natürlich ist das alles! Wäre da noch mehr, dann hätte ich es gesagt! Jetzt geh und schreibe es ins Reine und dann bringe es mir, damit ich eine meiner Dienerinnen losschicken kann, es zu überbringen.» Roxane lächelte in sich hinein, während sie hörte, wie Orestes hastig seine Utensilien zusammenraffte und den Raum verließ. *Griechen – wie ich sie verabscheue, erst recht solche, die schreiben können. Wer weiß, welche Geheimnisse und Zauberbanne sie verbergen?* Unten im Hof hatte Perdikkas indessen seine Rede beendet, und Ptolemaios hatte seinen Platz auf der Rednerbühne eingenommen, um seine Trauer zu bekunden. Roxane fragte sich, ob die Männer das Los gezogen hatten, doch es hatte nicht den Anschein – was sie hier sah, entsprach der Rangfolge, welche die Leibwächter unter sich ausgemacht hatten.

Bis sie ihren Brief losgeschickt hatte, war bereits Peukestas als Letzter an der Reihe, nach Lysimachos, Leonnatos und Aristonous. Peithon, der nicht viele Worte machte und vorzugsweise solche mit wenigen Silben, hatte erst gar keine Anstalten gemacht zu sprechen. Als die Versammlung sich auflöste und das große Defilee begann, bestellte Roxane einen Krug süßen Wein und befahl ihren Dienerinnen, ihr das Haar zu richten und ihre Schminke aufzufrischen, während sie ihren Besucher erwartete.

Sie hätten sie dreimal neu frisieren können, so viel Zeit verging, ehe ihr Hofmeister Perdikkas ankündigte.

«Du hast mich warten lassen», stellte Roxane mit leiser Stimme fest, als der hochgewachsene Makedone in ihr Gemach trat. Sie nahm ihren Schleier ab und starrte ihn aus ihren mandelförmigen Augen an, wobei sie ganz leicht mit den Lidern klimperte.

«Du hast Glück, dass ich überhaupt Zeit hatte zu kommen. Es galt, Boten zu entsenden und vieles zu organisieren», entgegnete Perdikkas und setzte sich, ohne um Erlaubnis zu bitten oder eine Bemerkung über ihr unverhülltes Gesicht zu machen. «Willst du mir für meine Säumigkeit etwa zur Warnung einen Finger abschneiden? Ich schlage vor, das nächste Mal suchst du mich auf.»

Roxanes Augen funkelten vor Zorn. Sie gab ihren Sklavinnen einen Wink, den Raum zu verlassen. «Ich bin deine Königin, ich kann dich rufen, wann immer ich es wünsche.»

Perdikkas starrte sie gleichmütig an. Der forschende Blick seiner meerwassergrauen Augen behagte ihr nicht, doch sie hielt ihm stand. Perdikkas war glatt rasiert wie viele Männer aus Alexanders engerem Kreis, er hatte ein hageres Gesicht mit hohen Wangenknochen und schmaler Nase und trug sein schwarzes Haar kurz geschnitten. Es war ein angenehmes Gesicht, das musste sie einräumen, eines, das sie nicht ungern näher an sich heranlassen würde, falls es nötig werden sollte. Sie warf einen Blick auf seine Hände – er trug den Ring nicht.

«Du bist nicht meine Königin, Roxane», sagte Perdikkas nach kurzem Schweigen, «und du bist es nie gewesen. Für mich und den Rest der Armee bist du nichts als eine Barbarin, eine Wilde, die Alexander als Trophäe aus dem Osten mitgebracht hat. Und du tätest gut daran, dich in den kommenden Tagen darauf zu besinnen.»

«Wie kannst du es wagen, so mit mir zu reden? Ich –»

«Du bist jetzt nichts weiter als ein Gefäß, Roxane», fuhr Perdikkas ihr heftig über den Mund und zeigte auf ihren schwangeren Leib. «Ein nützliches Gefäß, das wohl, aber doch nur ein Gefäß. Was du in dir trägst, ist von Wert, du selbst bist es nicht. Bleibt nur die Frage: Wie wertvoll ist es? Nicht sehr, falls sich herausstellen sollte, dass es weiblich ist.»

Roxane legte eine Hand auf ihren Bauch und spannte die Kiefermuskeln an. «Es ist ein Junge», zischte sie mit zusammengebissenen Zähnen, «ich weiß es.»

«Wie kannst du sicher sein?»

«Eine Frau weiß so etwas. Er liegt tief in mir und tritt sehr kräftig.»

Perdikkas tat ihre Behauptung mit wegwerfender Geste ab. «Glaube, was du willst – in drei Monaten werden wir Gewissheit haben. Bis dahin rate ich dir, dich nicht öffentlich zu zeigen, damit die Männer nicht ständig daran erinnert werden, dass Alexanders Erbe eine Asiatin zur Mutter hat.»

«Sie lieben mich.»

Perdikkas seufzte und schüttelte den Kopf, sein Ton wurde milder. «In seinem letzten Lebensjahr hat Alexander angefangen, Männer aus dem Osten nach makedonischer Art auszubilden, um Phalangiten aus ihnen zu machen. Als er Krateros mit zehntausend Veteranen heimschickte, hat er sie nicht durch Makedonen ersetzt, sondern durch diese neuen Pseudomakedonen, und das gefällt den Männern nicht. Wenn dein Kind ein Junge ist, wird nicht leicht durchzusetzen sein, dass er von allen Makedonen akzeptiert wird.»

«Das ist der Grund, weshalb ich dich herbefohlen habe.»

Perdikkas bedachte sie mit einem ungeduldigen Blick. «Roxane, ich will keine Spiele mit dir spielen – ich bin im Besitz von Alexanders Ring, ich lasse mir von niemandem befehlen. Ich bin gekommen, weil ich es vorziehe, dich hier zu treffen, wo wir einigermaßen vertraulich miteinander sprechen können. Also, was wolltest du mir sagen?»

Roxane erkannte, dass sie Perdikkas nur noch mehr verärgern würde, wenn sie versuchte, ihre rechtmäßige Stellung zu behaupten. Sie entschied sich deshalb dagegen, ihre Überlegenheit noch nachdrücklicher zu betonen. «Du brauchst mich, Perdikkas.» Bestürzt sah sie seinen plötzlichen Heiterkeitsausbruch. «Du lachst mich aus? Weshalb?»

«Du bist schon die zweite Person, die das heute Abend zu mir sagt.»

«Wer war die erste?»

«Das brauchst du nicht zu wissen.»

Doch, allerdings, ich muss dringend wissen, wer sonst noch um seine Aufmerksamkeit buhlt. «Ich bin sicher, der andere kann nicht annähernd so nützlich sein wie ich.»

«Mag sein, dass er das nicht kann.»

Gut, es ist also keine Frau. «Du bist im Besitz des Ringes, und deine sechs Kollegen von der Leibwache haben sich dir offensichtlich untergeordnet, da du heute Abend als Erster zur Armee gesprochen hast. Nun lass uns praktisch denken: Du würdest gern an Alexanders Stelle herrschen, aber das werden die anderen nicht zulassen – täten sie es, dann würdest du den Ring jetzt tragen, aber du trägst ihn nicht. Ich kann dir die Regentschaft für meinen Sohn anbieten, bis er in vierzehn Jahren das Mannesalter erreicht.»

«Ich könnte die Regentschaft einfach beanspruchen, ich brauche sie nicht aus deiner Hand zu empfangen.»

Roxane lächelte. Sie wusste, dass dieses Lächeln ihr einen ganz besonderen Reiz verlieh, deshalb zeigte sie es selten, was die Wirkung noch steigerte. «Um als Regent erfolgreich zu sein, musst du über ein geeintes Reich herrschen, und alle deine Untertanen müssen dich als Regenten akzeptieren. Wenn ich mich hinter dich stelle, könnte das durchaus gelingen. Aber stell dir nur vor, ich würde dieses Angebot beispielsweise Leonnatos machen – kann es zwei Regenten geben? Ich glaube kaum. Und meinst du, Leonnatos würde sich die Chance auf solche Macht entgehen lassen? Denke daran, welch hohe Meinung er von sich selbst hat. Und was glaubst du, wen Ptolemaios unterstützen würde, wenn er zwischen dir und Leonnatos wählen müsste?»

«Das würdest du nicht tun.»

Ihr Lächeln erstarb, und ihr Blick verhärtete sich. «Ich würde, und du weißt, dass ich es könnte.»

Perdikkas überdachte die Situation.

Ich glaube, jetzt habe ich ihn.

«Was willst du?», fragte Perdikkas schließlich.

Ich habe ihn, jetzt muss ich ihm nur noch Manieren beibringen. «Stabilität für meinen Sohn. Es kann nur einen wahren Erben geben.»

«Du willst Herakles' Tod?»

«Herakles? Nein, der Bastard ist keine Bedrohung für mich. Alexander hat Barsine nie anerkannt, somit hat ihr Sohn keinen Vorrang vor meinem. Es geht um die beiden Huren in Susa.»

«Stateira und Parysatis? Sie können deine Position nicht anfechten.»

«Sie sind schwanger, beide.»

«Das ist unmöglich, Alexander hat sie nicht mehr gesehen, seit vor neun Monaten Hephaistions Leichenzug durch Susa kam. Wenn er sie damals geschwängert hätte, würden wir es inzwischen wissen.»

«Trotzdem, ich will ihren Tod, und ich will, dass du sie für mich tötest.»

«Frauen töten? Das tue ich nicht, erst recht nicht, wenn es sich um Alexanders Ehefrauen handelt.»

«Dann beauftrage jemanden, es zu tun, sonst gehe ich zu Leonnatos.»

«Glaubst du wirklich, Leonnatos würde sich dazu herablassen, Frauen zu ermorden, da er doch eine so hohe Meinung von sich hat?» Nun war es an Perdikkas, zu lächeln. «Oder sonst irgendeiner von den Leibwächtern.»

Roxane verfluchte den Mann im Stillen, dann versuchte sie es auf andere Weise. «Sollten Alexanders Frauen nicht alle in Babylon sein, um ihn zu betrauern? Stateira und Parysatis hätten doch gewiss gern Gelegenheit, bei seinem Leichnam zu weinen?»

Perdikkas lächelte düster, als er begriff, worauf Roxane hinauswollte. «Ich wäre für ihre Sicherheit verantwortlich, wenn sie einmal hier wären.»

«Aber nicht, solange sie unterwegs wären – wie auch?»

Wieder schaute er sie lange eindringlich an, und Roxane sah in seinen Augen, dass sie triumphieren würde.

Perdikkas erhob sich. «Also gut, Roxane, ich werde Stateira und Parysatis nach Babylon rufen, und du wirst mich als Regenten unterstützen. Sofern es tunlich erscheint, werde ich die ranghöchsten Befehlshaber der Armee von deiner Entscheidung in Kenntnis setzen, wenn wir übermorgen vor der Heeresversammlung zusammenkommen.»

«Du hast mein Einverständnis», sagte Roxane gnädig und schenkte ihm abermals ihr seltenes Lächeln. Noch immer lächelnd sah sie zu, wie er sich abwandte und den Raum verließ. *Nun, Stateira und Parysatis, ihr werdet bald erfahren, wie es meinen Rivalen ergeht – ebenso wie Hephaistion.*

PTOLEMAIOS
DER BASTARD

Geschickt, äußerst geschickt, dachte Ptolemaios, während er sich im Thronsaal umschaute, in dem er und seine Kollegen sich zwei Tage nach Alexanders Tod versammelten. Er gestand es nur äußerst ungern ein, aber Perdikkas – so wenig er den Mann leiden konnte – hatte die Szene trefflich arrangiert. Nun, Ptolemaios fand von jeher, dass Feindschaft und Bewunderung sich nicht zwingend gegenseitig ausschlossen.

Am hinteren Ende des Saals defilierten gerade die letzten Infanterieeinheiten der Armee von Babylon am Leichnam ihres Königs vorbei, der in seiner prächtigsten Uniform aufgebahrt lag: mit purpurrotem Mantel und Chiton, einem vergoldeten Brustpanzer, der mit Edelsteinen besetzt und mit Abbildungen von Göttern, Pferden und der sechzehnstrahligen Sonne von Makedonien verziert war, sowie kniehohen Stiefeln aus weichem Kalbsleder. In der rechten Armbeuge lag sein Paradehelm. Doch was Ptolemaios beeindruckte, war nicht die Tatsache, dass diese Zusammenkunft vor den Augen der letzten Soldaten begann, die Alexander die Ehre erwiesen. Vielmehr galt seine Aufmerksamkeit dem, was Perdikkas aus dem anderen Ende des Raumes gemacht hatte: Auf dem mächtigen steinernen Thron Nebukadnezars waren Alexanders Gewänder drapiert. Vor dem Thron lag der lederne Brustpanzer, den er am liebsten in der Schlacht getragen hatte, verziert mit einer Einlegearbeit in Gestalt zweier sich aufbäumender Pferde auf beiden Seiten der Brust, und dazu sein Zeremonienschwert. Doch der Meisterstreich war in Ptolemaios' Augen, dass auf der Sitzfläche Alexanders Diadem lag und darin der Herrscherring von Makedonien.

Er hat die Zusammenkunft so arrangiert, als sei Alexander selbst anwesend, dachte Ptolemaios, während er sich unter den versammelten ranghohen Befehlshabern umschaute: Die anderen sechs Leibwächter waren anwesend, außerdem Alketas, Meleagros, Eumenes und der große, stämmige Seleukos, nunmehr der Taxiarch – der Kommandeur – der Hypaspisten, einer der zwei Eliteeinheiten der Infanterie. Er hatte sich vor drei Jahren einen Namen gemacht, als er die neu gebildete Elefantentruppe befehligte. *Wie viele von ihnen werden Perdikkas unterstützen?*, fragte sich Ptolemaios, während er die Gesichter der Anwesenden studierte. *Eumenes gewiss, denn als Grieche braucht er einen makedonischen Gönner, um überhaupt eine Aussicht auf Belohnung zu haben.* Dann wurde seine Aufmerksamkeit von einem älteren Mann angezogen, der den Raum betrat, wettergegerbt und die Augen vom jahrelangen Blinzeln in die Sonne zu Schlitzen verengt. *Nearchos, interessant. Er hat das gleiche Problem wie Eumenes, allerdings wäre unser großartiger kretischer Flottenführer ein Gewinn für jeden, den er zu unterstützen beschließt – ein Jammer, dass ich nichts habe, womit ich ihn locken könnte.*

Es überraschte Ptolemaios nicht, dass Kassandros als Letzter erschien. *Den muss man im Auge behalten – wie Antipatros solch einen arroganten Widerling zeugen konnte, werde ich nie begreifen. Allerdings habe ich gehört, die jüngsten Töchter des alten Mannes seien hübsch gediehen. Kassandros als Schwager? Nun, das wäre eine Überlegung wert.* Und tatsächlich brachte die Idee Ptolemaios zum Nachdenken – nach den entbehrungsreichen Jahren auf Feldzug sehnte er sich nach einem Leben in Wohlstand und Müßiggang in einer Machtposition, und jeder Weg dorthin war es wert, in Betracht gezogen zu werden. Denn da niemand anders Ptolemaios solchermaßen belohnen würde, war er entschlossen, es selbst zu tun. Angeblich ein Bastard König Philipps, war er stets mit unterschwelliger Verachtung behandelt worden. Einzig Alexander hatte ihm Respekt gezollt, ihn in den Kreis seiner Leibwächter aufgenommen, zur kaum verhohlenen Verwunderung derer von edlerer Geburt. Nachdem er von jeher mit dem Makel gelebt hatte, als Bastard zu gelten, lag es allein an ihm, sein Glück zu ergreifen, und er gedachte, es in den kommenden Monaten fest am Schopfe zu packen.

Als der Letzte eingetroffen war, bat Perdikkas die Versammelten um Ruhe. Alle waren wie zur Schlacht gekleidet, um die Dringlichkeit der Situation zu unterstreichen. *Ich sollte achtgeben, denn was immer hier beschlossen wird, geschieht mit Alexanders Segen, und ich will nicht, dass ein anderer bekommt, was ich begehre.*

«Brüder», hob Perdikkas an, als sie so im Schatten des Geistes auf dem Thron dastanden, «ich habe euch hier zusammengerufen, damit wir uns auf einen gemeinsamen Vorschlag einigen, den wir der Heeresversammlung unterbreiten können.»

Einen Vorschlag, von dem du hoffst, dass er dir zu unbeschränkter Macht verhelfen wird, sei es als Regent oder als König, dachte Ptolemaios. Dabei nickte er bedächtig, als sei Perdikkas' Vorschlag selbstlos und im Sinne des Gemeinwohls. *Ich habe deine Augen gesehen, als Alexander dir den Ring gab.*

«Wie wir alle wissen, steht Alexanders erste Frau Roxane kurz vor der Niederkunft. Sollte sie einen Knaben zur Welt bringen, so hätten wir einen legitimen Erben. Ich schlage vor, dass wir die Geburt abwarten.»

Was Ptolemaios am meisten interessierte, war das, was ungesagt geblieben war: Wer würde bis dahin herrschen? *Nun, das ist offensichtlich.*

«Weshalb warten, wenn es bereits einen Erben gibt?» Die Stimme kam vom Rand der Versammlung. Nearchos, der kretische Admiral, trat vor. «Herakles ist vier Jahre alt, die Regentschaft würde somit nur zehn statt vierzehn Jahre dauern.»

«Grieche!», donnerte Peithon. «Makedonen zuerst!»

«Es steht dir nicht zu, hier unaufgefordert das Wort zu ergreifen, mein Freund», sagte Eumenes und drohte Nearchos mit dem Finger. «Wir müssen uns denen von edlerer Geburt unterordnen, denn unser Blut ist nur von der dünnen griechischen Art, nicht der starke, dicke Saft, der in Peithons Adern fließt. Aber ich bin sicher, wenn du dich geduldest, wirst du noch Gelegenheit bekommen, die Interessen des Bastards zu vertreten, der dein Halbschwager ist.»

Sehr gut, Eumenes, dachte Ptolemaios, während Nearchos wieder an den Rand der Versammlung gedrängt wurde und die Makedonen seine Proteste niederschrien. *Damit wäre dieses Thema erledigt.* Als Zeichen seiner Wertschätzung hatte Alexander Nearchos bei der Massenhochzeit von Susa Barsines älteste Tochter, damals erst zwölfjährig, zur Frau gegeben. Somit war Nearchos mit Herakles verschwägert, und zweifellos sah er sich seinem kretischen Blut zum Trotz bereits selbst als Regenten für seinen jungen Schwager.

«Ein Bastard kann niemals König sein», grollte Meleagros durch seinen Bart. «Was redet ihr da von einem Halbblut auf dem Thron von Makedonien. Kinder der Besiegten. Roxane!» Er spuckte auf den Boden. «Ihr Welpe wird ein asiatischer Weichling sein, ganz gleich, wie viel guten makedonischen Samen Alexander in sie gespritzt hat. Und was Barsine angeht: Dass sie zur Hälfte Griechin ist, macht das asiatische Blut in ihr nicht wett. Haben nicht auch die Griechen sich uns auf Knien unterworfen?» Er blickte die wenigen Griechen in der Versammlung herausfordernd an – niemand konnte die Tatsache bestreiten. «Wir sollten dieses Gerede beenden, denn es ist wie mit den Rekruten aus dem Osten, die neu in die Armee gekommen sind: Es gefällt den Männern nicht. Und warum auch, da wir doch alle wissen, dass wir hier in Babylon einen erwachsenen männlichen Spross der Argeadendynastie haben, den wir nur noch auf den Thron zu setzen brauchen.»

Das ist mein Einsatz. «Arrhidaios ist schwachsinnig», stellte Ptolemaios fest.

«Ein schwachsinniger Makedone ist mir allemal lieber als ein halber Asiate», donnerte Meleagros.

«Erst recht einer, in dessen Adern auch noch griechisches Blut fließt», ergänzte Eumenes mit Unschuldsmiene.

«Ganz genau!»

«Aber ein Schwachsinniger kann nicht ohne einen Regenten herrschen», gab Ptolemaios zu bedenken. «Nicht einmal ein makedonischer Schwachsinniger.»

Eumenes schaute zu Peithon auf, der neben ihm stand. «Und makedonische Schwachsinnige sind, soweit ich weiß, die vorzüglichsten Schwachsinnigen der Welt, ist es nicht so, Peithon?»

Peithon überdachte die Frage stirnrunzelnd, enthielt sich

jedoch einer Meinungsäußerung über die Qualitäten makedonischer Schwachsinniger.

«Wer also wird der Regent für den Schwachsinnigen?», fragte Ptolemaios. «Oder wer würde gegebenenfalls der Regent für Roxanes Brut? Alexander hat keinen von uns benannt.» Ptolemaios wandte sich langsam Perdikkas zu, und seine Miene drückte tiefes Bedauern aus. «Oder etwa doch?»

Perdikkas' Augen wurden schmal. «Bist du etwa darauf aus, selbst König zu werden, nur weil du vielleicht Alexanders illegitimer Halbbruder bist?»

«Mein lieber Perdikkas, was immer ich sein mag, dumm bin ich nicht. Ich schätze meine Annehmlichkeiten und kenne meine Grenzen auf militärischem Gebiet. Die Frage ist: Gilt das auch für alle anderen in diesem Raum? Ich will aus zwei Gründen nicht König sein: Erstens wäre mein Anspruch der eines Bastards, und wie du bereits sagtest, kann niemals ein Bastard auf dem Thron von Makedonien sitzen.» *Aber das ist nicht der einzige Thron auf der Welt.* «Und zweitens: Wenn wir Alexanders Pläne weiterverfolgen und uns nach Westen wenden wollen, wäre ich der Falsche, um die Armee zu führen. Wärest du denn der Richtige, Perdikkas?» Ptolemaios zeigte auf Leonnatos. «Oder du, Leonnatos? Oder vielleicht du, Aristonous, oder Lysimachos oder Peukestas?» Dass Peithon nicht die erforderlichen Fähigkeiten besaß, stand außer Frage. «Es gibt nur einen Mann, der eine Chance hätte, die ganze Armee hinter sich zu einen, und dieser Mann ist Dutzende Tagesreisen von hier entfernt: Krateros. Alexander selbst hat ihn beinahe ernannt, indem er ihn heimschickte, um Antipatros als Regenten in Makedonien zu ersetzen.»

«Mein Vater sollte nicht ersetzt werden!», brauste Kassandros auf. «Das war als vorübergehende Lösung gedacht, solange er im Osten wäre, um Alexander mit seinem Rat zu unterstützen. Wenn jemand herrschen sollte, dann mein Vater, sei es als König oder als Regent.»

Nun spuckte Lysimachos aus. «Glaubst du, die Heeresversammlung würde einen Mann akzeptieren, der die letzten zehn Jahre daheim gesessen und nicht die Entbehrungen der Männer geteilt hat?»

Kassandros wandte sich ihm zu, von brodelndem Zorn erfüllt. «Es gibt zwei Wege, einen Mann zum König zu machen: durch die Heeresversammlung oder in Makedonien durch eine Volksversammlung.»

Lysimachos spuckte noch einmal aus. «Volksversammlung! Ich scheiße auf das Volk, und die Armee würde dasselbe tun, sollte das Volk jemals versuchen, ihr einen König aufzuzwingen, erst recht einen mit einem so hässlichen Erben wie dir, Kassandros. Denn darauf bist du doch aus, nicht wahr? Du und dein greiser Vater, der im Westen untätig herumhockte, während bessere Männer Ruhm errangen und dafür ihr Leben ließen, ihr bildet euch ein, ihr könntet Alexanders Platz einnehmen!»

Perdikkas hielt Kassandros zurück, als der sich auf Lysimachos stürzen wollte. «Es reicht!»

Aristonous half Perdikkas, ihn festzuhalten. «Ptolemaios hat recht, Krateros wurde von Alexander zum Regenten ernannt, und zudem ist er ein weit fähigerer Heerführer als irgendjemand sonst hier.»

«Aber er ist viele Tagesreisen entfernt.»

Ptolemaios breitete die Hände aus. «Wie kann er dann herrschen, da wir doch unverzüglich Führerschaft benötigen, wenn wir die Armee geeint halten und verhindern wollen, dass das Reich zerbricht?»

«Wenn wir unverzüglich einen Führer brauchen», erwiderte Aristonous und ließ den erzürnten Kassandros los, «dann ist Perdikkas die Lösung. Er mag kein Argeade sein, aber er ist immerhin von königlichem Blut, anders als Krateros.»

«Und der Ring wurde ihm übergeben», ergänzte Peukestas.

Da stehst du also. «Aber wem hätte Alexander ihn gegeben, wenn Krateros hier gewesen wäre?» Ptolemaios hob rasch die Hand. «Darauf bedarf es keiner Antwort, die Frage ist müßig. Tatsache ist, Krateros ist nicht hier, und keiner von uns Anwesenden hat einen rechtmäßigen Anspruch darauf, Alexanders Platz einzunehmen. Und wenn du den Thron beanspruchen würdest, Perdikkas, was glaubst du, wie Krateros und seine zehntausend Veteranen darauf reagieren würden? Erst recht, nachdem du getan hättest, was du tun müsstest, um dich abzusichern und zu verhindern, dass es in nicht allzu ferner Zukunft einen Bürgerkrieg gibt: Roxane und Alexanders Kind töten.»

Perdikkas schüttelte den Kopf. «Ebendeshalb würde ich den Thron niemals besteigen.»

Du verlogener Hurensohn. «Ach, dann hast du also bereits darüber nachgedacht, wie?»

«Natürlich – wer von uns hätte das nicht getan, während wir herumstanden und Alexander beim Sterben zusahen? Kommt schon, seid ehrlich. Wir alle haben darüber nachgedacht.»

Ich bezweifle, dass Peithon es getan hat.

«Und was schlägst du nun vor, Ptolemaios?»

Die Frage kam von Leonnatos, der bislang geschwiegen hatte. Ptolemaios bemerkte es und erkannte in ihm einen möglichen Verbündeten. «Ein Gremium aus vier Männern, von der Heeresversammlung gewählt. Es soll hier vor dem Thron zusammentreten, wo Alexanders Geist gegenwärtig ist.»

Perdikkas schaute Ptolemaios ungläubig an. «Ein Gremium soll eine Armee führen? Wie soll es uns so jemals gelingen, den Westen zu erobern?»

«Wir gehen nicht nach Westen.»

«Was? Aber Alexander –»

«– ist tot», fiel Eumenes ihm ins Wort. «Ptolemaios hat recht, wir gehen nicht nach Westen. Wenn wir das tun, werden wir alles verlieren, was wir bereits errungen haben.»

«Was sollen wir denn tun?», fragte Perdikkas, an Ptolemaios gerichtet.

«Wir konsolidieren. Jeder von uns übernimmt eine Satrapie, und wir herrschen im Namen Makedoniens. Innen- und außenpolitische Entscheidungen trifft das Vierergremium.»

«Das würde niemals gutgehen.»

«Warum nicht?» *Weil du es nicht zulassen wirst. Aber jetzt bist du auf mich angewiesen, damit ich dir aus der Situation heraushelfe, in die ich dich hineinmanövriert habe. Und das wird dich nichts weiter kosten als Ägypten.*

PERDIKKAS
DER HALBERWÄHLTE

«Warum nicht?», entgegnete Ptolemaios auf Perdikkas' Behauptung.

Dieser Bastard von einem Bastard, dachte Perdikkas, *er hat einen Weg aufgezeigt, wie wir keinen König brauchen und somit auch keinen Regenten. Was will er?* «Weil ein Gremium aus vier Männern sich niemals auf irgendetwas einigen könnte, ganz zu schweigen davon, dass wir uns gar nicht erst darauf einigen könnten, wer die vier sein sollen.»

«Wie ich schon sagte, die Heeresversammlung würde sie wählen», erwiderte Ptolemaios.

«Man kann die Heeresversammlung nicht einfach irgendwen wählen lassen – erst einmal müssten wir entscheiden, wer überhaupt zur Wahl stehen soll.»

«Makedonien braucht einen König, kein Gremium.» Peithon war es, der diese Feststellung traf, und durch seine schlichten Worte war die Angelegenheit für Perdikkas klar. Für fast alle anderen im Raum ebenfalls, denn alle Blicke richteten sich nun auf Peithon, und die meisten Anwesenden nickten zustimmend.

Perdikkas bemerkte, dass Ptolemaios und Leonnatos einen

raschen Blick wechselten, und ihm wurde klar, dass er schnell handeln musste. «Peithon hat völlig recht, wir brauchen einen König, und dieser König muss aus dem Hause der Argeaden stammen. Ich schlage daher Folgendes vor: Wir warten, bis Roxane ihr Kind geboren hat, und wenn es ein Knabe ist, entscheiden wir zwischen ihm und Arrhidaios. So oder so wird ein Regent benötigt – im Falle des Knaben für vierzehn Jahre, in Arrhidaios' Fall auf Lebenszeit.»

«Und wer soll dieser Regent sein?», fragte Ptolemaios.

«Perdikkas», sagte Aristonous.

«Perdikkas», schloss Peukestas sich an.

«Dem stimme ich zu», ließ Lysimachos sich vernehmen.

«Ich ebenfalls», erklärte Ptolemaios zu Perdikkas' Überraschung. «Gemeinsam mit Leonnatos in Asien, während Antipatros Regent in Europa bleibt, unterstützt von Krateros, wenn dieser eintrifft.»

Perdikkas starrte Ptolemaios an, dessen Gesicht ausdruckslos blieb. *Ich wette, hinter dieser Maske grinst du innerlich, du Bastard. Aber die Idee hat wohl etwas für sich: Sie wird Krateros darin bestärken, nach Europa zurückzukehren, sodass er mir nicht im Wege ist und ich nur noch mit Leonnatos fertigwerden muss. Kassandros wäre ich ebenfalls los – er wird zurück zu seinem Vater gehen, es sei denn, ich gebe ihm hier etwas zu tun, um ihn im Auge zu behalten. Ja, das könnte sich für mich alles recht günstig fügen.* «So sei es. Ist irgendjemand hier nicht einverstanden?»

Es war ein so fauler Kompromiss, dass niemand etwas dagegen einwenden konnte, schließlich schien niemandes Position unmittelbar bedroht. Selbst Meleagros hatte offenbar nichts auszusetzen, wie Perdikkas erleichtert feststellte. «Dann schlage ich vor, dass wir hier in Alexanders Gegenwart einen Eid ablegen und alle schwören, diese Lösung mitzutragen.» Er warf einen Blick zum anderen Ende des Saals hinüber, wo die Infanterie noch immer dabei war, Alexander die letzte Ehre zu erweisen. «Des Weiteren schlage ich vor, dass wir der Kavallerie die Lösung zuerst unterbreiten, da sie ihre Pflicht gegenüber Alexander bereits erfüllt hat.»

«Warum wenden wir uns nicht an die gesamte Armee auf einmal?», fragte Aristonous.

«Wenn wir die Unterstützung der Kavallerie bereits haben, wird die Infanterie vielleicht eher geneigt sein, den Kompromiss zu akzeptieren.»

«Wann hätte die Infanterie jemals irgendetwas getan, weil die Kavallerie es vorgemacht hat?», fragte Eumenes.

Meleagros grummelte in seinen Bart.

Während Perdikkas allen ranghohen Befehlshabern den Eid abnahm, betete er zu Ares, der erfahrene Kommandeur der Infanterie möge genügend Einfluss auf seine Männer haben, um sie dazu zu bewegen, die Entscheidung ohne allzu viel Widerspruch zu unterstützen.

«Und was tun wir, wenn die Infanterie mit dem Plan nicht einverstanden ist?», fragte Eumenes Perdikkas, als der Schwur geleistet war und sie in den Hof hinausgingen. Dort war die Kavallerie in Formation angetreten, und die Befehlshaber setzten sie eben von dem Beschluss in Kenntnis.

«Sie werden einwilligen.»

«Du meinst wohl, du hoffst, dass sie einwilligen werden. Vergiss nicht, in Indien hätten die Infanterie und die Kavallerie sich beinahe gegenseitig bekriegt, als die Infanterie umkehren wollte und die Kavallerie dafür war, mit Alexander weiterzuziehen. Die beiden Teile der Armee können sich gegenseitig nicht ausstehen.» Eumenes richtete den Blick auf die rund dreitausend jetzt unberittenen Kavalleriesoldaten, die in ihren Abteilungen den Vorschlag diskutierten. «Und welcher Arm ist stärker?»

«Aber einer kann nicht ohne den anderen überleben, nicht hier, so weit von der Heimat entfernt.»

«Das weiß ich ebenso wie du», erwiderte Eumenes, während aus den Reihen der Kavallerie Rufe der Zustimmung laut wurden, «und sie wissen es sehr wahrscheinlich auch. Aber sage mir, glaubst du wirklich, dass auch die dort es wissen?» Er wies über die Schulter, um anzudeuten, dass er die Infanteristen meinte, die Alexander die letzte Ehre erwiesen.

Perdikkas sah sich flüchtig nach dem Bereich des Thronsaals um, wo der Tote aufgebahrt war, dann stutzte er und schaute noch einmal hin. «Wo sind sie denn auf einmal? Als wir die Entscheidung trafen, war die Schlange noch lang, es warteten noch wenigstens ein paar hundert darauf, an Alexanders Leichnam vorbeizudefilieren.»

Eumenes drehte sich um und sah, dass die Schlange verschwunden war. «Das verheißt nichts Gutes.» Er wandte sich mit bitterem Lächeln wieder Perdikkas zu. «Mir scheint, du hast soeben eine Situation geschaffen, in der entweder ihr König auf den Thron kommt oder zwei Könige. Nicht sonderlich zufriedenstellend, würde ich sagen. Du siehst also, du brauchst wirklich meine Hilfe – du bist Soldat, kein Politiker, und nun, da Alexander tot ist, muss man ein wenig von beidem sein.» Eumenes hob die Schultern und breitete die Hände aus. «Das heißt, wenn man überleben will. Denn wenn diese Zusammenkunft uns eines gelehrt hat, dann dies: Wenn all das hier vorüber ist, werden nicht mehr viele von uns übrig sein.»

«Dazu wird es niemals kommen, uns verbindet zu viel. Wir sind Kameraden.» Doch Perdikkas hörte selbst, wie wenig überzeugt er klang, und er fürchtete, der kleine Grieche könnte die Lage zutreffend erfasst haben, denn nun erhob sich über den Jubel der Kavallerie hinweg Gebrüll. Es kam aus der Richtung des Infanterielagers draußen vor den Palastmauern. *Sie haben den Vorschlag abgelehnt, ehe wir überhaupt Gelegenheit hatten, ihnen unsere Argumente vorzutragen. Sie werden fordern, dass wir den Schwachsinnigen zum König machen.*

Perdikkas' Eingeweide krampften sich zusammen, als ein Offizier der Infanterie durch das Tor in den Hof marschiert kam und über die weite Fläche auf Meleagros zueilte.

«Nun», fragte Perdikkas, nachdem der Mann mit dem betagten Veteranen gesprochen hatte, «haben sie den Vorschlag abgelehnt?»

Meleagros' Blick verhärtete sich, und er lächelte freudlos. «Nicht nur das. Eukleides hier hat mir berichtet, dass sie Arrhidaios ausfindig gemacht und zum König erklärt haben. Sie nennen ihn nun Philipp, den Dritten dieses Namens.»

«Das können sie nicht tun!»

Meleagros zuckte die Schultern. «Nun, sie haben es getan.»

Auf Perdikkas' Gesicht zeichnete sich Panik ab. «Du musst ihnen Einhalt gebieten.»

«Warum? Es ist ihr Wille.»

«Es ist nicht das, was wir entschieden und worauf wir alle uns in Gegenwart von Alexanders Schatten eingeschworen haben. Willst du etwa diesen Schwur brechen?»

Meleagros überdachte das und erwiderte schließlich: «Also gut, ich gehe zu ihnen.»

«Gib ihnen Zeit, sich zu beruhigen, und lasse sie morgen früh zu einer Versammlung des gesamten Heeres antreten.»

«Das war alles andere als geschickt», bemerkte Eumenes, während Meleagros und Eukleides davongingen.

Perdikkas schaute überrascht auf den Griechen hinunter.

«Warum? Jemand muss dem Einhalt gebieten, und er ist der Einzige, auf den die Infanterie hören wird.»

«Ich stimme zu, dass er der Einzige ist, auf den die Infanterie hören wird – aber die Frage ist, was wird er zu den Männern sagen?»

«Er ist auf unseren gemeinsamen Beschluss eingeschworen.»

«Wenn du vor der Wahl stündest, einen Schwur vor einem Toten einzuhalten oder Regent für einen Schwachsinnigen zu werden, unterstützt durch die Infanterie, wie würdest du dich entscheiden?»

«Ich würde mich für die Ehre entscheiden.» Aber wieder verriet Perdikkas' Stimme seine Unsicherheit.

«Du tust recht daran zu zweifeln, Perdikkas, denn die Ehre ist das Erste, das wir alle verlieren werden, wenn es darum geht, uns unseren Anteil zu sichern – und glaube mir, darum wird es früher oder später gehen. Nun, wenn du als Sieger aus dieser Angelegenheit hervorgehen willst, brauchst du wirklich meine Hilfe, und sei es nur, dass ich dich daran hindere, Fehler wie den zu begehen, den du soeben begangen hast: die meuternde Infanterie wieder mit ihrem Anführer zu vereinen.»

Der listige kleine Grieche hat nicht unrecht, räumte Perdikkas im Stillen ein, während er Meleagros durch das Tor verschwinden sah. *Zumindest wäre es so, wenn er von seinesgleichen spräche. Aber Meleagros ist kein Grieche, sondern ein Makedone mit Ehrgefühl – er wird sie zur Vernunft bringen. Götter, wie ich die Infanterie hasse.*

ANTIGONOS
DER EINÄUGIGE

Deine Infanterie stand nur untätig herum, Vater!», schrie Demetrios mit überschnappender Stimme. «Ich habe meine Kavallerie über die Brücke geführt, um so viele von den Hurensöhnen zu töten, wie ich konnte. Dutzende und Aberdutzende haben wir auf der Flucht abgeschlachtet.»

Antigonos umklammerte die Kante seines Feldtisches. Er musste sich zurückhalten, um sich nicht auf seinen Sprössling zu stürzen, der sich zwei Tage lang ausgetobt hatte und nun über und über mit Blut besudelt vor ihm stand. Die dunklen Augen des Jünglings starrten trotzig, und die Kiefermuskeln in seinem bartlosen Gesicht arbeiteten rhythmisch. «Und was, wenn du in einen Hinterhalt geraten wärest? Hast du daran einmal gedacht, bevor du zwei Tage lang planlos durch Kappadokien gezogen bist, um ein paar Fliehende zu töten, nachdem der Sieg ohnehin bereits perfekt war?»

Demetrios tat den Gedanken mit einer wegwerfenden Geste ab und ließ sich auf einen dreibeinigen Schemel fallen. Von draußen drangen die Geräusche und Gerüche einer siegreichen Armee ins Zelt, die gerade ihre Morgenmahlzeit einnahm: das Klappern von Geschirr, Holzrauch, derbes Gelächter und frisch gebackenes Fladenbrot. «Sie waren nicht organisiert, Vater, daran war gar nicht zu denken.»

«Aber wie konntest du dir sicher sein, Demetrios? Du bist fünfzehn und hier, um zu lernen. Wenn du Männer in eine gefährliche Situation hineinführst, brauchst du Gewissheit, sonst sterben sie. Man stößt nie in ein Gebiet vor, das nicht zuvor ausgekundschaftet wurde, aber genau das hast du getan.»

«Wenn ich mit Ariarathes zurückgekehrt wäre, würden wir dieses Gespräch jetzt nicht führen.»

«Und ob wir das würden. Der einzige Unterschied wäre, dass ein rebellischer Satrap mit einem angespitzten Pfahl im Arsch den Platz vor meinem Zelt zieren würde. Also hör mir zu, Welpe, ich bin zwar dein Vater, aber ich bin auch Feldherr, und als solcher weiß ich, dass die oberste Sorge eines Feldherrn seinen Männern gilt, selbst der Kavallerie! Was ich dich habe tun sehen, war ein Akt törichter Tollkühnheit, und für so etwas ist kein Platz in meiner Armee oder überhaupt in irgendeiner Armee. Ich als Feldherr kann nicht zulassen, dass meine Männer derart unnötig in Gefahr gebracht werden. Deshalb hast du, Demetrios, nun die Wahl: Entweder versprichst du mir, nie wieder auf unerkundetes Gebiet vorzustoßen und künftig meine Befehle stets wortgetreu zu befolgen, oder du gehst heim zu deiner Mutter und lernst Nähen.»

Demetrios' Miene verriet seine Entrüstung. «Du würdest mich doch nicht entlassen! Ich bin dein Sohn, es steht mir selbstverständlich zu, ein Kommando innezuhaben.»

«Nein! Nicht selbstverständlich. Wenn ich finde, dass du eine Gefahr für dich selbst und meine Männer darstellst, werde ich dich *selbstverständlich* deines Kommandos entheben – täte ich das nicht, dann würden die Männer das Vertrauen in dich verlieren, du würdest eines Morgens mit durch-

62

geschnittener Kehle aufwachen, und ich wäre gezwungen, ein paar gute Jungs wegen Meuterei hinzurichten. Nun geh, ruh dich aus und denke darüber nach, denn bis ich deine Antwort höre, habe ich nichts weiter zu der Angelegenheit zu sagen.»

Demetrios stand auf; weder in seinen Augen noch in seinen Bewegungen waren irgendwelche Anzeichen von Erschöpfung zu erkennen. «Du kannst meine Antwort jetzt gleich hören, Vater: Ich werde meine Männer nie wieder ins Unbekannte führen.»

«Gut. Und weiter?»

«Und ich werde deine Befehle künftig wortgetreu befolgen.»

«Gut. Jetzt komm her», sagte Antigonos und stand auf. Er trat auf seinen Sohn zu und schlang seine muskulösen Arme um ihn. «Ich war in der Schlacht stolz auf dich, mein Sohn. Du hast tüchtig getötet und mit Begeisterung.»

«Danke, Vater. Es war ein gutes Gefühl, das zum ersten Mal zu erleben.»

«Ja, aber sieh zu, dass du es nicht zu sehr genießt, damit die Begeisterung nicht dein Urteilsvermögen trübt, wie es offenbar geschehen ist. Nun geh und schlaf dich aus. Wir bleiben den Tag über hier und verrichten Lagerdienste, während die Kundschafter unterwegs sind, ehe wir nach Kappadokien vorstoßen.»

Demetrios rang sich ein mattes Lächeln ab und fuhr sich mit einer Hand durch seine dunkle Mähne. «Einverstanden.» Er wandte sich zum Gehen.

«Und während du schläfst, soll ein Sklave deine blutige Uniform säubern – ich schätze es, wenn meine Offiziere wie solche aussehen, nicht wie kappadokische Räuber.»

«Denkst du, er nimmt sich die Lektion zu Herzen?», fragte Philotas, der das Zelt betrat, nachdem Demetrios gegangen war.

«Ich bete zu Ares, dass er es tut.» Antigonos schenkte sich Wein ein, dann griff er nach dem Wasserkrug, besann sich jedoch eines Besseren und stürzte seinen Becher unverdünnt hinunter. «Das Problem ist, Alexander und seine Generation haben jeden Jüngling von hoher Geburt dazu verleitet zu glauben, Soldaten in der Schlacht zu führen sei eine göttergegebene Fähigkeit, die allen edlen Makedonen eigen sei, und sie bräuchten daher nicht erst von Männern wie dir und mir zu lernen. Und blicken wir den Tatsachen ins Auge: Wir haben die Erfahrung auf unserer Seite, die jüngere Generation das Glück. Ich könnte jeden von diesen Welpen im Feld schlagen, ausgenommen Alexander selbst.» Er legte den Kopf schief. «Und vielleicht Krateros, aber der ist eher in unserem Alter.»

«Nun, diese Behauptung werden wir niemals überprüfen können.»

«Das ist wahr, den Göttern sei Dank.» Antigonos ließ sich wieder an seinem Feldtisch nieder und bedeutete Philotas, ihm gegenüber Platz zu nehmen. «Meine Morgenmahlzeit müsste bald kommen – bleibe doch und leiste mir Gesellschaft.»

Philotas rückte sich schmunzelnd den dreibeinigen Schemel zurecht, auf dem Demetrios zuvor gesessen hatte. «Zweifellos das Gleiche, was die gemeinen Soldaten essen.»

«Was für meine Männer gut genug ist, das ist auch für mich gut genug.» Antigonos schenkte noch zwei Becher Wein ein. «Auch wenn ich zugeben muss, dass ich es mir weit schmackhafter mache, indem ich das Gesöff, das die Männer bekommen, durch einen anständigen Jahrgang von meinen Weingütern ersetze.» Er hob seinen Becher und leerte ihn in einem Zug. «‹Der geharzte Kyklop› ist noch einer der freundlicheren Spitznamen, die mir die Männer gegeben haben.»

Philotas trank seinen Wein aus und schmetterte den Becher mit einem zufriedenen Rülpser auf den Tisch. «Es gibt weit schlimmere, das kann ich dir sagen, alter Freund, und auf dem Gewaltmarsch der letzten zwei Tage habe ich einige davon gehört.»

Antigonos lachte heiser. «Sollen sie mich doch nennen, wie sie wollen, solange sie nur schnell genug marschieren, wenn ich es eilig habe. Gestern war ich sehr zufrieden mit ihnen. Wären wir eine Stunde später angekommen, dann wäre Ariarathes bereits über den Fluss gewesen und hätte die Brücke gegen uns verteidigen können. Auch wenn ich ihn nicht gefasst habe – wenigstens kann ich Alexander berichten, dass ich seine Armee vernichtet und ihn in die Flucht geschlagen habe. Nachdem Demetrios endlich wieder hier ist, können wir morgen nach Kappadokien vorstoßen und die Sache zu Ende bringen. Nun, da Alexander zurück ist, wird er mir mit etwas Glück erlauben, in Armenien einzufallen, dann können wir uns dort ein paar Sommer lang vergnügen. Was würdest du dazu sagen, hm?»

Philotas schenkte sich selbst Wein nach. «Ich würde sagen, dass wir vorher ein paar Erkundungen anstellen und herausfinden sollten, ob die Frauen dort der Mühe wert sind. Ich habe genug von den widerspenstigen Weibern, die man hierzulande offenbar zur Fortpflanzung benutzt.»

«Wie du weißt, alter Freund, stoße ich nirgendwohin vor, ohne das Gebiet zuvor ausgekundschaftet zu haben.»

Philotas verschluckte sich so an seinem Wein, dass ihm etwas davon aus der Nase lief. «Das tat weh», brachte er kichernd heraus, während er seinen Becher abstellte und sich das Gesicht abwischte. «Und ich dachte doch tatsächlich, du hättest Kundschafter über den Fluss nach Kappadokien entsandt, um sicherzustellen, dass Ariarathes nicht irgendwelche fiesen Überraschungen für uns bereithält – dabei wolltest du in Wirklichkeit nur in Erfahrung bringen, wie es um seinen Harem bestellt ist.»

«Im Interesse meiner Männer, versteht sich, nicht in meinem eigenen.»

«Versteht sich.»

«Stratonike würde das niemals zulassen.»

Die Heiterkeit der beiden Männer fand ein Ende, als zwei Sklaven einen dampfenden Kessel Gersteneintopf mit Kräutern und ein paar Knorpelstückchen hereintrugen, die wohl für Fleisch durchgehen sollten, dazu einen runden, flachen Brotlaib. Antigonos gab den Sklaven einen Wink, das Essen abzustellen und sich wieder zu entfernen.

«Aber im Ernst», sagte Antigonos, als jeder eine gefüllte Schale vor sich stehen hatte, «glaubst du wirklich, dass Alexander seinen Blick nach Westen richten wird, nun, da er zurück ist?»

Philotas überdachte die Frage, während er an einem Kanten getunktem Brot kaute. «Ehrgeizig genug ist er. Und ich habe gehört, Krateros habe den Befehl erhalten, auf dem Heimweg nach Makedonien die Küstenroute zu nehmen, sodass er in den Hafenstädten Befehle erteilen kann, Schiffe zu versammeln.»

«Ja, davon habe ich auch gehört.»

«Aber weshalb nach Westen ziehen, ehe wir das hier zu Ende gebracht haben?»

Antigonos tunkte ein Stück Brot in seinen Eintopf. «Weshalb tut Alexander, was er tut? Für seinen eigenen Ruhm und aus keinem anderen Grund. Er findet, Armenien sei seiner nicht würdig, deshalb hoffe ich, er wird es mir überlassen. Nein, ich glaube wirklich, dass er eine Flotte zusammenzieht, die ihn zu den griechischen Städten im südlichen Italien und auf Sizilien bringen soll. Vielleicht hat er sogar Karthago im Blick.»

«Karthago? Aber das ist so weit entfernt – wie würde er die Nachschublinien aufrechterhalten?»

«Auf die gleiche Weise, wie er es getan hat, als er draußen im Osten war –»

«Vater!»

Antigonos blickte auf und sah Demetrios ins Zelt kommen. «Was gibt es? Hast du es dir anders überlegt und entschieden, doch lieber bei deiner Mutter Nähen zu lernen?»

Demetrios' Gesicht verriet tiefe Bestürzung. «Alexander ist tot, Vater, er starb vor drei Tagen. Draußen ist ein Bote aus Babylon.»

Antigonos und Philotas wechselten einen entsetzten Blick. «Tot? Das ist unmöglich. Rufe den Mann herein, Demetrios.»

«An einem Fieber», antwortete der Bote auf Antigonos' erste Frage. Staubig vom langen Ritt, hatte er den angebotenen Becher stark verdünnten Wein in einem Zug geleert.

«Und wem hat er sein Reich hinterlassen?»

«Es war ein Gerücht in Umlauf, er habe nur gesagt: ‹Dem Stärksten›. Als Perdikkas uns Boten in alle Teile des Reiches entsandte, schien es mir, als ob seine Gefährten darüber stritten, was Alexander eigentlich gemeint hatte.»

Antigonos' wettergegerbtes Gesicht verzog sich zu einem müden Lächeln. «Das kann ich mir vorstellen. Du sagst, Perdikkas habe dich geschickt?»

«Ja, er schien die Führung übernommen zu haben. Alexander hatte ihm seinen Ring gegeben, als er sagte ‹dem Stärksten›.»

«Aber er hat keinen als Erben benannt.» *Mit zwei Wörtern hat der junge Hurensohn einen Bürgerkrieg entfesselt, der Jahre andauern wird, und ich wette, er hat es absichtlich getan, damit niemand ihn in den Schatten stellt. Ich sollte lieber anfangen zu planen.* «Ist das alles, was du weißt?»

«Ja, Herr, abgesehen davon, dass er wirklich tot ist – ich habe den Leichnam mit eigenen Augen gesehen. Perdikkas hat uns allen Gelegenheit gegeben, ihm noch die letzte Ehre zu erweisen, ehe wir aufbrachen.»

«Ein edler Zug», bemerkte Antigonos und erhob sich. «Wenigstens benimmt er sich, wie es sich für einen Makedonen geziemt.» Er öffnete eine Truhe, die neben seinem Tisch auf dem Boden stand, nahm einen kleinen Geldbeutel heraus und warf ihn dem Boten zu. «Ich werde dir auf dem Rückweg einige Briefe mitgeben. Bleibe bei meiner Armee, bis ich dich rufe.»

«Jawohl, Herr, danke», erwiderte der Mann und wandte sich zum Gehen. Dabei wog er den Beutel in der Hand und fand ihn erfreulich schwer.

«Was bedeutet das, Vater?», fragte Demetrios.

«Es bedeutet, mein Junge, dass wir entscheiden müssen, auf wessen Seite wir sind. Entweder wir stellen uns hinter denjenigen, der in Babylon die Oberhand gewinnt – das könnte Perdikkas sein, Ptolemaios oder Leonnatos, vielleicht werden sich auch zwei von ihnen um das Reich balgen. Oder wir unterstützen den, der in Makedonien herrscht – derzeit ist es Antipatros, aber wenn Alexanders Befehle weiter befolgt werden, sollte Krateros ihn ablösen. So oder so wird jeder von beiden meinen, als von Alexander eingesetzter Regent einen Anspruch auf die Macht zu haben. Und du darfst niemals vergessen, dass es in Makedonien noch immer eine gewaltige Armee gibt. Was wir außerdem im Auge behalten müssen, sind die dunklen Machenschaften dieser Zauberin und Giftmischerin Olympias. Sie wird Schmerz und Hass verbreiten, um ihr eigen Fleisch und Blut auf den Thron zu bringen.» Er wandte sich an Philotas. «Vielleicht wird meine Behauptung doch noch auf die Probe gestellt.»

«Dazu wird es nicht kommen. Alle werden sich ein wenig aufspielen, und dann wird eine Einigung darüber erzielt werden, wer was bekommt. Wir werden nicht das Reich aufs Spiel setzen, indem wir uns gegenseitig bekriegen.»

Antigonos knurrte. «Hoffentlich behältst du recht. Was würdest du an meiner Stelle tun, um meine Position abzusichern?»

«Ich? Nun, zunächst einmal würde ich morgen nicht nach Kappadokien vorstoßen – ich würde zurück nach Kelainai gehen, meine Truppen zusammenziehen und mich bereit machen, den Ersten zu unterstützen, bei dem es sich lohnen könnte.»

«Das ist ein weiser Rat, mein Freund. Ich sollte keine Zeit damit vergeuden, Rebellen durchs Land zu jagen, wenn es anderswo etwas zu gewinnen gibt.»

«Lass mich nach Kappadokien gehen, Vater», bat Demetrios eindringlich, doch ein Blick aus Antigonos' gutem Auge hinderte ihn daran, eine Diskussion anzufangen.

«Wir gehen zurück nach Westen und warten einen Monat oder so ab, wie die Dinge sich entwickeln.» Der Feldherr schaute seinen Sohn vielsagend an. «Wer weiß, Demetrios, da wir hier so mitten im Geschehen positioniert sind, könnte diese Sache für uns äußerst vorteilhaft ausgehen. Ich denke mir, dass künftig vielleicht eine Menge Leute uns zu Freunden haben wollen.»

EUMENES
DER LISTIGE

Wie kommt es nur, dass ich nicht überrascht bin, du aber wohl, Perdikkas, obwohl ich dich doch gestern vorgewarnt habe? Eumenes genoss den Ausdruck auf Perdikkas' Gesicht, als Meleagros einen hinkenden Schwachkopf vorführte, angetan mit purpurfarbenem Chiton und Mantel und mit einem Königsdiadem auf dem Kopf. *Weshalb fällt es den Makedonen so schwer, etwas Missliebiges zu glauben, solange sie es nicht mit eigenen Augen gesehen haben?* «Was habe ich dir gesagt?»

Perdikkas schaute aufrichtig bestürzt von der Rednerbühne in der Mitte des Hofes auf ihn hinunter. Eumenes fand im Stillen, dass das weit besser war als der hochmütige Ausdruck, mit dem er seine griechischen Gesprächspartner sonst bedachte. «Aber er hat einen Eid geschworen. Es wäre seine Pflicht gewesen, die Infanterie zu überzeugen, dass sie diesen Irrsinn vergessen, einen Schwachsinnigen zum König zu machen, nicht, sie noch zu ermutigen.»

«Was er hätte tun müssen oder nicht, spielt keine Rolle – Tatsache ist, dass er nun hier mit Arrhidaios vor der versammelten Armee steht und ihn König Philipp nennt, den Dritten dieses Namens. Du musst auf die Situation reagieren, wie du sie vor dir siehst, nicht wie du sie gern gehabt hättest.»

Die Sonne war inzwischen über dem riesigen Hof des Palastkomplexes aufgegangen, auf dem die Armee sich in der Stunde vor Tagesanbruch versammelt hatte. Infanterie und Kavallerie waren zusammen aufmarschiert; die Infanterie in *Syntagmata*, Einheiten zu je zweihundertsechsundfünfzig Mann, die fast die Hälfte der Fläche einnahmen, und die Kavallerie ringsherum an den Rändern des Hofes. Allerdings hatte Perdikkas, der kein Risiko eingehen wollte, sie diesmal beritten antreten lassen. Opfer waren dargebracht worden, dann hatte Perdikkas die Rednerbühne betreten, gefolgt von den übrigen sechs Leibwächtern. Als er eben im Begriff war, das Wort an die Versammlung zu richten, hatten Meleagros und Eukleides sich einen Weg durch die dichten Reihen ihrer Männer gebahnt und Arrhidaios, gekleidet wie Alexander, zu König Philipp ausgerufen. Der König hatte vor Dankbarkeit über die Ehre gesabbert, und als Meleagros ihm das Diadem auf den Kopf setzte, hatte er seiner Begeisterung Ausdruck verliehen, indem er sich einnässte und einen geschnitzten hölzernen Elefanten durch die Luft schwenkte.

Eumenes bewunderte Meleagros' Vorgehen, auch wenn er es nicht billigte, denn wenigstens unterstützte er die Abstammungslinie König Philipps, des Zweiten, der so genannt wurde, des Mannes, der ihn aus der Bedeutungslosigkeit erhoben hatte – des Mannes, dem Eumenes' unsterbliche Treue galt. Und während er Perdikkas' unschlüssiges Gesicht betrachtete, spielte Eumenes mit dem Gedanken, zu Meleagros überzulaufen und ihm seine Dienste anzubieten, die Perdikkas anscheinend so ungern annehmen wollte. Vielleicht wäre etwas aus der Situation zu machen, wenn der schwachsinnige König die Armee einte und die Dynastie der

Argeaden an der Macht hielt. Aber selbst wenn Meleagros und seine Unterstützer sich durchsetzten – würden sie ihn respektieren und für seine Sicherheit sorgen? *Als Grieche in einer makedonischen Welt zu leben, ist keine einfache Sache,* rief Eumenes sich in Erinnerung, *und als Grieche am Leben zu bleiben, wenn diese Welt in Stücke geht, wird noch schwerer sein.* Er schaute sich flüchtig nach Roxane um, die zwei Stockwerke über ihm verschleiert in einem offenen Fenster ihrer Gemächer saß, eine Hand auf den Bauch gelegt, und das Geschehen verfolgte. *Allerdings wird es noch schwerer, als asiatische Wildkatze sich selbst und ihren Sprössling am Leben zu halten, nun, da ein neuer König gekrönt wurde. Noch würde allerdings niemand die Verantwortung dafür auf sich nehmen wollen, Alexanders Kind zu töten, am allerwenigsten ich, der ich seiner Familie alles verdanke. Und das ist der Schlüssel zum Ganzen: Wir brauchen einen Nachfolger, der Alexanders und Philipps gemeinsame Abstammungslinie fortsetzt, nicht allein die Philipps, wie es bei dem Schwachsinnigen der Fall wäre. Und einen solchen Nachfolger trägt sie im Leib.* Er runzelte die Stirn, als ihm ein Gedanke kam. *Dasselbe träfe auch auf Kleopatra zu, Alexanders Vollschwester – vielleicht gibt es doch mehr Möglichkeiten, als ich zunächst dachte.* Diese Erkenntnis bewog Eumenes, zu bleiben, wo er war, auch wenn ihm Perdikkas' unentschlossene Miene unerträglich war. *Wäre ich als Makedone geboren, dann würde ich sie alle in die Tasche stecken – so entschlossen in der Schlacht, in der Politik jedoch das genaue Gegenteil.* Er warf einen Blick zu Ptolemaios hinüber, der die Situation sichtlich amüsant fand. *Vielleicht mit Ausnahme von dir. Du genießt das hier, und ich glaube auch zu wissen, warum.*

Als Meleagros seine Männer zur Ordnung rief, konnte Eumenes es nicht länger ertragen. «In den Thronsaal, Perdikkas», sagte er und sah auf. «Dorthin musst du – wer Alexanders Leichnam hat, der hat auch seine Autorität.»

Perdikkas erkannte, dass diese Feststellung zutraf, und mit einem Mal wurde er ganz rege. «Leonnatos und Peukestas, bleibt hier bei der Kavallerie und haltet euch bereit einzuschreiten, falls Gewalt auszubrechen droht. Wir müssen um jeden Preis verhindern, dass makedonisches Blut vergossen wird, sonst gibt es kein Zurück mehr. Lysimachos und Peithon, ihr geht ins Lager der Söldner – ich will sicherstellen, dass wir uns auf sie verlassen können, insbesondere auf die Griechen und Thraker. Ptolemaios und Aristonous, nehmt zweihundert Mann und kommt zu mir in den Thronsaal.» Er wandte sich ab und rannte davon.

«Makedonen», bellte Meleagros, dass seine Stimme von den gefliesten Palastmauern widerhallte, während Perdikkas die Stufen von der Rednerbühne hinuntereilte, «heute haben wir einen neuen König erkoren, einen makedonischen König und reinblütigen Spross der Argeaden. Heute haben wir Philipp, den Dritten dieses Namens, dazu erkoren, uns zu führen.»

Nein, das habt ihr nicht, dachte Eumenes. *Ihr habt Meleagros dazu erkoren, euch als Regent für einen Schwachsinnigen zu führen – wenigstens hofft er das.*

«Wir werden nicht länger dulden, dass asiatisches Blut sich mit dem unseren vermischt», fuhr Meleagros fort, der sich allmählich in Fahrt redete. Indessen beobachtete Eumenes, wie Ptolemaios und Aristonous den zweihundert Mann, die ihnen am nächsten waren, befahlen, abzusitzen und Perdikkas in den Thronsaal zu folgen. «Wir werden nicht länger mit ansehen, wie die makedonische Phalanx von Männern infiltriert wird, die nie die Berge und Täler Makedoniens gesehen haben, nie das Wasser seiner Flüsse geschmeckt, seine Lämmer verspeist, sein Korn gemahlen ...»

«Ich hätte gar nicht gedacht, dass Meleagros ein Poet ist», kommentierte Eumenes, der Ptolemaios einholte, während der Infanteriekommandeur seine Ansprache fortsetzte. «Ein maßloser Trinker, der mehr Ranküne und Vorurteile in sich hat als Wörter in seinem Wortschatz, das gewiss, aber dass er anscheinend diese Wörter in geradezu poetischer Weise aneinanderzureihen versteht, ist wahrhaftig eine neue Erkenntnis.»

Ptolemaios schaute ihn nicht an. «Ein Jammer für ihn, dass er ein solches Talent erst in den letzten Tagen seines Lebens entdeckt.»

«Dem kann ich nur zustimmen. Ich hatte kurz daran gedacht, Meleagros meine Unterstützung anzubieten, aber in den Adern des Schwachsinnigen fließt nicht Alexanders Blut, und das wird ihm zum Verhängnis werden. Das und natürlich seine Geistesschwäche.»

«Natürlich. Aber sage mir, weshalb legst du solchen Wert auf die makedonische Abstammungslinie? Du bist doch Grieche.»

«Ich *bin* Grieche, gut erkannt, Ptolemaios. Aber ich bin ein außergewöhnlicher Grieche, da ich zwei Makedonen alles verdanke. Ohne Philipps und Alexanders Gönnerschaft wäre ich wahrscheinlich bereits tot, getötet von Meuchelmördern im Auftrag von Hekataios, dem Tyrannen meiner Heimat Kardia.»

«Er nahm wohl Anstoß an deinem Listenreichtum und an deiner –»

«– Angewohnheit, anderen Leuten ins Wort zu fallen, um ihre Sätze zu beenden? Ja, ich nehme an, damit habe ich mich nicht eben beliebt gemacht, aber vor allem nahm er Anstoß daran, dass mein Vater versuchte, ihn zu stürzen. Er wurde hingerichtet, ebenso wie der Rest meiner Familie, und so floh ich nach Makedonien.»

«Ich weiß noch, wie du ankamst – wir haben dich ausgelacht, weil du nicht in der Lage warst, einen Sauspieß zu halten, und auch wegen deiner Gelehrsamkeit.»

«Meine Gelehrsamkeit unterschied mich von euch Sauspießhaltern, ihretwegen machte Philipp mich zu seinem Sekretär – und natürlich um Hekataios zu ärgern. Er wurde mein Gönner, und deshalb werde ich der einzigen Familie, die ich noch habe, für immer treu bleiben – und ich selbst werde beträchtlich davon profitieren.»

«Dann bist du nicht gänzlich frei von eigennützigen Beweggründen?»

«Wer ist das schon?»

«Ich denke, wer die gegenwärtige Verwirrung ausnutzt, könnte sich große Vorteile verschaffen, und wie ich sehe, teilst du diese Ansicht, denn du scheinst das hier zu genießen.»

Eumenes hatte Mühe, mit Ptolemaios mitzuhalten, der mit langen Schritten den Hof überquerte. «Nicht so sehr wie du.»

«Da könntest du recht haben. Vergebliche Bemühungen anderer zu beobachten, ist ein faszinierender Zeitvertreib, erst recht, wenn man selbst beabsichtigt, sich an dem Spiel zu beteiligen.»

«Einem Spiel, das du zu gewinnen gedenkst?»

Zum ersten Mal in diesem Gespräch schaute Ptolemaios Eumenes an. Sie traten jetzt in den Korridor, der zum Seiteneingang des Thronsaals führte. «Nur ein Schwachkopf würde versuchen, das Spiel zu gewinnen, solange die Regeln so sind, wie sie sind, das wird auch Meleagros bald begreifen. Und Perdikkas in nicht allzu ferner Zukunft ebenfalls, wenn er seinen Weg weiterverfolgt.»

«Und welcher Weg ist das?»

«Der zu absoluter Macht, etwas anderes lässt seine Selbstsucht nicht zu. Aber wenn wir in den vergangenen zehn Jahren etwas gelernt haben, dann, dass dieses Privileg einzig Alexander vorbehalten war. Und selbst er musste sich dem Willen der Infanterie beugen, als sie die Umkehr forderte.»

Mir scheint, wir beide könnten auf derselben Seite stehen – einstweilen. «Dem kann ich nur zustimmen, genau so sehe ich es ebenfalls.»

«Weshalb unterstützt du dann Perdikkas?»

«Weil er den Ring hat.»

«Aber –»

«Er wurde nicht zum Erben erklärt, ich weiß. Aber allein der Besitz verleiht ihm die nötige Autorität, die Entscheidung zu treffen, von der wir beide wissen, dass sie getroffen werden muss.»

«Wissen wir das?»

«Ja, es war dein Vorschlag, schon vergessen? Du konntest Perdikkas dazu bewegen, der Regentschaft durch ein Vierergremium zuzustimmen – einer Lösung, die ich vollauf unterstütze, denn auf diese Weise bleibt die Argeadendynastie erhalten. Aber er hat noch immer nicht eingewilligt, dass jeder von uns eine Satrapie übernimmt, und ich glaube zu wissen, welche du willst.»

«Ach, tatsächlich? Bietest du mir gerade deine Hilfe an, sie zu erlangen?»

«Sagen wir so: Mir selbst würde man sie niemals überlassen, da sie für einen Griechen wie mich viel zu wertvoll wäre. Wenn ich Glück habe und trotz meines minderwertigen Blutes bedacht werde – was ich bezweifle –, dann wird mir allenfalls eine karge Satrapie voller wilder Stämme irgendwo draußen im Osten zuteil. Aber wenigstens wird sie mir gehören, auch wenn sie nicht annähernd so reich oder so leicht zu verteidigen ist wie Ägypten.»

Ptolemaios lächelte. Er blieb am Eingang zum Thronsaal

stehen und ließ die Männer hineinmarschieren. «Du bist ein schlauer kleiner Grieche. Wie bist du darauf gekommen?»

«Du hast eine Vorliebe für Luxus und Frauen und wärst liebend gern überwältigend reich, ohne allzu viel dafür zu tun. Wenn du das alles hättest und dazu noch hin und wieder eine anständige Schlacht – falls jemand versuchen sollte, deinen Frieden zu stören –, dann könnte ich wetten, du wärst für den Rest deiner Tage sehr glücklich.»

Ptolemaios neigte leicht den Kopf. «Du schätzt mich ganz richtig ein, Eumenes: ein normaler Mann mit normalen Begierden. Als ich Ägypten sah, damals, als ich Alexander zum Orakel des Amun in Siwa begleitete, da wusste ich, das wäre der richtige Ort für mich, wenn ich einmal in die Jahre käme. Und nun, da ich nicht mehr der Jüngste bin, wünsche ich mir ein Leben ohne große Strapazen, damit ich es in vollen Zügen genießen kann.»

«Eine Einstellung, der ich mich voll und ganz anschließe.»

«Und was willst du von mir im Gegenzug für deine Unterstützung in dieser Angelegenheit?»

Eumenes sah zu ihm auf. «Nichts, das du dir nicht leisten könntest. Lediglich deine Fürsprache, damit ich bei der Verteilung der Satrapien nicht übergangen werde, nur weil ich Grieche bin.»

«Ist das alles?»

«Einstweilen ist das alles.»

«Einstweilen?»

«Einigen wir uns einfach darauf, dass du aus unserer Vereinbarung weit größeren Nutzen ziehen wirst als ich, also könntest du vielleicht einräumen, in meiner Schuld zu stehen?»

«Du bist doch ein schlauer und listiger kleiner Grieche, wie?»

«Bin ich das? Oh, danke, Ptolemaios. Und du selbst bist auch nicht ganz so geradeheraus und offen.»

Ptolemaios musste wider Willen grinsen. «Die Vereinbarung steht, unter einem Vorbehalt –»

«Dass du mir zwar etwas schuldest, ich deshalb aber nicht erwarten kann, dass du mir jeden Wunsch erfüllst?»

«Was mich an dir am meisten stört, ist –»

«Dass ich Leuten immer ins Wort falle und ihre Sätze beende? Ja, ich weiß, das bekomme ich oft zu hören. Das ist eine meiner Schwächen – es kommt daher, dass ich einen schärferen Verstand habe als die meisten.» Eumenes wandte sich ab und betrat den Thronsaal. Ptolemaios blieb schmunzelnd zurück und schüttelte den Kopf.

Nun werde ich mir den Umstand, dass ich kein Makedone bin, zur Abwechslung einmal zunutze machen, sagte sich Eumenes, während er auf die Bahre zuging, auf der Alexander noch immer lag. Seit seinem Dahinscheiden waren nunmehr drei Tage vergangen, dennoch war wundersamerweise kein Verwesungsgestank wahrzunehmen und auch keine äußerlichen Anzeichen des Verfalls – er sah noch genau so aus wie im Moment seines Todes. Zu Eumenes' großer Erleichterung war das Diadem auf seinem Kopf. *Also ist das, mit dem sie Philipp gekrönt haben, falsch – das dürfte die Sache erheblich vereinfachen. Aber wie kann ich es an mich bringen? Das wird einiges Geschick erfordern.* Während Perdikkas Trupps der neu eingetroffenen Soldaten dazu abkommandierte, sämtliche Eingänge zu versperren, hielt Eumenes sich in der Nähe des Leichnams, doch er fühlte sich nicht so unbeobachtet, dass er einen Versuch gewagt hätte, das Diadem an sich zu bringen. Er war beinahe erleichtert, als Meleagros vor dem Haupteingang zum Saal rief: «Im Namen König Philipps, öffnet die Tür.»

«Es gibt keinen König Philipp», rief Perdikkas zurück.

«Er wurde durch die Heeresversammlung bestätigt, und du warst zugegen, ich habe dich gesehen. Nun öffne die Tür!»

Perdikkas antwortete nicht. Meleagros wiederholte die Forderung noch zwei weitere Male und verlor schließlich die Geduld; die Türflügel erzitterten unter einer Folge dröhnender Schläge.

Es war in einem Augenblick getan, während Männer herbeieilten, um ihre Kameraden an der Tür zu verstärken – mit Daumen und Mittelfinger nahm Eumenes das Diadem von Alexanders Kopf und ließ es vorn in seinen Chiton gleiten, wo der Gürtel es hielt.

Die Schläge gegen die Tür wurden stärker; eine Axt brach durch, dann noch eine, gefolgt von zwei weiteren, sodass den Verteidigern Splitter ins Gesicht flogen, während sie sich mit den Schultern gegen das Holz stemmten. Aber eine Schulter vermag nichts gegen die Klinge einer Axt, und als das Holz an immer mehr Stellen durchschlagen wurde und die ersten Männer verletzt zu Boden gingen, wichen die Übrigen zurück, denn es war aussichtslos.

Jetzt wird es interessant, dachte Eumenes und zog sich langsam zurück, während Meleagros die Tür mit Fußtritten aufstieß und die Infanterie mit erhobenen Speeren hereinstürmte.

Perdikkas und Aristonous hielten die Stellung, doch von Ptolemaios war nichts zu sehen. Eumenes ging stetig weiter rückwärts, indessen Meleagros mit triumphierendem Grinsen auf Perdikkas zuschritt. «König Philipp ist gekommen, um den Leichnam seines Bruders zur Bestattung zu holen, Perdikkas. Du hast kein Recht, ihm die Herausgabe zu verweigern.»

«Ich bin einer der Regenten, Meleagros. Wir alle haben der

Lösung zugestimmt und vor Alexander einen Eid geschworen. Arrhidaios ist nicht König – er wurde nicht von der gesamten Heeresversammlung akklamiert, sondern lediglich von der Infanterie.»

«Die Infanterie ist zahlreicher als die Kavallerie, deshalb muss ihr Wille Vorrang haben.» Meleagros trat näher an den Leichnam heran. «Geh mir aus dem Weg oder stirb.»

Sollte Perdikkas der Erste sein, dessen Blut vergossen wird? Ich denke nicht. Eumenes setzte seinen langsamen Rückzug fort, während die Spannung stieg.

Perdikkas stand Meleagros ein paar Augenblicke lang reglos gegenüber, dann trat er zurück. «Also gut, ich überlasse dir den Thronsaal und den Leichnam.» Er wandte sich ab und gab Aristonous und seinen Männern einen Wink. «Kommt.»

Das ist vielleicht die beste Entscheidung, die Perdikkas bislang getroffen hat, dachte Eumenes, nunmehr an der Tür angekommen. Er drehte sich um und folgte eilends dem langen Korridor. Als er auf den Hof hinaustrat, traf er dort Ptolemaios an, der ihn erwartete; die Kavallerie war nirgends zu sehen.

«Leonnatos hat sie hinausgeführt, als ich ihm sagte, dass Perdikkas den Thronsaal unmöglich halten kann», erklärte Ptolemaios ihre Abwesenheit. «Er bringt sie aus der Stadt.»

«Eine sehr vernünftige Vorsichtsmaßnahme.»

«Und ich denke, ich sollte mich ihm anschließen, bis sich die Lage beruhigt hat. Ich dachte mir, ich könnte Seleukos suchen und mit ihm gehen, mit einem Abstecher zum Elefantenlager in den Gärten außerhalb des Ischtar-Tores. Seine alte Truppe wäre eine willkommene Verstärkung, falls es zum Kampf kommen sollte, und ihre Treue ist ihm noch immer sicher.»

«Oh, ich denke nicht, dass das nötig ist. Die Dinge entwickeln sich doch gerade so gut, und wir sind dem, was wir beide erreichen wollen, wieder einen Schritt näher.»

«Momentan ist es nicht nötig, aber solange Meleagros lebt, könnte sich das noch ändern.»

«Dann sollten wir sein Ableben beschleunigen, indem wir die Kavallerie vor den Mauern dazu benutzen, der Stadt die Nahrungszufuhr abzuschneiden. Mit Hungrigen ist viel leichter zu verhandeln.»

Ptolemaios drohte Eumenes mit dem Finger, während Perdikkas und Aristonous nun ihre Männer aus dem Korridor führten. «Du bist doch ein listiger, durchtriebener –»

«– kleiner Grieche, ich weiß. Was glaubst du, wie es mir sonst gelungen wäre, erst Philipps Sekretär zu werden und dann Alexanders – durch Nettigkeit? Oder war es wirklich nur meine Gelehrsamkeit?»

«Kommst du mit?», fragte Ptolemaios und wandte sich ab, um sich Perdikkas anzuschließen.

«Ich denke nicht. Wenn Makedonen sich streiten, ist der Einzige, der mit beiden Seiten reden kann, ein listiger, durchtriebener kleiner Grieche.»

KRATEROS
DER FELDHERR

Dicker schwarzer Rauch wölkte aus jeder der vier Dutzend Holzhütten in der kleinen Bucht. Frauen und Kinder, in einer Reihe aneinandergekettet, flehten schluchzend um Gnade, jedoch vergebens. Krateros hatte diesbezüglich klare Anweisungen erteilt: Die Männer sollten hingerichtet werden, die Übrigen kamen nach Delos auf die Sklavenmärkte. So und nicht anders musste man mit Piraten verfahren.

Krateros sprang von seiner Diere, die eben auf den Sandstrand der Bucht aufgelaufen war, und überblickte das Werk seiner Männer. Sie hatten ganze Arbeit geleistet: Gerade wurden die frischen Leichen der hingerichteten Piraten zusammen mit reichlich Treibholz zur Verbrennung auf einen Haufen geschichtet. Die Sklaven wurden indessen zusammengetrieben, um sie in ein elendes Dasein zu verschleppen. Krateros fand, sie hätten es nicht anders verdient. Sein eigentliches Interesse galt allerdings nicht dem Schicksal der Bewohner dieser Bucht, sondern ihrem Handwerkszeug: In der Mitte der Bucht lagen drei *Lemboi*, schnelle kleine Schiffe mit einzelnen Reihen zu je fünfzehn Rudern an jeder Seite. Sie waren bei dem Überfall nicht beschädigt worden, ganz wie Krateros es befohlen hatte. Er nahm seine *Kausia* ab, die krempenlose bäuerliche Mütze aus Filz mit ledernem Deckel, die er gewöhnlich statt eines Helms trug, und wischte sich den Schweiß von der Stirn, während er seine Beute in Augenschein nahm. Die Schiffe waren in tadellosem Zustand: Ideal für Piratenangriffe auf Handelsschiffe, würden sie auch für die Kriegsflotte, die er gerade zusammenstellte, eine Bereicherung sein. Zwar waren sie für Truppentransporte zu klein, als Versorgungsschiffe jedoch bestens geeignet. Und wenn Alexander sein Vorhaben wirklich in die Tat umsetzte, würden viele Versorgungsschiffe gebraucht werden.

Es war eine kühne Vision, die Alexander da hatte: den Westen zu erobern und fast die gesamte bekannte Welt unter seine Herrschaft zu bringen. Doch sein ursprünglicher Traum, sich ein Großreich anzueignen, war nicht weniger kühn gewesen, und diesen hatte er verwirklicht. Hätte es die Meuterei nicht gegeben, dann hätte er sich sogar noch ein zweites Reich zu eigen gemacht, denn für Krateros gab es keinen Zweifel daran, dass er ganz Indien erobert hätte. Sie hätten gemeinsam am Ufer des äußeren Ozeans gestanden und auf den Rand der Welt geblickt. Doch dazu würde es nun nicht mehr kommen – die Infanterie hatte Alexander gezwungen, sich in seinen Träumen zu beschränken. Das konnte er den Männern niemals verzeihen, und deshalb führte Krateros nun die Einheiten, die am meisten Schuld auf sich geladen hatten, in die Heimat zurück. Anschließend sollte er Antipatros als Regent in Makedonien ablösen, ein Amt, um das er sich nicht bemüht hatte und das er auch nicht wollte. Nun, er hatte es nicht eilig, sein Ziel zu erreichen, und so nutzte er auf dem Weg dorthin alle Gelegenheiten, die sich ihm boten. Er hatte bereits an die vierhundert Schiffe unterschiedlicher Größe und versammelte sie in Tarsos, der Hauptstadt von Kilikien nicht weit von der Mündung des Flusses Kydnos.

Die Piraten waren entlang der kilikischen Küste seit Alexanders Eroberung zum Problem geworden, denn indem er den persischen Satrapen absetzte und stattdessen einen Makedonen ernannte, hatte Alexander unfreiwillig die Bedingungen für erfolgreiche Piraterie geschaffen. Da niemand ihn warnte – der neue Satrap war ja mit den Gegebenheiten in seinem Herrschaftsbereich noch nicht vertraut –, nahm Alexander die kilikische Streitflotte in seinem Gefolge mit, als er entlang der Küste nach Osten weiterzog. Seither patrouillierten keine Schiffe mehr vor der Küste, und so siedelten sich immer mehr Piraten in den kleinen Buchten im Schutz hoher Klippen an.

Nun machte Krateros ihrem Treiben ein Ende und schuf zugleich die Kriegsflotte, die für das nächste große Abenteuer gebraucht werden würde. Der bloße Gedanke daran erfüllte ihn mit Vorfreude, und er lächelte; mit seinen siebenundvierzig Jahren wusste er, dass ihm noch einige Zeit blieb. Der Blick auf den äußeren Ozean im Osten war ihm versagt geblieben, doch das endlose Meer jenseits der Säulen des Herakles würde ein ebenso berauschender Anblick sein – sofern Alexander ihn an dem Feldzug teilnehmen ließ und ihn nicht zwang, im Sumpf der makedonischen und griechischen Politik ein trostloses Dasein zu fristen. Er schauderte bei dem Gedanken, dann schob er ihn von sich und betrachtete noch einmal wohlgefällig seine Beute und die Gefangenen.

«Das ist eine gute Leistung für einen Abend, Antigenes», sagte Krateros zu dem Kommandeur, den er dazu abgestellt hatte, die Bucht zu überfallen. «Drei Schiffe, ein Haufen toter Piraten und eine hübsch lange Kolonne Sklaven – der Erlös aus ihrem Verkauf wird unsere Kriegskasse füllen.»

«Ich habe ein paar hübsche Mädchen und zwei der Knaben zurückbehalten, damit die Jungs sich mit ihnen vergnügen können, wenn sie die Leichen verbrannt haben.»

«Recht so, sie haben sich den Spaß verdient, nachdem sie drei so prächtige Schiffe erbeutet haben. Vielleicht mache ich selbst auch mit, wenn sie erst zum Zuge gekommen sind – es schadet nie, sich ein wenig an den Vergnügungen der Männer zu beteiligen. Sage ihnen, was sie in den Überresten der Siedlung finden, dürfen sie behalten.» Er schaute aufs Meer hinaus, die haselnussbraunen Augen mit einer Hand abgeschirmt. Als am östlichen Rand der Bucht zwei weitere Dieren in Sicht kamen, nickte er beifällig zu ihrem pünktlichen Eintreffen. «Da kommt Kleitos mit den Reserveruderern.» Er setzte seine Kausia wieder auf und lächelte bei dem Gedanken, dass wieder einmal eine Unternehmung erfolgreich abgeschlossen war.

So ging es nun schon, seit er drei Monate zuvor nach Kilikien gekommen war und beschlossen hatte, zwei Fliegen mit einer Klappe zu schlagen, indem er der Bedrohung durch die Piraten ein Ende machte und zugleich eine Flotte aufbaute: Nachdem er mit drei Dieren von Tarsos losgesegelt war, setzte Krateros Antigenes und eine Abteilung seiner Silberschilde ein Stück vom Zielort entfernt an Land und blieb dann dicht vor der Küste in Position, damit niemand auf dem Seeweg entkommen konnte, wenn die Fußtruppe das Dorf überfiel. Kleitos folgte mit den anderen beiden Dieren – eine mit Reservebesatzung für erbeutete Schiffe, die andere, um die Verfolgung aufzunehmen, sollte ein Piratenschiff aus der Falle entwischen. Dieses System erwies sich als überaus erfolgreich und hatte den zusätzlichen Nutzen, die Silberschilde beschäftigt zu halten. Veteranen aus Philipps Kriegen, waren die Männer, die wegen ihrer versilberten Schilde mit der sechzehnstrahligen Sonne von Makedonien «Silberschilde» genannt wurden, inzwischen alle in den Fünfzigern und Sechzigern. Sie hatten ihr Leben auf Feldzügen zugebracht und wurden nun mit einem Stück Grundbesitz in Makedonien in den Ruhestand geschickt, denn sie hatten am lautesten Alexanders Umkehr gefordert. Zwar wollten sie nach eigenem Bekunden heimkehren, aber als Alexander sie bei ihrer Ankunft in Babylon tatsächlich in die Heimat schickte – zur Strafe dafür, dass sie ihn gehindert hatten, seinen Eroberungszug fortzusetzen –, hatten sie es sich anders überlegt und darum gebeten, bei ihm bleiben zu dürfen. Doch Alexander hatte sich nicht erweichen lassen, und nun, auf halbem Weg nach Makedonien, fragten sich viele, was sie von ihrem Leben dort eigentlich zu erwarten hatten, in ihrem Alter auf einem eigenen Hof.

Krateros fühlte mit ihnen, denn auch er war schon sein Leben lang Soldat und konnte sich nichts anderes vorstellen. Und die Männer liebten ihn, auch wenn sie ihm zehn bis fünfzehn Dienstjahre voraushatten, denn sie sahen in ihm einen von Philipps Feldherren und somit einen Mann von ihrem Schlag: tief in den makedonischen Traditionen verwurzelt, bevor Alexander diese verwässert hatte, indem er sich mit dem Osten verbrüderte. Und als diese Verbrüderung so weit ging, dass er Ausländer – noch dazu solche aus dem Osten – in die Reihen der makedonischen Armee rekrutierte, konnte er, Krateros, nicht länger schweigen. Er hatte deutliche Worte zu Alexander gesprochen, was dazu geführt hatte, dass er aus dessen Gegenwart ausgeschlossen und beauftragt wurde, die Veteranen in die Heimat zu führen.

Zwar waren sie nun weniger als dreitausend Mann, aber doch noch immer eine furchteinflößende Streitmacht, ob sie in der Phalanx mit der Lanze kämpften oder, wie bei diesen

Überfällen, in offener Formation mit einem langen Stichspeer und einem Schwert. Sie hatten ihr Leben dem Geschäft des Tötens gewidmet und verstanden sich darauf wie kaum jemand sonst. Kurzum, von den zehntausend Mann, die Krateros heimführte, waren diese die furchteinflößendsten, und er brauchte sie auf seiner Seite, denn er hatte keine Ahnung, was er vorfinden würde, wenn er nach Makedonien kam, um Antipatros abzulösen. Das war auch einer der Gründe, weshalb er sich so lange in Kilikien aufhielt und Schiffe sammelte: Er rechnete damit, dass es zwischen ihm und Antipatros zum Konflikt kommen würde und dass dieser Konflikt möglicherweise nur mit Waffengewalt zu lösen sein würde. Der andere Grund war privater Natur.

Rauch stieg von dem Scheiterhaufen auf, und mit ihm erhoben sich die Schreie der Gefangenen zum Himmel, die ausgesondert worden waren, damit die Männer sich mit ihnen vergnügen konnten. Um jedes der Opfer bildete sich ein Kreis, und die Silberschilde feuerten sich gegenseitig an, während sie der Reihe nach über die Unglücklichen herfielen. Krateros ging zu einer der Gruppen hinüber. Dort geriet gerade ein graubärtiger Unterbefehlshaber ins Schwitzen, während er in einen schreienden Knaben hineinstieß. Zwei seiner Kameraden hielten den Jüngling fest, die Umstehenden klatschten rhythmisch in die Hände. Krateros klopfte zweien der Männer auf die Schultern, damit sie auseinanderrückten und er sich dem Kreis anschließen konnte.

«Du rammelst wüster, als du kämpfst, Demeas», rief er über den Lärm hinweg.

Demeas, der den Knaben mit beiden Händen an den Hüften gepackt hielt und bei jedem Stoß stöhnte, war so außer Atem, dass er nichts erwidern konnte. Sein Rhythmus beschleunigte, bis er unter dem Beifall seiner Kameraden mit tiefem Stöhnen zum Höhepunkt kam. Dann zog er sich aus dem Jungen zurück, stand auf und grinste Krateros an, während ein anderer seinen Platz einnahm und das Klatschen erneut einsetzte. «Früher konnte ich rammeln und dabei noch Späße machen, Herr. Heute geht nur entweder das eine oder das andere.»

«Nun, wenigstens kannst du noch beides. Genieße dein Vergnügen – ihr habt heute gute Arbeit geleistet, du und deine Männer.»

«Danke, General. Und danke auch, dass du uns diese Gelegenheit gibst. Wir alle schätzen das, wie du ja weißt.»

Krateros wehrte den Dank mit einer Handbewegung ab, dann ging er davon, um die inzwischen eingetroffenen Besatzungen für die Lemboi zu inspizieren, die soeben an Bord ihrer neuen Schiffe gingen. Nicht weit davon wurden die Sklaven auf Kleitos' zwei Dieren getrieben, die jetzt neben Krateros' eigener am Strand lagen. «Du halte deine Jungs an Bord», rief er dem Trierarchos zu, der im Bug stand und das Verladen der Sklaven beaufsichtigte. «Ich will nicht, dass sie und Antigenes' Jungs Streit darüber anfangen, wer bei den Sklavinnen an der Reihe ist.»

Kleitos, der nackt war und sich Kopf und Schultern mit Seetang behängt hatte, winkte ihm mit seinem Dreizack zu – er spielte gern Poseidon, wenn er auf See war, eine Marotte, die viele als Frevel ansahen, doch ihm schien sie nicht zu schaden. «Keine Sorge, General, die meisten meiner Jungs sind miteinander ganz glücklich.» Er grinste, dann fügte er hinzu: «Übrigens, da waren zwei Schiffe, die uns in einer halben Stunde Abstand gefolgt sind. Beide gehörten zu uns. Ich weiß nicht, ob sie auf dem Weg hierher sind oder einfach an der Küste entlangfahren.»

Wie sich herausstellte, steuerte das zweite Schiff die Bucht an, kurz nachdem das erste, eine pechschwarz gestrichene Triere, vorbeigefahren war. Ihre Ruder gingen so schnell, als führe sie in die Schlacht. Als das zweite Schiff sich dem Strand näherte, erkannte Krateros das runzelige Gesicht des Mannes, der im Bug stand: Es war Polyperchon, sein Stellvertreter auf diesem Marsch zurück nach Makedonien.

Als das Schiff auf den Strand lief, klammerte Polyperchon sich fest an die Reling, doch dann strafte er sein greises Äußeres Lügen und sprang behände wie ein weit jüngerer Mann auf den Sand hinunter. «General», sagte er, während er leichten Schrittes auf Krateros zuging, «kurz nachdem du heute Morgen von Tarsos aufgebrochen warst, traf ein königlicher Bote ein.»

Krateros' Herz tat einen Sprung – vielleicht hatte Alexander es sich anders überlegt, und der drohende Konflikt mit Antipatros würde ihm erspart bleiben. «Und?»

Polyperchon rieb sich den kahlen Kopf und schaute ihn aus tranigen Augen an. «Nun, ich weiß nicht, wie ich es sagen soll, General – Alexander ist tot, er starb vor vier Tagen in Babylon.»

«Tot?»

«Tot.»

Es fühlte sich an wie auf einem Schiff im Sturm, wenn das Deck unter seinen Füßen schwankte. Er schaute Polyperchon an, suchte in seinem von Alter und Witterung gezeichneten Gesicht nach Anzeichen für einen geschmacklosen Scherz. Es gab keine. Der Mann sprach die Wahrheit.

Alexander war tot, und die Welt war für immer eine andere geworden.

Krateros sank in die Hocke und stützte sich mit der linken Hand auf dem Sand ab. In seinem Kopf drehte sich alles.

«Was bedeutet das nun für uns?», fragte Polyperchon, gerade als wieder einmal ein Ring aus Männern eine vollendete Schändung bejubelte.

Krateros schwieg einige Augenblicke lang und blendete alle Geräusche aus. *Habe ich mich deshalb hier aufgehalten? Haben die Götter es so eingerichtet, dass Phila meinen Weg kreuzte und ich länger als nötig hier verweilte, weil sie wussten, dass ich bald würde umkehren müssen?* Kurz wurde er durch das Bild seiner Geliebten abgelenkt, wie sie im Palast zu Tarsos nackt auf seinem Bett lag. Er sah die Rundungen ihrer Brüste vor sich, ihre blasse Haut, die sich unter seinen schwieligen Fingern so weich anfühlte, die Liebe in ihren blauen Augen, wenn er ihr Haar streichelte, rotgolden wie die untergehende Sonne – es hatte fast die gleiche Farbe wie das ihres Halbbruders Kassandros. Wie ein Mann zwei so unterschiedliche Kinder hatte zeugen können, war Krateros ein Rätsel. Und dann verwandelte sich Philas Gesicht in das seiner persischen Frau Amastris, die ihm bei der Massenheirat von Susa aufgenötigt worden war. Es wurde ihm leichter, sie zu verlassen, dafür hatte Phila gesorgt. Krateros schüttelte den Kopf und richtete seine Gedanken wieder auf die Gegenwart. Er sah zu Polyperchon auf. «Was wissen wir über die Lage in Babylon?»

«Nur dass Alexander zwar den Ring Perdikkas gegeben, aber nicht erklärt hat, wem er sein Reich hinterlässt. Er sagte nur: ‹dem Stärksten›. Allerdings war Perdikkas derjenige, der die Boten ausgesandt hat.»

«Perdikkas? Er ist kein Alexander, er ist nicht einmal ein Hephaistion. Was er erreicht hat, das verdankt er seiner Tüchtigkeit im Feld, nicht seinen Fähigkeiten in Diplomatie und Politik. Weshalb Perdikkas? Ptolemaios wäre doch gewiss die bessere Wahl gewesen, oder sogar Aristonous.»

Polyperchon kratzte sich im Nacken. «Das denke ich auch,

aber wann hätte Alexander jemals irgendetwas ohne Grund getan?»

«Wenn man davon absieht, dass er im Rausch den Palast zu Persepolis niedergebrannt hat, nie. Selbst als er Kleitos den Schwarzen in einem Wutanfall tötete, verfolgte er eine Absicht.»

«Nun, da hast du die Antwort.»

Er hat recht, Alexander hat das mit Bedacht getan, und wir werden deshalb leiden. Ist das nach all den Jahren unser Dank? Krateros zeichnete drei Punkte in einer Reihe in den Sand und verband den mittleren und den am weitesten entfernten mit einer Linie. «Wenn ich meinen Weg fortsetze, besteht umso größere Gefahr, dass ich in Konflikt mit Antipatros gerate – weshalb sollte er nun, da Alexander tot ist, seine Machtposition bereitwillig abtreten?» *Und was würde er sagen, wenn er wüsste, dass ich seine Tochter in mein Bett geholt habe?* Dann verband er den mittleren Punkt mit dem nächsten. «Aber wenn ich umkehre, würde derjenige, der in Babylon die Oberhand gewinnt – wer immer das sein mag –, es als Kriegserklärung auffassen.»

«Genau so sehe ich es auch, General.»

Krateros lächelte matt. Er verwischte, was er in den Sand gezeichnet hatte. «Unsere einzige Option ist also, hier zu warten, bis sich abzeichnet, von wem weniger Bedrohung ausgeht: Perdikkas oder Antipatros.» *Aber vielleicht kann Phila mir hilfreich sein.*

ANTIPATROS
DER REGENT

«Vor acht Tagen? Bist du sicher?»
«Natürlich bin ich sicher, Vater», erwiderte Iolaos. «Ich habe den Leichnam selbst gesehen.»

Antipatros ließ sich auf seinen Amtsstuhl zurückfallen, stützte die Ellenbogen auf den Tisch und rieb sich die Schläfen. Dabei blickte er zu seinem fünfzehnjährigen Sohn auf. «Woran ist er gestorben?»

«An einem Fieber ... Vater.»

Das leise Zögern in der Stimme seines Sohnes ließ Antipatros zweifeln, ob das die Wahrheit war. *Hätte Kassandros so etwas wirklich getan, um mich zu schützen? Nein, aber er hätte es getan, um sich selbst zu schützen, und was sollte aus ihm werden, wenn ich nicht länger Regent wäre?* Er richtete den Blick auf Nikanor, seinen zweiten Sohn, der Ende zwanzig war, Kassandros' Bruder und Iolaos' Halbbruder. Sein offenes, volles Gesicht, weit gefälliger als das seines älteren Bruders, verriet tiefe Bestürzung. *Für ihn kommt das völlig überraschend.*

«Was für ein Fieber?», fragte Nikanor mit zitternder Stimme.

«Man nennt es Sumpffieber oder den babylonischen Fluch. Es befällt die Lunge. Alexander wurde in Indien durch einen

Pfeil verwundet, der seine Lunge durchbohrte, und er wäre dort gestorben, hätte nicht Perdikkas den Pfeil herausgezogen.»

Das war mehr Information, als ich erfragt habe – Iolaos ist seltsam nervös. Er war immerhin Alexanders Mundschenk, wer wäre in einer günstigeren Position, um den Mann zu vergiften? Und wer hätte ein stärkeres Motiv als mein ältester Sohn? Hat Kassandros deshalb darauf bestanden, nach Babylon zu gehen, um Alexander meine Bitte um eindeutigere Anweisungen zu verlesen, obgleich das doch auch ein gewöhnlicher Bote hätte übernehmen können? Antipatros erhob sich und trat ans offene Fenster. Eben ging die Sonne über Pella unter, der uralten Hauptstadt Makedoniens, die in einer Küstenebene in planvollem Gittermuster um die zentrale Agora angelegt war. Während er von seinem Amtsraum im Königspalast auf einer kleinen Anhöhe im Norden der rechteckigen Stadt hinunterschaute, versuchte er, die immense Tragweite dessen zu erfassen, was geschehen war. Die Sonne berührte schon fast die Berge im Westen, sodass ihre Strahlen schräg in die Straßen fielen, die in Ost-West-Richtung verliefen, während jene in Nord-Süd-Richtung in tiefem Schatten lagen. Ein Anblick, dessen er nie müde wurde. Sein Blick wanderte zum Hafen an der Südseite, wo Iolaos' pechschwarze Triere vor Anker lag. Der Hafen war durch einen schiffbaren Zufluss mit dem Meer verbunden, das fünf Parasangen – Wegstunden – entfernt war. *Ein Bild, das Alexander nie wieder sehen wird. Aber nach den Wundern, die er geschaut hat, würde ihm Pella vermutlich höchst langweilig vorkommen. Für mich hingegen ist das hier alles, mein ganzes Leben, und sollten meine Söhne Schande über mich gebracht haben, dann ... Was dann?* Er tat einen tiefen Atemzug, roch die Düfte von garenden Speisen und Pinienharz, dann drehte er sich um und wandte sich an den dritten der fünf Söhne, die ihm bislang vergönnt waren. «Erzähle mir, Iolaos, was geschah, nachdem Alexander an dem Sumpffieber gestorben war?»

«Und so brach ich auf, sobald man sich auf den Kompromiss geeinigt hatte», schloss Iolaos nach einer Weile seinen Bericht. «Kassandros wollte, dass du schnellstmöglich aus vertrautem Mund erfährst, dass du in das Vierergremium berufen wurdest. Ich habe drei Tage lang kaum geschlafen, sondern an den Raststationen nur das Pferd gewechselt, bis ich vor drei Tagen in Tarsos an Bord des schnellsten Schiffes ging, das ich finden konnte.»

«Tarsos? Hast du dort deine Schwester Phila getroffen?»

«Phila? Ich wusste gar nicht, dass sie in Tarsos ist.»

«Ja, sie hält sich dort auf, seit ihr Mann getötet wurde, als er die Unterwerfung der Pisider vollendete.»

«Weshalb kommt sie denn nicht nach Hause, wenn doch ihr Mann tot ist?»

«Ich weiß es nicht. In ihren wenigen Briefen war sie bezüglich ihrer Gründe äußerst zurückhaltend.»

«Nun, ich hätte ohnehin keine Zeit gehabt, sie zu treffen, Vater, ich musste ja so rasch wie möglich ein Schiff auftreiben. Kassandros hatte mir eine Vollmacht in deinem Namen ausgestellt, und glücklicherweise fand ich ein schnelles Schiff. Derzeit gibt es dort eine große Auswahl, da Krateros eine Flotte zusammenzieht.»

Das hörte Antipatros nicht gern. «Für wen?»

«Für Alexander ...» Iolaos' Miene verriet, dass es ihm allmählich dämmerte. «Oh, ich verstehe.»

«Ach ja? Die Lage sieht also folgendermaßen aus: Es gibt ein Gremium aus vier Männern. Zwei davon befinden sich in Babylon, beide sind tüchtige Krieger, aber einer von ihnen –

Leonnatos – ist in seiner Eitelkeit so aufgeblasen, dass er gegen jeden einen nachhaltigen Groll hegt, der seine Schönheit einmal nicht angemessen bewundert hat. Der andere, Perdikkas, ist nicht für das Ringen geschaffen, das Alexander in Gang gesetzt hat. Allerdings wird ihm das nicht bewusst sein, und vielleicht wird er es nicht erkennen, bis er den Dolch zwischen seinen Rippen fühlt. Dann ist da Krateros, der die besten Soldaten der ganzen Armee unter seinem Kommando hat und sich irgendwo in Kilikien befindet. Und er hat nicht nur die vorzüglichsten Kämpfer, sondern nunmehr auch eine Flotte, um sie zu transportieren. Und schließlich bin da noch ich hier in Makedonien – Krateros östlich von hier hat ein Mandat von Alexander, mich abzulösen, was, wenn ich es zuließe, mein Todesurteil wäre. Im Süden habe ich die widersetzlichen griechischen Stadtstaaten, die zweifellos auf Anstiftung Athens in die Rebellion gehen werden, wenn sie die Neuigkeit erfahren und eine Armee aufgestellt haben; das dürfte früh im nächsten Jahr der Fall sein. Westlich von mir habe ich ferner diese molossische Hurenkönigin Olympias in Epirus, die alles tun wird, um meine Position zu untergraben, sobald sie vom Tod ihres Sohnes erfährt und niemand mehr da ist, der sie im Zaum hält.» Antipatros schlug mit der Faust auf den Tisch. «Was ist nur los mit dieser Frau, dass sie auf nichts als Macht aus ist?»

«Sind wir das nicht alle, Vater?», fragte Iolaos mit kraftvoller Stimme, die Antipatros überraschte. «Schau uns doch an: Wir als Familie klammern uns an die Macht. Wie du selbst eben sagtest: Wenn du deine Macht an Krateros abtreten würdest, wärest du tot.»

Antipatros blinzelte und betrachtete seinen Sohn mit neuer Achtung. In den zwei Jahren, die Iolaos fort gewesen war, um bei Alexander als Page zu dienen, war er sichtlich ge-

95

reift. Offenbar hatte er aufmerksam beobachtet und gelernt. «Du hast recht, Iolaos, aber in einem wesentlichen Punkt ist Olympias anders als ich: Ich will das Königreich erhalten und für den rechtmäßigen Erben sicher bewahren. Sie hingegen würde alles zerstören, was Philipp und Alexander aufgebaut haben, denn für sie ist Macht gleichbedeutend mit dem Vermögen, sich gegenüber seinen Feinden so rachsüchtig aufzuführen, wie es einem beliebt, und für sich selbst und seine Freunde zu beanspruchen, was immer man will.» *Leider hat dein älterer Halbbruder ein ganz ähnliches Verständnis von Macht.*

Iolaos' Miene verriet, dass er den Einwand seines Vaters gegen seine Einschätzung von Olympias' Beweggründen nur schwer nachvollziehen konnte.

Du etwa auch, Iolaos? Aber du bist doch Hyperias Sohn und stammst nicht von meiner ersten Frau wie deine beiden älteren Brüder. Zeus, warum bin ich mit so kurzsichtigen Söhnen gesegnet? Dabei habe ich doch drei Töchter, denen klar ist, dass man nicht nur sich selbst, sondern zuallererst seiner Familie verpflichtet ist. Antipatros bedachte seinen Iolaos mit einem bedauernden Blick. «Geht und lasst mich allein, beide. Ich muss nachdenken. Iolaos, suche deine Mutter auf, nach der langen Trennung wird sie es nicht erwarten können, dich wiederzusehen. Aber nimm Rücksicht, sie ist wieder schwanger.»

«Noch eine Schwangerschaft? Aber Vater, du bist weit über siebzig.»

Nikanor grinste über die prüde Entrüstung seines Halbbruders.

Antipatros zuckte nur die Achseln. «Und sie ist achtunddreißig – was ändert das? Ich bin noch immer ein Mann, und sie ist eine sehr attraktive Frau. Wenn beides im Bett aufeinandertrifft, führt das für gewöhnlich zu einer Schwangerschaft.

Nun geh und richte ihr aus, ich werde bald in ihre Gemächer kommen, denn ich muss mit ihr sprechen. Und vergiss auch nicht, deine Schwestern zu begrüßen – Eurydike und Nikaia sind beide noch hier. *Ja, deine Schwestern, Eurydike und Nikaia und auch die abwesende Phila. Meine wunderschönen Mädchen – ich werde jede von euch vorteilhaft vergeben müssen, wenn ich genügend Bündnisse schmieden will, um unser aller Sicherheit zu gewährleisten, ehe ich den Weg zum Fährmann antrete. Er seufzte tief. Werde ich zu alt für das hier? Wenn ja, dann benötige ich gewiss den Rat der Jüngeren. Ich danke den Göttern jeden Tag für Hyperia.*

«Wir müssen uns der Bedrohungen nacheinander annehmen, in der Reihenfolge, in der sie uns begegnen, mein Gemahl», sagte Hyperia, nachdem Antipatros ihr seine Analyse der Situation vorgetragen hatte. Sie saßen auf ihrer schattigen Veranda mit Ausblick auf das von Pinienwald überzogene Vorgebirge. Hyperias rabenschwarzes Haar war zu Ringellöckchen gedreht, und in ihrer Halsgrube hing eine einzelne Perle an einer dünnen Kette. «Das erste Problem wird Griechenland sein. Demosthenes, so lange Zeit Athens makedonienfeindlichster Redner, weilt noch immer auf Kalaureia im Exil, und dort muss er auch bleiben. Du solltest an Aristoteles schreiben – berufe dich auf die Freundschaft, die euch verbindet, seit er als Alexanders Lehrer hier war, und bitte ihn, dafür zu sorgen, dass Demosthenes und Hypereides ihren Zwist nicht beilegen. Sollten sie das tun, dann würden sie die Volksversammlung gewiss überzeugen, den Anführer der promakedonischen Fraktion in die Verbannung zu schicken, und dann wäre ein Krieg unvermeidlich, wenn man bedenkt, welche Bitterkeit in Athen wegen Alexanders Verbanntendekret herrscht.»

Antipatros stöhnte. «Götter der Höhe und der Tiefe, das Verbanntendekret! Warum, ach, warum nur hat er die griechischen Staaten gezwungen, ihre Verbannten in die Heimat zurückkehren zu lassen?»

«Seine Beweggründe spielen jetzt keine Rolle, es ist nun einmal geschehen. Jeder Grieche weiß von dem Dekret, seit es bei den letzten Olympischen Spielen verlesen wurde. Athen grollt darüber, dass es seine Kolonie auf Samos aufgeben muss, sodass die ursprünglichen Einwohner der Insel, die bei der widerrechtlichen Landnahme vertrieben wurden, zurückkehren können. Wenn du Hypereides und Demosthenes nicht unschädlich machst, werden sie das Verbanntendekret dazu benutzen, die Griechen zur Rebellion aufzuwiegeln.»

Antipatros überdachte den Rat seiner Frau. Während er in ihre dunklen Augen blickte, musste er gegen die Versuchung ankämpfen, das Gespräch nach einem Abstecher ins Schlafzimmer fortzusetzen, und es fiel ihm schwer, ihren Schmollmund nicht zu beachten. Er trank einen Schluck Wein, schloss die Augen und wandte das Gesicht in die Brise, die von den Bergen herabwehte und ihm half, sein Verlangen abzukühlen. «Du hast recht, Hyperia: Es ist von entscheidender Wichtigkeit zu verhindern, dass Demosthenes und Hypereides sich erneut verbünden und Demades verdrängen. Wenn das geschehen sollte, dann könnte nicht einmal mehr Phokion mit seinem Pragmatismus die Hitzköpfe in Athen zurückhalten. Ich werde auch an ihn schreiben und ihm meine Befürchtungen mitteilen – als Athens ältester und erfahrenster Feldherr muss er erkennen, dass ein Krieg gegen Makedonien eine törichte Politik wäre. Er braucht nur auf die Ruinen von Theben zu zeigen und die Volksversammlung daran zu erinnern, dass ein Viertel der Sklaven in Pella und anderen makedonischen Städten einst Bürger dieser stolzen, aber tollkühnen Stadt waren.» Antipatros trank noch einen Schluck Wein und lächelte seiner Frau zu. «Ja, beiden zusammen, Aristoteles und Phokion, sollte es gelingen, die Volksversammlung im Zaum zu halten, und wo Athen nicht vorangeht, können die anderen Städte nicht folgen.»

«Ganz genau, aber wir dürfen uns nicht darauf verlassen. Wir sollten mobilmachen, sobald die Ernte eingebracht ist, und Geld nach Thessalien und Böotien schicken, um uns deren Loyalität weiterhin zu sichern. Solltest du nach Süden marschieren müssen, dann wäre es von entscheidender Wichtigkeit, dass du in Böotien einen sicheren Verbündeten hast und dir kein feindliches Thessalien in den Rücken fällt.»

«Ganz zu schweigen von der Tatsache, dass ich auf die thessalische Kavallerie angewiesen bin. Ich werde einen Großteil meiner Makedonen hier zurücklassen müssen, da ich der molossischen Zauberin nicht trauen kann – womöglich wird sie ihren Neffen anstiften, meine Abwesenheit auszunutzen. Aiakides täte nichts lieber, als Epirus nach Osten auszudehnen.» Wieder seufzte er schwer. «Weshalb sind wir von Feinden umgeben?»

Hyperia beugte sich hinüber und streichelte das Knie ihres Mannes. «Jeder ist von Feinden umgeben, ganz gleich, wie groß oder klein das Königreich ist. Der Kniff besteht darin, sie einzeln nacheinander zu bekämpfen oder – noch besser – sie dazu zu bringen, sich gegenseitig zu bekämpfen, sodass sie einem die Arbeit abnehmen. Oder manchmal kann man sie sich auch einfach zu Freunden machen – das ist die Lösung, die ich für eines deiner Probleme vorschlage.»

Antipatros nahm die Hand seiner Frau und schob sie auf seinem Schenkel weiter nach oben. Dabei rückte er mit seinem Stuhl näher an sie heran, damit sie leichter tun konnte, was er im Sinn hatte. «Krateros?»

«Ja», bestätigte Hyperia und hielt ihre Hand entschieden von dort fern, wo ihr Mann sie offenbar haben wollte. «Hast du bemerkt, dass es da eine ganz interessante Koinzidenz gab?»

«Inwiefern?»

«Tarsos.» Sie ließ ihre Hand eine Winzigkeit höher wandern.

«Tarsos? Phila ist dort. Und?»

«Und wer ist noch dort?»

Antipatros zuckte die Schultern und schaute auf die Hand hinunter, die langsam aufwärts glitt. Er spürte, wie das Blut zu der Stelle strömte, der sie sich näherte. «Krateros.»

«Sehr gut, mein lieber Gemahl. Und was haben diese beiden gemeinsam?»

Doch Antipatros fiel es schwer, sich zu konzentrieren.

Hyperia schaute ihn mit gespielter Ungeduld an, als hätte sie es mit einem begabten, aber begriffsstutzigen Kind zu tun. «Krateros hält sich schon viel länger dort auf, als nötig gewesen wäre. Er hätte irgendeinen seiner Offiziere beauftragen können, eine Flotte zusammenzustellen, doch stattdessen bleibt er selbst dort.»

«Vielleicht denkt er daran, seine Armee per Schiff nach Makedonien zu bringen.»

«Nun redest du aber Unsinn.» Sie ließ ihre Hand an seinem Oberschenkel weiter aufwärts gleiten. «Bist du vielleicht mit deinen Gedanken woanders? Ich habe das schon mitunter bei dir beobachtet, und man sagt, es sei bei allen Männern dasselbe: Ihr könnt einen scharfen analytischen Verstand und eine mächtige Erektion haben, jedoch niemals beides gleichzeitig. Mir scheint, das ist kein Zufall. Ich werde es dir also erklären, ehe ich dich aus deiner Not erlöse. Krateros hätte im Frühjahr weitermarschieren können, hat es jedoch nicht getan. Phila wurde im Frühjahr zur Witwe und ging nach Tarsos, vermutlich um von dort aus per Schiff zu uns heimzukehren, was sie dann jedoch nicht tat. Nun versuche, für einen Moment mit dem Kopf zu denken.»

Mit einer gewaltigen Anstrengung riss Antipatros seine Gedanken von dem los, was dieser Schmollmund verhieß. «Ah, ich verstehe. Aber das glaubst du doch nicht wirklich?»

«Krateros ist der bedeutendste Makedone in der Stadt, somit wäre es für sie das Nächstliegende gewesen, sich auf der Suche nach Schutz an ihn zu wenden. Schließlich kennt sie ihn. Sie war zwar noch ein Kind, als er in den Osten ging, aber dennoch.»

«Und sie ...»

«... tut mit Krateros, was ich gerade mit dir zu tun im Begriff bin.»

«Der Hurensohn!» Antipatros spürte, wie das Feuer in ihm erlosch.

«Wieso? Ich denke, er spielt uns in die Hände. Er kehrt mit Amastris nach Makedonien zurück, der Perserin, mit der er bei der Massenhochzeit von Susa verheiratet wurde. Meinst du nicht, er wäre weit eher geneigt, mit einer makedonischen Frau heimzukehren?»

Antipatros' Leidenschaft regte sich wieder. «Krateros als Schwiegersohn anstatt als Rivale? Nun, das ist eine Idee.»

«Phila wird nicht nur den größten Feldherrn Makedoniens heiraten – nach dir, versteht sich, mein Liebster –, sondern uns damit auch seine Flotte sichern.»

«Und wenn es zwischen uns und Athen zum Krieg kommt, können wir den Hellespont blockieren und der Stadt die Getreideversorgung aus ihren Kolonien am Pontos Euxeinos abschneiden.»

«Und ihre Kriegsflotte vernichten, wenn sie sich widersetzt.»

«Und ich werde die Größe meiner Armee verdoppeln, indem ich ihr die besten Soldaten hinzufüge, die Alexander hatte, die ich jedoch bis eben für meine potenziellen Feinde hielt. Genial! Ich werde an den großen Feldherrn schreiben und ihm das Angebot unterbreiten.»

Hyperia hob mahnend den Finger. «Du voreiliger Mann, schreibe ihm noch nicht. Lass uns erst abwarten, welchen Schritt er als Nächstes unternimmt, sofern er überhaupt etwas unternimmt. Wir sollten ihm nicht gewähren, was er begehrt, ehe wir genau wissen, welchen Nutzen wir uns von ihm versprechen können.»

Antipatros nahm das Gesicht seiner Frau in beide Hände. «Hyperia, du bist ein Genie.»

Sie schaute ihn kokett an. «Ich danke dir, gütiger Herr. Bekomme ich jetzt meine Belohnung?» Mit einem Lächeln löste Hyperia sich von ihm und sank auf die Knie.

Antipatros schloss die Augen und dankte den Göttern für Ehefrauen und Töchter – wohlgemerkt in dieser Reihenfolge.

EUMENES
DER LISTIGE

Du hast keine Wahl», erklärte Eumenes zum dritten Mal. Meleagros schlug mit der flachen Hand so kräftig auf den Tisch, dass abermals sein Wein überschwappte. «Ich lasse mich nicht von einem Griechen an die Wand reden», grollte er, ebenfalls zum dritten Mal.

Und zum dritten Mal holte Eumenes tief Luft und versuchte, sich nicht aus der Ruhe bringen zu lassen. *Was ist das nur mit diesem Rohling, dass er die Lage nicht erfasst und das Ganze stattdessen für irgendeine griechische Verschwörung hält?* Er überdachte diese Beobachtung einen Moment lang. *Allerdings scheint mir, so ganz unrecht hat er damit nicht.* «Es hat nichts mit mir zu tun», log er wieder einmal, zum dritten Mal. «Perdikkas hat befohlen, die Stadt abzuriegeln, nachdem er den Meuchelmördern, die du auf ihn angesetzt hattest, entronnen war. Und ich kann dir sagen, Meleagros, hätte er ihnen nicht die Stirn geboten und sie so beschämt, dass sie sich davonmachten, dann könnte die Lage für dich jetzt noch weit schlimmer aussehen.»

«Wie könnte die Lage schlimmer sein, wenn Perdikkas tot wäre?»

«Glaubst du etwa, jeder Soldat der Infanterie würde seinen Tod bejubeln? Der große Perdikkas persönlich von Makedonen auf deinen Befehl ermordet? Glaubst du, auch nur die Hälfte der Männer fände das gut, auch wenn es derzeit Feindseligkeiten zwischen der Infanterie und der Kavallerie gibt? Denkst du, die Makedonen wollten nach all ihren Eroberungen wirklich anfangen, sich gegenseitig zu bekriegen?»

Meleagros schwieg stirnrunzelnd.

Eumenes schaute hilfesuchend zu Eukleides, der neben Meleagros saß, doch er erntete nur einen verständnislosen Blick. *Zeus, ist es anstrengend, zum militärischen Verstand der Makedonen durchzudringen.* «Oder auch nur ein Viertel von ihnen? Nein, sie wären entsetzt über den Mord gewesen, und du wärest jetzt wahrscheinlich bereits tot. Denke doch einmal nach! Wenn sogar die Männer, die sich freiwillig gemeldet hatten, ihn zu ermorden, es dann aus Scham und Loyalität nicht fertigbrachten, was meinst du, wie die weniger Extremen in der Truppe empfinden würden?»

Meleagros ballte die Fäuste und öffnete sie wieder. «Willst du mir drohen, Grieche?»

«Wie oft muss ich es denn noch sagen? Es geht nicht um mich, ich bin nur der Mittelsmann. Perdikkas steckt dahinter – du erinnerst dich doch? Der Mann, den *du* aus der Stadt vertrieben hast, indem du Mörder auf ihn ansetztest, nachdem er dir den Thronsaal und Alexanders Leichnam überlassen hatte. Er ist der Verantwortliche. *Seine* Kavallerie patrouilliert an sämtlichen Toren zu beiden Seiten des Flusses und verhindert zusammen mit Nearchos' Schiffen, dass Nahrungsmittel in die Stadt gebracht werden.» Eumenes schlug sich mit der flachen Hand an die Brust. «Ich bin es nicht, schau, ich bin hier, ich bin nicht daran beteiligt. Ich versuche nur, den beiden Seiten zu einem Kompromiss zu verhelfen, ehe Blut vergossen wird.»

Während Meleagros darüber nachdachte, schien Eukleides endlich zu begreifen, wie die Dinge wirklich standen. «Einige der Jungs fangen an, sich über die zunehmende Knappheit an frischer Nahrung zu beklagen, Herr», teilte er Meleagros mit.

«Wer im Einzelnen?»

Diejenigen, die von Perdikkas dafür bezahlt werden.

«Momentan scheint es sich nur um verstohlenes Getuschel zu handeln.»

«Und was wird da getuschelt?»

«Nun, sie geben dir die Schuld an dieser Pattsituation und fragen sich, ob du geeignet bist, sie zu führen.»

Das Geld scheint gut angelegt zu sein.

Meleagros kratzte sich in seinem Bart, als versuchte er, ein pelziges Tier von seinem Kinn zu entfernen. «Mache die Schuldigen ausfindig, Eukleides. Ich kann nicht zulassen, dass jemand meine Autorität in Frage stellt.»

«Und was dann, Herr? Wenn du sie bestrafst, wird das nur noch mehr Groll hervorrufen. Und da die Kavallerie die Stadt immer fester im Griff hält, kann sich die Lage nur verschlimmern – wie sollen wir die Phalanx hinausführen, um der Kavallerie auf offenem Feld entgegenzutreten, wenn wir selbst keine Kavallerie haben, die unsere Flanken deckt?»

Eumenes verbiss sich ein Schmunzeln. *Genau das ist der Punkt. Endlich habt ihr es erfasst. Gut gemacht – ich finde, nach dieser Leistung solltet ihr beide euch erst einmal ausruhen.* «Wenn du in diesen Vorschlag einwilligst, Meleagros, dann kannst du die Unzufriedenen in deinen Reihen aufspüren, nachdem die Vereinbarung geschlossen ist und ihre Unterstützung schwindet.»

«Er mag ein Grieche sein, aber er hat recht, Herr», sagte Eukleides entschieden.

Meleagros nahm noch einmal seinen Bart in Angriff, dann

nickte er seinem Kollegen in widerwilligem Einverständnis zu. Er wandte sich wieder an Eumenes, der ihm gegenübersaß. «Die Kavallerie ist also bereit, Philipp als König zu akzeptieren, wenn die Infanterie verspricht, das Kind der asiatischen Wildkatze Roxane als Mitkönig anzuerkennen, sofern es ein Knabe wird – ist es so?»

Endlich kommen wir voran. «So ist es.»

«Und ich übernehme die Regentschaft für Philipp und werde stellvertretender Oberbefehlshaber der gesamten Streitmacht?»

«Ja.» *Ich glaube, dieser Teil der Vereinbarung gefällt ihm besonders, nachdem er all die Jahre nur Befehlshaber einer Phalanx war.*

«Und Perdikkas bleibt Oberbefehlshaber und wird Regent für das Halbblut, sofern es ein Junge ist.»

«Regent für Alexanders Sohn, den Erben der Argeaden, ja.»

«Und Antipatros und Krateros bleiben als Regenten in Europa?»

«Ja.»

«Aber was ist mit Leonnatos? Er wird bei dieser Lösung übergangen. Es wird ihm doch gewiss nicht gefallen, seine Position als Mitglied des Vierergremiums an mich zu verlieren?»

«Opfer müssen gebracht werden.» *Und Perdikkas wird umso eher geneigt sein einzuwilligen, da Leonnatos bei dieser Lösung außen vor ist, nachdem der töricht genug war, sich offen auf Ptolemaios' Seite zu stellen.*

«Und Perdikkas hat sich damit einverstanden erklärt?»

Einen Schritt vor und einen wieder zurück – wie kommt die Phalanx nur in der Schlacht so reibungslos voran? «Das weiß ich noch nicht, wie auch? Wie ich schon sagte, in den letzten drei Tagen bin ich ständig zwischen den beiden Lagern hin- und hergelaufen, um eine Möglichkeit zu finden, dass einer von euch den König des anderen anerkennt und den eigenen aufgibt. Inzwischen ist allen klar» – *zweifellos sogar dir* –, «dass das nicht geschehen wird. Also ist die beste Lösung, die mir einfällt, dass wir notgedrungen zwei Könige haben, als Kompromiss.» *Einer nicht klüger als der andere, aber diese Kleinigkeit wollen wir einmal beiseitelassen.* «Nun, Meleagros, stimmst du im Namen der Infanterie zu, dass ich Perdikkas diesen Vorschlag unterbreite?»

«Denkst du denn, dass er einwilligen wird?»

Ah, du willst also, dass er es tut? Ausgezeichnet, du bist so gut wie tot. «Ich kann nicht mehr tun, als ihn zu fragen.»

«Und weshalb sollte ich einwilligen?», fragte Perdikkas, als Eumenes wenig später in seinem Zelt stand. Die Plane war an den Seiten gerafft, sodass eine kühlende Brise durch das Innere strich, nun, da die Sonne sich dem Horizont näherte. «Leonnatos mag dadurch seine Stellung einbüßen, aber stattdessen bekomme ich einen Dummkopf zum Stellvertreter und einen Schwachsinnigen als König. Einen König, auf den ich überdies kaum Einfluss hätte, da Meleagros sein Regent wäre. Und hinzu kommt: Wenn Roxane denn einen Jungen zur Welt bringt, wird er einer von zwei Königen, also gewissermaßen ein halber König, womit ich ein halber Regent wäre.» Er knirschte mit den Zähnen und stampfte mit dem Fuß auf. «Götter, das würde Ptolemaios so passen, nachdem er mich bezichtigt hat, halb erwählt zu sein.»

Da hatte Ptolemaios nicht unrecht – er ist ein schlauer Bursche. Eumenes setzte seine mitfühlendste Miene auf – darin hatte er reichlich Übung, da er es seit Jahren mit den empfundenen Kränkungen dieser stolzen Männer zu tun hatte. «Oberflächlich betrachtet mag es so erscheinen, aber bedenke auch, Perdikkas: Wie wäre es, wenn die Infanterie sich mit diesen Bedingungen einverstanden erklärte – was sie anscheinend schon getan hat, immerhin wurde ich hergeschickt, um dir den Vorschlag zu unterbreiten –, du aber am Ende Regent für den Schwachsinnigen und auch für das Balg wärst, sofern es ein Junge wird, und jemand anderen als Stellvertreter bekämst.»

«Wie sollte das zugehen?»

Eumenes genoss den ehrgeizigen Ausdruck von Perdikkas' Gesicht. Er deutete auf den Weinkrug – es war ein langer Tag gewesen.

Perdikkas schenkte zwei Becher voll, reichte einen dem Griechen und lud ihn mit einer Geste ein, sich zu setzen, während er selbst ebenfalls Platz nahm. «Es tut mir leid, es war unhöflich von mir, keine Rücksicht auf deine Bequemlichkeit zu nehmen, ehe wir dieses Gespräch begannen.»

Eumenes war an unhöfliche Behandlung gewöhnt, ja, er frohlockte sogar insgeheim darüber, denn sie war ein Zeichen dafür, dass man ihn unterschätzte, und ihm war vollauf bewusst, welch großen Nutzen er daraus ziehen konnte. «Mache dir keine Gedanken darüber, mein lieber Perdikkas – dies sind für uns alle schwierige Zeiten.» Er machte es sich bequem, kostete von seinem Wein – *annehmbar* – und lehnte sich in dem Stuhl aus Korbgeflecht zurück. «Sage mir, Perdikkas, was tut ein makedonischer Feldherr als Erstes, wenn eine Uneinigkeit von einiger Tragweite innerhalb der Armee beigelegt wurde?»

Perdikkas brauchte nicht nachzudenken. «Er reinigt die Armee. Ehe irgendetwas anderes geschieht, muss das Ritual der Lustration durchgeführt werden.»

«Ganz recht. Nun einmal angenommen, du willigst in diese Bedingungen ein – mit welcher Botschaft würdest du mich dann zurückschicken?»

«Ich würde Meleagros mitteilen, dass wir uns einig sind und morgen zur zweiten Stunde des Tages die Lustration durchführen sollten.»

«Und er wird das nicht einmal hinterfragen?»

«Natürlich nicht, er wird damit rechnen.»

Eumenes drehte seinen Becher zwischen den Handflächen. *Nun werden wir sehen, wie gut du zum Verräter taugst, Perdikkas.* «Wie sich herausgestellt hat, waren die Männer, die du dafür bezahlt hast, bei der Infanterie Unfrieden zu stiften, recht erfolgreich.»

Perdikkas trank einen Schluck und genoss den Wein, während er über diese Feststellung nachdachte. «Es freut mich, dass ich mein Geld nicht vergeudet habe.»

«Meleagros will sie aus seinen Reihen ausmerzen.»

«Das kann ich mir denken.»

«Ich könnte ihm vorschlagen, dass die Lustration eine passende Gelegenheit dazu wäre.»

Perdikkas runzelte die Stirn und beugte sich auf seinem Stuhl vor. «Hältst du mich für so töricht, dass ich Meleagros helfen würde, sich meiner Handlanger zu entledigen?»

Eumenes hob beschwichtigend die Hand. «Mein lieber Perdikkas, es lag mir fern anzudeuten, dass du das tun solltest. Ich sagte lediglich, ich könnte ihm vorschlagen, dass das Reinigungsritual ein geeigneter Moment wäre, es zu tun. Ich würde nicht sagen, dass wir es tun *werden*, allerdings würde ich auch nicht das Gegenteil sagen.»

«Worauf willst du hinaus?»

«Wo würde das Ritual stattfinden?»

«Der Hof des Palastes ist groß, aber nicht groß genug für unsere Zwecke. Ich denke daher, der beste Ort wäre dort draußen in der Ebene.»

«Und was würde Meleagros dazu sagen?»

Perdikkas zuckte die Schultern. «Nun, er würde zustimmen, schließlich müssen wir die Armee ja reinigen.»

«Erst recht, da er glaubt, die Zeremonie würde dazu genutzt, sich all jener zu entledigen, die gegen ihn Stimmung gemacht haben, und du würdest ihm im Rahmen eurer Vereinbarung dabei helfen.»

Perdikkas' Augen wurden schmal.

Mir scheint, allmählich kann er mir folgen. «Ihr werdet also morgen einen Hund töten und in zwei Hälften zerteilen. Eine Hälfte legt ihr auf einer Seite des Geländes ab, die andere Hälfte auf der gegenüberliegenden Seite. Dann wird die Armee zwischen ihnen hindurchmarschieren, während Gebete gesprochen werden und so weiter, alles ganz fromm. Aber wo steht dann am Ende die Infanterie?»

Perdikkas war sichtlich verwirrt. «In der Ebene natürlich.»

«Und die Kavallerie?»

Die Furchen auf seiner Stirn wurden tiefer. «Auch in der Ebene.»

«Und die Elefanten?»

Perdikkas dämmerte es. «In der Ebene bei der Kavallerie.»

«Und wie ergeht es Infanterie, die ohne Unterstützung in offenem Gelände von Kavallerie überrascht wird?»

Langsam begann Perdikkas zu lächeln. «Oh, Eumenes, du bist doch ein –»

«– listiger kleiner Grieche?»

Doch «listig» war nicht die treffendste Beschreibung dafür, wie Eumenes sich am nächsten Morgen fühlte, als er in der Frontlinie der Kavallerie neben Ptolemaios zu Pferde saß und zusah, wie Perdikkas unter König Philipps nomineller Mitwirkung vor der gesamten Armee einen großen Jagdhund opferte – vielmehr war er von böser Ahnung erfüllt. Sowohl die Infanterie als auch die Kavallerie waren draußen in der Ebene angetreten, östlich des Euphrat vor der äußeren Stadtmauer. Diese umschloss die Gärten, welche als Streifen üppigen Grüns die gesamte Osthälfte Babylons umgaben.

Am Ende des Opferrituals wurde der Hund in zwei Hälften zerteilt. Unter den monotonen Beschwörungen der Priester des Zeus und Ares wurden alsdann die zwei Hälften auf entgegengesetzte Seiten des Geländes geschleift, eine an den nördlichen Rand, die andere tausend Schritt entfernt an den südlichen, wobei sie auf dem Erdboden eine Blutspur hinterließen.

Hörner erschollen, Schwerter wurden auf Schilde geschlagen, und die Phalanx rückte vor, ohne Lanzen, aber in Schlachtformation, sechzehn Reihen tief. Über zwölftausend Füße stampften in stetigem Marschtritt. Ostwärts marschierten sie, angeführt von Meleagros und Eukleides, und ihre Messinghelme glänzten im Morgenlicht, während die Priester fortfuhren, zu beten und die Infanterie im Angesicht der Götter zu reinigen.

Eumenes wandte sich an seinen Nebenmann. «Ich habe ganz vergessen, dich zu fragen, Ptolemaios – wie geht es den Elefanten heute Morgen?»

Ptolemaios hielt den Blick geradeaus gerichtet und schirmte seine Augen gegen die Morgensonne ab. «Soweit ich weiß, haben sie ihr morgendliches Futter bekommen und sollten jeden Moment zu uns stoßen.»

«Wie erfreulich.»

«Ja, das dachte ich mir auch.»

Eumenes warf einen Blick zu Perdikkas auf seinem Ross an der Spitze der Kavallerieformation. Neben ihm war König Philipp, auch diesmal wieder wie Alexander gekleidet und mit seiner Elefantenfigur in der Hand. Eumenes' böse Ahnungen wurden stärker. *Ich hoffe, der Schwachkopf vergisst nicht, was er zu tun hat, und ich hoffe, Perdikkas hat die Nerven, das hier richtig zu Ende zu bringen. Dann können wir vielleicht alle fortfahren, uns unverschämt zu bereichern, während wir versuchen, Alexanders Vermächtnis auf die sinnvollste Weise zu bewahren.*

Die letzte Reihe der Phalanx war nun zwischen den zwei Hälften des Hundekadavers hindurch, doch die Formation marschierte weiter auf die Ebene hinaus, drei-, vier-, fünfhundert Schritt. Endlich, als reichlich Platz war, damit die Kavallerie zwischen den Hälften des geopferten Hundes hindurchziehen konnte, ließ Meleagros die Männer anhalten. Unter viel Getrampel drehte sich die ganze Formation um hundertachtzig Grad, sodass sie den Kameraden entgegenblickte. Dann nahmen Meleagros und Eukleides ihre Plätze in der neuen Frontreihe ein.

Perdikkas reckte die rechte Faust in die Höhe und stieß sie dreimal in die Luft. Die Rufe der Offiziere erschollen entlang der Linie, die fünfhundert Mann breit und sechs Reihen tief war, dann klirrte das Zaumzeug von dreitausend Pferden, und mit zwölftausendfachem Hufschlag setzte sich die Kavallerie in Trab.

Eumenes spannte die Schenkel um die Flanken seines Rosses, und sein Körper bewegte sich im Rhythmus des Tieres. Er hielt die Zügel in der linken Hand, die rechte stützte er auf die Hüfte. Die Priester setzten ihre düsteren Gesänge fort und riefen die Götter nun an, die Kavallerie ebenso zu reinigen wie zuvor die Infanterie. Indessen zogen die Reiter zwischen den Hälften des Hundekadavers hindurch. Pferde schnaubten und wieherten leise, Zaumzeug klirrte, und unter den Tausenden Hufen wölkte Staub auf. Als die sechste Reihe die geweihte Linie überschritt, stieß Perdikkas die Faust noch einmal in die Luft, und wieder wurden aus der Formation die Rufe der Offiziere laut. Diesmal erteilten sie jedoch einen ganz anderen Befehl, woraufhin die Formation sich veränderte. Mit einer Schnelligkeit, die in Manövern auf zahlreichen Schlachtfeldern eingeübt war, formierte die Kavallerie sich zu Keilen, achtzehn an der Zahl, nebeneinander in einer Linie. Dabei verringerten die Reiter ihr Tempo nicht. Wieder schnellte die Faust in die Höhe, wieder ertönte ein anderes Kommando, und die ganze Linie galoppierte an. Aus der Phalanx erhob sich vielstimmiges Stöhnen, da die Männer sich ihrer misslichen Lage bewusst wurden.

Als noch fünfzig Schritt die beiden Teile der Armee voneinander trennten, ließ Perdikkas seine Reiter anhalten.

Eumenes beobachtete belustigt, wie ein Lächeln über Meleagros' Gesicht huschte. *Das wird dir bald vergehen.*

In den Reihen der Infanterie kam Unruhe auf. Meleagros drehte sich um und rief seine Männer barsch zur Ordnung.

«Sie sehen nicht eben glücklich aus, das muss man sagen», stellte Eumenes fest, da den meisten Männern die Besorgnis ins Gesicht geschrieben stand.

«Dasselbe kann man auch von Meleagros sagen», erwiderte Ptolemaios, der sich auf seinem Pferd umwandte. «Ah, da kommen unsere Gäste. Ich freue mich stets, die Elefanten zu sehen – vorausgesetzt natürlich, sie sind auf unserer Seite.»

«Natürlich», pflichtete Eumenes ihm bei und reckte den Hals, um die zwei Dutzend überlebenden Elefanten der Armee Babylons zu sehen, welche gemächlich auf die Ebene kamen, ihre Rüssel schwingend und mit den Ohren wedelnd. Ihre mächtigen Stoßzähne waren mit Bronze ummantelt, und ihre Mahuts, mit farbenprächtigen Kleidern und Turbanen angetan, trieben die Tiere sacht mit ihren Rohrstöcken an. In einer Sänfte auf dem Rücken eines Tieres in der Mitte stand Seleukos mit seiner imposanten Statur. Er hatte einst die

Elefantentruppe befehligt, ehe er zum Lohn für seine herausragenden Dienste das Kommando über die Hypaspisten übertragen bekam. Nun führte er seine ehemaligen Schützlinge noch einmal ins Feld, um Perdikkas zu unterstützen. «Auch wenn ich gestehen muss: Wenn man nur halb so groß ist wie Seleukos, fällt es nicht schwer, ihn ebenso einschüchternd zu finden wie einen Elefantenbullen.»

Neuerliches Stöhnen erhob sich aus der Phalanx, und die Männer begannen, untereinander zu tuscheln.

Beim Anblick der Elefanten trieb Perdikkas sein Pferd vorwärts und ritt, begleitet von König Philipp, bis auf zwanzig Schritt an die Phalanx heran. Die Männer verstummten. «Makedonen!», brüllte er und hielt Alexanders Ring an seinem Zeigefinger hoch. Sein Helmbusch aus langem weißem Rosshaar flatterte in der Brise. «Allzu lange hat es zwischen der Infanterie und der Kavallerie böses Blut gegeben. Am heutigen Tage reinigen wir uns von dieser Feindseligkeit. Aber wie die Lustration der gesamten Armee ein Opfer erfordert hat, so ist auch für das böse Blut zwischen uns eines erforderlich. Euch ist gewiss nicht entgangen, in welcher Lage ihr euch befindet, meine Freunde. Auf ein Wort von mir wäre die Kavallerie an euren Flanken und dann mitten unter euch – aber keiner von uns will, dass es dazu kommt. Es darf nicht sein, dass Makedonen gegen Makedonen kämpfen, dazu darf es niemals kommen!» Perdikkas schwieg ein wenig, um seine Worte wirken zu lassen. «Wir müssen allen Groll hinter uns lassen, um sicherzustellen, dass die Autorität des Königs» – er schüttelte den Ring – «und Alexanders Autorität nie wieder in solcher Weise erschüttert werden. Dies ist euer König.» Er wies auf Philipp, der in sich zusammengesunken neben ihm auf seinem Pferd saß.

Jetzt wird es interessant.

Erschrocken, dass er plötzlich etwas zu tun hatte, richtete Philipp sich mit einem Ruck auf und schaute sich überrascht um.

Perdikkas zischte ihm etwas zu.

Philipp nickte langsam und schien sich auf die Anweisungen zu besinnen, die er erhalten hatte. Er räusperte sich, wobei reichlich Speichel aus seinem Mund lief, und warf den Kopf zurück, dann stieß er in einem Wortschwall hervor: «Ich befehle euch, die dreihundert eifrigsten Unterstützer von Meleagros zur Bestrafung auszuliefern.» Seine Stimme, von Natur aus klar und hell, war überraschend kräftig und erreichte alle Männer in der Phalanx. Diese starrten mit offenen Mündern den Mann an, den sie zu ihrem Herrscher erkoren hatten.

Perdikkas war sichtlich erleichtert, dass der König seinen Text nicht vergessen hatte. Mit düsterem Grinsen zeigte er auf die Elefanten, die nur noch sechshundert Schritt entfernt waren. «Euch bleibt nicht viel Zeit, euch zu entscheiden.»

Sehr hübsch gemacht, Perdikkas. Die Entscheidung sollte ihnen nicht schwerfallen.

Und so war es. In den Reihen brachen Handgemenge aus, teils so heftig, dass Blut floss; andere Männer sträubten sich lediglich, als sie nach vorn gestoßen wurden. Indessen zogen Meleagros und Eukleides sich durch die Formation nach hinten zurück, da ihnen schlagartig klargeworden war, dass man sie hinters Licht geführt hatte.

Perdikkas gab den Männern hinter sich ein Zeichen, woraufhin ein Dutzend Soldaten mit aufgerollten Stricken absaßen. Als die Elefanten mit der Front der Kavallerie auf gleiche Höhe kamen, führte die Infanterie ihre Opfer vor: Dreihundert Männer, von denen manche bis zuletzt Widerstand leisteten, während andere sich in ihr Schicksal fügten, wurden von ihren eigenen Kameraden ausgeliefert.

«Fesselt ihnen die Hände hinter dem Rücken und bindet ihre Fußknöchel zusammen», befahl Perdikkas, während die Stricke verteilt wurden. «Und dann lasst sie vor euch auf dem Boden liegen.»

«Mir scheint wirklich, unser Perdikkas läuft zur Höchstform auf», kommentierte Eumenes mit befriedigter Miene. Die ängstliche Anspannung fiel von ihm ab. «Das hier wird noch weit hässlicher, als ich erhofft hatte.»

«Überaus erfreulich», pflichtete Ptolemaios ihm bei. «Eine heilsame Lektion, eines der wichtigsten Dinge, auf die ein Befehlshaber sich verstehen muss. Unser Perdikkas macht sich.»

Und dass er sie nicht aufgefordert hat, Meleagros auszuliefern, war ein geschickter Zug – möglicherweise wären sie davor zurückgeschreckt. Später ist noch reichlich Zeit, sich mit ihm zu befassen.

«Meleagros!», rief Perdikkas. «Ich weiß, du versteckst dich tapfer irgendwo dort drin. Keine Sorge, ich werde dich finden. Aber einstweilen befiehl deinen Leuten, sich hundert Schritt zurückzuziehen – ich will nicht, dass irgendjemand versehentlich zu Tode kommt.»

Ein Dutzend Herzschläge lang blieb es still, dann ertönte ein Hornsignal, und die Phalanx schlurfte in überaus unmilitärischer Weise die geforderte Strecke rückwärts. Vor ihr auf dem Boden blieb eine Reihe gefesselter Gefangener zurück.

Was nun geschehen sollte, wurde erst ersichtlich, als die Elefanten Aufstellung nahmen, einzeln hintereinander in Richtung der Schneise zwischen den beiden Formationen. Die Verurteilten zerrten an ihren Fesseln, als sie begriffen, was sie erwartete; sie schrien um Gnade, beteten zu ihren Göttern, flehten ihre Kameraden an oder schluchzten einfach vor Verzweiflung darüber, dass nach den vergangenen zehn Jahren nun dies das Ende sein sollte.

Aber kein Flehen konnte Perdikkas von seinem Entschluss abbringen, und worin dieser Entschluss bestand, war klar: Er wollte seine Autorität wiederherstellen. Und keiner, der das hier mit ansah, konnte leugnen, dass er es in furchteinflößender Weise tat. Er gab Seleukos ein Zeichen. Unter lautem Trompeten setzten sich die Elefanten in Bewegung, zuerst langsam, dann allmählich schneller werdend, bis die Erde unter ihnen Füßen bebte.

In vollem Lauf zerquetschte der erste schwere Fuß den Kopf eines Mannes wie eine Wassermelone. Selbst die Tapfersten unter den dreihundert schrien bei dem Anblick vor Entsetzen. Männer, die so vielen Gefahren ins Auge geblickt und bei zahlreichen Gelegenheiten für Alexander ihr Leben riskiert hatten, koteten sich ein angesichts der gewaltigen Tiere, die auf sie zustürmten, dabei die Köpfe schüttelten und die Rüssel schwangen. Dem zweiten Gefangenen wurde der Bauch zerquetscht, dem dritten wurden die Beine zertrümmert, woraufhin die sich windenden Todeskandidaten noch verzweifelter an ihren Fesseln zerrten. Manche kamen auf die Knie hoch, ein paar sogar auf die Füße. Ihre lächerlichen Versuche, der herannahenden Bedrohung hüpfend zu entkommen, lösten bei der Kavallerie große Heiterkeit aus.

Und weiter ging es. Jeder nachfolgende Elefant fügte den Opfern weitere Verletzungen zu, sie wurden völlig zerstampft, Fleisch, Knochen und Eingeweide zu einer stinkenden Masse zermalmt. Die knienden Männer wurden von den ersten Tieren umgestoßen und dann von den nachfolgenden zertrampelt. Mit jedem ausgelöschten Leben gerieten die Elefanten – dazu ausgebildet, dergleichen im Krieg zu tun – immer mehr in Blutrausch. Sie senkten die Köpfe, um mit den Stoßzähnen geschundene Körper in die Luft zu schleudern, dass Blut und widerliche Säfte auf ihre faltige Haut spritzten.

Einem besonders entschlossenen Veteranen gelang es, hüpfend aus der Bahn der Elefanten zu entkommen. Angefeuert von seinen Kameraden, von der Kavallerie ausgelacht, hüpfte er mit auf dem Rücken gefesselten Händen so lange weiter, bis ein Elefant von seinem Kurs abwich und ihn verfolgte. Die Spitze eines Stoßzahns zerschmetterte ihm das Rückgrat, sodass seine Beine ihm den Dienst versagten, doch das bronzeummantelte Elfenbein hielt ihn aufrecht und spießte ihn auf, bis die blutige Spitze an der Brust wieder austrat. Mit entsetzt aufgerissenen Augen starrte der Mann einen Lidschlag lang darauf, dann wurde er schreiend in die Luft geschleudert und schlug mit verrenkten Gliedmaßen auf dem harten Boden auf. Sein Peiniger schwenkte herum und kam erneut auf ihn zu. Indessen trampelten die übrigen Elefanten weiter über die aufgereihten gefesselten Männer, von denen die Hälfte noch immer schrill schrie, während die andere Hälfte bereits zu Brei zerstampft war. Das Tier, das ausgeschert war, machte sich nun daran, sein Opfer in den Boden zu trampeln, bis von dem einst stolzen makedonischen Phalangiten nichts mehr blieb als zertrümmerte Knochen, Knorpel und zermatschte Eingeweide.

«Ich nehme an, nach dem hier werden nicht mehr viele den Mut aufbringen, Meleagros zu verteidigen», bemerkte Eumenes, während der nächste schreiende Veteran hoch in die Luft geworfen und dann von einem blutverschmierten Stoßzahn aufgespießt wurde. «Die Männer haben ihren König, auch wenn er schwachsinnig ist. Und praktischerweise scheinen alle vergessen zu haben, dass er halb thessalischer Abstammung ist und damit ebenso ein Halbblut wie Roxanes Kind.» Er wandte sich Ptolemaios zu und lächelte liebenswürdig. «Auf dem Thron von Makedonien – was kommt wohl als Nächstes? Bastarde?»

Ptolemaios erwiderte das Lächeln ebenso komplizenhaft. «Vielleicht listige kleine Griechen?»

«Nun gehst du aber zu weit, mein lieber Ptolemaios. Eine Satrapie würde ich allerdings schon gern übernehmen. Ich vermute, Perdikkas wird sehr bald zu der Erkenntnis gelangen, dass es töricht wäre, mit dieser gespaltenen Armee Alexanders Plan einer Expansion nach Westen weiterzuverfolgen.»

«Womit der Westen für mich bleibt.»

Eumenes schaute Ptolemaios überrascht an. «Das meinst du doch nicht ernst?»

«Nicht völlig, aber wenn ich Ägypten bekomme, wäre es töricht, nicht die Kyrenaika anzuschließen, und dann … Nun, wir werden sehen.»

«Ja, gewiss.» *Ptolemaios in Ägypten, jedoch mit dem Blick nach Westen, nicht nach Osten? Nun, diese Entwicklung käme mir überaus gelegen – vielleicht werde ich mein Wort an ihn doch halten und nicht verhindern, dass er bekommt, was er begehrt.* Als der letzte Mann starb, da ein blutiger Fuß ihm den Brustkorb eindrückte, gab Seleukos seinen Mahuts ein Zeichen, ihre Tiere zu bändigen und sie westlich der Kavallerie zu versammeln. Das Trompeten verstummte, die Armee stand in fassungslosem Schweigen da, alle starrten auf die Überreste der dreihundert Männer und versuchten, das eben mit angesehene Grauen zu verarbeiten.

Perdikkas ließ den Männern etliche Dutzend rasende Herzschläge Zeit, über die Strafe nachzudenken, dann trieb er abermals sein Pferd vorwärts, Philipp an seiner Seite, um das Wort an die gesamte Armee zu richten.

Nun ist ihre Aufmerksamkeit ihm gewiss, nun können wir zum Inhaltlichen kommen.

PERDIKKAS
DER HALBERWÄHLTE

Perdikkas blickte voller Abscheu auf den Brei hinunter, der einst ein Soldat Alexanders gewesen und nun in den Boden getrampelt worden war. *Zweifellos habe ich irgendwann in den vergangenen zehn Jahren mit ihm gesprochen, vielleicht haben wir sogar gemeinsam über einen Witz gelacht oder aus einem Weinschlauch getrunken.* Er überblickte die lange Reihe blutiger Haufen entlang der Front der Phalanx. *Es würde mich nicht wundern, wenn auf jeden von denen dasselbe zuträfe. Aber sie hatten es sich selbst zuzuschreiben – sie mussten den Preis dafür zahlen, dass sie sich mir in den Weg gestellt haben.* Nun, da die Massenhinrichtung vorüber war, blickte er mit einem Anflug von Bedauern auf sein eigenes Handeln zurück, aber er konnte dennoch nichts Falsches daran finden. *Ich hatte keine Wahl. Ich bin im Besitz des Ringes, niemand darf meine Autorität in Frage stellen.*

Er richtete den Blick auf den geschlossenen Block der Phalanx, die er soeben gereinigt hatte. In den Augen der Männer las er eine Mischung aus Angst und Respekt, als hätten sie die Notwendigkeit dieser Maßnahme verstanden. *Jetzt muss ich ihnen geben, was sie wollen, und dann kann ich mich voll und ganz darauf konzentrieren, das Reich zusammenzuhalten. Verflucht sei dieser Ptolemaios – er hatte recht, wir müssen konsolidieren, und das können wir nicht, wenn wir Alexanders jüngste Pläne weiterverfolgen. Verflucht sei auch der kleine Grieche, der dafür gesorgt hat, dass dieser sabbernde Schwachkopf hier als König nicht mehr anfechtbar ist.* Er warf einen verstohlenen Seitenblick auf Philipp, der neben ihm ritt, und fühlte sich wieder einmal an den gleichnamigen Vater des Mannes erinnert. Die beiden hatten eine starke Ähnlichkeit: das gleiche ausgeprägte Kinn, die markante Stirn mit wulstigen Brauen, dunkle Augen und schmale Lippen. Äußerlich war kaum zu erkennen, dass mit Philipp etwas nicht stimmte, abgesehen davon, dass er seinen Spielzeugelefanten überall mit sich herumschleppte, sein Haar wirr vom Kopf abstand, er fast unablässig geistlos grinste, wobei ihm der Sabber aus dem Mundwinkel lief, und sich bei zu großer Aufregung einnässte. In so ziemlich jeder anderen Hinsicht wirkte er ganz normal. Er war von kräftiger Statur, Berichten zufolge mit einem riesigen Glied ausgestattet und konnte angeblich rammeln wie ein Karnickel. Allerdings neigte er dazu, es zu übertreiben, und nicht wenige seiner Sexualpartnerinnen – natürlich allesamt Sklavinnen – hatten von seinen Zuwendungen erhebliche Verletzungen davongetragen. Eine war sogar verblutet.

Das Problem lag in seinem Inneren: Zwar war er zu vernünftiger Überlegung fähig, jedoch nur auf dem Stand eines achtjährigen Kindes, und dementsprechend musste Perdikkas mit dem König auch wie mit einem Achtjährigen umgehen.

«Bist du bereit, die Männer zur Ordnung zu rufen, Philipp? Denke daran, du bist König und darfst zu all diesen Männern gleichzeitig sprechen.»

Philipp schaute ihn an, Begeisterung in den Augen, ein

freudiges Lächeln auf dem Gesicht. «Darf ich? Ja, darf ich, bitte?»

«Ja, das darfst du. Befiehl ihnen, auf das zu hören, was ich zu sagen habe.»

«Ja, ja, das werde ich. Soll ich auch etwas zu ihnen sagen?»

«Nein, nur das, was ich dir eben gesagt habe.»

«Was ist mit dem netten Meleagros, der mich zum König gemacht hat? Soll ich ihnen befehlen, auch auf das zu hören, was er zu sagen hat?»

Perdikkas beugte sich hinüber, legte Philipp eine Hand auf den Arm und drückte ihn beruhigend. «Weißt du denn nicht mehr? Meleagros ist ein ganz böser Mann, und niemand sollte auf das hören, was er zu sagen hat, nie mehr. Wir werden ihn zum Fährmann schicken.»

Bei der Erwähnung des Fährmanns wurde Philipp nervös. Er schaute sich mit ruckartigen Kopfbewegungen um, als befürchtete er, dass Charon persönlich ihm irgendwo auflauerte. «Ich mag den Fährmann nicht.»

«Nun, tu einfach, was ich dir gesagt habe, und mach dir um den Fährmann keine Gedanken», redete Perdikkas ihm zu, wobei er Mühe hatte, sich seine Ungeduld nicht anmerken zu lassen.

«Ja, ja, natürlich, Perdikkas.» Das geistlose Grinsen kehrte zurück, und ein Rinnsal Speichel lief aus Philipps Mundwinkel. Er holte tief Luft. «Makedonen!» Seine Stimme war schrill, dank seines massigen Körpers jedoch kraftvoll. Allmählich legte sich Stille über das Gelände. «Makedonen!», rief Philipp noch einmal und fand allmählich Gefallen an seiner Aufgabe. «Ich will, dass ihr zuhört, was Perdikkas zu sagen hat.»

Ehe Philipp noch Gelegenheit hatte, von seinem Text abzuweichen, trieb Perdikkas sein Ross nach vorn. «Männer der Armee von Babylon», rief er und wendete sein Pferd so, dass er Infanterie und Kavallerie zugleich anreden konnte. «Durch das heute vergossene Blut haben wir uns gereinigt, wir sind nun wieder geeint!» Er schwieg kurz und wurde mit Jubel belohnt. Ermutigt sprach er weiter. «In den acht Tagen seit Alexanders Tod waren wir untereinander uneins, aber nun stehen wir vereint hinter König Philipp und dem noch ungeborenen König Alexander.» Das rief neuerlichen Jubel hervor. *Götter, das Leben wäre so viel einfacher, wenn es doch ein Mädchen würde.* «Als Alexander starb, hatte er noch große Pläne. Wie ihr alle wisst, waren wir im Begriff, zu einem Feldzug nach Arabien aufzubrechen, um die Halbinsel unserem Reich einzuverleiben. Doch das sollte nicht einfach um des Eroberns willen geschehen, sondern einem strategischen Zweck dienen: Auf diese Weise hätten wir keine feindlichen Völker mehr im Rücken gehabt, wenn Alexander uns als Nächstes nach Westen geführt hätte.» Diesmal blieb es still, als er verstummte, und nach dem Gesichtsausdruck derer zu urteilen, die ihm am nächsten standen, war es ein verblüfftes Schweigen. «Ja, nach Westen. Und zwar mit seiner neuen Armee, in der neben uns, seinen treuen Makedonen, auch Asiaten dienen sollten.»

Es kann nicht schaden, wenn sie sich darüber empören, dass Alexander vermeintlich die Eroberten übermäßig begünstigte, sinnierte Perdikkas, als sich in der Infanterie ebenso wie in der Kavallerie Raunen erhob. *Wenigstens in ihrem Hass auf andere Völker sind sie einig.*

«Er war dabei, eine Flotte zusammenzustellen, und wollte uns zu den griechischen Städten im fernen Italien und Sizilien führen, außerdem über Land nach Afrika und weiter nach Karthago, einem Ort, von dem die meisten unter euch wahrscheinlich noch nie gehört haben. Dann wollte er uns zum westlichen Ozean führen – eine Unternehmung von weiteren zehn Jahren, vielleicht mehr, wer weiß, am Ende hätte ihn gar die Legende von Hyperborea verlockt, dem Land jenseits des Nordwinds.» Die Vorstellung eines solch entlegenen Ortes löste in der gesamten Armee Aufschreie aus, und Perdikkas lächelte in sich hinein. Nun folgten ihm die Männer, nun konnte er sie dazu bringen, zu tun, was er nicht im Alleingang tun konnte, ohne dass man ihn später womöglich der Feigheit bezichtigt hätte: Er konnte die Armee dazu bringen, Alexanders Vision zu verwerfen. «Wollt ihr so die kommenden Jahre verbringen, Männer von Makedonien? Wollen wir Alexanders Pläne verwirklichen und zu einem neuen Eroberungszug aufbrechen? Wollen wir ausziehen, um Furcht in die Herzen der Hyperboreer zu säen?»

Lautstarke Ablehnung war die einstimmige Antwort der Versammelten, so lautstark, dass selbst Perdikkas überrascht war und sein Pferd nervös tänzelte. «Was habt ihr da eben gesagt, Makedonen? Wollen wir ausziehen?»

Wieder war die Antwort einhellige Ablehnung.

Perdikkas hob die Arme, um Ruhe zu gebieten, und das Gebrüll verstummte allmählich, bis nur noch verhaltenes Getuschel und Raunen zu hören war. «Männer von Makedonien, bittet ihr euren König, Alexanders Pläne zu verwerfen?»

Und sie baten, flehten darum, nicht nach Westen zu marschieren, sondern in Babylon zu bleiben oder heimzukehren, alles, nur nicht nach Westen.

«Also schön.» Perdikkas wandte sich an Philipp, der, nach seinem breiten Grinsen zu urteilen, die Situation weidlich genoss. «Sage ihnen, du eröffnest die Heeresversammlung, sie soll über die Frage abstimmen.»

«Ja, darf ich? Das wird ein Spaß. Die Heeresversammlung – die hat mich doch zum König gemacht, nicht? Ich mag die Heeresversammlung.»

«Schön, das freut mich. Nun erkläre, dass du sie eröffnest.»

Philipp runzelte verwirrt die Stirn. «Öffnen? Was soll ich denn öffnen?»

«Die Heeresversammlung, erkläre sie für ... Ach, hebe einfach die Arme, und wenn alle ruhig sind, sage, die Heeresversammlung soll über Alexanders letzte Pläne abstimmen.»

Damit gab Philipp sich zufrieden, und er tat, wie ihm geheißen – er brachte die Worte sogar erfreulich flüssig heraus, wie Perdikkas bemerkte. *Vielleicht kann ich ihn zu einem brauchbaren Sprachrohr machen, wenn ich genug mit ihm übe – vielleicht ist er doch noch zu etwas nutze.* «Nun, was sagt die Infanterie?», rief Perdikkas, nachdem die Frage gestellt worden war.

«Verwerfen!»

«Und was sagt die Kavallerie?»

Die Antwort war die gleiche. Die Armee hatte sich von Alexanders Vision losgesagt, und Perdikkas war frei zu tun, was ihm beliebte. *Jetzt kann ich mich darauf konzentrieren, Alexanders Vermächtnis zu bewahren – was schert mich Ptolemaios. Allerdings hatte er recht: Wir konsolidieren, und jeder übernimmt eine Satrapie, um sie in Philipps Namen zu regieren. Indessen bin ich sein Regent hier in Babylon, und Antipatros und Krateros bekommen ehrenvolle Ämter, damit es kein böses Blut gibt. Was Ptolemaios betrifft – ihm muss ich wohl das geben, worauf er aus ist, aber irgendwie werde ich seine Möglichkeiten beschränken. Darüber muss ich erst schlafen. Und dann ist da noch Eumenes, dieser widerwärtige kleine Grieche – wenn er sich einbildet, er bekäme etwas Nennenswertes ab, so irrt er. Ich weiß schon, was ich ihm zuspreche.*

«Kappadokien.»

«Kappadokien?»

«Ja, Kappadokien.» Perdikkas vermochte nur mühsam eine

ausdruckslose Miene zu wahren, als er die Entrüstung im Gesicht des kleinen Griechen sah. Es war am nächsten Morgen, die ranghöchsten Befehlshaber hatten sich vor dem leeren Thron versammelt. Am anderen Ende des Saals hatten die Balsamierer endlich mit der Arbeit an Alexanders Leichnam begonnen, der seltsamerweise noch immer keine Anzeichen von Verwesung aufwies.

«Aber das Gebiet ist noch nicht einmal unterworfen – Ariarathes, der persische Satrap, ist nach wie vor im Amt», wandte Eumenes ein.

«Und du bist genau der richtige Mann, um ihn zu vertreiben.»

«Wie soll ich das ohne Armee bewerkstelligen?»

«Ich werde an Antigonos schreiben und ihm befehlen, dich zu unterstützen. Schließlich ist es seine Schuld, dass das Gebiet noch nicht befriedet ist, da Alexander ihm diese Aufgabe übertragen hatte.» *Jetzt kommt der wahrhaft vergnügliche Teil.* Perdikkas wandte sich an Leonnatos. «Kleinphrygien?»

Leonnatos hielt den Kopf hoch erhoben und schaute Perdikkas herablassend an. Dabei strich er sich eine verirrte Strähne seines nach Alexanders Vorbild frisierten Haares aus dem rechten Auge. «Was ist damit?»

«Es gehört dir. Somit kontrollierst du zusammen mit Lysimachos drüben in Thrakien auf der anderen Seite des Hellespont den gesamten Schiffsverkehr zum und vom Pontos Euxeinos – höchst einträglich, möchte ich meinen.» *Ist das Anreiz genug für ihn?* Der Ausdruck in Leonnatos' Augen verriet Perdikkas, dass das Angebot ihn in der Tat verlockte, auch wenn sein Stolz noch immer verletzt war, da man ihn von der Regentschaft ausgeschlossen hatte.

«Wie bist du zu diesen Ernennungen gekommen, Perdikkas?», fragte Leonnatos nach kurzem Nachdenken. Leises

Raunen von dem Dutzend Männer am Tisch verriet, dass alle gern die Antwort auf diese Frage erfahren wollten.

Perdikkas verfluchte Leonnatos im Stillen dafür, dass er ihn nötigte, sich zu rechtfertigen, doch ihm war klar, dass ihm nichts anderes übrigblieb. «Es besteht kein Grund, Antipatros aus Makedonien abzuberufen, Menandros aus Lydien, Asandros aus Karien oder Antigonos aus Phrygien, also verbleiben sie auf ihren jeweiligen Posten. Krateros wird sich Europa mit Antipatros teilen, dessen Stellvertreter er ist. Lysimachos hat selbst um Thrakien ersucht, da er darauf brennt, ein Gebiet zu bezähmen, das noch Widerstand leistet, und unsere nördlichen Grenzen gegen die Geten abzusichern. Peukestas hat Persisch gelernt und trägt sogar schon Hosen, somit ist er prädestiniert für die Persis. Eudemos kann Indien gern behalten, und die östlichen Satrapien werden am besten von den Einheimischen regiert, die Dareios ernannt hat, da sie ihre Landsleute kennen. Nearchos bekommt Syrien. Er wird die Flotte übernehmen, die Krateros derzeit versammelt, und sie in Tyros stationieren.»

«Ach, du glaubst also, Krateros werde sie hergeben?», fragte Eumenes mit ungläubigem Kopfschütteln.

«Selbstverständlich wird er das tun – ich werde ihm schreiben und es ihm befehlen.»

«Oh, gut, wie beruhigend.»

Perdikkas funkelte den Griechen einige Augenblicke lang an, ehe er fortfuhr: «Ich bleibe in Babylon, um Asien im Auge zu behalten, während Archon hier der nominelle Satrap ist. Attalos, der diesen Monat meine Schwester Atalante heiratet, befehligt die Flussflotte, und Seleukos wird mein stellvertretender Oberbefehlshaber der Armee, nun, da Meleagros zum Tode verurteilt und flüchtig ist. Kassandros löst Seleukos als Befehlshaber der Hypaspisten ab, Alketas übernimmt

Assyrien.» Sein Bruder grinste zufrieden. «Das heißt, sofern du, Leonnatos, nicht Medien vorziehst, welches ich eigentlich Peithon zusprechen wollte, oder ein Gebiet noch weiter im Osten – ich könnte Roxanes Vater Oxyartes befehlen, seine Satrapie Paropamisaden aufzugeben, wir würden ja sehen, wie ihm das gefällt –, scheint mir Kleinphrygien eine passende und vielversprechende Wahl zu sein. Du könntest natürlich auch Aristonous' Beispiel folgen und lieber gar keine Satrapie übernehmen.»

«Und was ist mit Ägypten?»

PTOLEMAIOS
DER BASTARD

Ja, und was ist mit Ägypten? Ptolemaios hatte während der Versammlung aufmerksam zugehört und darauf gehofft, dass sein Name im Zusammenhang mit dieser Satrapie fallen würde. Inzwischen war er recht zuversichtlich, das Gewünschte zu bekommen, da alle anderen Satrapien vergeben waren. Was ihn am meisten verärgert hatte, war Perdikkas' Gebaren, und nach dem Raunen unter den Versammelten zu urteilen, störten sich auch viele andere daran. Perdikkas hatte König Philipp unter seine Kontrolle gebracht, der nun geistlos grinsend neben ihm saß. Der Schwachkopf tat alles, was sein neuer Herr von ihm verlangte, und so hatte Perdikkas sich selbst in eine Position uneingeschränkter Macht manövriert. *Zumindest in Asien – in Europa sieht die Sache anders aus, und wenn es nach mir geht, bald auch in Afrika.*

«Ägypten hat bereits einen Satrapen, Kleomenes. Alexander hat ihn eingesetzt», sagte Perdikkas.

«Aber er ist ein Grieche aus Naukratis», wandte Leonnatos ein.

Ja, und zudem ein äußerst unliebsamer Zeitgenosse und wahrscheinlich noch raffgieriger als ich.

«Der sich in Verwaltungsangelegenheiten als durchaus fähig erwiesen hat. Was immer geschieht, er bleibt in Ägypten.»

Das ist nicht das, was ich hören wollte.

Aber Perdikkas war noch nicht fertig. «Er wird stellvertretender Satrap, damit er Ptolemaios beraten kann, wenn dieser sein Amt dort antritt.»

Das ist es, was ich hören wollte. Aber wenn Perdikkas sich einbildet, er könne Kleomenes dort als Spion benutzen, dann hat er sich geschnitten.

«Also schön, Perdikkas», sagte Leonnatos nach einem raschen Blick zu Ptolemaios, «ich nehme den Posten an.»

«Gut», erwiderte Perdikkas, und sein Ton verriet, dass er die Situation genoss. «Ich hatte gehofft, dass du dich so entscheiden würdest, denn ich bin sicher, gemeinsam mit Antigonos wirst du Eumenes dabei unterstützen können, seine Satrapie zu befrieden. Auch Paphlagonien wird ihr zugeschlagen.»

«Aber das gehört von jeher zu Kleinphrygien.»

«Jetzt nicht mehr.»

Leonnatos warf dem kleinen Griechen einen verstohlenen Seitenblick zu und schwieg, doch seine Miene sagte alles. Ebenso vielsagend war der Ausdruck, mit dem er Perdikkas anschaute.

Ptolemaios' Gesicht blieb ausdruckslos. *Perdikkas, Perdikkas, du bist doch wirklich ein Tölpel. Wenn du glaubst, dieser selbstverliebte Mensch werde auch nur einen Finger rühren, um unseren griechischen Freund zu unterstützen, dann bist du beklagenswert verblendet. Und was den geharzten Kyklopen betrifft, so ist schwer zu sagen, wen er mehr hasst, Griechen oder kleine Griechen. So oder so, nun ja ... Vielleicht ist dir das aber auch bewusst, und dies ist ein unbeholfener Versuch von dir, Eumenes leer ausgehen zu lassen, während zugleich der Eindruck entstehen soll, er werde reichlich bedacht.*

«Du bist so still, Ptolemaios», bemerkte Perdikkas und unterbrach seinen Blickkontakt mit Leonnatos.

«Erwartest du etwa, dass ich dir danke, Perdikkas?», fragte Ptolemaios in verwundertem Ton. «Erwartest du, dass irgendeiner hier dir dankt, da du doch jedem nur das gibst, was er sich in den vergangenen zehn Jahren verdient hat?» Er schaute vielsagend erst Leonnatos an, dann Eumenes. «Ägypten ist nicht mehr, als mir zusteht. Manche hier haben nicht einmal das bekommen, was ihnen eigentlich gebührt. Nein, Perdikkas – du hast zwar Alexanders Ring und die Kontrolle über den König, aber du weißt, ohne uns bist du nichts. Nur gemeinsam können wir das Reich zusammenhalten, und deshalb tun wir, indem wir unsere Satrapien übernehmen, lediglich unsere Pflicht gegenüber Makedonien und Alexanders Andenken. Ebenso wie du, indem du die Aufteilung vornahmst. Ich erwarte keinen Dank dafür, dass ich meine Pflicht erfülle, und du solltest es ebenso wenig tun.»

«Aber ich habe dir Ägypten zugesprochen – das war es doch, was du wolltest, oder etwa nicht?»

«Ja, in der Tat. Indessen bleibst du hier in Babylon, um Asien *im Auge zu behalten*, und ich nehme an, das ist es, was du wolltest – was immer das heißen mag. Alle haben, was sie wollten, selbst Aristonous, der nichts erbeten hat – alle bis auf Leonnatos und Eumenes. Aber ich bin sicher, sie werden sich damit abfinden, ebenso, wie du dich mit den Konsequenzen abfinden musst.»

Perdikkas starrte ihn verwirrt an.

Du erkennst wirklich nicht, was du angerichtet hast, wie? Du hast soeben Leonnatos in die Arme von Antipatros getrieben und Antigonos zweifellos auch, denn er wird sich deinem Befehl verweigern, Eumenes zu unterstützen. Und wenn du in diesem Teil des Reiches überhaupt Freunde haben willst, wirst du selbst dem kleinen Griechen helfen müssen, seine Satrapie zu befrieden. Aber wenn du das nicht erkennst, werde ich es dir gewiss nicht erklären – ich würde mich selbst des Vergnügens berauben, deine Reaktion mitzuerleben, wenn du endlich doch daraufkommst. «Vergiss es, Perdikkas», sagte Ptolemaios mit mildem Lächeln. «Vielleicht schätze ich dein diplomatisches Geschick einfach allzu pessimistisch ein.» Er schaute in die Runde der Befehlshaber von Alexanders Armee. Es waren Männer, mit denen er viel gemeinsam erlebt hatte, vertraute Gesichter, und doch hatte er jetzt das Gefühl, dass alle von ihm abrückten, ihm fremd wurden, da das Band, das sie zusammengehalten hatte, sich allmählich auflöste. «Nun, meine Herren, ich möchte mich von euch verabschieden. Ich rechne nicht damit, dass wir je wieder alle in einem Raum zusammenkommen werden. Deshalb möchte ich noch eines sagen, um unserer gemeinsamen Zeit willen – einer Zeit, die wir alle sicher stets in liebevoller Erinnerung bewahren werden, was immer in der Zukunft geschehen mag ...»

Plötzlich brach am anderen Ende des Saals heftiger Tumult aus. Ptolemaios verstummte, und alle drehten sich nach dem Teil des Raumes um, wo Alexander lag. Die Balsamierer, die eben dabei waren, die inneren Organe aus dem Leichnam zu entnehmen, hielten in ihrer Arbeit inne.

«Ich hatte im Heiligtum Zuflucht genommen!», rief eine Stimme inmitten eines Männerpulks. «Im Heiligtum, ihr gottloser Abschaum!»

Soso, unser alter Freund Meleagros scheint wahrhaftig von vorgestern zu sein – Zuflucht im Heiligtum? Im Ernst? Was glaubte er denn, was ihm das nutzen würde, wenn sein Tod für alle hier im Raum die einzige Option ist?

«Wo habt ihr ihn gefunden, Neoptolemos?», fragte Perdikkas den Befehlshaber des Trupps, während Meleagros, aus Nase und Mund blutend und mit zerrissenem Chiton, vor dem leeren Thron auf die Knie gezwungen wurde. «War es in einem Heiligtum?»

«Du hast mir befohlen, ihn zu ergreifen, wo immer er wäre», erwiderte Neoptolemos mit starkem molossischem Akzent. Seine drei Männer hatten Mühe, den Gefangenen am Boden zu halten.

«Molosser haben noch nie übermäßige Rücksicht auf Sitte und Anstand genommen», bemerkte Eumenes, sehr zu Ptolemaios' heimlicher Belustigung.

«Schere dich fort, du nichtswürdiger, mickriger Grieche», stieß Neoptolemos in giftigem Ton hervor und warf ihm einen hasserfüllten Blick zu.

Die beiden konnten sich noch nie leiden, seit Alexander Eumenes ein Kommando bei der Kavallerie übertragen und ihn dabei unserem molossischen Freund vorgezogen hat. Das könnte mir eines Tages noch zustattenkommen.

«Ich habe im Tempel des Baal Zuflucht genommen», beharrte Meleagros, der nicht aufhörte, sich zu wehren. «Sie haben Eukleides auf den Stufen vor dem Altar umgebracht.»

Neoptolemos zuckte die Achseln. «Er ist weder mein Gott noch der deine, also warum erwartest du, dass er dich schützt?»

Ja, warum, du törichter alter Mann? Und warum hast du nach all den Jahren tapferen Dienstes Zuflucht im Heiligtum gesucht wie ein Feigling? Wenn ich überhaupt jemals Mitgefühl mit dir empfunden hätte, dann wäre es mir jetzt vergangen.

Perdikkas schaute auf Meleagros hinunter, und Ptolemaios sah ihm an, dass ihm die gleichen Gedanken durch den Kopf gingen. *Dies ist vielleicht das erste Mal, dass er und ich uns einig sind.* «Der König hat dein Todesurteil wegen Verrats unterzeichnet, Meleagros», sagte Perdikkas. «Hast du vor der Vollstreckung noch etwas zu sagen?»

«Ich habe dich zum König gemacht!», stieß Meleagros hervor.

Und jetzt macht er dich tot.

Philipps Grinsen wurde breiter. Er schaute Bestätigung heischend zu Perdikkas hinüber und drückte seine Elefantenfigur an die Brust. «Er hat mich doch zum König gemacht, nicht wahr?»

«Nein, Hoheit, die Armee hat dich zum König gemacht. Dieser Mann wollte seinen Vorteil daraus ziehen und deine Macht für sich selbst ausnutzen.»

Und willst du das etwa nicht? Oh, Perdikkas, deine himmelschreiende Scheinheiligkeit ist wahrhaft bewundernswert.

«Bringt ihn hinaus», befahl Perdikkas, «und vollzieht es in Würde.»

Mit ein paar kraftvollen Rucken riss Meleagros sich los, kam auf die Füße, wirbelte herum und schmetterte Neoptolemos seine Faust ins Gesicht. Der Getroffene wurde zurückgeschleudert, Blut strömte aus seiner gebrochenen Nase. Mit einer Schnelligkeit, die angesichts seines fortgeschrittenen Alters alle überraschte, versetzte Meleagros einem der Männer, die ihn festgehalten hatten, einen Schlag mit der Handkante gegen den Hals, dann stieß er einen anderen mit der Schulter aus dem Weg und floh durch den Thronsaal.

«Ihm nach!», rief Neoptolemos dem unverletzten dritten Mann zu, während er versuchte, den Blutfluss aus seiner Nase zu stillen. «Töte ihn.»

Der Soldat verfolgte den Fliehenden mit der Kraft eines jungen Mannes und zog im Laufen sein Schwert.

Meleagros warf einen Blick über die Schulter, erkannte, dass sein Verfolger schneller war, und strengte sich umso mehr an, doch einer der Balsamierer streckte im richtigen Moment einen Fuß aus und brachte ihn zu Fall. Meleagros fiel der Länge nach hin, schlug mit dem Kinn auf und rutschte noch ein Stück über den polierten Marmorboden. Im nächsten Moment war der Soldat über ihm und stemmte ihm ein Knie in den Rücken. Ohne innezuhalten, um sich seiner Befehle zu vergewissern, rammte er Meleagros das Schwert in den Rücken. Unter Aufbietung all seiner Kraft trieb er die Klinge weiter in Meleagros hinein, der sich versteifte und dann krampfartig zuckte, als ihn geschliffenes Eisen durchbohrte und ihm das Leben entwich.

Damit ist der Erste von uns dahin – welche Ironie, dass es zu Füßen von Alexanders Leichnam geschieht, sinnierte Ptolemaios kopfschüttelnd. Er blickte in die Runde seiner Offizierskollegen. Alle waren sichtlich befriedigt über den Tod des Mannes, der so kurz davorgestanden hatte, die Armee zu spalten. *Ich frage mich, wie viele von ihnen ich jemals wiedersehen werde, denn gewiss wird Meleagros nicht der Letzte sein.* Er warf noch einen ungläubigen Blick auf den grinsenden König, dann wandte er sich zum Gehen. «Lebt wohl, meine Herren. Es war großartig, doch die Zeiten sind vorbei. Ich hoffe, einige von euch irgendwann wiederzusehen.» *Entweder als Tischgenossen auf einer Liege oder als Gegner auf dem Schlachtfeld, je nachdem, ob ihr mich unterstützt oder behindert, wenn ich mich selbst zum König von Ägypten mache.*

OLYMPIAS
DIE MUTTER

Schrill und fürchterlich gellte der Schrei durch die Korridore und Gemächer des Palastes von Passaron, der Hauptstadt von Epirus. Er brach nicht ab, während eine Frau Ende zwanzig von auffallender Schönheit mit gerafften Röcken in unziemlicher Hast in die Richtung eilte, aus welcher der Schrei kam. Sie rempelte eine verängstigte junge Sklavin beiseite, stieß eine Eichenholztür auf und stürmte in einen hohen Raum, den zahlreiche Bilder von Frauen und auch einigen Männern beim Geschlechtsakt mit Schlangen jeder Größe zierten.

In der Mitte lag eine Frau in den Fünfzigern am Boden und stieß einen Klagelaut aus, der selbst die kalten Herzen der Harpyien erweicht hätte. Ihr hingestreckter Körper bebte jedes Mal, wenn sie Luft holte.

«Mutter! Mutter! Was hast du?», rief die jüngere Frau laut, um das Geschrei zu übertönen, und schüttelte sie an der zuckenden Schulter. «Mutter! Mutter! Fasse dich. Was ist dir?»

Olympias blickte mit geröteten Augen zu ihrer Tochter auf, dann schüttelte sie eine Papyrusrolle in der Faust. «Seit zehn Tagen, Kleopatra! Zehn!»

«Was ist seit zehn Tagen?»

«Tot! Tot! Von dieser Kröte Antipatros ermordet, wundern würde es mich nicht, oder von seinem elenden Sohn. Tot!»

«Wer ist tot, Mutter?»

Olympias schaute ihre Tochter an, als sei sie der begriffsstutzigste Mensch in ganz Epirus. «Alexander, wer denn sonst? Mein Sohn, dein Bruder Alexander. Was wird nun aus mir?» Sie zerriss den Papyrus und warf ihrer Tochter die Fetzen ins Gesicht, dann heulte sie auf und begann, sich das Haar zu raufen, riss es büschelweise aus, sodass die weißen, ungefärbten Ansätze zum Vorschein kamen.

Kleopatra rief die Sklaven herbei, von denen sich inzwischen ein Dutzend in der offenen Tür versammelt hatte, dann griff sie nach den fuchtelnden Armen ihrer Mutter und hielt sie an den Handgelenken fest. Die Haarsträhnen glitten ihr aus den Fingern. «Halte ihre Beine!», schrie sie über Olympias' Klagen hinweg einem Jüngling mit kahlrasiertem Kopf zu. «Bringt Wein!», befahl sie, an niemand Bestimmten gerichtet, woraufhin wenigstens vier Mädchen hastig davoneilten. «Hier, nehmt jeder einen Arm», wies sie zwei ältere Sklaven barsch an. «Versucht, sie ruhig zu halten.» Kleopatra wartete, bis die Männer ihre Mutter fest im Griff hatten, dann legte sie beide Hände an Olympias' tränennasse, mit Lidstrich verschmierte Wangen und hielt ihren Kopf, den sie wild hin und her warf. «Mutter! Mutter! Fasse dich. Mutter!»

Olympias heulte und wehklagte weiter, mit Armen und Beinen strampelnd, während die Sklaven sich bemühten, sie festzuhalten. Sie schien gar nicht wahrzunehmen, dass ihre Tochter ihr aus nächster Nähe ins Gesicht schrie.

Die erste Ohrfeige kam so plötzlich und die zweite folgte so kurz darauf, dass die trauernde Königin ein wenig zur Besinnung kam. Ihr Blick wurde klar, und sie starrte ihre Tochter entgeistert an. «Du hast mich geschlagen!»

«Ja, Mutter, zweimal.»

«Du hast mich *geschlagen*?»

«Ja, Mutter, das habe ich, und ich werde es wieder tun, wenn du noch einmal so deine Würde vergisst.»

Olympias drehte den Kopf nach rechts und links und warf den Sklaven, die ihre Arme festhielten, so boshafte Blicke zu, dass sie hastig losließen und zurückwichen. Der Jüngling, der sich mit ihren Fußknöcheln abmühte, ließ sie fallen und zog sich mit gesenktem Blick in Richtung Tür zurück. «Ich werde euch alle auspeitschen lassen, bis ich das Weiß eurer Rippen sehe», zischte Olympias mit einer Stimme, die an eine Schlange erinnerte.

«Nein, Mutter, das wirst du nicht tun», widersprach Kleopatra. Sie scheuchte alle drei Sklaven mit einer Handbewegung aus dem Raum. In diesem Moment kam ein Mädchen mit einem Krug Wein und zwei Bechern zur Tür herein. «Ich habe ihnen befohlen, Hand an dich zu legen, zu deinem eigenen Besten. Nun trink.» Sie goss Wein in einen Becher, gab ihn ihrer Mutter und entließ die übrigen Sklaven, die noch im Raum waren.

Nachdem die Tür hinter ihnen geschlossen war, setzte Olympias sich auf dem Boden auf und kreuzte die Beine. Ihr Haar war zerrauft, ihre Schminke zerlaufen. Sie trank einen großen Schluck, dann holte sie tief Luft, um sich zu beruhigen, und atmete langsam aus. «Was wird nun aus mir?»

«Mutter!»

Kleopatras scharfer Ton ließ Olympias zusammenzucken, sodass sie Wein über ihr Kleid vergoss.

«Es geht nicht allein um dich, Mutter, sondern auch um mich. Jetzt ist nicht die Zeit für theatralische Auftritte – wir müssen die Situation logisch durchdenken.»

Olympias schloss die Augen und atmete noch einmal tief

durch. *Sie hat recht. Dionysos sei Dank, dass ich eine Tochter zur Welt gebracht habe, die nicht gänzlich Sklavin ihrer Gefühle ist.* «Also gut, Kleopatra, ich werde mich beherrschen und die Trauer um meinen Sohn auf später verschieben.»

Kleopatra stärkte sich selbst mit einem großen Schluck Wein, dann füllte sie beide Becher nach. «Nun sage mir so ruhig wie möglich, von wem der Brief kam und was genau darin stand.»

Olympias dachte einige Augenblicke lang nach, während sie kleine Schlucke trank. «Er kam von Perdikkas, und darin stand nur, Alexander sei in Babylon an einem Fieber gestorben, er habe keinen Nachfolger benannt, und seine Frau Roxane sei schwanger. Perdikkas plant, den mumifizierten Leichnam zurück nach Makedonien zu bringen, um ihn dort in der Königsgruft beizusetzen.»

«Perdikkas organisiert das?»

«Ja.»

«Dann muss er Alexanders Befehlsgewalt übernommen haben, obwohl kein Erbe benannt wurde?»

«Ja, es scheint so – das ist interessant. Man hätte doch meinen können, das stünde Krateros als dem ranghöchsten Feldherrn zu.»

Kleopatra schüttelte den Kopf. «Er ist auf dem Weg in die Heimat – laut unseren Spionen hält er sich derzeit in Kilikien auf und vergnügt sich mit Phila, der ältesten Tochter von Antipatros und Hyperia.»

Als der Name des Regenten von Makedonien fiel, zischte Olympias: «Ich hoffe, er zerreißt sie.»

Kleopatra überhörte den giftigen Einwurf ihrer Mutter. «Wir haben also bereits einen Konflikt, denn Krateros könnte finden, Alexanders Mantel zu übernehmen, stünde ihm zu und nicht Perdikkas. Somit stellen sich diese Fragen: Wohin wird er sich wenden, nach Osten oder nach Westen? Wann wird er handeln? Und welche Entscheidung wäre für uns vorteilhafter?»

Olympias trank ihren Wein aus, während sie den Gedankengängen ihrer Tochter folgte, dann nickte sie und hielt ihr auffordernd den leeren Becher hin. «Du hast recht, Kleopatra: Krateros ist der Schlüssel. Wenn er sich entscheidet umzukehren, wird er nicht die Kröte Antipatros als Regent ablösen, und ich werde weiterhin keinen Einfluss auf die Regierung Makedoniens haben. Wir müssen also dafür sorgen, dass Krateros seinen Weg nach Westen fortsetzt und die Kröte aus dem Amt vertreibt, nötigenfalls mit Gewalt.»

Kleopatra verteilte den restlichen Wein auf beide Becher. «Dem stimme ich zu. Aber wie würdest du an Krateros' Stelle entscheiden, wenn du bedenkst, dass er nur etwas mehr als zehntausend Soldaten befehligt und sowohl Perdikkas als auch Antipatros über weit größere Kontingente verfügen?»

Olympias dachte kurz nach, dann lächelte sie. *Ich habe mir da eine schlaue Tochter herangezogen – sie besitzt den Feinsinn, der mir aufgrund meines Ungestüms mitunter abgeht.* «Ich würde abwarten, wer mir zuerst seine Freundschaft anbietet, Perdikkas oder Antipatros» – sie unterbrach sich mit einem Zischlaut, als sei es ihr zuwider, auch nur den Namen in den Mund zu nehmen –, «denn mit meinen Truppen könnte ich das Machtgleichgewicht zwischen den beiden in die eine oder andere Richtung verschieben.»

«Ganz genau. Wir wollen also, dass Antipatros an Krateros herantritt und ihm ein Bündnis vorschlägt, nicht Perdikkas. Vielmehr muss Perdikkas für Krateros als Bedrohung erscheinen, eine Bedrohung, der man entgegentreten muss.»

«Aber Krateros sollte doch Antipatros ablösen.»

«Als Alexander noch am Leben war, ja. Aber nun, da er

tot ist?» Kleopatra zuckte die Schultern und hob die Hände. «Nun kann alles Mögliche geschehen.»

«Was wird nun also Antipatros» – wieder spie sie den Namen zischend aus – «dazu bewegen, dem Mann, der rechtmäßig seine Machtposition übernehmen sollte, freundschaftlich die Hand zu reichen?»

«Krieg, Mutter, Krieg. Morgen früh müssen wir uns um eine Audienz beim König bemühen – sosehr du ihm auch grollst, weil er dich nicht mehr beachtet hat, seit er voriges Jahr das Mannesalter erreichte und deine Regentschaft endete. Vergiss diesen Groll, denn wir müssen ihn überzeugen, den griechischen Stadtstaaten, insbesondere Athen, ein paar Versprechungen zu machen. Nichts allzu Offensichtliches: Er soll ihnen Freundschaft anbieten, vorschlagen, sich in den bevorstehenden schwierigen Zeiten gegenseitig zu unterstützen, vage Andeutungen über die Ungerechtigkeit des Verbanntendekrets äußern und dergleichen – gerade genug, um ihnen Appetit auf Freiheit zu machen.»

«Wie wäre Aiakides dazu zu bewegen, irgendetwas für mich zu tun? Er spricht nicht mehr mit mir, seit er mich aus dem Ratssaal geworfen hat, wo ich meinen Platz am Tisch beanspruchen wollte.»

«Überrascht dich das etwa, nachdem du ihn angezischt hast wie ein ganzes Schlangennest und ihm die Augen auskratzen wolltest? Mich überrascht es jedenfalls nicht. Aber nun hast du etwas, das er vielleicht gern haben will.»

«Was denn?»

«Alexanders Frau ist mit deinem Enkel schwanger. Aiakides' Tochter Deidameia ist zwei Jahre alt. Was, wenn das Kind ein Junge ist?»

«Was, wenn nicht?»

«Wird Aiakides sich wohl die Chance entgehen lassen, dass

seine Tochter einmal die Mutter von Alexanders Erben werden könnte? Ich denke, damit kannst du ihn dir gefügig machen. Und du bräuchtest dein Versprechen, in die Verlobung einzuwilligen, ja nicht zu halten.»

Olympias musterte ihre Tochter, stolz auf deren verschlagene Denkweise. *Ich vergesse immer wieder, dass sie die Königin dieses Landes war, bis ihr Mann starb und mein Neffe den Thron von Epirus bestieg. Aiakides schuldet mir etwas für seinen Undank, immerhin hat er mich aus seinem Rat verbannt und mir keinerlei Einfluss zugestanden, nachdem ich ihm sechs Jahre lang als Regentin gedient hatte. Ja, das ist das Mindeste, was er mir schuldet, und der Plan könnte durchaus aufgehen: Wenn Antipatros von Süden her durch die griechischen Stadtstaaten bedroht wird und wir ihn von Westen bedrohen, an wen kann er sich in der derzeitigen Lage wenden, wenn nicht an Krateros mit seinen zehntausend Mann jenseits des Meeres?* «Ja, ich verstehe. Und wenn wir Krateros erst einmal in Makedonien haben, können wir ihn gegen Antipatros ausspielen. Dann müssen wir nur noch eine Möglichkeit finden, Einfluss auf Perdikkas zu gewinnen, und schon stehe ich wieder im Zentrum der Macht – zum ersten Mal, seit Aiakides das Mannesalter erreichte.»

Kleopatra ergriff die Hand ihrer Mutter. «Mache dir um Perdikkas keine Gedanken – mit ihm werden wir uns befassen, wenn es so weit ist. Zuerst musst du mit meinem Vetter, dem König, sprechen.»

«Ich traue dir nicht», sagte Aiakides und blickte aus schmalen Augen auf seine Tante hinunter, die vor seinem Thron stand, das Kinn vorgereckt, eine Faust auf der Hüfte. Zwischen den beiden standen vier bewaffnete, mit Schilden bewehrte Wachen.

«Roxane ist wirklich schwanger», beharrte Olympias. Ihre

Stimme hallte von den steinernen Wänden des von Kolonnaden eingefassten Audienzsaals wider.

«Daran zweifle ich nicht, liebste Tante – auch ich habe einen Brief von Perdikkas erhalten.»

«Du!»

«Selbstverständlich, ich bin schließlich der König von Epirus und werde mit der gebührenden Achtung behandelt. Nein, ich vertraue nicht darauf, dass du dein Wort halten wirst, den Knaben mit Deidameia zu verheiraten.»

«Deidameia ist meine Großnichte – wer könnte in meinen Augen besser geeignet sein, meinen Enkel zu ehelichen?»

«Der noch nicht einmal auf der Welt ist.»

«Der bald zur Welt kommen wird.»

«Und wenn *er* als *sie* zur Welt kommt, versprichst du dann, sie mit meinem Sohn zu verheiraten, der ebenfalls noch nicht geboren ist – oder genauer gesagt, der noch nicht einmal gezeugt ist?»

Olympias runzelte die Stirn. *Was hätte er davon? Ein Sohn von ihm kann keinen Anspruch auf den Thron von Makedonien erheben, selbst wenn er mit Alexanders Tochter verheiratet wäre. Die führenden Familien des Reiches würden es niemals hinnehmen.*

Kleopatra trat aus dem Schatten einer Säule auf halber Länge des Saals hervor. «Es ist der Preis, den er fordert, Mutter», erklärte sie, als habe sie Olympias' Gedanken gelesen. «Er hätte keinen Nutzen davon, aber es würde dich hindern, deine Enkelin anderweitig vorteilhafter zu verheiraten.»

Sie hat recht – diese abscheuliche Kreatur fordert einen hohen Preis für ein paar Briefe.

«Wer hat dich eingelassen?», fragte Aiakides, an Kleopatra gerichtet, und sein knabenhaftes Gesicht nahm einen gereizten Ausdruck an.

«Du solltest nicht vergessen, mein Vetter, dass mein Gemahl einst auf diesem Thron saß, bevor er im Krieg in Italien umkam. Ich gehe hier ein und aus, wie es mir beliebt.»

«Ich hätte dich töten lassen sollen.»

«Mein Bruder hätte den Gefallen erwidert, deshalb hast du es nicht getan.»

«Aber nun ist er tot, was sollte mich also noch hindern, mir den Wunsch zu erfüllen?»

«Angst, mein Vetter, Angst. Angst, eine Verwandte des Mannes zu töten, der dich so weit in den Schatten gestellt hat. Du weißt, dass man dich zur Rechenschaft ziehen würde, und dich hinter deinem kleinen Thron zu verstecken, würde dich nicht retten. Also genug der leeren Drohungen – wirst du tun, worum meine Mutter zu solch großzügigen Bedingungen ersucht hat, oder lässt du uns keine andere Wahl, als dich zu zwingen?»

«Mich zu zwingen? Wie das?»

«Wenn ich es dir sagen würde, wäre es keine Drohung mehr.»

Olympias starrte ihren Neffen durchdringend an. Ihr missfielen seine feisten Lippen und das weiche, rundliche Kinn. Der Gemahl ihrer Tochter, König Alexandros von Epirus, war ein echter Mann gewesen, ganz das Gegenteil dieses weibischen Knaben. *Kleopatra hätte die Nachfolge ihres Gemahls antreten sollen, nicht dieser stolze, aber schwache Mann. Aber so sind nun einmal die Thronfolgegesetze, und so verhält es sich nun einmal mit der Stellung der Frau in der Welt, und sie hat ihrem Mann nur Töchter geschenkt: Wir können einzig durch unsere Männer herrschen.*

Aiakides lachte, es klang gezwungen und hohl. «Natürlich werde ich tun, worum ihr mich ersucht. Ihr hättet mich nicht einmal darum ersuchen müssen, denn ich selbst hatte genau diesen Plan, als ich von Alexanders Tod erfuhr. Es wäre zu meinem Vorteil, sollten die griechischen Stadtstaaten sich gegen die makedonische Herrschaft erheben – Epirus profitiert stets davon, wenn ein geschwächtes Makedonien den Blick anderswohin richtet.»

Olympias warf ihm einen Blick voller tiefstem Abscheu zu. «Eine überaus scharfsinnige Beobachtung, mein lieber Neffe. Ich schlage vor, du beginnst mit Hypereides in Athen und Demosthenes, der zurzeit auf Kalaureia im Exil weilt.»

«Die beiden stehen ganz zuoberst auf meiner Liste, liebste Tante.»

«Dieses widerliche kleine Stück Dreck», zischte Olympias, als sie und Kleopatra den Audienzsaal verließen. «Um sein Gesicht zu wahren, hat er so getan, als hätte er die Idee bereits selbst gehabt.»

Kleopatra winkte ab. «Mich kümmert es nicht, wie er seine Zustimmung formuliert. Wichtig ist, dass er tut, worum du ihn ersucht hast.»

«Ohne dass du ihn zwingen musst.»

«Ganz recht.»

Olympias war neugierig. «Sage mir doch, wie hättest du ihn denn gezwungen?»

Kleopatra wandte sich ihrer Mutter zu und lächelte. «Das ist es ja gerade – ich hätte keine Möglichkeit dazu gehabt. Es war eine leere Drohung, aber Aiakides fürchtet mich so sehr, dass er mir alles zutraut.»

Olympias hielt sich mit einer Hand den Mund zu, um nicht laut aufzulachen. *Wärest du doch nur als Mann zur Welt gekommen, Kleopatra, dann wären wir beide jetzt nicht in dieser Situation. Dann hätten wir einen vortrefflich geeigneten Erben für Alexander.* Langsam furchte sich ihre Stirn, während ihr ränkevoller Geist arbeitete. *Warte, vielleicht gibt es doch eine Möglichkeit – eine Lösung, die den Vorteil hätte, dass ich wieder im Zentrum der Macht stünde, ohne erst auf den Sprössling der asiatischen Hure warten zu müssen, sofern es überhaupt ein Junge wird.* Noch einmal spielte Olympias das Szenario im Kopf durch. *Ja, so könnte es gehen, und für Antipatros könnte es das Ende bedeuten. Ich muss es zeitlich geschickt einrichten, und ich muss es vor Kleopatra geheim halten, denn es wird ihr nicht gefallen, ganz und gar nicht.*

PHILON
DER HEIMATLOSE

Mit der zweiten Salve nutzten die berittenen Bogenschützen ihre Reichweite voll aus. Pfeile schlugen in dumpfem Stakkato in die Rundschilde ein, mit denen die zweihundertvierzig Mann starke Einheit griechischer Söldner hastig einen schützenden Schildwall mit Dach gebildet hatte.

«Festhalten, Jungs! Festhalten!» Der Ruf klang im Gedränge der Leiber gedämpft – die Frontreihe kniete, die Männer der zweiten, dritten und vierten Reihe standen geduckt dahinter, und alle atmeten keuchend und stoßweise die heiße, trockene Luft, die nach Schweiß und Knoblauch roch.

Die nächste Salve Pfeile bohrte sich in die Schilde. Ein einzelner Schrei ertönte, der gleich darauf in ein ersticktes Röcheln überging.

«Haltet fest und schließt die Lücke!»

«Wir halten ja fest!»

«Spar dir deinen Atem für die Pferdeficker, Demeas!»

«An die kommen wir doch nicht ran, ehe die Fotzen sich wieder davonmachen, Philon!»

Philon machte sich nicht die Mühe, Demeas zu antworten, der neben ihm in der vordersten Reihe der Abwehrformation kauerte – ihm war klar, dass die Einschätzung des Mannes zutraf. Allerdings würde er ihn für seine Widerworte maßregeln, sobald sie wieder in Alexandria am Oxos waren, der Stadt aus Lehmziegeln am Fluss. Seit nunmehr fünf Jahren hatten sie das Pech, dort stationiert zu sein – seit Alexander sie dazu verdammt hatte, den Rest ihrer Tage auf diesem entlegenen Vorposten in der Wildnis zu verbringen. *Verflucht sei der arrogante Welpe, dass er uns hier zurückgelassen hat.* Philon spannte die Muskeln an, als drei Pfeile der nächsten Salve seinen Schild trafen, dann wagte er einen raschen Blick durch einen schmalen Spalt. Fünfzig Schritt entfernt ritten die baktrischen Stammeskrieger auf ihren zähen kleinen Gebirgspferden ungeordnet umher. Eben lösten sie die nächste Salve und zielten dabei nicht nur auf die Hopliten, sondern auch auf die Karawane, die hinter ihnen in Deckung gegangen war. Dort kauerten im Schutz ihrer mit Waren beladenen zweihöckrigen baktrischen Kamele die zwanzig Kaufleute, die Philon und seine Männer über die persische Königsstraße eskortiert hatten, von der Stelle an, wo sie aus der Satrapie Sogdien über die Grenze nach Baktrien führte. *Nicht dass Grenzen hier draußen in der Wildnis am Rand des Reiches eine Bedeutung hätten*, sinnierte Philon, dann schloss er hastig den Spalt, als aus einem schwarzen Punkt plötzlich ein Pfeil wurde, der auf ihn zuschnellte. Ein Ruck fuhr durch seinen Schild, als der Pfeil in den Rand einschlug, genau da, wo noch einen Herzschlag zuvor sein Auge gewesen war. *So zufällig entscheidet sich, wer lebt und wer stirbt.*

«Sie werden das hier bald leid werden, Jungs – sie halten nie lange durch», rief Philon, um seinen Männern, aber auch sich selbst Mut zu machen. Aber es stimmte: Die Stammeskrieger wurden es tatsächlich jedes Mal leid, die Eskorten der Karawanen mit Pfeilen zu beschießen, und zogen sich in die dürre, baumlose Weite zurück, aus der sie aufgetaucht waren. Es verlief immer gleich, da sie es niemals gewagt hätten, eine geschlossene Formation aus Hopliten mit ihren langen Stichspeeren anzugreifen, selbst dann nicht, wenn sie sie in offenem Gelände überraschten. Sie hatten auch weder die nötige Geduld noch genügend Pfeile, um ihre Gegner allmählich zu zermürben. Also unternahmen sie lediglich ein paar weitere Scheinangriffe und verschossen ihre Pfeile, während ein paar von ihnen alles erbeuteten, was es von den wenigen Kamelen zu erbeuten gab, die sie zu Beginn des Angriffs vielleicht niedergestreckt hatten – vorausgesetzt, diese lagen weit genug entfernt, was heute nicht der Fall war. Drei Kamele lagen nur zwanzig Schritt von den Hopliten entfernt, eines davon noch zuckend und vor Schmerzen schreiend, und ihre Last hatte sich um sie herum auf dem Boden verteilt. *Die Hurensöhne werden uns bald weiterziehen lassen, um an ihre Beute zu kommen*, dachte Philon erleichtert.

So war das Leben an der Ostgrenze von Alexanders sogenanntem Großreich. Philon konnte sich regelmäßig ein Schmunzeln nicht verbeißen, wenn ihm das Konzept eines Großreiches in den Sinn kam, denn in seiner Vorstellung war ein Reich eine geschlossene Einheit, und was er hier sah, war ganz gewiss keine solche: Hier gab es keine zentrale Regierung, kein Zugehörigkeitsgefühl, nichts als Barbarei und Willkür. Er und seine Männer waren das einzige Bindeglied zu dem, was ein Grieche als Zivilisation betrachten würde, und seinem Beruf zum Trotz erachtete Philon sich selbst für überaus zivilisiert und kultiviert.

Er hatte in seiner Heimat Samos die höchste Stufe der Bildung erlangt, ehe er und seine Familie vor vierzig Jahren unter dem Anschluss der Insel an Athen gelitten hatten und ins Exil gegangen waren. Plötzlich heimatlos, hatte der sechzehnjährige Philon nicht von der Wohltätigkeit anderer leben wollen. Deshalb hatte er sich von seinen umherziehenden Verwandten getrennt und das einzig Wertvolle verkauft, das ihm geblieben war: seine Kampfkraft. Er und seine Familie machten die letzten Besitztümer zu Geld, die sie auf ihrer Flucht hatten mitnehmen können, und brachten gerade eben die erforderliche Summe auf, um ihm eine schmucke Hoplitenausstattung zu kaufen: Helm, Brustpanzer aus verstärktem Leinen, Hoplon, Schwert und Beinschienen. So war er in die Armee des persischen Großkönigs Dareios eingetreten, des Dritten dieses Namens. Dreißig Jahre lang hatte Philon ein gutes Leben gehabt, und von seinem regelmäßigen Einkommen hatte er seiner Familie ein ansehnliches Haus in Ephesos kaufen können, auf dem Festland unweit ihrer gestohlenen Insel. In diesen dreißig Jahren war er zum Chiliarchen der Hopliten im Sold des Perserreiches aufgestiegen und hatte sich an die Annehmlichkeiten gewöhnt, die das Leben im Dienste des Großkönigs mit sich brachte. Doch dann hatte der selbstherrliche Jüngling Alexander seine Welt zum zweiten Mal auf den Kopf gestellt, indem er die persische Armee am Fluss Granikos hinwegfegte und drei Jahre später noch einmal bei Issos, wo er, Philon, in Gefangenschaft geriet.

«Macht euch zum Weitermarsch bereit, Jungs», rief Philon, als er merkte, dass der Pfeilhagel nachließ. Er riskierte noch einmal einen raschen Blick durch den Spalt, und tatsächlich: Die Stammeskrieger begannen, sich zurückzuziehen, da ihre Köcher sich leerten. «Wie groß sind unsere Verluste, Lysandros?»

«Ein Toter, Herr», rief Philons Stellvertreter auf dieser Mission aus den hinteren Reihen der Formation zurück, «und vier wurden verwundet, einer davon schwer.»

«Wir nehmen sie beim Weitermarsch alle mit. Keiner

fällt dem Feind in die Hände, weder lebend noch tot – diese Pferdeficker pfählen jeden.»

Wenn ein Söldner in Gefangenschaft geriet und vor die Wahl gestellt wurde, zu sterben oder fortan zu den gleichen Bedingungen in der Armee des Siegers zu dienen, fiel ihm die Wahl für gewöhnlich nicht schwer. So gelangte Philon in den Dienst Alexanders, des Mannes, der größeren Ruhm erlangte als je ein Mensch vor ihm. Doch dieser Ruhm blieb ihm selbst und seinen Makedonen vorbehalten. Die tausenden anderen Männer, die mit ihnen marschierten, hatten keinen Anteil daran – sie verrichteten die schwere, schmutzige Arbeit, die undankbaren Aufgaben, welche unter der Würde der unbesiegbaren Krieger Makedoniens waren. Und so mussten sich Philon und seine Männer während des gesamten Feldzugs mit Wachdiensten abgeben, mit Strafaktionen, bei denen niemand verschont wurde, sie mussten als Eskorte für Kolonnen dienen und andere unehrenhafte und unliebsame Aufgaben verrichten. Als Alexander endlich den fliehenden Dareios einholte, weit oben im persischen Hochland bei Gaugamela, wurden die Hoplitenverbände, die aus griechischen Söldnern bestanden, in Reserve gehalten – ein deutliches Zeichen dafür, wie gering der Löwe von Makedonien sie schätzte. Diese unverhohlene Verachtung setzte den Männern zu, der Groll wuchs in ihnen, und als sie nach Baktrien und Sogdien kamen, entschieden sie, nun hätten sie genug und es sei an der Zeit heimzukehren, heim ans Meer.

Doch Alexander wollte noch weitere Gebiete erobern, und als er sich aufmachte, den mächtigen Strom Indus zu überqueren, weigerte er sich, die unzufriedenen Söldner zu entlassen. Stattdessen verteilte er sie auf die neuen Städte, die er für die griechischen Siedler gegründet hatte, welche gen Osten strömten, um den Barbaren die griechische Zivilisation zu bringen. Und ja, die Dramen des Euripides waren am Ufer des Oxos aufgeführt worden, und ja, in Alexandria am Oxos wurde Homer gelesen, die Drachme war auf dem Basar von Zariaspa die gängige Währung, und die Ideen von Platon, Sokrates und Aristoteles wurden auf den Symposien in Nautaka und Alexandria in Margiana diskutiert – aber ein Affe, der Weisheiten nachplappert, bleibt dennoch ein Affe, und Philon empfand nichts als Verachtung für die Allüren der Siedler.

Zu wissen, wer Aristophanes war, bedeutete nicht, dass man seine Verse zu würdigen wusste, wie griechisch man auch sein mochte. Denn diejenigen, die im Gefolge des Eroberungszuges den gefahrvollen Weg in den Osten auf sich nahmen, waren hauptsächlich die Armen und Ungebildeten, jene, die es im Westen schwer gehabt hatten, die Schwachen. Und die Schwachen geben die schlechtesten Herren ab, das hatte Philon immer wieder beobachtet, wenn die Siedler, die nun unverhofft die Oberhand hatten, mit den einheimischen Stämmen über Rechte, Grundbesitz und Status in Streit gerieten. Den Frieden zu wahren und für die Einhaltung der Gesetze zu sorgen, war daher seine Aufgabe und die seiner Männer ebenso wie vieler anderer ihresgleichen überall in den östlichen Satrapien. Die Satrapen selbst fühlten sich nicht dafür zuständig, es sei denn, sie versprachen sich persönlich einen Gewinn oder sonstigen Vorteil davon. Schließlich waren die Satrapen dieselben Kriegsfürsten, die vor Alexanders Ankunft diese Gebiete beherrscht hatten. Wenn er nach Osten weiterzog, ließen sie daher einfach die früheren Zustände wieder einkehren. So kam es, dass diese Stammeskrieger, die Philons Truppe hier angriffen, Männer waren, die eigentlich an seiner Seite hätten kämpfen sollen: Baktrer, die Oxyartes treu waren, dem einheimischen Satrapen des angrenzenden Paropamisaden, dem Schwiegervater Alexanders.

«Erste Reihe, Schilde erhoben halten!», befahl Philon, als die letzten Reiter außer Schussweite waren, «und links um!»

Seine zweihundertvierzig Mann führten das Manöver in Anbetracht der Umstände einigermaßen gekonnt aus – die erste Reihe kam auf die Beine, die Schilde noch immer dem Feind zugewandt, und alle vier Reihen schwenkten herum, sodass eine Kolonne entstand, welche die Baktrer von der Karawane trennte.

Philon bahnte sich einen Weg durch die Formation, um sich selbst an die Spitze zu setzen. «Im Laufschritt Marsch!»

Die Kolonne trabte los, anfangs etwas ungeordnet, doch dann fanden sie in Gleichschritt, während sie ihr Tempo steigerten. Links von ihnen trieben die Kaufleute ihre Kamele an, sodass die Karawane mit ihren Beschützern Schritt hielt.

«Haltet sie auf!», schrie Lysandros plötzlich aus der Mitte der Formation.

«Was ist los?», rief Philon und schaute sich um.

Zwei der Kaufleute rannten zurück zu den drei Kamelen, die beim ersten Angriff zu Boden gegangen waren.

Schwachköpfe. «Lass sie, Lysandros», befahl Philon, löste sich aus der Formation und rannte durch die Karawane zurück.

Bei ihren niedergeschossenen Tieren angekommen, rafften die beiden Kaufleute hastig Säcke zusammen und warfen sie sich über die Schulter. Dabei schauten sie immer wieder zu der Kolonne hinüber, die inzwischen mehr als hundert Schritt voraus war und sich in stetigem Laufschritt immer weiter entfernte. Philon blieb stehen und ließ die Karawane zu beiden Seiten an sich vorbeiziehen, während er die zwei Männer kopfschüttelnd beobachtete. Da sah er eine Gruppe Reiter, die unter lauten Rufen ihre Pferde zum Galopp antrieben. Als die beiden die nahende Gefahr bemerkten, rafften sie hastig noch ein paar Gepäckstücke an sich und ergriffen die Flucht.

Philon wandte sich ab, um das Unvermeidliche nicht mit ansehen zu müssen, wenn die Reiter die Kaufleute einholten. Die Gier dieser Männer hatte sie ihr Leben gekostet.

«Sie haben teuer für Waren bezahlt, die doch eigentlich nichts als Silber kosten sollten», bemerkte einer der Kaufleute, an Philon gerichtet, als dieser auf seine Position an der Spitze der Kolonne zurückkehrte.

«Ihre Entscheidung.»

Der Kaufmann, dunkelhäutig, mit Hakennase und tiefliegenden, funkelnden braunen Augen unter der weißen Kopfbedeckung, neigte den Kopf, eine Hand an die Brust gelegt. «Mag sein. Vielleicht hatten sie aber auch keine Wahl, weil das dort ihr ganzer Besitz war und der Verlust sie ruiniert hätte. Wir können in diesem Leben nicht immer so entscheiden, wie wir gern würden. Werter Herr, mein Name ist Babrak aus Kaboura, und wir Pakhta kennen eine Redensart, die aus unserer Sprache Paschto übersetzt lautet: Jenseits des Flusses ist ein Knabe, dessen Gesäß einem Pfirsich gleicht, aber ach, ich kann nicht schwimmen.»

Philon schaute Babrak an und fragte sich, worauf er hinauswollte.

«Werter Herr, wir können nicht immer bekommen, was wir begehren, erst recht nicht, wenn wir unvollkommen sind – nicht der Fluss ist schuld, dass ich das Objekt meiner Begierde nicht erreichen kann, sondern vielmehr meine mangelnde Fähigkeit zu schwimmen. Diese beiden Männer hätten das Leben gewählt, wenn sie es sich hätten leisten können, ihre Waren zu verlieren. Doch das konnten sie nicht, somit stand aufgrund ihres Mangels an Geld ihre Wahl fest. Nicht jeder von uns ist so glücklich, von dem Pfirsich kosten zu können.»

Philon sah ein, dass die Dinge im Osten nun einmal so waren, wie sie waren. Die Mauern von Alexandria am Oxos kamen bereits in Sicht, als die Schreie der Gefangenen über das öde Land hallten, da die angespitzten Pfähle sich langsam durch ihre Innereien bohrten.

«Philon, ein Bote ist aus Babylon eingetroffen», meldete Letodoros, der Kommandant der Garnison, als die Kolonne, erschöpft von den Strapazen, durch das offene Tor auf die Agora trottete.

«Sage ihm, er soll warten, bis ich gebadet habe», erwiderte Philon völlig desinteressiert.

«Ich denke, du wirst seine Botschaft unverzüglich hören wollen, Philon – so, wie du bist, auch wenn du stinkst.»

Philon schaute den zwanzig Jahre jüngeren Letodoros an und erkannte, dass er es ernst meinte. Seufzend machte er kehrt, um ihm zum Hauptquartier der Garnison zu folgen.

«Vor mehr als einem Mond?», fragte Philon gedehnt, während er versuchte, die gewichtige Neuigkeit zu verarbeiten. Als er sie gehört hatte, war er erst einmal in einen Stuhl gesunken und hatte nach dem Weinkrug gegriffen.

«Ja, Herr, an Sumpffieber, wie es hieß», erwiderte der Bote. Er war schmutzig von dem Ritt und warf begehrliche Blicke auf den Wein. «Ich habe den Leichnam gesehen, bevor Perdikkas mich aussandte.»

«Dann besteht also kein Zweifel daran, dass er wirklich tot ist?» Philon konnte seine wachsende Erregung kaum unterdrücken. «Es kann kein Irrtum sein?»

«Nein, Herr. Alexander ist tot, und inzwischen muss es bereits fast das ganze Reich erfahren haben.»

«Gelobt seien die Götter.»

Der Bote schaute verwirrt drein. «Was hast du gesagt, Herr?»

Philon blickte dem Mann in die Augen. «Ich sagte: Gelobt

seien die Götter. Und ich sagte das, weil das Ungeheuer tot ist und ich mit meinen sechsundfünfzig Jahren vielleicht endlich wieder anfangen kann zu leben.»

«Aber er war groß und ruhmreich, er hat uns von Sieg zu Sieg geführt.»

Philon schob dem Boten den Weinkrug hin. «Hat er das wirklich? Dich vielleicht, aber mich und meine Männer hat er nur hierher geführt, in diesen Kerker ohne Gitter in diesem wüsten Land so weit vom Meer entfernt. Nun, da er nicht mehr ist, sind wir frei.» Philon wandte sich an Letodoros und grinste breit. «Ich denke, wir sollten eine Versammlung einberufen.»

Letodoros erwiderte das Grinsen. «Das denke ich auch.»

Philon blickte von dem Podium, das vor dem Hauptquartier am Rand des Exerzierplatzes errichtet war, auf die fünfhundert griechischen Söldner der Garnison von Alexandria am Oxos hinunter. Sie standen schwitzend in der Hitze, die sie mehrere Monate im Jahr ohne Unterlass quälte, und ihr Erstaunen über die Nachricht war mit Händen zu greifen. «Somit stellt sich nun die Frage, ob es unsere Pflicht ist, weiter dieses öde Land zu sichern, nur weil es uns zur Strafe befohlen wurde. Oder sind wir vielmehr uns selbst verpflichtet und sollten westwärts zum Meer marschieren?» Er hielt inne, um die Frage im Bewusstsein der Männer wirken zu lassen. Sofort entspannen sich an einem Dutzend Stellen hitzige Wortwechsel, befeuert von der Begeisterung, mit welcher die meisten von ihnen die Nachricht vom Tod des Mannes aufgenommen hatten, der sie an diesen Ort verbannt hatte.

Philon ließ das Gerede ein paar Dutzend Herzschläge lang andauern, dann gebot er mit Gesten Ruhe. «Wir dürfen nicht vergessen, Brüder, dass wir schon früher einmal fälschlich glaubten, Alexander sei tot – vor fast drei Jahren, als wir erfuhren, dass er von einem Pfeil in die Brust getroffen wurde. Wir alle wissen, wie es damals den Truppen erging, die sich daraufhin auf den Weg zurück ans Meer machen wollten: Sie wurden fast bis auf den letzten Mann hingerichtet. Ein paar kamen allerdings davon und erreichten tatsächlich die Heimat, womit bewiesen ist, dass man es schaffen kann. Der Unterschied zwischen damals und jetzt ist allerdings, dass wir diesmal Gewissheit über den Tod des Tyrannen haben.» Er zeigte auf den Boten, der neben Letodoros weiter hinten auf dem Podium stand. «Dieser Mann hat seinen Leichnam im großen Thronsaal zu Babylon aufgebahrt liegen sehen, ehe Perdikkas ihn mit der Nachricht zu uns schickte. Es besteht kein Zweifel: Alexander lebt nicht mehr.» Das rief bei den Versammelten neuerlichen Jubel hervor. «Und wir müssen Folgendes bedenken: Wird sein Tod es für uns leichter machen, unseren Posten zu verlassen, oder wird der nächste ungehobelte Makedone, der die Zügel der Macht in die Hand nimmt, uns Griechen ebenso gnadenlos behandeln, wie das Ungeheuer es getan hat? Und selbst wenn es so kommen sollte, meine Brüder, läuft es noch immer auf die grundlegende Frage hinaus: Wollt ihr hier sterben, oder wollt ihr euer Leben lieber bei dem Versuch lassen, heimzukehren und noch einmal das Meer zu sehen? Ich weiß, wofür ich mich entscheide. Wisst ihr es auch?»

Die gebrüllte Antwort war einstimmig. Philon lächelte beim Anblick der Hunderte vollbärtiger Gesichter: Sie waren von einer Hoffnung erfüllt, die sie nicht mehr empfunden hatten, seit sie vor all den Jahren hier im ausgedörrten Grenzland des Reiches gestrandet waren. Manche waren Männer wie er selbst, Heimatlose – sei es durch Landnahme wie im Fall seiner Heimat Samos oder sei es, dass ihre Stadt zerstört worden war wie etwa Theben. Andere waren jüngere Söhne, die nicht erbten und daher gezwungen waren, ihr Leben im bezahlten Militärdienst zu fristen, und die Übrigen waren Abenteurer und Gesetzlose. Doch allen war eines gemeinsam: die Liebe zum Meer, das manche von ihnen seit sieben Jahren nicht mehr gesehen hatten, seit Alexander von Ägypten aufgebrochen war und Dareios ins Herz des Perserreiches verfolgt hatte.

«Das Meer! Das Meer! Das Meer!» Der Sprechgesang erhob sich über den Jubel, und bald hallte er von den gelbbraunen Lehmziegelmauern um den Exerzierplatz wider. Die inneren Bilder verliehen dem Ruf Kraft, Bilder von der endlosen blauen Fläche sanft gewellten Wassers, funkelnd unter einer wärmenden Sonne und von salzig riechender Luft gekühlt, Bilder von sandigen Stränden, sacht von Wellen überspült, oder auch nur die Vorstellung, knöcheltief im kühlen Nass zu stehen und zuzuschauen, wie ein Schiff vorbeisegelte. Bald riefen alle wie mit einer Stimme und stießen im Takt die Fäuste in die Luft.

Philon hob die offenen Hände und bat um Ruhe, doch die Männer waren so erregt, dass sie nur widerwillig verstummten. «Seit bei den Olympischen Spielen im vergangenen Jahr das Verbanntendekret verlesen wurde, das die griechischen Stadtstaaten zwingt, ihre Verbannten wieder aufzunehmen, haben viele von uns nun eine Heimat, in die wir zurückkehren können. Mir beispielsweise steht es frei, nach Samos zu gehen, in die Heimat meiner Vorväter, und diejenigen unter euch, die ebenfalls exiliert sind, können dasselbe tun.» Philon schwieg einen Moment lang und setzte eine ernste, besorgte Miene auf. «Doch unsere Heimat ist fern von hier, und wir sind wenige, meine Brüder – als so kleine Truppe hätten wir keine Chance, den monatelangen Marsch zu bewältigen. Wir würden der ersten makedonischen Truppe zum Opfer fallen, der wir begegnen, und dann könnten wir nicht auf Gnade hoffen.» Bei diesem Gedanken wich einige Begeisterung aus den Gesichtern seiner Zuhörer. «Deshalb müssen wir uns mit anderen zusammenschließen. Denkt ihr, wir seien die einzige Garnison hier draußen, die sich nach dem Meer sehnt? Es gibt Dutzende andere, jede so zahlreich wie wir oder zahlreicher. Ich denke, wir sollten Boten zu ihnen entsenden und ihnen vorschlagen, im Frühjahr gemeinsam aufzubrechen. Wir werden Tausende sein, eine ganze Armee. Gegen uns wären selbst Xenophons zehntausend ein armseliger Haufen. Wir werden eine Geschichte schreiben, die man sich noch in späteren Zeitaltern erzählen wird. Also schließt euch mir an, meine Brüder, und wir wollen aus der Wüste ausziehen und ans Meer marschieren.»

Diese Worte wurden mit stürmischer Begeisterung aufgenommen. Philon breitete die Arme aus und genoss die Verehrung seiner Truppe. *Mögen die Götter geben, dass die Makedonen uns ziehen lassen. Ich habe ihrer Phalanx am Granikos und bei Issos gegenübergestanden, und das möchte ich nicht noch einmal erleben.*

ROXANE
DIE WILDKATZE

Ihr Sohn trat kräftig in ihr, kräftiger, als sie zu hoffen gewagt hatte. Roxane legte beide Hände auf ihren ausgebeulten Bauch, über dem die Haut spannte, und wartete, bis das Kind sich beruhigte. Nun würde es nicht mehr lange dauern – es war nur noch eine Sache von Tagen, höchstens zwei Drittel eines Mondes. *Ich könnte weinen, so ungerecht ist es, dass ich mein Kind kaum mehr als zwei Monate nach Alexanders Tod zur Welt bringe.* Sie hob einen Finger über ihre Schulter, sodass die jungen Sklavinnen, die in ihrer Ecke kniend warteten, es sehen konnten. Gleich darauf hörte sie das leise Tappen, als eine von ihnen sich ihrer Liege näherte. Dabei schaute sie durchs Fenster gen Osten, wo die Königsstraße nach Susa führte.

Roxane zuckte ein wenig zusammen, als ein besonders kräftiger Tritt ihren straffen Bauch ausbeulte. Während das Ungeborene wieder zur Ruhe kam, bedeutete Roxane dem Mädchen mit einer Geste, in ihr Blickfeld zu treten. Die Sklavin kniete mit gesenktem Blick vor ihr nieder. Roxane betrachtete sie einige Augenblicke lang. *Man könnte sie wohl als hübsch bezeichnen – sie könnte einen Mann erregen.* Dann schaute sie wieder auf ihren angeschwollenen Leib hinunter, an dem der Nabel grotesk vorstand, und sie empfand Abscheu. *Wer würde mich in diesem Zustand wollen? Wer wird mich je wieder begehren? Diese glückliche kleine Hure dagegen kann sich so viel rammeln lassen, wie sie will.* Ganz unvermittelt versetzte sie der jungen Sklavin eine schallende Ohrfeige, sodass diese seitwärts zu Boden stürzte. Roxane lächelte befriedigt, als das Mädchen sich wimmernd die Wange hielt und sich dann mühsam wieder auf die Knie aufrichtete.

Weshalb habe ich das getan? Der Gedanke faszinierte Roxane. *Braucht eine Königin Gründe?* Wieder ohrfeigte sie das Mädchen, das nun anfing zu weinen.

«Still!»

Die junge Sklavin schniefte und schluckte, Entsetzen in den Augen, und rang um Fassung. Ihre offensichtliche Angst gefiel Roxane, ebenso die wachsende Schwellung an ihrem Auge. *Heute Abend wirst du nicht ganz so hübsch sein, kleine Hure.* Roxane fühlte sich gleich besser. Sie nahm einen Schluck aus ihrem gravierten Glas mit dem eisgekühlten, schaumigen Getränk und genoss das Prickeln auf der Zunge. Dann besann sie sich stirnrunzelnd darauf, weshalb sie das Mädchen überhaupt zu sich befohlen hatte. «Rufe den Hofmeister dieses Hauses herbei.»

Das Mädchen verbeugte sich und entfernte sich rückwärts von der Liege. Roxane fuhr fort, durch das Fenster auf die leere Königsstraße hinauszustarren. *Wo bleibt ihr? Ihr solltet schon seit Tagen hier sein – mehr als anderthalb Monate sind vergangen, seit Perdikkas euch herbeordern ließ.* Dass Alexanders persische Witwen noch nicht eingetroffen waren, beunruhigte Roxane zutiefst. Seit dem vorigen Halbmond wartete sie in der königlichen Jagdresidenz zwei Tagesreisen von Babylon entfernt. Hier hatte der König immer Station gemacht, wenn er über die Straße von oder nach Susa reiste. Roxane wusste: Sollte sie niederkommen, ehe Stateira und Parysatis die Jagdresidenz erreichten, dann könnte sie ihre Pläne nicht umsetzen. Das wäre eine Katastrophe, denn wenn die persischen Witwen erst einmal in Babylon wären, würde Perdikkas sie schützen, ganz gleich, wie Roxane ihm drohte. Wieder hielt sie sich den Bauch, da die Tritte erneut einsetzten, und sie bemühte sich, tief durchzuatmen. *Ruhig, mein Sohn, sei ruhig und gedulde dich. Ich muss erst töten, damit du sicher bist, ehe ich dir das Leben schenke.*

Ein leises Hüsteln von der Tür hinter ihr zeigte Roxane an, dass der Hofmeister der Jagdresidenz gekommen war. Sie schaute sich nicht um, noch forderte sie ihn auf einzutreten. «Nun?»

Der Hofmeister antwortete nicht gleich.

Dem Schwachkopf muss doch klar sein, was ich wissen will.

«Ich bitte um Verzeihung, Hoheit», sagte der Hofmeister mit seiner sanften Eunuchenstimme, die schwach vor Angst war.

«Nein, Hofmeister, ich verzeihe nicht. Ich habe dir eine Frage gestellt, also antworte.»

Der Hofmeister schluckte. «Wenn Eure Frage sich auf die königliche Reise bezieht, Hoheit, so freue ich mich, Euch mitteilen zu können, dass die Königinnen noch vor Einbruch der Nacht hier sein werden. In der vergangenen Stunde ist ein Bote eingetroffen, um mich anzuweisen, die königlichen Gemächer bereit zu machen.»

«Ich bewohne die königlichen Gemächer.»

«Mit Verlaub, Hoheit, Ihr bewohnt eines der königlichen Gemächer. Es gibt noch vier weitere, abgesehen von den privaten Räumlichkeiten des Großkönigs.»

«Ich werde sie inspizieren, und sollte ich finden, dass ich

in weniger vornehmen Gemächern untergebracht wurde, so wirst du reichlich Gelegenheit haben, es zu bereuen.»

«Ahura Mazda behüte, Hoheit. Hier ist nur das Beste gut genug für die Mutter von Alexanders Kind, Hoheit.»

«Sohn!», korrigierte Roxane.

«Gewiss, Hoheit, Alexanders Sohn.»

Seine Unterwürfigkeit widert mich an. Aber er könnte mir noch nützlich sein, also werde ich sie ungestraft lassen – vorerst. «Schön. Benachrichtige mich, wenn meine königlichen Schwestern eintreffen. Einstweilen lasse alle unkastrierten Sklaven vom Gelände entfernen und verwehre auch den Wachen meiner königlichen Schwestern den Zutritt. Wir werden unseren Aufenthalt hier weit mehr genießen, wenn wir uns nicht zu verschleiern brauchen. Schicke ihnen eine Botschaft, um sie von den Vorkehrungen in Kenntnis zu setzen, mit denen gewiss beide einverstanden sein werden. Ich werde sie persönlich empfangen, wenn sie eintreffen.» Mit einer lässigen Handbewegung entließ sie ihn, um den Auftrag auszuführen.

«Wir freuen uns über die Ehre, dass du eigens aus Babylon hergekommen bist, um uns zu empfangen, Schwester», sagte Stateira. Ihr blasses Gesicht, schmal, mit markanter Nase, riesigen dunklen Augen und vollen Lippen, wirkte arglos, ihr Ton aufrichtig. Die Seide ihres Gewandes schmiegte sich an ihre langen Beine, als sie aus dem Reisewagen stieg, der eher bequem als praktisch war und nun auf dem zentralen Hof der Jagdresidenz stand. Eine Schar Eunuchensklaven eilte herbei, um sie mit farbenprächtigen Schirmen vor der Sonne zu schützen, die noch immer kräftig schien, auch wenn sie sich bereits gen Westen neigte. Draußen vor dem offenen Osttor des Komplexes schlug die Leibwache der Königinnen, bestehend aus persischen Edelmännern, ihr Lager auf.

«Erst recht, da deine Schwangerschaft so weit fortgeschritten ist», fügte Parysatis hinzu, die sich anscheinend ebenso wie ihre Cousine freute, Roxane zu sehen. Die zwei ähnelten sich auffallend, sowohl im Gesicht als auch in der Statur.

Persische Schönheiten, alle beide – hochgewachsen, geschmeidig und hellhäutig –, aber sie sind doch nichts weiter als verwöhnte Hofblümchen. Roxane lächelte strahlend. Dabei erhob sie sich nicht von dem Korbstuhl, der unter einem Baldachin neben der Brunneneinfassung in der Mitte des Hofes stand. «Meine Lieben, das war doch das Mindeste, das ich tun konnte, schließlich teilen wir alle drei die Düsternis der Witwenschaft. Ich hatte den Wunsch, dass wir uns miteinander bekanntmachen, ehe wir gemeinsam um Alexander trauern, wie es sich geziemt. Ein solch großer Mann kann gar nicht genug betrauert werden, und es ist an uns, darin ein Beispiel zu geben. Nun, da wir alle zusammen sind, können wir diesem Erfordernis gerecht werden.»

Mit Roxanes Weigerung, sich zur Begrüßung ihrer Gäste zu erheben, waren die Fronten geklärt.

Für einen Moment schien eisige Kälte in Stateiras Augen auf; sie trat nicht näher an Roxane heran. «Ich will dich gern beim Trauern an meiner Seite haben, Schwester. Als Perdikkas uns einlud, nach Babylon zu kommen, um dort zu trauern, empfanden wir tiefe Dankbarkeit, dass unser Stand anerkannt wurde.»

Sie wird sich also nicht dazu herablassen, mich zu küssen, und sie wünscht, mich an ihrer Seite zu haben, nicht an meiner Seite zu sein. Es ist, wie ich vermutet habe: Sie bildet sich ein, über mir zu stehen. Wie gut ich doch daran getan habe, das hier zu planen. Roxane deutete auf den Hofmeister, der in der prallen Abendsonne schwitzte. «Meine Lieben, dieser Mann hat eure Gemächer bereit gemacht, und ich habe ihm befohlen, das Bad für euch vorzubereiten, damit ihr euch den Staub der Reise abwaschen könnt. Ich hoffe, ihr nehmt keinen Anstoß daran, dass eure Wachen keinen Zutritt zum Schloss haben – ich dachte mir, es wäre entspannter, wenn wir uns nicht zu verschleiern brauchen. Sämtliche noch anwesenden männlichen Sklaven sind vollständig entmannt, und ich selbst habe auf meine Reise hierher ausschließlich Eunuchen als Wachen und Ärzte mitgenommen, außerdem meine Sklavinnen und ein paar Hebammen.»

«Wie überaus umsichtig, Schwester.» Stateira hatte nun ein starres Lächeln aufgesetzt. «Es ist so gütig von dir, an unsere Bequemlichkeit zu denken – nach den Strapazen der Reise werden wir das Bad genießen.»

«Bitte lasst euch Zeit, meine Lieben. Ich habe befohlen, das Abendessen bei Sonnenuntergang aufzutragen, aber falls ihr es wünschen solltet, können wir es auch verschieben.»

«Das ist höchst rücksichtsvoll, Schwester. Wir hatten tagsüber nur wenig Stärkung, da wir beide einen empfindlichen Magen haben und das Reisen nicht gut vertragen.»

Ihr armen Palastblümchen wisst gar nicht, was ein verstimmter Magen ist, aber ihr werdet es bald erfahren. «Ich freue mich schon auf unsere gemeinsame Mahlzeit.»

«Dies war das Lieblingsgericht unserer königlichen Großmutter», erklärte Stateira, als zwei von Roxanes Sklavinnen unter der Aufsicht des Hofmeisters eine große silberne Platte voller im Ganzen gebratener Wachteln hereintrugen, die mit einem roten Gewürz eingerieben waren. Die Sklavinnen stellten die Platte auf dem niedrigen Tisch ab, von dem die drei Frauen gemeinsam speisten. «Der Sumach unterstreicht die Zartheit des Fleisches, vorausgesetzt, es wurde nicht zu lange gegart oder überwürzt.»

Ebendeshalb lasse ich es heute Abend servieren. «Die Nachricht von Sisygambis' Tod hat mich betrübt», log Roxane, während sie sich einen der gebratenen Vögel auf den Teller legte. Anschließend tauchte sie ihre fettigen Fingerspitzen in eine Wasserschale und trocknete sie ab. Mit einer Handbewegung entließ sie den Hofmeister und die beiden Sklavinnen. «Das ganze Reich trauert um sie.»

Stateira neigte leicht den Kopf. «Du bist sehr gütig, Schwester. Der Verlust hat uns schwer getroffen, jedoch war es ihr eigener Wille. Die Nachricht von Alexanders Tod war zu viel für unsere Großmutter.» Sie nahm sich ebenfalls eine Wachtel von der Platte und riss einen Schlegel ab. Das Fleisch war genau richtig gegart und ließ sich mit Leichtigkeit zerteilen. «Nach dem Tod meines königlichen Vaters Dareios betrachtete Sisygambis Alexander als ihren Adoptivsohn. Den Verlust eines Sohnes konnte sie verkraften, nicht jedoch den des zweiten.» Sie schüttelte bedauernd den Kopf, dann knabberte sie das Fleisch vom Knochen. Sie aß so geziert, dass ihr Kiefer sich beim Kauen kaum bewegte.

«Sie schloss sich in ihrem Gemach ein», nahm Parysatis den Faden auf, während auch sie sich von den Wachteln bediente, «und verweigerte Speise und Trank. Sie starb binnen vier Tagen, so groß war ihr Wunsch, diese Welt hinter sich zu lassen und im Lichte unseres Herrn wiedergeboren zu werden.»

«Ich bewundere ihre Willensstärke», sagte Roxane. Sie löste einen Flügel von ihrer Wachtel, zog langsam die Haut ab und legte dann beides, Haut und Fleisch, an den Rand ihres Tellers.

«Sie war schon immer eine beeindruckende Frau», bestätigte Parysatis, ehe sie einen kleinen Bissen vom Brustfleisch aß.

Redet nicht so viel, esst lieber. Roxane hatte Mühe, sich ihre Ungeduld nicht anmerken zu lassen, während sie sich wieder einmal die Finger wusch und abtrocknete. «Alexander hat mir gegenüber stets mit Hochachtung von ihr gesprochen und sie seine Mutter genannt. Soweit ich weiß, hat Olympias, seine richtige Mutter, davon erfahren – aus Epirus werden wohl kaum Beileidsbekundungen nach Susa geschickt werden.»

Parysatis schluckte ihren Bissen hinunter. «Wir haben schon viel von Olympias' Eifersucht gehört – wie wird es dir wohl mit ihr ergehen?»

Roxane beobachtete, wie die beiden Königinnen jeweils noch einen winzigen Bissen aßen, während sie tat, als dächte sie über die Antwort nach. Sie riss den zweiten Flügel ab und häutete auch diesen sehr langsam, ehe sie ihn am Rand ihres Tellers ablegte. «Olympias braucht meinen Sohn dringender, als er sie braucht. Ich rechne fest damit, dass sie als Bittstellerin zu mir kommen wird.» Wieder säuberte sie ihre Finger.

«Du kannst dich so glücklich schätzen, ein Kind zu erwarten, Schwester», bemerkte Stateira und nahm mit den Lippen ein kleines Stückchen Sumach von ihrem Mittelfinger auf, ehe sie eine hauchdünne Scheibe gut gewürzten Brustfleisches von ihrer Wachtel abschnitt. «Wir wünschten, unser Herr hätte unser Bett mehr als nur das eine Mal in unserer Hochzeitsnacht mit seinem Besuch beehrt, doch er hatte Dringenderes zu tun.» Sie steckte das Fleisch in den Mund und kaute.

Unter anderem Hephaistions Schwanz zu lutschen – ich weiß das, weil ich ihn dabei ertappt habe, und er zeigte keine Scham. «Mir gegenüber war er mit seinen Zuwendungen im Schlafgemach ebenso zurückhaltend, meine Lieben – mitunter habe ich ihn volle sechs Monate nicht zu sehen bekommen.»

Stateira schluckte und neigte abermals den Kopf, da ihre Gastgeberin so gnädig war, derart intime Informationen mit ihr zu teilen. «Wir alle sind ...» Sie brach mitten im Satz ab und starrte auf Roxanes noch immer vollen Teller. «Du isst gar nichts, Schwester?» Erschrocken wandte sie sich an ihre Cousine. «Spuck es aus!»

Parysatis schaute Stateira verständnislos an, den Mund voll mit halb zerkautem Wachtelfleisch.

«Spuck es aus, es ist vergiftet. Diese baktrische Hure hat sich selbst zuerst von den Wachteln bedient, um uns in Sicherheit zu wiegen, aber dann hat sie nur damit herumgespielt.»

Parysatis spuckte ihren Bissen in ein Mundtuch.

Ihr könnt ausspucken, so viel ihr wollt, meine liebreizenden Königinnen, es ist zu spät. «Ich schlage vor, ihr beide lehnt euch jetzt zurück und entspannt euch», sagte Roxane in geheuchelter Sorge. «Ich möchte nicht, dass ihr euch aufregt, das täte euch nicht gut. Das Gift, das ich benutzt habe, wird euch betäuben – ihr werdet keinen Schmerz empfinden, wenn ihr hinübergleitet, und wenn die Wirkung erst einmal eintritt, geht es sehr schnell.»

Stateira steckte sich einen Finger in den Hals und würgte – nichts. Sie versuchte es noch einmal und schob dabei die Hand weit in den Mund. Wieder würgte sie ein paarmal, dann ergoss sich ein Schwall Erbrochenes auf den Tisch. Parysatis schrie auf und warf ihre Wachtel nach Roxane.

«Nichts kann euch mehr retten, meine Lieben – das Gift war in den Sumach gemischt, damit ihr es nicht schmeckt, und ihr habt bereits viel zu viel davon zu euch genommen. Sosehr ihr jetzt auch spuckt und wütet und rast, es wird euch nicht helfen.»

Stateira und Parysatis stürzten sich gleichzeitig über den Tisch hinweg auf Roxane, wobei sie die Speisen hinunterwarfen und in dem Erbrochenen ausrutschten. Mit Klauen und Zähnen, vor Wut und Trauer laut wehklagend, wollten sie ihren schwangeren Bauch angreifen. Roxane sprang auf und wich hastig zurück, da eilten auch schon der Hofmeister und die zwei Sklavinnen, die sie bedient hatten, wieder herein. Doch die vergifteten Königinnen kamen nicht weiter als bis zu Roxanes nunmehr leerer Liege, ehe sie beide ins Straucheln gerieten. Ihre Kräfte verließen sie, und ihre Gliedmaßen wurden taub.

«Ich habe euch gesagt, ihr sollt ruhig bleiben», erinnerte Roxane sie. «Ich hätte weit schmerzhaftere Gifte verwenden können, doch stattdessen habe ich mich entschieden, gnädig zu sein.»

«Gnädig?», wiederholte Stateira. Ihre Sprache war bereits etwas undeutlich, da sie ihre Lippen nicht mehr unter Kontrolle hatte. «Uns zu ermorden soll gnädig sein?»

Roxane lächelte ihr reizendstes Lächeln, das sie sich für seltene Anlässe wie diesen aufsparte. «Meine Vorfahren hätten euch pfählen lassen, ebenso wie die euren mich. Selbstverständlich dürft ihr nicht am Leben bleiben – wer immer euch geheiratet hätte, der hätte einen Anspruch auf den Thron erworben und wäre damit eine direkte Bedrohung für meinen Sohn gewesen.» Bei der Erwähnung ihres ungeborenen Kindes spannte sie sich an. Ein scharfer Schmerz fuhr durch ihren Unterbauch, und sie krümmte sich mit einem Aufschrei zusammen; ihre beiden Sklavinnen eilten zu ihr. Indessen schaute sich der Hofmeister im Raum um, entsetzt über den Anblick der zwei sterbenden Königinnen, die stöhnend inmitten der Überreste des Abendessens lagen.

Der Schmerz wurde stärker, so heftig, dass ihr ganzer Körper sich verkrampfte. Roxane holte mehrmals tief Luft, dann wehrte sie ihre Sklavinnen ab, die sie stützen wollten. «Lasst mich, es geht schon.» Sie zeigte auf Stateira und Parysatis hinunter, die inzwischen beide Schaum vor dem Mund hatten. «Hofmeister, sie werden bald tot sein. Wirf ihre Leichen in den Brunnen. Ich will nicht, dass irgendjemand erfährt, was hier geschehen ist, also tu es selbst.»

Der Hofmeister schätzte rasch die Lage ab, erkannte, dass er als Roxanes Komplize und Mitwisser keinesfalls am Leben bleiben würde, und verließ fluchtartig den Raum. *Du kannst nicht davonlaufen, du missratene Kreatur – du wirst nur einen umso schmerzhafteren Tod erleiden.* Sie wandte sich an ihre Sklavinnen. «Dann müsst ihr es tun. Holt die anderen herbei.»

Roxane sah zu, wie ihre Sklavinnen die Leichen von Stateira und Parysatis im Schein des aufgehenden Halbmonds über den gepflasterten Hof zum Brunnen schleiften. Dabei griff sie sich wieder an den Bauch. Sie lehnte sich an die Mauer und atmete tief; ihre Zeit war noch nicht gekommen, aber die Anspannung und die Strapazen hatten ihr in ihrem Zustand nicht gutgetan. *Ich muss stark bleiben. Ich muss meinen Sohn fertig austragen, damit er die besten Chancen hat.* Sie richtete sich wieder auf, da hörte sie die zweite Leiche platschend ins Wasser fallen. Das Geräusch munterte sie auf, und sie fühlte, wie ihr Körper sich entspannte. Alles würde gut werden. Sie hatte noch Zeit, genug Zeit, um zu ihrem Reisewagen zu gehen, die Hebammen und Eunuchenärzte zu rufen, die mit ihr hergekommen waren, und durch das Westtor davonzufahren, zurück nach Babylon, wo sie ihr Kind zur Welt bringen würde. *Bald, mein Sohn, bald ist deine Zeit. Bald bricht das Zeitalter des neuen Alexander an. Aber was, wenn ich mich irre?*

Da bemerkte sie, dass sich im Schatten etwas bewegte.

PERDIKKAS
DER HALBERWÄHLTE

«Meinst du, dass du ihn bis Ende nächsten Jahres fertigstellen kannst?», erkundigte sich Perdikkas. Gemeinsam mit Seleukos bewunderte er das Gerüst des gewaltigen Leichenwagens, mit dem Alexanders mumifizierter Leichnam zu seiner letzten Ruhestätte in den Königsgräbern Makedoniens gebracht werden sollte. Vier Schritt breit und sechs lang, war das Gerüst durch eine Aufhängung mit zwei Achsen verbunden, an deren Enden mannshohe eisenbereifte Räder mit goldenen Speichen saßen. Jede Radnabe war mit einem goldenen Löwenkopf verziert, der einen Speer zwischen den Zähnen hielt.

«Wenn ich genügend Bildhauer an den vier Statuen der Nike arbeiten lasse, welche die vier Ecken zieren sollen, und genug Goldschmiede an dem Olivenkranz mit Blättern aus Gold, der das Dach mit Tonnengewölbe krönen wird, und Handwerker an den goldenen Säulen, die das Dach tragen ... Muss ich noch mehr sagen?»

«Ja, Arrhidaios, das musst du. Ich muss es wissen.» Perdikkas schaute auf die Zeichnungen hinunter, die Seleukos bereits studierte. Sie zeigten detailgenau aus verschiedenen Blickwinkeln, wie der fertige Leichenwagen aussehen sollte.

Arrhidaios, der Namensvetter des Schwachsinnigen, der nunmehr als König den Namen Philipp trug, zuckte die Achseln und fuhr fort, seine Erfordernisse an den Fingern abzuzählen. «Ich brauche Bildhauer für die Reliefs an den Wänden und auch für die zwei goldenen Löwen, die den Eingang bewachen, außerdem Maler, die Alexanders diverse Großtaten abbilden – was genau, darüber müssen wir noch entscheiden. Dann brauche ich Gießer für die vier großen Glocken, die an den Ecken aufgehängt werden. Noch mehr Goldschmiede, um die Hunderte überlappender Goldplättchen zu fertigen, mit denen das Dach gedeckt wird, und das Gewebe aus Goldfäden, das die Zwischenräume zwischen den Säulen verschließt. Ferner brauche ich Männer, um die vierundsechzig Maultiere abzurichten, die das Ganze ziehen müssen. Jedes von ihnen bekommt eine goldene Krone, an der zwei goldene Glocken hängen, sowie einen goldenen, mit kostbaren Edelsteinen besetzten Jochbogen, und diese Dinge müssen in doppelter Ausfertigung hergestellt werden, da wir ein Reservegespann benötigen. Wenn ich all das bekomme und auch so viel Gold und Edelsteine, wie gebraucht werden, dann ja, Perdikkas, dann werde ich nächstes Jahr fertig – oder ungefähr in diesem Zeitraum.» Arrhidaios lächelte und deutete mit einer Geste an, dass es ihm an Fingern mangelte, um alles aufzuzählen. «Ach, und wir müssen noch darüber sprechen, auf was der Sarkophag stehen wird und wie wir den Leichenwagen von innen ausgestalten wollen.»

Perdikkas wischte sich den Schweiß von der Stirn. Nicht nur die Schwüle des babylonischen Spätsommers brachte ihn ins Schwitzen, sondern ebenso die gewaltigen Kosten, die immer weiter in die Höhe zu schießen schienen, je öfter er den Thronsaal aufsuchte, wo der Leichenwagen neben Alexanders mumifiziertem Leichnam gebaut wurde. «Ich sagte ja bereits, du bekommst alles, was du brauchst.»

«Das zu sagen ist eine Sache, Perdikkas – sicherzustellen, dass es auch wirklich geschieht, ist eine gänzlich andere.» Arrhidaios machte eine Geste, die den ganzen riesigen Saal mit dem Thron am anderen Ende einschloss. Da und dort standen Gestalten über Arbeitstische gebeugt. «Was siehst du?» Er wartete ein wenig, während Perdikkas sich umschaute und sich vergebens fragte, was er denn sehen sollte. «Nicht viel», nahm Arrhidaios ihm die Antwort ab. «Wenn der Leichenzug Ende nächsten Jahres den Weg nach Makedonien antreten soll, dann muss dieser Raum mit Handwerkern gefüllt sein und mit den Materialien, die sie für ihre Arbeit brauchen. Und all das muss binnen weniger Tage hier sein, und selbst dann würde ich sagen, wahrscheinlicher werden wir doch erst im Frühjahr des übernächsten Jahres fertig.»

Perdikkas schaute sich noch einmal im Saal um, dann richtete er den Blick wieder auf die Zeichnungen. *Warum muss das alles so schwierig sein? Wie hat Alexander es nur geschafft, alles zu organisieren?*

«Delegieren, Perdikkas», sagte Seleukos, als habe er seine Gedanken gelesen. «Niemand kann alles selbst tun, das konnte nicht einmal Alexander. Man muss delegieren. Arrhidaios hier braucht Handwerker – die werden nicht von selbst zu dir kommen, also schicke Leute aus, um sie zu suchen und herzubringen, notfalls mit Gewalt. Und tu es jetzt, warte nicht länger. Man soll nichts aufschieben, es sei denn, es gibt einen guten Grund dafür.»

«Aber was ist mit den Kosten? Gold und Silber sind knapp, seit Harpalos sich mit achthundert Talenten nach Athen abgesetzt hat, um sich nicht Alexanders Zorn über seine Untreue stellen zu müssen.»

Seleukos schaute seinen Befehlshaber erstaunt an. Dunkle Augen blickten durchdringend aus dem kantigen Gesicht mit der schmalen, aber ausgeprägten Nase, einem Gesicht, welches das Vorbild zahlreicher alter Heroenbüsten hätte sein können, ebenso wie der dazugehörige Körper als Modell für eine Heraklesstatue hätte dienen können. «Dies ist das größte Weltreich aller Zeiten, und du beklagst dich, Gold und Silber seien knapp? Harpalos hat nur einen Bruchteil des Reichsvermögens genommen, also benutze ihn nicht als Ausrede. Du brauchst nur ein Wort zu sagen, und ich ziehe noch heute los und bringe dir so viel Gold, Silber und Edelsteine, dass Arrhidaios sein Werk zweimal vollenden könnte.»

Perdikkas war wieder einmal beeindruckt von der Präsenz dieses Mannes – in alles, was er tat, steckte er seine gesamte Energie, die geballte Kraft seiner mächtigen Gestalt. Diese Eigenschaft hatte auch Alexander in ihm erkannt, und ihretwegen hatte er Seleukos seinerzeit zum Befehlshaber der damals neu gebildeten Elefantentruppe ernannt. «Wo willst du das alles auftreiben?»

«Nun, hier natürlich. In der Stadt gibt es Dutzende Tempel, die alte Schätze bergen. All das gehört Alexander, also werde ich es für seinen Leichenwagen beanspruchen.» Er deutete auf die Basis des Gefährts, die allmählich Gestalt annahm. «Das hier muss das Großartigste werden, das je erschaffen wurde, Perdikkas – es ist schließlich für Alexander. Wer immer es baut und Alexander in die Heimat bringt, um ihn in Aigai beizusetzen, sichert sich damit sein Erbe. Makedonische Könige haben sich von jeher dadurch legitimiert, dass sie ihre Vorgänger bestatteten, selbst wenn sie sie selbst ermordet hatten. Wenn du Philipp und Roxanes Sohn – sofern es ein Sohn wird, aber das werden wir ja bald erfahren – auf diese Weise zu Legitimität verhelfen willst, dann erreichst du das nicht, indem du herumstehst und dich fragst, wie es zu bewerkstelligen ist. Man muss handeln, Perdikkas, handeln. Es ist genau wie auf dem Schlachtfeld, nur dass man mehr Zeit zum Nachdenken hat. Also, willst du nun, dass ich gehe, oder nicht?»

«Natürlich will ich das. Los doch.»

«Und die Handwerker?», fragte Arrhidaios.

«Ach ja. Seleukos», rief Perdikkas ihm nach. «Die Handwerker – beschaffe auch die, wenn du schon einmal dabei bist.»

Seleukos schaute sich um und schüttelte den Kopf. «Delegieren heißt, für jede Aufgabe den richtigen Mann auszuwählen, Perdikkas. Ich verstehe nichts von Handwerkern.»

Während Seleukos' Schritte verhallten, wandte Perdikkas sich wieder an Arrhidaios. «Du weißt, was für Männer du brauchst, also gehe selbst los und suche sie. Ich will, dass dieser Saal binnen zwei Tagen voll ist.»

«Das ist auch etwas, worüber ich mit dir sprechen wollte: Ich denke nicht, dass wir den Leichenwagen hier in diesem Saal bauen sollten. Zunächst einmal –»

«Ich will kein Wort mehr hören, Arrhidaios», fuhr Perdikkas ihm über den Mund. «Es ist nur angemessen, dass der Leichenwagen hier gebaut wird, wo Alexander gegenwärtig ist. Jetzt sieh zu, dass es vorangeht.» Perdikkas hatte sich nicht mehr so gut gefühlt, seit er Meleagros vernichtet hatte. Er verließ den Saal auf demselben Weg wie Seleukos, zufrieden, seine Autorität behauptet zu haben, wie es in seinen Augen dem Erben Alexanders geziemte. Denn seit seine einstigen Kameraden in ihre Satrapien aufgebrochen waren, hatte Perdikkas das Gefühl gehabt, dass seine Autorität dahinschwand. Nicht so sehr, weil seine Befehle missachtet wurden, vielmehr gab es kaum noch bedeutende Menschen, denen er etwas befehlen konnte. Ja, er hatte an Antigonos geschrieben und ihm befohlen, Eumenes bei der Unterwerfung Kappadokiens zu unterstützen. Und er hatte an Ptolemaios geschrieben und ihm untersagt, seine Satrapie nach Westen in die Kyrenaika auszudehnen. Auch hatte er an Krateros geschrieben und ihn angewiesen, die Schiffe, die er für die Flotte beschlagnahmt hatte, nach Tyros zu schicken, damit er, Perdikkas, über sie verfügen konnte. Doch bisher hatte er noch auf keinen seiner Briefe eine Antwort erhalten. Während er mit langen Schritten durch den Korridor ging, schaute er auf den Ring an seinem Zeigefinger hinunter. *Ich lasse nicht zu, dass man mich missachtet. Auch wenn sie jetzt Satrapen aus eigenem Recht sind – das war erforderlich, um den Frieden zu wahren. Aber ich führe den Oberbefehl.*

Dieser Satz ging ihm immer wieder durch den Kopf, während er entschlossen in die Hitze des Palasthofes hinausmarschierte. Er würde delegieren, wie Seleukos es ihm geraten hatte. Er würde einen guten Friedensherrscher abgeben, sodass schon bald alle in ihm den wahren Erben Alexanders sehen würden. *Und dann kann ich mich des schwachsinnigen Königs entledigen, und mir bleibt noch reichlich Zeit, mir zu überlegen, wie ich mit dem Sprössling der Asiatin verfahre, wenn es ein Junge wird. Die Geburt steht in den nächsten Tagen an – mögen die Götter geben, dass das Balg ein Mädchen ist, dann kann ich es ohne allzu großes Aufsehen ersäufen.*

Mit diesem freudigen Gedanken ging er an den Hypaspisten vorbei, die, nunmehr unter Kassandros' Befehl, mit ihren Waffen übten. Angriff und Abwehr, der Einsatz der Schilde und seitliche Ausfälle, all das versetzte ihn in die Zeit seiner Ausbildung als junger Page zurück, damals unter Philipp, als Makedonien lediglich eine Macht in Europa gewesen war. Wie weit es seither gekommen war und wie weit er es gebracht hatte – er, Perdikkas, nunmehr de facto Herrscher des größten Weltreichs aller Zeiten. Man könnte tatsächlich sagen, dass er der mächtigste Mann der Welt war.

Im Bewusstsein seiner eigenen Wichtigkeit öffnete er die Tür zum Arbeitszimmer in seinen Privatgemächern und fand dort seinen Sekretär vor, der ihn am offenen Fenster zum Hof stehend erwartete, eine Dokumentenröhre in der Hand.

«Antigonos schickt dies», erklärte der Mann und übergab Perdikkas die Röhre.

«Danke, Phokos.» *Sie wenden sich an mich um Rat,* dachte Perdikkas, ließ sich an seinem Tisch nieder und brach das Siegel an der Röhre. Sein Wohlgefühl verstärkte sich. *Zweifellos will er meine Meinung dazu einholen, wie er am besten gemeinsam mit Eumenes Kappadokien unterwerfen kann.* Er entrollte den Papyrus; schlagartig erstarb sein Lächeln, und er starrte verblüfft auf die einzigen vier Wörter, die darauf geschrieben waren. Er kniff die Augen zu, dann schaute er noch einmal hin, um sich zu vergewissern, dass er sich nicht etwa getäuscht hatte. Nein, hier las er klar und deutlich Antigonos' Antwort auf seinen Befehl, Eumenes bei der Unterwerfung Kappadokiens zu unterstützen. Nur vier Wörter: *Leck mich am Arsch.*

«Am Arsch! Am … Arsch?»

«Verzeihung, Herr?» Phokos war sichtlich verwirrt.

Perdikkas knüllte den Papyrus in der Faust und fuchtelte damit in Richtung seines Sekretärs. «Wo ist der Bote, der dies gebracht hat?»

«Ich … äh … Ich weiß es nicht, Herr. Er ist wieder gegangen.»

«Gegangen? Was soll das heißen, gegangen?»

«Nun, Herr, er ist fort. Er, nun ja, er hat den Brief abgegeben, dann ist er geradewegs zu den Stallungen gegangen, um sich ein frisches Pferd zu holen, und ist wieder aufgebrochen.»

«Wollte er denn nicht auf eine Antwort warten? Alle Boten tun das.» Perdikkas blickte mit zornig geweiteten Augen auf die zerknickte Nachricht. «Es sei denn, der Absender hätte den Boten gewarnt, dass der Inhalt ernstlichen Unmut erregen könnte und er besser nicht in der Nähe wäre, wenn die Nachricht gelesen wird.» Er schlug heftig mit der Faust auf den Tisch. Sein Empfinden der eigenen Wichtigkeit war dahin, sein Wohlgefühl in Scherben, stattdessen stieg Zorn in ihm auf. «Wann wurde das abgegeben?»

«Vor etwa einer Stunde, Herr.»

«Hole meinen Bruder her, sofort!» Perdikkas warf dem davoneilenden Sekretär den Brief nach, schmetterte schäumend vor Wut noch einmal seine Faust auf den Tisch, dann vergrub er den Kopf in beiden Händen. *«Leck mich am Arsch»? Antigonos wagt es, so auf meinen direkten Befehl zu antworten, Kappadokien zu unterwerfen – etwas, das Alexander ihm schon vor zehn Jahren aufgetragen hat, das ihm jedoch offenkundig bis heute nicht gelungen ist?* Seine Finger krallten sich in sein Haar, als ihm die volle Tragweite dieser Nachricht bewusst wurde. *Das bedeutet Krieg. Anderenfalls könnte ich mich ebenso gut gleich selbst töten. Mit nur vier Wörtern hat der alte Hurensohn Alexanders Reich gespalten und meine Bemühungen, es zu bewahren, zunichtegemacht.* Er hätte angesichts solcher Dummheit schreien mögen, doch stattdessen trat er seinen Stuhl um, goss sich eine volle Schale Wein ein und trank sie in einem Zug leer. *Dafür werde ich dem alten Ziegenbock einen wohlverdienten Platz auf einem Pfahl verschaffen, und dann hat er ganz andere Probleme mit seinem Arsch.* Während die nächste Schale Wein durch seine Kehle floss, wurde die Tür geöffnet, und Alketas trat ein. «Nimm gar nicht erst Platz, Bruder, du kannst gleich wieder kehrtmachen. Nimm dir einen Trupp Kavallerie und verfolge den Boten, der die Nachricht von

Antigonos gebracht hat. Er hat etwa eine Stunde Vorsprung. In den Stallungen wird man dir beschreiben können, wie er aussieht.»

«Du willst, dass ich ihn zurückhole?»

«Nicht den ganzen Mann – bringe mir nur seinen Kopf.»

«Also gut, Bruder, ich werde nicht fragen, warum.»

Perdikkas entließ seinen jüngeren Bruder ohne ein weiteres Wort und griff schon wieder nach dem Weinkrug. Mit seiner neu gefüllten Trinkschale trat er ans Fenster und atmete tief durch. Draußen sah er die Hypaspisten exerzieren, während Alketas erfreulich schnell über das Pflaster zu den Stallungen hinüberging. Seine Schritte wurden von den Geräuschen der Soldaten übertönt. Bei dem Anblick fühlte Perdikkas, wie sein Herzschlag sich beruhigte. *Er wird mich nicht enttäuschen. Von allen ist Alketas der Einzige, dem ich vertrauen kann, ausgenommen vielleicht Aristonous, der anscheinend nichts von mir will. Eumenes, Seleukos und Kassandros hingegen ... Nun, sie alle würden ihren persönlichen Ehrgeiz über die Interessen des Reiches stellen, und ich täte gut daran, das in den kommenden Monaten und Jahren nicht zu vergessen.*

Ein Schrei zerriss die Luft, der den Lärm der exerzierenden Hypaspisten übertönte und alle im Hof schlagartig in ihrem Tun innehalten ließ. Noch einmal hallte es schrill von den hohen Palastmauern wider, während die Männer draußen sich nach der Quelle umschauten. Für Perdikkas jedoch war klar, woher die Schreie kamen. Er warf seine halb ausgetrunkene Schale von sich, sodass sie auf dem Boden zerschellte, und verließ mit langen Schritten den Raum. Sein Herz begann wieder zu rasen.

«Kassandros», rief er, als er auf den Hof hinaustrat. «Nimm ein Dutzend Mann und folge mir.» Ohne eine Erwiderung abzuwarten, schlug Perdikkas den Weg zu den Gemächern der

Frau ein, welche in Kürze die Lage entweder noch verkomplizieren oder aber vereinfachen würde: Roxane.

«Die Königin ist indisponiert», erklärte eine sanfte Eunuchenstimme, als Perdikkas mit der Faust an die Tür zu Roxanes Gemächern schlug.

Perdikkas versetzte der Tür einen kräftigen Tritt, gerade als Kassandros mit zwölf Hypaspisten dazukam, voll bewaffnet und schwitzend vom Exerzieren. «Ich weiß, dass sie indisponiert ist, du halber Mann – sie gebiert ein Kind. Und wenn du sie je wieder als die Königin bezeichnest, schneide ich dir sämtliche Extremitäten ab, die dir noch geblieben sind. Jetzt öffne die Tür, sonst lasse ich sie einschlagen und den ganzen Hausstand hinrichten, noch ehe die Hündin geworfen hat.»

«Ich finde ja auch immer, dass Höflichkeit reine Zeitverschwendung ist», bemerkte Kassandros, als die Tür mit sichtlichem Widerstreben geöffnet wurde. Er folgte Perdikkas nach drinnen.

Mit einem Fußtritt streckte Perdikkas den stattlichen Eunuchen nieder, der ihm den Weg verstellen wollte. Aus einem Raum zur Linken ertönten noch immer in regelmäßigen Abständen Schreie; Sklavinnen und Eunuchen drückten sich ängstlich in die Ecken, als bewaffnete Männer in ihr geschütztes Reich stürmten. «Ist sie dort, halber Mann?», fragte Perdikkas und zeigte auf eine zweiflügelige Tür.

Der Eunuch nickte stumm, die Augen angstvoll aufgerissen. Schweißtropfen liefen ihm von der Glatze.

Perdikkas trat noch einmal nach dem am Boden Liegenden, dann strebte er geradewegs auf die Quelle der Schreie zu und öffnete die Tür.

Hebammen fuhren herum, und in die Schreie der gebärenden Roxane mischte sich ihr lautstarker Protest dagegen, dass Männer sich Zugang zu diesem Geschehen verschafft hatten, das reine Frauensache war – und noch dazu bewaffnete Männer.

Roxane drehte den Kopf nach den Eindringlingen. Das Haar klebte ihr in Strähnen an der Stirn, ihre Brust hob und senkte sich schwer vor Anstrengung. «Was wollt ihr hier?»

«Wo ist es?» Perdikkas wartete keine Antwort ab, sondern machte sich sofort daran, den Raum zu durchsuchen. Indessen wurde Roxane von der nächsten Wehe überwältigt. «Deine Männer sollen hier alles absuchen, Kassandros.»

«Wonach?»

Doch eine Erklärung erübrigte sich, denn als Perdikkas einen Vorhang zur Seite zog, kam eine Frau mit einem Säugling an der Brust zum Vorschein. «Danach.» Er packte das Kind und wandte sich an Roxane. «Du falsche kleine Hure.»

Roxane schrie wieder, diesmal jedoch über den Anblick von Perdikkas, der ihr einen nackten neugeborenen Knaben hinhielt.

«Deine Versicherung dagegen, dass das hier vielleicht nicht so ausgehen könnte wie geplant?», fragte Perdikkas und schüttelte das nunmehr schreiende Kind vor Roxanes Gesicht. «Du hättest wohl alles getan, um deine Macht zu erhalten? Du hättest sogar versucht, einen Bastard von niederer Geburt auf den Thron zu bringen, wie?»

Roxane schrie noch einmal schrill auf, diesmal teils vor Schmerz, teils vor Wut. Sie wollte Perdikkas die Augen auskratzen, doch die Wehe hinderte sie, sodass ihre Nägel nur die weiche Haut an der Brust des Neugeborenen ritzten. Perdikkas brachte den weinenden Säugling aus ihrer Reichweite, während Roxane vor Enttäuschung und Schmerz mit den Zähnen knirschte und den Kopf hin und her warf. Von der anderen Seite des Bettes machten sich noch immer die Hebammen an ihr zu schaffen.

Perdikkas schaute auf das strampelnde kleine Leben in seinen Händen hinunter, dann ging er zum offenen Fenster.

«Neeein!», schrie eine Frauenstimme über das Chaos hinweg.

Perdikkas blickte zwei Stockwerke tief auf das Pflaster hinunter, dann wandte er sich nach dem Schrei um. Jenseits des Bettes, in dem Roxane in den Wehen lag, stand die Mutter des Säuglings und streckte mit flehentlichem Blick die Arme nach ihm aus. Perdikkas schaute zu Kassandros, der die Achseln zuckte, dann wandte er sich wieder dem offenen Fenster zu. *Wie würde Alexander diesen Betrugsversuch bestrafen?* Er betrachtete noch einmal das unschuldige Leben in seinen Händen, und allmählich verebbte sein Zorn. *Nicht die Frau ist schuld, sondern Roxane, die sie gezwungen hat, ihr Kind herzugeben. So hätte Alexander die Sache betrachtet. Roxane hätte beide getötet, wenn sie das Kind nicht gebraucht hätte.* Zu diesem Schluss gelangt, winkte Perdikkas die Frau zu sich heran, während aus dem Geburtsbett ein weiterer noch durchdringenderer Schrei ertönte.

Die Frau stürzte herbei, griff hastig nach ihrem Kind und schloss es in die Arme, als glaubte sie, es sei das letzte Mal. «Einer deiner Männer soll sie hier hinausbringen», befahl Perdikkas, an Kassandros gerichtet, «und in meine Räume begleiten. Ich werde später entscheiden, wie ich mit ihr verfahre. Zunächst einmal müssen wir sie vor dieser Wildkatze in Sicherheit bringen.» Perdikkas schaute auf Roxane hinunter, die jetzt in der Pause zwischen zwei Wehen tief und gleichmäßig atmete. In ihren Augen funkelte blanker Hass. Er trat ans Fußende des Bettes, von wo aus er ihr ungehindert zwischen die Beine schauen konnte. «Hier bleibe ich, Roxane, und du solltest um deiner selbst und deines Kindes willen hoffen, dass du keine Veranlassung gehabt hättest, uns den

182

Wechselbalg unterzuschieben, denn wenn es ein Mädchen wird, erlebst du das Ende dieses Tages nicht.» Er wandte sich an eine der Hebammen. «Bringe mir einen Stuhl.» Er setzte sich und beobachtete, wie die Öffnung weiter wurde. *Götter, ich hoffe, es ist ein Mädchen, dann kann ich mich dieser mordlustigen Asiatin entledigen. Ich habe ihr Stateira und Parysatis geliefert, und so wollte sie es mir vergelten.*

«Was ist mit meinen Männern?», fragte Kassandros, der neben Perdikkas getreten war.

«Hmm?» Perdikkas schüttelte den Kopf, um seine Rachegedanken zu vertreiben und auch die Bilder der Geburt, die keine vier Schritt von seinem Sitzplatz entfernt im Gange war. «Ach so, du kannst sie fortschicken. Aber du wartest hier mit mir als zweiter Zeuge – einer, dem dein Vater Glauben schenken wird.»

Mit einem knappen Nicken tat Kassandros, wie ihm geheißen, und nahm dann seinen Platz neben Perdikkas wieder ein. Gerade wurde zwischen den Schamlippen der Gebärenden das Köpfchen sichtbar.

Unter tierischen Lauten presste Roxane und bäumte sich auf, während die Frauen ihr ermutigend zuredeten und mit warmen, feuchten Handtüchern hantierten. Perdikkas beobachtete, wie immer mehr vom Kopf des Kindes zum Vorschein kam, und verzog angewidert das Gesicht. *Aber ich werde mich meiner Verantwortung gegenüber Alexander nicht entziehen, so ekelhaft das hier auch ist.* Er sah zu Kassandros auf, dessen ohnehin blasses Gesicht weiß wie ein Leichentuch war. Angestrengtes Stöhnen, begleitet vom ermutigenden Gezwitscher der Hebammen, ging in einen Schrei über, der so laut war, als wolle die Gebärende die Götter anrufen. Mit einer gigantischen Anstrengung von Muskeln, von deren Existenz Perdikkas bislang nichts gewusst hatte, presste Roxanes Leib die Schultern des Kindes hinaus und dann mit einem letzten Aufbäumen den Rest in einem schnellen, schleimigen Schwall.

Perdikkas sprang auf und stieß die Umstehenden beiseite, während eine Hebamme das blutige Etwas aufhob und eine andere sich um die Nabelschnur kümmerte. «Zeige mir das Geschlecht», verlangte Perdikkas.

Die Nabelschnur wurde durchtrennt und das Kind an den Füßen hochgehalten. Ein paar kräftige Klapse auf das Gesäß brachten Alexander, den Vierten dieses Namens, dazu, nach Luft zu schnappen und dann mit aller Kraft eines Neugeborenen zu schreien.

«Ein Junge!», kreischten die Frauen. «Ein Junge.»

Entmutigt sah Perdikkas, dass es stimmte. Er schaute zu Roxane hinüber, die triumphierend lächelte. «Du hast Glück, kleine Hure.» Damit marschierte er hinaus, dicht gefolgt von Kassandros.

«Das macht die Lage erheblich schwieriger», stellte Perdikkas fest, während er und Kassandros das äußere Gemach durchquerten. Der Eunuch an der Tür hielt sich in sicherer Entfernung von Perdikkas' Fuß. «Nun haben wir tatsächlich zwei Könige, und beide sind nur Vorzeigefiguren. Zwei Könige und zwei Regenten – das ist kein Rezept für Stabilität.»

«Dann heirate doch eine meiner Halbschwestern», schlug Kassandros vor, sehr zu Perdikkas' Überraschung.

«Was?»

«Schreibe an meinen Vater und bitte um die Hand einer meiner Halbschwestern. Dann wärest du sein Schwiegersohn und ich dein Schwager. Die beiden Regenten auf diese Weise durch eine Heirat aneinander zu binden, wäre ein Schritt in Richtung der Stabilität, die wir brauchen – die du brauchst.»

Perdikkas musterte den hageren Mann, der neben ihm einherstakste wie ein missratener Stelzvogel, und fragte sich, ob er ihn falsch eingeschätzt hatte. «Ja, Kassandros, du hast recht: Das wäre ein politisch geschickter Zug zum Wohl des gesamten Reiches.» *Und Antigonos stünde allein da, zwischen mir im Süden und Antipatros im Norden. Mit vereinten Kräften könnten wir ihn vernichten.* Furchen traten auf seine Stirn, während er über den Plan nachdachte. *Vorausgesetzt, ich habe von Ptolemaios noch weiter südlich nichts zu befürchten.* «Begleite mich doch, dann formulieren wir den Brief gemeinsam und betonen, wie vorteilhaft eine solche Verbindung für beide Seiten wäre.»

Der Gedanke beschäftigte ihn noch immer, als er und Kassandros seine Privaträume betraten. Dort wartete die Frau mit dem Kind unter der Aufsicht eines Hypaspisten und des Hofmeisters, der für diese Gemächer zuständig war.

«Woher kommst du?», fragte Perdikkas.

Die Frau schüttelte den Kopf zum Zeichen, dass sie kein Griechisch verstand.

Perdikkas nickte dem Hofmeister zu, der übersetzte und dann ihrer Antwort lauschte.

«Sie ist eine Sklavin aus der königlichen Jagdresidenz an der Straße nach Susa», teilte der Hofmeister Perdikkas mit. «Roxane hat sie gezwungen, sie nach ihrem Aufenthalt dort zurück nach Babylon zu begleiten.»

«Frage sie, ob sie weiß, was in der Jagdresidenz vorgefallen ist.»

Der Hofmeister tat es. Die Frau schaute Perdikkas verängstigt an, dann richtete sie den Blick wieder auf den Hofmeister und schüttelte den Kopf.

«Sage ihr, ich weiß, dass sie lügt, und ich habe zwar entschieden, ihr Kind zu verschonen, doch ich kann es mir jederzeit anders überlegen.»

Das zeitigte die gewünschte Wirkung: Die Frau stieß einen

Wortschwall hervor, der für Perdikkas unverständliches Kauderwelsch war, und fuchtelte dabei heftig mit der freien Hand.

«Roxane hat die beiden Königinnen vergiftet und in einen Brunnen geworfen», erklärte der Hofmeister. «Und vor ihrer Abreise ließ sie noch den Hofmeister der Jagdresidenz pfählen. Die Sklavinnen, welche die Leichen beseitigt hatten, ließ sie töten, sobald sie wieder in Babylon war, damit es keine Zeugen gab.»

Perdikkas stellte sich überrascht über die Kunde von der Ermordung der Königinnen. Tatsächlich hatte er sich so etwas gedacht, nachdem Roxane für einen Monat aus Babylon verschwunden war und Stateira und Parysatis nicht aus Susa eingetroffen waren. *So also hat sie sie verschwinden lassen.* «Frage sie, woher sie all das weiß, da es doch keine Zeugen geben sollte.»

«Sie hat alles mit angesehen, und dann zwang Roxane sie auch zuzuschauen, wie den Sklavinnen die Kehle durchgeschnitten wurde», übersetzte der Hofmeister die Erklärung der weinenden Frau. «Anschließend hat Roxane zu ihr gesagt, sie und ihr zu dem Zeitpunkt noch ungeborenes Kind würden dasselbe Schicksal erleiden, wenn sie ein Wort sagte oder sich weigerte zu tun, was von ihr verlangt wurde.»

Sie wäre also so oder so getötet worden – ob Roxane ihren Jungen nun gebraucht hätte oder nicht –, um die letzte Zeugin zum Schweigen zu bringen. Diese Frau kann mir vielleicht noch sehr nützlich sein. «Wie kam es dazu, dass sie Zeugin des Verbrechens wurde?»

Wieder übersetzte der Hofmeister. «Sie arbeitete in der Küche und war gerade am Brunnen, um Wasser zu holen. Als die Leichen aus dem Haus getragen wurden, versteckte sie sich im Schatten, wurde jedoch entdeckt. Roxane wollte ihren Sklavinnen schon befehlen, sie ebenfalls in den Brunnen zu werfen, als sie bemerkte, dass die Frau hochschwanger war. Da schien ihr etwas in den Sinn zu kommen, und sie überlegte es sich anders.»

Perdikkas verstand. «Ihr war klar, dass das Kind in Kürze zur Welt kommen würde und dass es ihr nützlich sein könnte, sollte es ein Junge sein. Wäre es ein Mädchen gewesen, dann hätte sie Mutter und Kind die Kehle durchschneiden lassen. In gewisser Weise muss man die Skrupellosigkeit dieser orientalischen Wildkatze bewundern.» Perdikkas wandte sich an Kassandros. «Du hast alles mit angehört, du kannst bezeugen, dass Alexanders zwei schwangere persische Königinnen ermordet wurden.»

Kassandros nickte. «Waren sie denn schwanger?»

«Das spielt keine Rolle, solange wir sagen, dass sie es waren.»

Kassandros lächelte. «Das ist eine vortreffliche Klinge, die wir der orientalischen Wildkatze an die Kehle setzen können.»

Perdikkas wandte sich an den Hofmeister. «Diese Frau und ihr Kind werden hier sicher untergebracht und versorgt. Und rufe Phokos, meinen Sekretär – ich muss einen Brief schreiben.»

«Ja, Herr. In der Zwischenzeit wartet Aristonous mit noch einem anderen Mann in Eurem Arbeitszimmer.»

«Dies ist Isodoros, einer von Kleomenes' Mittelsmännern in Ägypten», verkündete Aristonous ohne Umschweife, als Perdikkas den Raum betrat. «Er hat den weiten Weg von Memphis hierher in weniger als einem Mond zurückgelegt, um dir Kleomenes' Bericht über Ptolemaios' Machenschaften zu überbringen, und ich fand, du solltest ihn unverzüglich hören.»

Perdikkas musterte den kleinen, braunhäutigen Mann. Die Haut seines kantigen Gesichts war wie Leder, und sein Kopf war offenbar kahlrasiert worden, ehe er sich auf den Weg gemacht hatte. «Nun, dann sprich.»

«Wenn Ihr es so wünscht, Herr», erwiderte der Spion und verbeugte sich mit übertriebener Unterwürfigkeit.

«Ich wünsche es. Nun rede schon, ich habe heute nicht den besten Tag.»

«Mein Herr Kleomenes hat mich entsandt, sobald er selbst vor einem Monat die Wahrheit erkannte. Ptolemaios hat in der neu gegründeten Stadt Alexandria eine Flotte und eine Armee versammelt, und als ich aufbrach, war er eben im Begriff, gen Westen zu segeln, um die Kyrenaika anzuschließen, nachdem ein spartanischer Söldnerführer namens Thibron das Gebiet erobert hatte.»

Perdikkas starrte Isodoros ungläubig an; zum zweiten Mal an diesem Tag traf ihn der Schock über die dreiste Missachtung seiner Befehle wie ein Schleudergeschoss. «Aber ich habe ihm untersagt, das zu tun», platzte er heraus und bereute gleich darauf, im Beisein eines Mannes, der so tief unter ihm stand, seine Würde vergessen zu haben. «Wer ist dieser Thibron?» *Kann es sich für mich lohnen, ihm Verstärkung zu schicken?*

«Er stand früher bei Harpalos im Sold, als dieser mit dem von Alexander gestohlenen Geld auf der Flucht war, Herr. Die Hälfte dieses Vermögens blieb in Athen zurück, die andere Hälfte nahm Harpalos mit, als er nach Kreta floh. Thibron ermordete ihn dort und benutzte das Geld dazu, ein Söldnerheer zu rekrutieren, um erst Kyrene und dann den Rest der Kyrenaika einzunehmen. Dann wurde er von seinen kretischen Verbündeten verraten und aus der Stadt vertrieben, doch letztendlich schlug er seine Feinde und wehrte die Karthager und Libyer ab, die ihnen zu Hilfe kamen. Nun beherrscht er das ganze Gebiet.»

«Und Harpalos' gestohlenes Geld?»

«Befindet sich in Thibrons Besitz.»

Also darauf ist Ptolemaios aus – er ist nicht mit dem zufrieden, was er in den Schatzkammern von Memphis vorgefunden hat, sondern will mehr. Das kann nur eines bedeuten. Ich sollte rasch handeln.

«Was hat Kleomenes dir sonst noch aufgetragen zu sagen?»

«Nur dass er hofft, bald das Geld schicken zu können, um das Ihr gebeten habt. Ptolemaios hat ihn zum Schatzmeister gemacht, und da er früher selbst der Satrap war, kennt er sich mit den Finanzen Ägyptens genauestens aus.»

Weil er jede erdenkliche Möglichkeit genutzt hat, den Einheimischen Geld abzupressen, solange er allein über Ägypten herrschte. Ich frage mich, was Ptolemaios veranlasst hat, ihm erneut die Möglichkeit dazu zu geben. «Das denke ich mir. Ruhe dich hier ein paar Tage aus, dann schicke ich dich mit einem Brief an ihn zurück. Geh jetzt.» Mit einer Handbewegung entließ Perdikkas den Mittelsmann, dann ließ er sich in seinen Stuhl fallen und blickte Aristonous und Kassandros aus müden Augen an. «Weshalb werden alle meine Befehle missachtet?» Ehe die beiden etwas erwidern konnten, hob er abwehrend die Hand, um ihnen zu signalisieren, dass die Frage rhetorisch war – er kannte die Antwort nur zu gut. «Weil man mich nicht fürchtet und ich keine engen Verbündeten habe. Also, meine Herren, ist es an der Zeit zu überlegen, wie dem abzuhelfen wäre.» Ein Klopfen an der Tür unterbrach ihn. «Herein!»

Alketas trat ein, gefolgt von Phokos, dem Sekretär, mit seinen Schreibutensilien.

«Das wäre erledigt, Bruder», verkündete Alketas und hielt einen triefenden Sack in die Höhe.

Perdikkas lächelte. «Ausgezeichnet, danke, Alketas. Das ist genau das, was ich brauche, um mir Respekt zu verschaffen. Komm, Phokos, setze dich an deinen Tisch, wir müssen Briefe an Antipatros, Kleomenes und Ptolemaios schreiben. Aber zuerst eine Nachricht an Antigonos, die er zusammen mit Alketas' kleinem Geschenk hier erhalten soll. Nur vier Wörter: Nimm dich in Acht.»

PTOLEMAIOS
DER BASTARD

*E*s gibt doch nichts Befriedigenderes als einen sterbenden Feind, erst recht, wenn es ein grausamer, skrupelloser Feind ist, der unter großen Qualen stirbt. Voller inniger Befriedigung über das getane Werk betrachtete Ptolemaios den zuckenden Körper von Thibron, der auf der Agora von Kyrene am Kreuz hing, umgeben von seinen Unterstützern in der Stadt. *Ich denke allerdings, nachdem er seine Ohren und die Nase eingebüßt hat, seine Hoden jetzt da sind, wo zuvor seine Augen waren, und der Schwanz an der Stelle der Zunge, wird er nicht ganz unglücklich sein, seine Reise zum Fährmann anzutreten. Vermutlich wünscht er nur, er hätte einen etwas direkteren Weg nehmen können. Nun, man kann eben nicht alles haben.*

Mit seinem Feldherrn Ophellas an seiner Seite saß Ptolemaios auf einem Thron unter einem Baldachin gegenüber den Kreuzen am anderen Rand der Agora, als die Delegation der Kyrener sich näherte und vor ihm niederkniete.

Ptolemaios hörte ohne großes Interesse zu, während sie ihm für seine Intervention dankten und ihre Treue zu ihm erklärten. Das war der Preis, den er gefordert hatte, ehe er seine Armee unter Ophellas' Befehl entsandt hatte, um ihre Stadt von Thibron und seinen Leuten zu befreien – einer herrenlosen Söldnerarmee, die auf leichte Beute aus war. Nun befand sich diese Beute in Perdikkas' Händen, und die meisten der Söldner standen in seinem Dienst, abgesehen von denen, die er hatte kreuzigen müssen, um den übrigen die Entscheidung zu erleichtern. Er hatte in Erwägung gezogen, sie zu pfählen, doch da er ein wenig zimperlich veranlagt war und sich selbst gern als einen großherzigen, nachsichtigen Mann sah, hatte er sich stattdessen für die Kreuzigung entschieden. Seine größte Errungenschaft war allerdings, dass er die Hälfte des von Harpalos veruntreuten Vermögens an sich gebracht hatte, fast vierhundert Talente in Gold und Silber. Und wenn er in ein paar Tagen erst die Information aus Kleomenes herausgeholt hatte, wo sich die Schatzkammer Ägyptens befand – die dieser als sein persönliches Eigentum zu betrachten schien –, würde er über beträchtliche Mittel verfügen, um eine große Armee und Kriegsflotte aufzustellen und zu unterhalten. So konnte er sicherstellen, dass man ihn in Frieden ließ, während er seine Position in Ägypten festigte. *Alles in allem habe ich in den letzten paar Monaten einiges erreicht.*

Die langatmigen Reden kamen zum Schluss, und es dauerte einige Augenblicke, bis Ptolemaios klarwurde, dass nun er an der Reihe war, höflich zu sein. «Ich danke dir für deine Worte der Liebe und Treue», sagte er, an den Anführer der Delegation gerichtet, in seinem feierlichsten Ton, den er sich für Angelegenheiten wie diese aufsparte. «Nun, da ihr euch meinem Schutz unterstellt habt, bekommt ihr eine Garnison, um die Libyer und Karthager im Westen abzuwehren, und im Gegenzug werdet ihr einen Zehnt auf den Gesamtwert des von euch gehandelten Silphion an Memphis entrichten, bezogen auf die Pflanze selbst ebenso wie auf die damit gefütterten Tiere.» Ptolemaios hielt einen Vertrag in die Höhe, den er auf der Reise aufgesetzt hatte, nachdem er vor zwei Tagen von Alexandria hierher aufgebrochen war, um die offizielle Kapitulation der Stadt anzunehmen. «Es gibt zwei Ausfertigungen: eine für euch und eine, die ich mit zurück in die neue Stadt Alexandria nehmen und dort im Tempel hinterlegen werde. Möge zwischen uns stets Freundschaft herrschen.»

Dieser Wunsch wurde von der Delegation mit großer Begeisterung aufgenommen, ebenso wie von der Menge der Bürger, die zuschauten – jenen, die das Glück hatten, sich in den jüngsten Kämpfen auf die Siegerseite gestellt zu haben. Ptolemaios sah zu, wie die Delegierten nacheinander die Dokumente unterzeichneten, dann setzte er seine eigene Unterschrift darunter und bestätigte die Echtheit mit seinem Siegel.

Damit ist Perdikkas am Arsch. Ich nehme an, Kleomenes' widerlicher kleiner Spion Isodoros jammert ihm jetzt gerade davon vor. Ich wünschte, ich könnte das Gesicht des Schwachkopfs sehen. Bestimmt setzt er sich gleich hin und schreibt mir einen sehr strengen Brief. Ich freue mich schon darauf, ihn zu lesen. «Ich lasse Ophellas als meinen Stellvertreter hier zurück, sein Wort gilt für euch so wie das meine. Im Übrigen steht es euch frei, eure Stadt nach eurem eigenen Gutdünken zu verwalten.» Ohne diesen offenkundigen Widerspruch zu erklären, stand Ptolemaios auf und warf sich in Herrscherpose, einen Arm seinem Volk entgegengestreckt, die andere Hand an die Brust gelegt. «Und so verabschiede ich mich, denn ich muss nun zurück nach Ägypten, wo mich dringende Angelegenheiten erwarten.»

Die dringende Angelegenheit, auf die er sich bezog, war seine Mätresse Thais. Obwohl sie bereits seit zehn Jahren zusammen waren und sie ihm in dieser Zeit drei Kinder geboren hatte, war Ptolemaios noch immer besessen von ihrer Schönheit und ihrer geistreichen Art. Wenn er wieder und wieder in sie hineinstieß, in dem langsamen Rhythmus, den ihr Liebesspiel über die Jahre angenommen hatte, staunte er selbst darüber, dass sie ihn noch immer in ihrem Bann hielt. Auch nach all den Jahren konnte er es kaum ertragen, allzu lange von ihr getrennt zu sein. Sie stöhnte vor Lust, während seine Bewegungen schneller wurden, ihre blasse Haut nahm Farbe an, und ihre Zunge, die ihm solche Wonnen verschaffte, spielte an ihrer Oberlippe. Ihr rotgoldenes Haar lag offen über das Kissen gebreitet, glänzend in der Abendsonne, die durch das offene Fenster des fast fertiggestellten Königspalastes am östlichen Rand des Großen Hafens von Alexandria hereinschien.

Gemeinsam kamen sie bebend zum Höhepunkt, die Rücken durchgebogen, die Gesichter verzerrt, ehe sie erschlafften und sich schwer atmend in den Armen lagen. Ptolemaios' Kopf ruhte seitlich auf dem Kissen, sodass er Thais' Profil bewundern konnte, den leichten Schmollmund, die zart geschwungene Nase, all die kleinen Details, die ihm so vertraut waren. Er streichelte ihre Wange, dann beugte er sich hinüber, um sie zu küssen. «Ich werde mir eine Ehefrau nehmen müssen.»

Thais hielt die Augen geschlossen. «Ich weiß. Was wirst du mit der derzeitigen tun?»

«Artakama? Ich denke, ich werde sie behalten. Aber wie meinst du das: Du weißt?»

«Ich meine: Ich weiß. Natürlich musst du dir eine Ehefrau nehmen, das liegt doch nahe, oder etwa nicht?»

«Tut es das?»

«Aber natürlich, immerhin ist es selbst dir schon in den Sinn gekommen.» Thais drehte sich auf die Seite, den Kopf in eine Hand gestützt, und schaute auf ihn hinunter. «Du hast soeben Perdikkas' direkten Befehl missachtet, nicht nach Westen in die Kyrenaika einzumarschieren, und während deiner Abwesenheit ist Kleomenes in die Falle getappt, die du ihm gestellt hattest –»

«Woher weißt du das schon wieder?»

«Der geldgierige Schwachkopf hat die Karawane ausgeraubt, von der du ihm gesagt hast, sie solle ein Viertel des Reichtums von Ägypten als Friedensangebot zu Perdikkas nach Babylon bringen. Er hat eine solche Menge Münzen erbeutet, dass er sie unmöglich in sein Haus hier hätte bringen können, ohne Aufsehen zu erregen.»

Ptolemaios lächelte, als er sich den ungeheuer korpulenten Mann mit Kisten um Kisten voller Münzen vorstellte. «Ich wusste, er würde der Versuchung nicht widerstehen können. Mir wurde berichtet, seine Männer hätten die Karawane überfallen, sobald sie außer Sichtweite der Stadt war.»

«Es ging schnell. Der Mittelsmann, der in meinem Auftrag sein Haus bewacht hat, sagte, er sei gleich am ersten Abend nach deiner Abreise nach Kyrene mit einem beladenen Fuhrwerk angekommen. Nun, jedenfalls hast du jetzt, was du brauchst, um Perdikkas' Vertreter in Ägypten hinzurichten, was praktisch einer Kriegserklärung an Perdikkas gleichkommt. Und natürlich wirst du nun bei Antipatros um die Hand einer seiner bezaubernden Töchter anhalten, weil du den alten Mann auf deiner Seite haben willst.»

Ptolemaios schüttelte den Kopf vor Bewunderung über den Scharfsinn seiner Geliebten. «Und es macht dir nichts aus?»

«Natürlich macht es mir nichts aus. Hast du auch nur ein Wort von mir gehört, als Alexander dir bei der Massenhochzeit von Susa Artakama zur Frau gab? Ich bin eine der höchstbezahlten Kurtisanen in der griechischen Welt, da wird es mir wohl kaum etwas ausmachen, wenn einer meiner Kunden sich eine neue Ehefrau nimmt.»

«Aber du hast nur noch den einen Kunden.»

«Dennoch ist er ein Kunde, auch wenn ich ihm drei Kinder geboren habe. Schließlich hältst du mich in größerem Luxus, als ich in Athen je gekannt habe. Nein, nimm dir nur deine makedonische Friedenskuh, Liebster, rammle sie tüchtig und schwängere sie – ich bin mit allem einverstanden, das zu unserer Sicherheit hier beiträgt.»

Ptolemaios küsste sie noch einmal, dann schwang er sich aus dem Bett. Nackt, wie er war, ging er zum Fenster hinüber, atmete tief die salzige Luft ein und überblickte die Baustelle, die Alexandria war. «Wenn man bedenkt, dass hier bis vor acht Jahren nichts weiter war als eine Ansammlung Fischerhütten ...» Er verstummte, denn ihm fehlten die Worte, um das Ausmaß dessen zu beschreiben, was seither erschaffen worden war. Allein schon die Mole, welche die kahle Felseninsel Pharos mit dem Festland verband und so den Hafen schützte, war ein Werk, das der Titanen würdig gewesen wäre. Doch nun nahm eine Stadt Gestalt an, nach modernen Vorstellungen geometrisch angelegt. Zigtausende waren bereits in die halbfertige Metropole geströmt, begierig, ein Teil dessen zu werden, was zweifellos einmal die größte Stadt der Welt sein würde. Und er, Ptolemaios, war nun ihr Herrscher.

«Du solltest dich selbst zum Pharao machen», sagte Thais, als habe sie seine Gedanken gelesen.

«Ha! Damit hätte ich Perdikkas wirklich am Arsch.»

«Vielleicht würde es ihm ja gefallen. Ich mag es.»

«Auf diesen Genuss kann er lange warten. Einstweilen habe ich etwas Besseres für ihn: Münzen.»

Thais setzte sich interessiert im Bett auf und schlang die Arme um die Knie. «Münzen?»

Ptolemaios nahm eine Münze aus einem kleinen Kästchen

auf der Truhe beim Fenster und warf sie Thais zu. «Was hältst du davon?»

Thais machte große Augen. «Das hat nie zuvor jemand getan, das ist genial.»

«Ja, bis jetzt waren auf Münzen immer nur Bildnisse von Göttern und Heroen aufgeprägt, niemals sterbliche Menschen. Indem ich Alexanders Kopf auf mein Münzgeld präge, beanspruche ich seine Legitimität. Das wird eine mächtige Propagandawirkung haben, wenn diese Münzen erst in der Welt in Umlauf kommen. Ich warte ab, bis meine Rivalen gründlich verärgert sind, und dann mache ich es noch schlimmer, indem ich Münzen mit meinem eigenen Konterfei präge.»

«Der glückliche Perdikkas wird gleich doppelt aufs Kreuz gelegt.»

«Und ich kann dir versprechen, er wird es längst nicht so genießen wie du. Erst recht nicht, wenn ich ihn mit meiner größten Überraschung beglücke.»

Ein Klopfen an der Tür unterbrach Ptolemaios, ehe er ausführen konnte, womit er Perdikkas künftig noch zuzusetzen gedachte.

«Herein.»

Die Tür wurde geöffnet, und ein junger Sklave steckte den Kopf herein.

«Was gibt es, Sextus?»

«Herr, Lykortas lässt ausrichten, dass Kleomenes unten wartet.»

«Sage ihm, ich komme gleich.»

Der Sklave zog sich mit einer Verbeugung zurück und schloss die Tür wieder.

«Ich kann den Jungen mit seinem starken Akzent zwar kaum verstehen, aber er ist einer der besten Leibsklaven, die ich je hatte.»

«Woher stammt er?»

«Aus irgendeinem Ort in Latinum – ich glaube, so nennt man die Gegend, sie liegt in Italien nördlich des zivilisierten griechischen Teils. Ich glaube nicht, dass Alexander sich je dafür interessiert hätte, wenn ihm noch genug Zeit geblieben wäre, seinen Feldzug nach Westen zu führen.» Er hob seinen Chiton vom Boden auf und zog ihn über den Kopf. Anschließend schlüpfte er in ein Paar Ledersandalen und griff nach seinem Gürtel. Er beugte sich über das Bett, um Thais innig zu küssen. «Ich hoffe, du verbringst die nächste Stunde ebenso vergnüglich wie ich.»

Thais kicherte und schenkte ihm ein verführerisches Lächeln. «Mir würde sicher etwas einfallen, aber ich glaube, ich möchte lieber mitkommen und zusehen, wie du dir Kleomenes vornimmst.»

Kleomenes bebte vor Entrüstung. Gewaltige Speckfalten wabbelten an seinem Hals und Bauch und hingen lose unter seinen Armen. «Ich habe diese Karawane nicht überfallen, und ich habe auch nicht den Befehl zu dem Überfall gegeben.»

Ptolemaios tat, als dächte er über diese Behauptung nach, als fände er, sie könnte wahr sein, und änderte dann plötzlich seine Meinung. «Nein, Kleomenes, das ist nicht die Wahrheit, oder?»

«Es ist die Wahrheit. Ich würde es bei allen Göttern beschwören.»

«Ich denke nicht, dass die Götter dich sonderlich schätzen, seit du den Priestern hier in Ägypten ihre von alters her bestehenden Rechte aberkannt und sie anschließend gezwungen hast, sie für eine riesige Summe zurückzukaufen.»

«Alexander brauchte das Geld.»

«Nein, so war es nicht. Und ebenso wenig brauchte er das

Geld, das du den Priestern abgepresst hast, indem du drohtest, sämtliche Krokodile im Nil zu töten, nur weil eines deinen liebsten Lustknaben gefressen hatte. Nein, Kleomenes, sei ehrlich zu dir selbst, du wirst dich dann viel besser fühlen. Du bist ein raffgieriger Fettkloß und weilst schon allzu lange auf dieser Welt. Los, sage es, die Wahrheit wird dir guttun.»

«Ich habe die Karawane nicht überfallen!»

«Sage ihm, woher wir wissen, dass er es war, Lykortas.»

Prächtig in einem langen, weiten Gewand von vornehmer Machart, mit rasiertem Kopf und einem undurchdringlichen Ausdruck auf dem feisten Gesicht, erhob sich Ptolemaios' beleibter Kämmerer von seinem Platz und winkte zwei Sklaven heran. Die beiden trugen gemeinsam eine Geldtruhe, die sie Kleomenes vor die Füße stellten.

«Dies haben wir im Keller deines neuen Hauses gefunden, gerade eben, nachdem wir dich verhaftet hatten.»

«Ihr habt mein Haus durchsucht? Mit welchem Recht?»

«Mit meinem Recht, Kleomenes», säuselte Ptolemaios. «Denn in diesem wunderschönen Land gilt, was ich sage. Ist das nicht ein Glück für mich? Jetzt öffne die Truhe.»

Kleomenes murrte, doch dann klappte er den Deckel auf. Beim Anblick des Inhalts machte er eine wegwerfende Handbewegung. «Drachmen, na und? Ich besitze Millionen, dies hier ist lediglich ein Teil davon. Das ist überhaupt kein Beweis dafür, dass ich für den Überfall auf die Karawane verantwortlich bin.»

«Und nicht zu vergessen dafür, dass jeder Einzelne der Männer, die mit ihr ritten, getötet wurde.» Ptolemaios rieb sich mit übertriebener Geste das Kinn, als dächte er nach. «Weißt du was, Kleomenes, ich glaube, du könntest recht haben: Drachmen wären für sich genommen kein Beweis dafür, dass du die Karawane ausgeraubt hast. Eine durchaus zu-

199

treffende Feststellung. Aber nun schau dir doch einmal eine dieser Drachmen genauer an.»

Schulterzuckend griff Kleomenes in die Truhe und nahm eine Münze heraus.

«Was fällt dir auf, Kleomenes?»

«Sie ist frisch geprägt – und? Ich habe kistenweise frisch geprägte Münzen, die völlig rechtmäßig in meinen Besitz gelangt sind.»

«Das weiß ich – wir haben die ganze Schatzkammer in deinem Keller gefunden, achttausend Talente in Gold, Silber und Münzen. Ein kleiner Teil davon mag auch rechtmäßig in deinen Besitz gelangt sein. Aber solche wie diese sind niemals rechtmäßig in deinen Besitz gelangt oder in sonst irgendwessen Besitz, denn die einzigen Münzen von dieser Sorte, die jemals existiert haben, befanden sich in den Truhen der bewussten Karawane. Schau dir das Gesicht an, Kleomenes.»

Der korpulente Mann folgte der Aufforderung, und plötzlich starrte er mit offenem Mund. «Alexander! Ich habe noch nie –»

«– noch nie das Bildnis eines Menschen auf einer Münze gesehen, das wolltest du doch sagen, nicht wahr? Nein, ganz recht, das hast du nicht, Kleomenes. Niemand hat je das Bildnis eines Menschen auf einer Münze gesehen, weil es solche Münzen noch nie gegeben hat. Du hast die erste Charge geraubt, die je geprägt wurde.»

Mit seinen blutunterlaufenen Schweinsaugen blinzelnd, schaute Kleomenes sich im Raum um, als suche er nach Hilfe oder einem Fluchtweg. «Aber Alexander hat mir geschrieben, wenn ich hier ein schönes Denkmal für Hephaistion errichte, werde er mir alle früheren, gegenwärtigen und künftigen Missetaten verzeihen. Du hast es gesehen, Ptolemaios, es wird ein prächtiges Denkmal.»

Das hier ist vergnüglicher, als ich gedacht hätte. «Das weiß ich, aber ich bin nicht Alexander. Er ist tot, weißt du das etwa nicht? Und Hephaistion lag mir nicht übermäßig am Herzen, denn er war eifersüchtig auf mich, weil ich angeblich Alexanders illegitimer Halbbruder bin. Er hat keine Gelegenheit ausgelassen, mich schlechtzumachen. Mir scheint, Kleomenes, ich habe dich in der Hand. Ich werde an deinen Freund Perdikkas schreiben, dass du bedauerlicherweise all das Geld, welches ich ihm als Friedensangebot schicken wollte, geraubt und versteckt hast. Ich konnte nur diese eine kleine Truhe zurückholen, da du unter der Folter gestorben bist, ohne zu verraten, wo sich der Rest befindet. Mehr als diese kleine Truhe hast du also aus Ägypten nicht zu erwarten, *lieber Perdikkas.*»

Kleomenes war puterrot angelaufen. «Folter?»

«Nein, das habe ich nur im Scherz gesagt. Lykortas, pfähle ihn.»

«Nein, bitte nicht!», schrie Kleomenes.

«Natürlich nicht, das war ebenfalls ein Scherz. Schlage ihm den Kopf ab.» Unter dem Wehklagen des verängstigten Mannes fasste Ptolemaios Thais am Arm und verließ den Raum. *Götter, wie ich das genossen habe, auch wenn ich manchmal denke, dass ich zu milde bin. Ich hätte wirklich gern gesehen, wie er sich auf einem Pfahl windet.*

ANTIPATROS
DER REGENT

Antipatros spürte die Strapazen; seine Lider waren schwer vom Schlafmangel, und seine Gelenke schmerzten, da er unablässig in Bewegung war. Er rieb sich den ebenfalls schmerzenden Kopf und starrte durchs Fenster zu der makedonischen Armee hinaus, die nördlich des Palastes aufmarschierte. Ein Wald senkrecht gehaltener Lanzen ragte aus ihren Reihen auf, und im Hintergrund erhoben sich in der flimmernden Hitze die Berge. Einheit um Einheit marschierten die Männer mit ihren Brustpanzern aus glänzender Bronze, Leder oder verstärktem Leinen auf ihre Positionen, und während die Sonne an Kraft gewann, nahm die Armee unter der Aufsicht von Magas und seinem zweitältesten Sohn Nikanor Gestalt an. Magas war ebenfalls verwandtschaftlich mit Antipatros verbunden, da er dessen Nichte Antigone geheiratet hatte. Antipatros schüttelte bedauernd den Kopf, dann studierte er noch einmal den Brief in seiner Hand und versuchte, zwischen den Zeilen eine andere Bedeutung herauszulesen, versteckt für den Fall, dass das Schreiben abgefangen würde. Er konnte keine entdecken. Indessen drangen die barschen Kommandos der Befehlshaber durchs Fenster herein, und in der warmen Luft lagen die Düfte von wildem Thymian und Harz. Antipatros ging zu seinem Arbeitstisch und legte das Schriftstück darauf ab. Er nahm einen Bissen von der harten Wurst aus Fenchel und Eselsfleisch, die sein Mittagessen darstellte, dann setzte er sich, griff nach einer zweiten Dokumentenröhre und entrollte das Schriftstück, das sie enthielt. Während er es las, aß er noch einen Bissen von der Wurst.

«Du siehst erschöpft aus, mein Gemahl», stellte Hyperia fest, die durch den leichten Vorhang in der Tür seines Amtszimmers eintrat. Ein angenehmer Blütenduft umwehte sie, der tief in seinem Bauch ein Interesse erregte, und er merkte, wie seine Konzentration nachließ. «Wer ist es diesmal? In den zwei Monaten seit Alexanders Tod gab es nichts als Briefe, Briefe, Briefe – weshalb behelligen all diese Leute dich?»

«Weil alle denken, ich könne ihnen etwas geben. Im Übrigen sind mehr als zwei Monate vergangen, seit er starb – fünfundzwanzig Tage mehr, um genau zu sein.» Er deutete auf den Brief, den er gerade las. «Dieser ist der Einzige, der nichts von mir will: Aristoteles. Er liefert mir Informationen und erbittet im Gegenzug nichts. Das ist ein wahrer Freund.»

Hyperia setzte sich auf eine Ecke des Tisches und schaute auf ihren Mann hinunter. «Was schreibt er denn?»

Antipatros versuchte, sich von ihrem verführerischen Duft nicht ablenken zu lassen, und richtete den Blick wieder auf die ordentliche Schrift. «Hypereides stachelt die Massen zu nationalistischem Eifer an. Er macht sich zunutze, dass sie uns als kaum zivilisierte Tölpel aus dem Norden ansehen, und Aristoteles glaubt, er werde sich bald mit Demosthenes versöhnen und ihn aus dem Exil zurückrufen. Tatsächlich ist das aufgrund des Verbanntendekrets nahezu sicher. Er schreibt, wenn das erst einmal bekannt wird, ist ein Krieg unabwendbar. Offenbar hat Athen sich bereits die Dienste des Söldnerführers Leosthenes gesichert und begonnen, eine Söldnerarmee zu rekrutieren, was nicht schwer sein wird, da scharenweise Söldner aus Asien zurückkehren.»

«Aber mit welchem Gold sollen sie bezahlt werden?»

«Das ist es ja gerade: Als Harpalos vor Alexanders Rückkehr floh, weil er Geld veruntreut hatte, ging er mit seinem unredlich erlangten Vermögen nach Athen, und als er von dort wiederum fliehen musste, blieb wenigstens die Hälfte des Geldes in der Stadt zurück. Aristoteles schreibt, der Schatz sei erst kürzlich entdeckt worden, und es handele sich um mehr als dreihundertachtzig Talente in Silber und Gold.»

Hyperia stieß einen Pfiff aus und legte Antipatros tröstend eine Hand auf die Schulter. «Das reicht für eine sehr große Armee.»

«Sehr groß, und zweifellos wird sie immer noch größer.» *Und das ist nicht das Einzige, was im Augenblick größer wird.* Er schüttelte den Kopf und versuchte, sich wieder zu konzentrieren. «Es kann sein, dass sie in der Zeit, in der dieser Brief hierher unterwegs war, bereits eine hinreichend große Streitmacht versammelt haben. Die Dinge entwickeln sich schnell. Aristoteles wurde promakedonischer Machenschaften bezichtigt, die bis in Philipps Zeit zurückreichen sollen, und als Nichtbürger fällt es ihm schwer, sich gegen die Vorwürfe zu verteidigen. Ein gewisser sogenannter Patriot namens Himeraios hat auf der Akropolis die Tafel abgerissen, auf der die Stadt Aristoteles ihren Dank für seine Lehrtätigkeit im Lykeion ausdrückte. Dasselbe ist auch mit der Tafel in Delphi geschehen, die er zu Ehren seines Schwiegervaters angebracht hatte.» Er wies auf den Brief. «Er schreibt hier: ‹Es macht mir nicht viel aus, aber es macht mir nicht *nichts* aus. Es ist gefährlich für einen Einwanderer, in Athen zu bleiben.› Und wie zum Beweis dafür haben seine Feinde nun den Vorwurf der Gottlosigkeit gegen ihn erhoben, die gleiche Anschuldigung, die sie vor achtzig Jahren gegen Sokrates vorbrachten. Er ist deshalb aus der Stadt geflohen – er sagt, er wolle nicht zulassen, dass die Athener sich ein zweites Mal gegen die Philosophie versündigen. Wenn mein alter Freund mir all das schreibt, dann weiß ich, dass es unausweichlich zum Krieg kommen wird, und nun steht fest, dass ich es zuerst mit Athen aufnehmen muss.» Er wies auf den ersten Brief, der neben seinem Mittagsimbiss lag. «Dieser dort ist von Demades, unserer Marionette in der Volksversammlung. Er bittet um Geld und freies Geleit nach Makedonien. Kaum wittert er den ersten Hauch von Gefahr, schon macht dieser parfümierte Geck sich davon, so schnell ihn seine fetten Beine tragen.»

«Vergiss Demades – was ist mit Phokion? Er hat doch gewiss einen kühlen Kopf bewahrt?»

Wieder zeigte Antipatros auf Demades' Brief. «Das ist eine Sache, die besonders tief blicken lässt: Phokion wurde zum Befehlshaber der neu gebildeten Stadtwache ernannt. Wenn sie es für nötig halten, dort eine Schutztruppe zu stationieren, dann heißt das, sie beabsichtigen, offensiv gegen uns vorzugehen.» Antipatros schüttelte abermals den Kopf. Inzwischen siegte die geistige Erschöpfung über sein körperliches Verlangen nach seiner Frau. Er wies zum offenen Fenster – draußen nahm der Aufmarsch der Makedonen seinen Fortgang. «Mir blieb keine andere Wahl, als unverzüglich mobilzumachen, noch bevor die Ernte fertig eingebracht ist. Das wird großen Unmut in der Bevölkerung hervorrufen, aber es lässt sich nicht vermeiden. Ich muss schnell handeln und möglichst schon morgen aufbrechen. Wenn Athen einen Vorstoß nach Norden plant, muss ich dem zuvorkommen, indem ich nach

Süden marschiere. Ich muss durch die Thermopylen sein, ehe der Pass besetzt wird. Wenn ich mich mit unseren böotischen Verbündeten zusammenschließe und noch rasch vor dem Ende der Feldzugsaison ein paar Städte überfalle, dürfte das die übrigen zur Vernunft bringen.»

Hyperia ließ sich vom Tisch hinuntergleiten, um sich auf den Schoß ihres Mannes zu setzen. Mit einer Hand streichelte sie seinen Nacken, während sie ihn auf die Stirn küsste. «Kannst du dich auf die Thessaler verlassen?»

Antipatros strich mit der Hand über den Rücken seiner Frau abwärts. «Ich habe ihnen die Steuern für dieses Jahr und das nächste erlassen, damit sollte sichergestellt sein, dass sie auf unserer Seite sind. Eben habe ich einen Brief an Menon losgeschickt, den General ihrer Kavallerie, und ihm den Ort an der Grenze genannt, wo wir auf dem Weg hinunter in den Süden zusammentreffen werden. Dank ihrer Verstärkung kann ich eine hinreichend große Schutztruppe hier zurücklassen, aber ich mache mir dennoch Sorgen, ob das Königreich in meiner Abwesenheit sicher ist – sowohl vor Epirus im Westen als auch vor Krateros im Osten. Ich denke, es ist an der Zeit, an ihn zu schreiben und ihm offiziell anzubieten, was er sich bereits genommen hat.»

Hyperia lächelte. Sie nahm sein Gesicht in beide Hände und küsste ihn erst auf die Nase, dann auf den Mund. «Deshalb bin ich zu dir gekommen, mein Gemahl: Ich wollte dir sagen, dass ich eben einen Brief von Phila erhalten habe. Sie schreibt, Leonnatos und Lysimachos seien auf dem Weg nach Norden in ihre Satrapien durch Tarsos gekommen. Sie hat mit ihnen gesprochen – die beiden haben gemeinsam mit Krateros gespeist, allerdings erwähnt sie nicht, weshalb sie ebenfalls eingeladen war.»

Antipatros hatte Mühe, seine Aufmerksamkeit auf etwas

anderes zu richten als auf die Brüste, die seinem Gesicht so nah waren. «Die ersten echten Neuigkeiten aus Babylon. Was haben sie gesagt?»

«Die Nachfolger Alexanders – wie sie sich selbst nennen, da jeder von ihnen einen Teil des Reiches in seinem Namen regiert – haben sich aufgeteilt und sind in ihre jeweiligen Satrapien gegangen, alle bis auf Perdikkas, der mit Aristonous in Babylon geblieben ist. Dich bezeichnet man noch immer als den Regenten in Europa, und Krateros haben sie irgendeinen hochtrabenden, aber bedeutungslosen Titel verliehen – Herr der Armee oder dergleichen Unfug.»

Antipatros' Miene hellte sich auf. «Dann kann er keinen Anspruch mehr auf meine Position erheben?»

«Ganz recht.»

«Das heißt, ich muss mir nicht zwingend seine Treue sichern, indem ich ihm Phila zur Frau gebe.»

«Nein, das musst du nicht. Nun, da er keinen persönlichen Grund mehr hat herzukommen, ist es vielleicht sogar besser, wenn er bleibt, wo er ist.»

«Und seine Soldaten?»

«Diejenigen, die wollen, werden heimkommen, die übrigen finden gewiss einen Platz in einer der zahlreichen Armeen, die in naher Zukunft entstehen werden.»

Antipatros schmiegte das Gesicht an Hyperias Brust. «Ja, das denke ich auch.»

«Ich weiß es.»

Antipatros war zu beschäftigt, um etwas zu erwidern.

«Ich sagte: Ich weiß es.»

Antipatros riss sich abermals von der Ablenkung los. «Wie meinst du das?»

«Nun, das Hauptthema bei jenem Abendessen war, dass Antigonos Perdikkas getrotzt hat.»

Augenblicklich vergaß Antipatros die Brüste und schenkte den Worten seiner Frau seine ungeteilte Aufmerksamkeit.

«Er hat sich Perdikkas' Befehl widersetzt, Eumenes bei der Befriedung Kappadokiens zu unterstützen. Offenbar hat er auf die schriftliche Anweisung eine Antwort geschickt, die nur aus vier Wörtern bestand: ‹Leck mich am Arsch.› Er betrachtete es als erniedrigend, praktisch als Aufforderung, sich Perdikkas völlig unterzuordnen. Leonnatos, der Eumenes ebenfalls unterstützen sollte, hat noch nicht erklärt, auf wessen Seite er steht. Krateros und Lysimachos wurden bislang nicht aufgefordert, Hilfe zu leisten, deshalb halten sie sich aus der ganzen Angelegenheit heraus, denn die beiden mögen den listigen kleinen Griechen auch nicht. Eumenes hat also niemanden, an den er sich wenden kann, außer Perdikkas. Dieser wird ihn unterstützen müssen, wenn er nicht vor dem gesamten Reich als ohnmächtig dastehen will.»

Antipatros erkannte, worauf die Überlegungen seiner Frau hinausliefen. «Und angenommen, er unterwirft Kappadokien und setzt Eumenes dort als Satrapen ein, dann muss er Antigonos irgendwie bestrafen. Sonst könnte er ebenso gut gleich aufgeben und sich ins Privatleben zurückziehen, denn niemand würde ihn je wieder ernst nehmen.»

«Ganz genau.»

«Somit ist nun ein Krieg zwischen diesen sogenannten Nachfolgern unvermeidlich. Das werden sie alle inzwischen erkannt und sich damit abgefunden haben. Wie konnten sie es so schnell so weit kommen lassen?» Antipatros' Miene erhellte sich. «Allerdings hat es auch seine Vorteile: Wenn ich zu meinem Feldzug aufbreche, kann ich das Königreich nach Osten relativ ungeschützt lassen und die Verteidigung auf mögliche Angriffe aus Epirus konzentrieren.»

«Wenn du dich beeilst, dürfte nichts passieren.»

«Und ob ich mich beeilen werde, meine Liebste, ich breche gleich morgen auf. Ehe ich losziehe, habe ich nur noch eine Pflicht zu erfüllen – das wird allerdings nicht schnell gehen.» Er umfasste ihre Brüste mit beiden Händen und drückte das Gesicht dazwischen. Alle Gedanken und Sorgen, die ihn belastet hatten, waren vergessen, während er seine Pflicht erfüllte, und er konzentrierte sich ganz auf das, was er vor sich hatte.

«Wie viele sind es, die uns da gegenüberstehen, Magas?», fragte Antipatros mit konzentriert gefurchter Stirn. Er strengte seine alten Augen an, um die Größe der rebellischen griechischen Armee abzuschätzen, welche mit wehenden Bannern und erhobenen Schilden den Pass der Thermopylen besetzt hielt.

«Wenigstens dreißigtausend», erwiderte Magas, der Mann seiner Nichte und sein Stellvertreter. Er saß rechts neben Antipatros zu Pferde und schirmte seine Augen mit der Hand ab. Magas war in den Vierzigern, bärtig und vierschrötig, ein typischer Vertreter des makedonischen Hochlands. Gemeinsam mit Nikanor war er während Antipatros' gesamter Amtszeit als Regent dessen wichtigste Stütze gewesen.

Antipatros spuckte aus. «Fast fünftausend mehr als wir.»

«Aber alles Griechen», bemerkte Iolaos in der gedehnten, überheblichen Redeweise der Jugend.

Antipatros wandte sich an seinen jüngeren Sohn zu seiner Linken neben Nikanor. «Unterschätze niemals deinen Feind. Sie sind Griechen, wohl wahr, doch viele von ihnen sind erfahrene Söldner, die bereits für Alexander und davor auch schon für die Perser gekämpft haben.»

«Aber wir haben reichlich Kavallerie zur Verfügung, Vater», argumentierte Nikanor und deutete auf die in Staubwolken gehüllten Scharen thessalischer Reiter, die gerade auf dem äußersten rechten Flügel der makedonischen Armee in Stellung gingen, wo das Gelände anstieg. «Sie haben nur wenig.»

Ares sei Dank für die Thessaler. Dieses Stoßgebet war Antipatros schon oft durch den Kopf gegangen, seit sie fünf Tage zuvor am Fluss Peneios an der Grenze zwischen Makedonien und Thessalien mit der thessalischen Kavallerie und ihren leichten Begleittruppen zusammengetroffen waren. Fünftausend wilde, mit Wurfspeeren bewaffnete Männer, geborene Reiter, mit breitkrempigen Lederhüten und ärmellosen falboder ockerfarbenen Chitonen auf ihren Pferden von gleicher Farbe, trugen sie nicht nur zahlenmäßig zur Größe seiner Truppe bei, sondern stärkten auch die Moral seiner Männer, denn ihre Kühnheit und ihre herausragenden Reitkünste weckten Zuversicht. Und mit Zuversicht hatte Antipatros anschließend seine Armee durch Thessalien gen Süden geführt, dann westwärts an der Küste entlang, begleitet von seiner Flotte zur Linken, vorbei an der Stadt Lamia und weiter zu den Thermopylen.

Doch nun, neun harte, strapaziöse Tagesmärsche nachdem er von Pella aufgebrochen war, hatte Antipatros sein erstes Ziel erreicht und musste feststellen, dass der Feind es besetzt hielt. *Wir werden die Thessaler brauchen, wenn es uns gelingen soll, gegen diese Armee anzukommen.* Er warf einen raschen Blick auf die Sonne, die zu seiner Rechten sank, dann wandte er sich an Magas und Nikanor. «Uns bleiben noch vier Stunden bis Sonnenuntergang. Wenn die Armee in Schlachtordnung ist, gebt den Männern etwas zu essen und zu trinken, und dann wollen wir das hier hinter uns bringen.»

«Deine Befehle, Herr?», fragte Magas.

«Nichts Besonderes – wir haben das Meer zu unserer Linken und die Berge zur Rechten. Du nimmst die Phalanx, Magas, sie rückt im Schutz der Bogenschützen, Schleuderer und leichten Reiter mit Wurfspeeren vor. Stelle die Hälfte der Peltasten links direkt an den Brandungsbereich, um zu verhindern, dass jemand unsere Flanke umgeht.» Er schaute aufs Meer hinaus, wo die Flotte sich formierte. Ihr gegenüber war die athenische Kriegsflotte ebenfalls bereit zur Schlacht. «Hoffen wir, dass unsere Jungs ihre Flotte aufhalten können, damit sie nicht vorbeisegelt und uns in den Rücken fällt.» Er richtete seine Aufmerksamkeit wieder auf seine Armee. «Die anderen tausend Peltasten gehen an der rechten Flanke der Phalanx zwischen ihr und den Thessalern in Stellung. Nikanor, halte unsere schwere Kavallerie in Keilformation dahinter bereit. Sie sollen auf mein Signal warten und dann durch die Lücke in der Linie vorstoßen. Die griechischen Söldner halte ich in Reserve – ihre Treue möchte ich nicht auf die Probe stellen, wenn es nicht unbedingt sein muss.»

Nikanors Gesicht verdüsterte sich. «Wenn es dazu kommen sollte, glaube ich nicht, dass wir auf sie zählen können.»

Antipatros seufzte erschöpft wie einer, der ausruhen wollte, jedoch immerfort davon abgehalten wurde. «Ich bin achtundsiebzig, mein Sohn, ich habe im Krieg schon alle erdenklichen Situationen erlebt, und eines ist allen gemeinsam: Man kann den Ausgang nicht vorhersagen. Deshalb versuche ich, alle Eventualitäten einzuplanen.»

«Auch dass der Feind sich ergibt?», fragte Magas und zeigte mit ausgestrecktem Finger.

Antipatros schaute in die Richtung und sah, dass die griechische Linie sich teilte, um drei Reiter durchzulassen. Einer von ihnen trug einen Friedenszweig. «Nun, ich kann mir nicht vorstellen, dass sie den Weg hierher auf sich genommen haben, nur um sich zu ergeben. Reiten wir ihnen entgegen und hören, was sie zu sagen haben.»

«Mein Name ist Leosthenes», verkündete der Anführer des Trupps, als beide Parteien auf halber Strecke zwischen den gegnerischen Armeen ihre Pferde anhielten. «Ich bin der General der freien griechischen Armee.»

Antipatros lächelte matt. «Das ist ja eine ganz neue Bezeichnung für ein Söldnerheer – ich habe noch nie von einem Söldner gehört, dem es um Freiheit geht und nicht um Geld.»

Leosthenes lachte; es klang echt und ansteckend, und seine dunklen Augen funkelten belustigt. Von zahlreichen Feldzügen und extremer Witterung gezeichnet, war sein bärtiges, vernarbtes Gesicht doch noch immer auf raue Weise attraktiv. «Nun gut, alter Mann, der Punkt geht an dich. Zwar sind unter uns auch einige Athener Bürger und viertausend Ätolier, aber ich muss einräumen, dass die meisten meiner Männer sich keinen Pferdearsch um die Freiheit Griechenlands scheren. Sie sind zufrieden, wenn sie genug Geld haben, um ihre eigenen Furchen zu pflügen und reichlich Wein zu trinken.»

«Männer mit Gewissen, bewundernswert.»

Leosthenes zuckte die Schultern. «Geschäftsleute allemal. Im Augenblick ist es ihr Geschäft, zu verhindern, dass ihr diese Engstelle passiert. Und wenn du dir die Gegebenheiten anschaust, dann würde ich meinen, ein erfahrener Mann wie du müsste das für recht aussichtsreich halten. Ich schlage deshalb Folgendes vor, Antipatros, Regent von Makedonien: Du führst deine Armee zurück nach Norden und lässt die griechischen Städte sich selbst regieren. Deine einzigen Verbündeten, die Böotier, habe ich bereits vor drei Tagen geschlagen, somit wirst du südlich von hier keine Freunde finden, abgesehen von ein paar makedonischen Garnisonen, die sich in ihren Festungen verschanzt haben und sich dort im Belagerungszustand befinden. Wenn du jetzt abziehst, garantieren Hypereides und die Volksversammlung von Athen diesen Garnisonen freies Geleit in die Heimat. Wenn du kämpfst, werden sie alle sterben, selbst im unwahrscheinlichen Fall, dass du hier die Schlacht gewinnst. Nun, was sagst du?»

Antipatros schaute zur Rebellenarmee hinüber, dann ließ er den Blick über die Linie seiner eigenen Leute gleiten, wie um sie zu zählen. «Ich würde sagen, Leosthenes, ich habe mehr Kavallerie als du, sogar viel mehr, denn du hast offenbar kaum welche. In Verbindung mit dem Umstand, dass ich die bessere Infanterie habe, verschafft mir das den entscheidenden Vorteil.»

Leosthenes' Miene hellte sich auf, als freue er sich, an etwas erinnert zu werden, das ihm fast entfallen wäre. «Ach ja, darauf wollte ich eben kommen.» Er gab einem seiner Begleiter ein Zeichen, woraufhin der ein Horn an den Mund setzte und eine aufsteigende Tonfolge blies.

Weit rechts von Antipatros regte sich etwas, Tausende Zaumzeuge klirrten, Pferde schnaubten, und unter vielfachen Hufschlägen begann die thessalische Kavallerie vorzurücken.

Leosthenes schaute Antipatros an, ein Inbild der Überraschung und Unschuld. «Huch, was ist denn nun passiert? Mir scheint, jetzt habe ich mehr Kavallerie.»

Es dauerte einige Augenblicke, bis Antipatros begriff, was da vor sich ging, dann wandte er sich wütend wieder an Leosthenes. «Du heimtückischer Verräter!», stieß er hervor, während die thessalische Kavallerie das Gelände überquerte, gefolgt von den leichten Reitern ihrer Begleittruppe.

Leosthenes blickte gekränkt drein. «Ich bitte dich, Antipatros – es ist nicht mein Verrat, den wir hier sehen, das muss dir doch klar sein? Es ist der Verrat der Thessaler – sie sind diejenigen, welche die Seiten wechseln, nicht ich. Ich habe lediglich mit ihrem Befehlshaber Menon verhandelt, und er schien die Logik meiner Argumentation zu erkennen. Es wird dich sicher freuen zu erfahren, dass diese Männer deiner Sache treu geblieben wären, wenn ich den Pass nicht rechtzeitig besetzt hätte, um euch den Weg abzuschneiden. Wenigstens haben sie das gesagt. Aber so sind die Thessaler nun einmal. Ich sage immer, wer Treue erwartet, soll sich einen Hund zulegen. Aber ich muss es ja wissen, denn ich bin ein Söldner, immer gewesen, seit ich mit fünfzehn Jahren meinen Vater umbrachte, weil er einmal zu oft die Hand gegen mich erhoben hatte. Nun aber genug des Schwelgens in Erinnerungen, zurück zur Sache: Wenn deine Armee in einer Stunde noch hier ist, blase ich zum Angriff.» Mit einem fröhlichen Winken wendete er sein Pferd und ritt im Trab zurück zu seinen Linien, eine Hand auf die Hüfte gestützt.

«Und, was tun wir jetzt?», fragte Magas, als Antipatros in düsterem Schweigen sein Ross wendete. «Der Hurensohn hat uns am Sack, und er kann ganz schön kräftig zudrücken.»

«Wir greifen an», sagte Iolaos entschieden, «ob mit oder ohne Kavallerie.»

«Nein», widersprach Nikanor und überblickte das Gelände, «die Thessaler werden unsere Flanken umgehen und der Phalanx in den Rücken fallen. Das wäre unser Ende.»

Antipatros stieß den tiefsten Seufzer des Tages aus. *Ich bin wirklich zu alt für das alles hier. Ich wünsche mir nichts mehr, als mit meiner Frau auf einem Teppich vor der Feuerstelle zu liegen, bei einem Krug Wein und in dem Wissen, dass eben eine köstliche Mahlzeit zubereitet wird. Und was bekomme ich stattdessen? Eine Krise.* «Was können wir tun? Uns trennen fünf Tagesmärsche durch nunmehr feindliches Gebiet von Makedonien, und bis in die Sicherheit von Pella sind es weitere vier Tage. Wir haben keine Hetairenreiterei, sie hingegen haben jetzt fünfhundert Mann, mit denen sie uns auf dem gesamten Weg zusetzen können. Wir werden Hunderte verlieren, wenn nicht Tausende, unser Rückzug wird chaotisch und schändlich. Und irgendwo wird Leosthenes uns dann doch zwingen zu kämpfen, erschöpft und zahlenmäßig unterlegen. Es ist undenkbar.»

«Was ist mit der Flotte?», fragte Magas.

«Die Schiffe der Athener werden verhindern, dass sie uns an Bord nimmt – nein, das ist keine Option.»

Magas verzog das Gesicht, als er sich die Katastrophe bildlich vorstellte. «Was tun wir dann?»

«Wir ziehen uns kämpfend zurück, Schritt für Schritt. Ich habe ein paar vertrauenswürdige Männer in Lamia zurückgelassen, drei Wegstunden über die Straße nach Norden. Wie ich schon sagte: Man sollte stets für alle Eventualitäten vorsorgen. Allerdings muss ich gestehen, dass ich nicht ernsthaft damit gerechnet habe, Spione zu benötigen, um mir die Tore Lamias zu öffnen – es war lediglich eine Möglichkeit, die ich in Erwägung gezogen habe.»

«Wir besetzen Lamia? Wozu?»

«Um unsere Gürtel enger zu schnallen und den Winter über der Belagerung standzuhalten, bis im Frühjahr Hilfe kommt. Das hier wird mich einige Töchter kosten – ich sollte mich gleich daranmachen, Briefe zu schreiben. Die Boten müssen auf dem Weg sein, ehe wir ganz abgeschnitten werden.»

EUMENES
DER LISTIGE

Hilf meinem Gedächtnis auf die Sprünge, Eumenes – wie lautete doch gleich Antigonos' Antwort an Perdikkas?», fragte Leonnatos. Er und der Grieche standen auf den Wehranlagen des Hafens von Lampsakos und blickten über den Hellespont zum europäischen Ufer hinüber. Unter ihnen näherte sich eine Triere dem Hafen, deren gleichmäßige Ruderschläge an die langsamen, majestätischen Flügelschläge eines Schwans erinnerten. Salzgeruch lag in der Luft; Möwen kreisten über dem Kai und stießen hinab, wenn Abfälle von den Schiffen geworfen wurden, von denen bereits ein Dutzend im Hafen lag.

Eumenes strengte seine Augen an, doch schließlich gab er den Versuch auf, seine Heimatstadt Kardia irgendwo jenseits des funkelnden azurblauen Meeres erspähen zu wollen, auf dem Handelsschiffe verkehrten. *Wenn er glaubt, mich mit solch kindischem Benehmen verärgern zu können, dann hat sich mein früherer Eindruck mehr als bestätigt: Er ist definitiv mit mehr Schönheit als Verstand gesegnet.* Mit gespielter Besorgnis schaute er zu dem eitlen Feldherrn auf. «Oh, Leonnatos, sage nur nicht, du verlierst das Gedächtnis – ich meine, zu

Beginn unseres Gespräches den genauen Wortlaut erwähnt zu haben.»

«Vielleicht, ich habe anderes im Sinn.»

«Willst du damit sagen, dass du mir nicht deine volle Aufmerksamkeit geschenkt hast, Leonnatos? In Kardia, wo ich herkomme, gleich jenseits des Wassers, erachten wir so etwas für grob unhöflich – nun, Kardia ist eben doch ein ganzes Stück von Makedonien entfernt. Soweit ich weiß, lautete seine Antwort: ‹Leck mich am Arsch.›»

Leonnatos vergewisserte sich, dass sein Stirnhaar in der vorteilhaftesten Weise zurückgestrichen war. «Und weshalb glaubst du, meine Antwort werde anders ausfallen?»

«Nun, zunächst einmal stelle ich mir vor, dass Antigonos' Arsch eine haarige, verschwitzte Angelegenheit ist, wahrscheinlich übersät mit Furunkeln, wohingegen der deine zweifellos glatt und wohlriechend ist. Daher wäre die Beleidigung nicht mit der von Antigonos zu vergleichen.»

«Bilde dir nicht ein, du seist –»

«Witzig? Ich versichere dir, Leonnatos, das war nicht meine Absicht.» Eumenes deutete zum Strand rechts des Hafens, wo seine berittene Eskorte eben ihr Lager aufschlug. Ordentliche Reihen aus Pferden und Zelten ließen auf eine disziplinierte, gut ausgebildete Truppe schließen. «Ich habe nur fünfhundert Mann Hetairenreiterei – längst nicht genug, um ein Gebiet von der Größe Kappadokiens zu sichern. Also, wirst du mir helfen, Ariarathes die Satrapie abzunehmen, gemäß Perdikkas' Bitte –»

«Befehl!»

«Schön, es war ein Befehl, aber ein höflicher. Oder wirst du den höflichen Befehl ebenso ignorieren, wie Antigonos es getan hat?»

«Er hat ihn nicht ignoriert, er hat darauf geantwortet: ‹Leck mich am Arsch.› Das nenne ich nicht ignorieren, du etwa? Ich nenne das verweigern.»

Ich muss einräumen, dass das den Sachverhalt auf den Punkt bringt. Eumenes atmete tief durch und versuchte, seine wachsende Ungeduld angesichts dieses aufgeblasenen Aristokraten zu zügeln. «Du weißt sehr wohl, was ich meine, Leonnatos.»

«Ach ja?» Leonnatos richtete den Blick wieder aufs Meer hinaus und schien die leichte Brise zu genießen, obwohl sie seine Frisur ruinierte, wie Eumenes nicht entging. Die Triere wurde nun mit weniger kraftvollen Ruderschlägen angetrieben, da sie an der Mole vorbei war, die den Hafen vor der Gewalt der winterlichen See schützte.

Eumenes beschloss, einen anderen Ansatz zu versuchen. «Findest du eigentlich, dass du seit Alexanders Tod gerecht behandelt wurdest? Ich meine, erst solltest du einer der vier sein, die sich die Regentschaft teilen, doch dann wurdest du übergangen, und Meleagros wurde zum Mitregenten gemacht, weil es Perdikkas so besser passte. Nun ist Meleagros zwar tot, aber du wurdest dennoch nicht wieder eingesetzt.»

«Ebendeshalb hätte ich gute Lust, Perdikkas mit ‹Leck mich am Arsch› zu antworten. Wofür hält er sich, mich herumzukommandieren – mich, der ich mehr königliches Blut in meinen Adern habe als er in einem Finger.»

«Das meinst du wohl andersherum, aber so oder so trifft es doch streng genommen nicht zu, nicht wahr, Leonnatos? Ihr beide habt einen gewissen rechtmäßigen Anspruch auf das Königtum, und gerade darum geht es mir: Trotzdem erteilt er dir Befehle. Aber lassen wir das für einen Moment beiseite und wenden wir uns der Frage zu, weshalb er glaubt, sich das erlauben zu können.» Eumenes ließ Leonnatos ein wenig Zeit, über diesen Punkt nachzudenken, ehe er selbst die Antwort gab: «Weil er meint, da er den Ring von Alexander empfangen hat, sei er selbstverständlich der Anführer, darum. Nun liegt das Problem darin, dass Anführer sich den Respekt derer, die sie führen, erst verdienen müssen, und das hat Perdikkas definitiv nicht getan – siehe Antigonos' Antwort. Wie also verdient ein makedonischer Soldat sich Respekt, Leonnatos? Gewähre mir einen Einblick in die militärische Denkweise.»

Leonnatos vergewisserte sich mit einem raschen Blick, dass Eumenes sich nicht über ihn lustig machte, doch aus dessen Miene sprach aufrichtiges, uneingeschränktes Interesse. «Indem er Siege erringt.»

«Ah! Da haben wir es: indem er Siege erringt. Nun sage mir, erringst du irgendwelche Siege, indem du hier auf deinem glatten, wohlriechenden Arsch sitzt und den Ausblick aufs Meer genießt?»

Leonnatos schwieg vielsagend.

Jetzt habe ich ihn! «Nun, ich würde dir mit größtem Vergnügen als Stellvertreter dienen und meine armseligen fünfhundert Mann Hetairenreiterei deiner Armee hinzufügen, solltest du beschließen, selbige nach Kappadokien zu führen. Auf diese Weise würde der Ruhm allein dir zufallen, wenn du endlich Ariarathes' Schließmuskel mit dem angespitzten Ende eines Pfahls Bekanntschaft machen lässt. Und dann können wir gemeinsam – wobei du selbstverständlich das Kommando führst – nach Armenien weiterziehen, und schon hättest du in einem einzigen Jahr zwei großartige Siege zu verzeichnen, wohingegen Perdikkas keinen hätte. Dann könntest du vielleicht darüber nachdenken, künftig die Befehle zu erteilen. Wenn du hingegen nicht handelst, ist es durchaus möglich, dass Perdikkas diese Siege erringt und sich damit den Respekt verschafft, den er braucht, um weiterhin die Befehle zu erteilen.» Eumenes zählte im Kopf von zehn rückwärts, während er zusah, wie es in Leonnatos arbeitete.

«Also gut, Eumenes, du hast mich überzeugt. Ich werde meine Männer nach Kappadokien führen, um deine Satrapie für dich zu befrieden. Ich bin der alleinige Befehlshaber, und du ordnest dich mir in jeder Hinsicht unter, abgemacht.»

«Abgemacht.»

«Und da wäre noch eine Bedingung.»

«Nämlich welche?»

«Dass du mich anschließend in meinen Bestrebungen unterstützt.»

«In welchen Bestrebungen?»

«Das kann ich dir jetzt noch nicht verraten. Sagen wir einfach, sollte ich erfolgreich sein – und ich habe allen Grund anzunehmen, dass es so kommt –, dann werden jene, die mir gut gedient haben, Anlass zur Dankbarkeit haben.»

Er hat es auf den Thron abgesehen, der Schwachkopf – wie kann er glauben, ihn besteigen zu können, da er doch nur ein entfernter Verwandter Alexanders ist? «Selbstverständlich, Leonnatos, werde ich allen Anlass haben, dir dankbar zu sein. Selbstverständlich werde ich dich in deinen *Bestrebungen* unterstützen.»

«Trinken wir darauf. Ich habe eben eine Lieferung Wein von meinem Gut bei Pella erhalten.»

Eumenes lächelte starr. «Ah, makedonischer Wein vom Feinsten, köstlich.»

«Ich habe Anweisung gegeben, ihn zu kühlen», teilte Leonnatos Eumenes mit, während ein Sklave seine Trinkschale füllte.

Sie saßen an einem riesigen Feuer, denn trotz der relativ warmen Luft an diesem frühen Wintertag war es innerhalb der steinernen Palastmauern bereits kalt geworden. Eumenes gab sich alle Mühe, nicht das Gesicht zu verziehen, als er den ersten Schluck probierte – er hatte sich bereits damit abgefunden, dass er am nächsten Morgen einen fürchterlichen Kater haben würde. «Köstlich, Leonnatos, welch vortrefflichen Gaumen du haben musst, einen Jahrgang von solcher Qualität zu erzeugen.»

«Das möchte ich meinen.» Doch Leonnatos kam nicht dazu, sich in weiteren Äußerungen über seinen Gaumen zu ergehen, denn vom Korridor drangen laute Rufe herein.

«Es schert mich nicht, ob er gerade in einer Unterredung ist. Ich bin von Kardia übers Meer gekommen, um ihn zu sprechen, und auch wenn ich in dieser Reisekleidung nicht so aussehe, bin ich doch ein König. Ich bin es nicht gewohnt, von niederrangigen Leuten wie dir abgewiesen zu werden.»

Jetzt wird es interessant. Ich darf mir meinen Abscheu nicht anmerken lassen, dachte Eumenes, während er sich für den Auftritt eines alten Bekannten wappnete.

Ein halbes Dutzend Herzschläge später stürmte ein hochgewachsener, vollbärtiger, breitschultriger Mann mit schweren Schritten in den Raum. «Du!», rief er aus, als er Eumenes erblickte, und blieb überrascht stehen. «Was tust *du* denn hier?»

«Ich denke, das sollte ich eher dich fragen, Hekataios, immerhin war ich zuerst hier. Nun, wie dieser niederrangige Mann, zu dem du eben so höflich warst, ganz richtig feststellte: Ich befinde mich in einer Unterredung mit Leonnatos. Ach, und nebenbei bemerkt hat Kardia keinen König, nur einen Tyrannen, also bilde dir nur ja nicht zu viel ein.»

Hekataios machte Anstalten, sich auf Eumenes zu stürzen, der behände zurückwich und hinter einer Liege in Deckung ging.

«Das reicht!», rief Leonnatos, warf seine Trinkschale von

sich und sprang auf. «Ich weiß nicht, wer du bist, aber so geht man nicht mit meinem Gast um.»

Hekataios schnaubte verächtlich. «Gast! Seit wann behandelt man heimtückische Wiesel als Gäste?»

«Seit mordende Tyrannen sich als Könige ausgeben?», schlug Eumenes hilfsbereit vor.

Hekataios warf seinem Landsmann, der ganze zwei Köpfe kleiner war als er, einen Blick voller giftigem Hass zu, dann spuckte er vor ihm aus.

«Ich freue mich auch sehr, dich zu sehen, Hekataios», sagte Eumenes, der sich nun sicher genug fühlte, um auf seinen vorherigen Platz zurückzukehren. «Soweit ich mich erinnere, liegt unsere letzte Begegnung vierzehn Jahre zurück.»

Leonnatos hob die Hände. «Ich weiß nicht, was zwischen euch beiden steht, und ich will es auch nicht wissen, denn offenbar ist es etwas Bitteres und Persönliches.» Er blickte Hekataios direkt in die Augen. «Nun erweise mir doch die Höflichkeit, dich offiziell vorzustellen und mir dein Anliegen mitzuteilen, ehe du noch einmal meinen Gast angreifst.»

Der große Mann holte tief Luft. «Ich bitte um Verzeihung, edler Leonnatos. Mein Name ist Hekataios, ich bin der Kö... der Herrscher von Kardia und bringe dir eine Botschaft von Antipatros.»

«Von Antipatros.» Leonnatos überdachte diese Neuigkeit einen Moment lang, dann wies er mit einer Kopfbewegung auf eine freie Liege. «Bitte, Hekataios, nimm doch Platz und bediene dich von dem Wein. Er stammt von meinem eigenen Weingut und wird hoffentlich deine Nerven beruhigen.»

Mich würde es nicht wundern, wenn er die Bestie erst recht in Rage versetzt.

«Nun sage mir, welche Botschaft du bringst», forderte Leonnatos ihn auf, nachdem Hekataios ein paar Schlucke getrunken hatte – sein gequälter Gesichtsausdruck beim ersten Kosten war Leonnatos entgangen, da er nach all der Aufregung sein Stirnhaar wieder zurechtgestrichen hatte.

Hekataios wies mit einer Kopfbewegung auf Eumenes.

«Du kannst vor Eumenes offen sprechen, er ist mein Verbündeter.»

Das höre ich zum ersten Mal.

«Also gut», sagte Hekataios, der aussah, als meinte er das genaue Gegenteil. «Antipatros lässt dich wissen, dass er aufgrund des Verrats seiner thessalischen Kavallerie eine Niederlage gegen die aufständischen Griechen erlitten hat und nun in der Stadt Lamia unter Belagerung steht. Das Wissen, dass einer der größten Feldherren Makedoniens so nah ist, stärkt seinen Mut, und er bittet dich bei allen Göttern, ihm zu Hilfe zu kommen. Im Gegenzug möchte er dir die Hand einer seiner Töchter anbieten, um ein verwandtschaftliches Band zwischen euch zu knüpfen.» Hekataios wandte sich ab und machte eine Geste zum Korridor hin. In der Tür erschienen zwei Sklaven, die eine schwere Truhe schleppten. Sie stellten sie ab, und Hekataios klappte den Deckel hoch – sie war mit Gold, Silber und Edelsteinen gefüllt. «Antipatros schickt dir dies, um deine Unkosten zu decken. Er hofft, dass du zeitig vor der Frühjahrs-Tagundnachtgleiche in Sichtweite der Mauern von Lamia sein wirst, denn bis dahin werden seine Nahrungsvorräte bereits zur Neige gehen, und er wird arge Not leiden.» Hekataios setzte sich, sichtlich zufrieden mit sich selbst, da er seine Botschaft so flüssig vorgetragen hatte. Ohne nachzudenken, trank er einen großen Schluck Wein, verschluckte sich und bekam einen Hustenanfall.

Leonnatos nahm die Not seines Besuchers gar nicht wahr, so tief war er in Gedanken versunken.

Der Hurensohn wird das Angebot annehmen, dachte Eumenes erschrocken. Auch er achtete nicht darauf, dass Hekataios verzweifelt nach Luft rang. *Ich muss etwas unternehmen.* «Wie kannst du sicher sein, dass dieses Hilfeersuchen echt ist, Leonnatos? Es könnte eine List von Antigonos sein, um sicherzustellen, dass er nicht als Einziger Perdikkas' Befehle missachtet.» *Götter, das war lahm – ich kann ihn nicht aufhalten. Die Rettung Makedoniens würde ihm weit mehr Ansehen einbringen als die Unterwerfung Kappadokiens. Mein eigenes Argument spricht gegen mich. Weshalb musste Hekataios auch ausgerechnet jetzt kommen, und dass es ausgerechnet dieser skrupellose alte Schurke sein muss. Ich wette, es waren ursprünglich zwei Schatztruhen, und er hat eine selbst behalten.*

«Hmm?» Leonnatos warf Eumenes einen flüchtigen Blick zu, ohne sich für seinen Einwand zu interessieren, dann wandte er sich wieder an Hekataios, der sich allmählich erholte. «Eine Tochter, sagt er? Welche denn?»

Hekataios, noch immer keuchend, war sichtlich ahnungslos. «Das ... hat ... er ... nicht ... ge... ge...sagt.»

«Nicht gesagt. Mhm. Nun, eigentlich macht es wohl auch keinen Unterschied. Aber verrate mir doch, wenn er belagert wird, wie konnte er mir dann diese Botschaft senden?»

«Sein Sohn Iolaos ist aus der Stadt entkommen, kurz bevor sie gänzlich eingeschlossen war. Er erwartet deine Antwort in Kardia, da Antipatros wollte, dass ich die Botschaft überbringe – er nahm an, das werde ihr größeres Gewicht verleihen, als wenn ein unbedeutender Knabe sie brächte.»

Oder dieser unbedeutende Knabe hatte noch andere eilige Botschaften zu überbringen – ich gehe davon aus, dass der alte Antipatros nicht nur die eine Tochter als Belohnung für seine Rettung aussetzt. Der alte Schwachkopf – nun, das kommt davon, wenn man Thessalern vertraut.

Leonnatos schaute auf den Inhalt der Truhe hinunter. «Sehr

hübsch.» Er trank genüsslich noch einen Schluck Wein, und sein Gesicht nahm einen Ausdruck heroischer Entschlossenheit an. «Also gut, ich werde Makedonien zu Hilfe kommen, schließlich kann niemand außer mir verhindern, dass geringere Männer ihm eine schändliche Niederlage beibringen.» Er legte Hekataios eine Hand auf die Schulter und schaute ihn herablassend an. «Sage Iolaos, er kann seinem Vater ausrichten, Leonnatos wird kommen.» Er strich sich ein paarmal über die Frisur, um sicherzustellen, dass er bei dieser Erklärung möglichst vorteilhaft aussah. «Ich werde meine Armee mitbringen, und der Zorn Makedoniens wird mit mir sein.»

Nun, mich wirst du jedenfalls nicht mitbringen, das kann ich dir versprechen. Ich werde mich bei der ersten Gelegenheit absetzen, vorzugsweise mit dem Inhalt dieser Truhe.

«Eumenes, wirst du mich begleiten?»

«Es wird mir eine Ehre sein, Leonnatos. Doch zuvor würde ich gern im Vertrauen mit dir sprechen.»

«Was? Du kannst doch gewiss vor Hekataios reden, er ist schließlich Teil dieser glorreichen Unternehmung.»

Noch ein Grund, weshalb ich nicht mitkommen werde: Er würde mir bei der ersten Gelegenheit die Kehle aufschlitzen. «Es betrifft makedonische Politik.»

Leonnatos runzelte die Stirn, dann nickte er. «Also gut. Hekataios, würdest du uns bitte kurz entschuldigen? Wie wäre es, wenn wir uns eine Stunde vor Sonnenuntergang zum Abendessen wiedersehen?»

«Mit Vergnügen.» Hekataios warf Eumenes einen hasserfüllten Blick zu, dann verließ er mit langen Schritten den Raum und stieß dabei seine beiden Sklaven zur Seite, die draußen an der Tür warteten.

«Also, was gibt es?», fragte Leonnatos, als Hekataios' Schritte verhallten.

«Ist dir schon in den Sinn gekommen, dass Antipatros wahrscheinlich seine Töchter jedem anbietet, der eine Truppe von mehr als zehntausend Mann befehligt?»

Leonnatos überdachte das. «Und wenn es so wäre?»

«Rechne doch einmal: Derzeit hat er drei oder vier Töchter im heiratsfähigen Alter – ich habe den Überblick verloren, wie er selbst zweifellos auch – plus wenigstens eine Großnichte, die kürzlich verwitwete Berenike, und ein paar mehr, die gerade heranreifen. Damit könnte er schon eine ganze Menge Leute durch Heirat an sich binden. Nun nehmen wir an, er bietet jedem von denen, die ihm geographisch am nächsten sind, eine an: dir, Krateros, Lysimachos und Antigonos – was bedeutet das für euch alle?»

«Das, kleiner Eumenes, ist völlig irrelevant.»

«Ich hätte gedacht, in Anbetracht deiner *Bestrebungen* sei es die relevanteste Überlegung bei der ganzen Angelegenheit. Außerdem wird er wahrscheinlich auch Perdikkas und Ptolemaios jeweils eine Tochter zur Frau geben – warum nicht? Seien wir doch großzügig und behandeln alle gleich.»

Der selbstgefällige Ausdruck, der sich auf Leonnatos' Gesicht ausbreitete, war widerlich. «Es spielt dennoch keine Rolle – nicht, wenn man gar nicht die Absicht hat, eine seiner jungen Stuten zu nehmen. Nein, mein Beweggrund ist ein anderer: Indem ich Antipatros zu Hilfe komme, Makedonien rette und anschließend die griechischen Rebellen vernichte, werde ich weit höheres Ansehen gewinnen als auf deinem kleinen Nebenschauplatz – der es im Übrigen auch getan hätte, wenn sich nicht diese größere Aufgabe ergeben hätte. Wenn ich Makedonien rette und bekomme, was mir angeboten wurde, werden meine Bestrebungen gewiss Früchte tragen, und du tätest gut daran, mich zu unterstützen. Ich brauche einen Kopf wie den deinen, einen, der sich auf Zahlen versteht.» Er zeigte auf die Truhe hinunter. «Was schätzt du beispielsweise, wie viel dort drin ist?»

Eumenes brauchte nicht erst zu überlegen, denn er hatte das Ding im Geiste bereits gewogen. «Ungefähr zweieinhalb Talente.»

«Siehst du, ich hätte keine Ahnung gehabt.»

Weil du nur Schönheit besitzt und keinen Verstand.

«Mache heute Abend eine Aufstellung für mich und nenne mir morgen die genaue Summe.»

Als hätte es noch eines Beweises bedurft – welch ein Schwachkopf du doch bist, aber danke. «Selbstverständlich, Leonnatos. Aber eines wüsste ich doch zu gern: Was ist es, das dir versprochen wurde und das dir bei deinen *Bestrebungen* so hilfreich sein wird?»

«Ah!» Leonnatos schaute sich mit lächerlich übertriebener Geste um, ob auch niemand heimlich hereingekommen war, seit Hekataios den Raum verlassen hatte. Er senkte die Stimme. «Ich habe vor ein paar Tagen einen Brief erhalten.» Wieder schaute er sich um, ehe er fortfuhr: «Von Olympias.»

Eumenes konnte sich denken, was jetzt kam. *Wenn das wahr ist, könnte es ihn in die günstigste Position bringen, einen wirklich legitimen Anspruch auf den Thron zu erheben. Perdikkas wird auf ewig in meiner Schuld stehen, wenn ich ihm davon berichte – diese Truhe und ich gehen definitiv nach Babylon.*

Leonnatos sprach jetzt noch leiser. «Olympias hat mir die Hand von Alexanders Schwester Kleopatra angeboten – ich habe ihr bereits geschrieben, dass ich der Verbindung zustimme.»

OLYMPIAS
DIE MUTTER

«Leonnatos!», kreischte Kleopatra erschrocken. «Wann hast du das getan, Mutter?»

«Anfang des Monats», erwiderte Olympias vage.

«Und warum setzt du mich erst jetzt von diesem absurden Plan in Kenntnis, den du ohne meine Zustimmung eingefädelt hast?» Kleopatra stampfte mit dem Fuß auf, dann ließ sie sich in einen Faltstuhl fallen, die Hände im Schoß zu Fäusten geballt. Neben ihr brannte eine Lampe, deren Rauch sich mit süßlichem Weihrauchduft vermischte – die einzige Lichtquelle in dem Lederzelt.

«Schrei bitte nicht so, die ganze Armee kann dich hören.» Olympias ging zum Zelteingang und zog die Plane zu, um wenigstens einen Hauch von Privatsphäre zu schaffen. Dann wandte sie sich wieder ihrer Tochter zu, die Hände an der Zeltplane hinter ihrem Rücken. «Ich habe dich nicht eher davon in Kenntnis gesetzt, weil ich wusste, dass du so reagieren würdest. Aber denke doch einmal darüber nach, Kleopatra. Du bist noch jung und fruchtbar – du bist die Einzige, die einen Erben zur Welt bringen könnte, den die meisten Adelsfamilien unterstützen würden. Einen Erben ohne asiatisches

Blut, vorausgesetzt, der Erzeuger wäre selbst von edler Geburt. Niemand außerhalb unseres engsten Familienkreises hat mehr Argeadenblut in den Adern als Leonnatos – es ist ideal.»

«Ideal für wen, Mutter?»

«Sprich leise.»

«Ich werde nichts dergleichen tun, solange du mir nicht einen triftigen Grund nennst, weshalb ich diesen eitlen, selbstherrlichen Gecken in mein Bett lassen und ihm gestatten sollte, mir ein Kind zu machen.»

«Kinder.»

«Mehr als eines? Noch schlimmer. Er mag ein tapferer Soldat sein, immerhin hat er die letzten zehn Jahre überlebt und ist ruhmreich daraus hervorgegangen. Aber wie kann ein Mann, der so viel Aufhebens um sein Äußeres macht, ein echter Mann sein? Und glaube mir, Mutter, ich brauche einen echten Mann.»

«Ich glaube dir, und du wirst vielleicht feststellen, dass er sich in den letzten zehn Jahren verändert hat. Ja, er ahmt Alexanders Haartracht nach und pflegt sich mit allerlei Salben, damit seine Haut weich bleibt, aber das heißt nicht, dass der Teil, auf den es wirklich ankommt, nicht hart ist.» Olympias ließ die Zeltplane los und ging auf ihre Tochter zu, die Hände zu beiden Seiten ihres Gesichtsfeldes, den Blick fest auf Kleopatra gerichtet. «Wende deine Gedanken vom Körperlichen ab und konzentriere dich auf die Belange der Dynastie. Schau dir an, was wir wissen: Die Hure aus dem Osten hat einen Knaben geboren. Ja, er ist mein Enkel, und ja, ich sollte seinen Thronanspruch unterstützen – aber wie aussichtsreich wäre es, den Anspruch eines Halbbluts durchsetzen zu wollen? Ungefähr so aussichtsreich wie der Anspruch des Schwachsinnigen, der sich den Namen meines Gemahls angeeignet hat – Philipp, dass ich nicht lache! Ich hätte seiner Mutter eine höhere Dosis verabreichen und ihnen beiden den Garaus machen sollen.»

Kleopatra kannte ihre Mutter zu gut, um ernsthaft schockiert zu sein. «Also das ist der Grund?»

«Natürlich. Du glaubst doch nicht, ich hätte tatenlos zugesehen, wie diese thessalische Tänzerin ein Kind von königlichem Blut zur Welt bringt? Leider hat der Körper der Missgeburt das Gift überlebt, wenn auch nicht sein Verstand. Aber vergiss ihn und denke an dich selbst. Du bist Alexanders einziges Vollgeschwister.»

«Und was ist mit seinen Halbgeschwistern? Wir wissen von Philipp; Europa und Karanos sind dank dir kein Problem mehr.»

«Alexander hat Karanos getötet.»

«Mutter, ich werde jetzt nicht über die Feinheiten dynastischer Meuchelmorde diskutieren. Worauf ich hinauswill: Es gibt noch zwei weitere überlebende Geschwister, Thessalonike und Kynane.»

Olympias' Miene verdüsterte sich. «Thessalonike würde niemals etwas unternehmen, das meinen Bestrebungen im Weg stünde – sie tut, was ich sage. Aus Herzensgüte habe ich sie am Leben gelassen, als ihre Mutter starb, und sie aufgezogen wie mein eigenes Kind.» *Es ist praktisch, noch eine Tochter in Reserve zu haben, auch wenn sie nicht von meinem Blut ist. Vielleicht kann ich sie irgendwann einmal gewinnbringend verheiraten.* «Was dieses illyrische Ungeheuer Kynane betrifft: Sie ist nach Norden in ihre Heimat zurückgekehrt, um ihre nichtswürdige Tochter gemäß der barbarischen illyrischen Tradition aufzuziehen. Wir werden nichts mehr von den beiden hören. Du bist die Einzige von reinem Blut, die noch geblieben ist. Heirate Leonnatos, der von derselben Urgroßmutter abstammt wie du, und gemeinsam werdet ihr einen stärkeren Anspruch auf den Thron haben als irgendjemand sonst, weil euer Nachkomme für wirkliche Stabilität sorgen kann. Mehr noch, es könnte sehr schnell geschehen, denn Leonnatos hält sich derzeit in seiner Satrapie Kleinphrygien auf.»

«Und du willst wohl die Macht hinter dem Thron werden?»

Verdiene ich das etwa nicht? Nach allem, was ich getan habe.

«Ich werde dir mit Rat zur Seite stehen.»

Kleopatra blickte nachdenklich in die Augen ihrer Mutter, die sie beschwörend ansah. Sie stand auf, ging an Olympias vorbei zum Zelteingang und schlug die Plane zurück. Draußen lagerte die Armee von Epirus auf einem Hang zehn Parasangen oberhalb der Grenze zu Makedonien. Die Schatten der Berge im Westen wurden länger. Der Rauch von tausend Kochfeuern lag in der Luft, man hörte raue Stimmen aus zehntausend Kehlen, das Schnauben der Kavalleriepferde und das Wiehern der Packmaultiere. «Und wie soll ich das meinem künftigen makedonischen Ehemann erklären – dass eine epirotische Armee Makedoniens Westgrenze bedroht, während Antipatros mit der Haupttruppe seiner Streitmacht in Lamia belagert wird?»

Olympias lächelte liebenswürdig. «Ich habe in meinem Brief an Leonnatos vorgeschlagen, dass ihr euch in Pella trefft, eben weil Antipatros in Lamia festsitzt. Die Armee ist gekommen, um dich bis zur Grenze zu begleiten.»

«Und wenn er das Angebot ablehnt?»

«Das hat er nicht getan.» Triumphierend förderte Olympias aus den Falten ihres Gewandes einen Brief zutage. «Das hier ist gestern für mich eingetroffen, und das ist auch der Grund, weshalb ich es dir jetzt erzählt habe. Er schreibt, dass er in die Verbindung einwilligt und sich mit einer kleinen Eskorte nach Pella begeben möchte, sobald er darf.»

«Und wenn er es sich nach seiner Ankunft dort noch anders überlegt?»

«Wenn man bedenkt, dass eine Armee an seiner Grenze steht und es im Süden eine Rebellion gibt, denke ich nicht, dass er das tun wird – du etwa?»

«Und wenn du die Invasion aus persönlichen Gründen nicht mehr brauchst, wie willst du Aiakides dann dazu bringen, mit seiner Armee kehrtzumachen?»

«Ich gehe mit dir nach Pella. Da Antipatros und Nikanor in Lamia festsitzen, droht mir wohl keine Gefahr. Vor unserer Abreise werde ich dem Schwächling erklären, wenn er auch nur einen Schritt weiter nach Makedonien vordringt, werde deine erste Amtshandlung als Königin darin bestehen, für einen Machtwechsel in Epirus zu sorgen.»

Kleopatra war schon ihr Leben lang mit den Intrigen ihrer Mutter vertraut, dennoch konnte sie sich ein Schmunzeln nicht verbeißen. «Du hast wirklich an alles gedacht.»

Jetzt habe ich sie so weit. «Du wirst ihn also heiraten?»

«Und Alexanders wahre Erben hervorbringen – ja, Mutter, ich erkenne, dass es so für uns beide das Beste ist.»

«Dann brechen wir morgen früh auf. Wenn Leonnatos auf dem Seeweg anreist, müssten wir ungefähr gleichzeitig in Pella eintreffen.»

«Pella kommt mir natürlich überaus provinziell vor, nachdem ich fast zehn Jahre lang nicht mehr hier war», bemerkte Leonnatos, an Olympias gerichtet, während er sich vergewisserte, dass seine Frisur richtig saß. Die beiden schauten vom Palast auf die Stadt hinunter.

Ihr Lächeln war ebenso eisig wie ihre Augen. «Für das Volk von Makedonien ist es noch immer der Mittelpunkt der Welt.»

«Solange man nicht die Sehenswürdigkeiten des Ostens geschaut hat ...»

Dionysos, er ist noch schlimmer, als ich ihn in Erinnerung hatte. «Du kannst dich glücklich schätzen, dass du Gelegenheit dazu hattest, Leonnatos. Mein Sohn hätte mir niemals erlaubt zu reisen.» *Nicht dass ich etwa den Wunsch gehabt hätte – dann hätte ich diese Kröte Antipatros unbeaufsichtigt lassen müssen.*

Leonnatos schaute sie von der Seite herablassend an. «Und wo ist Kleopatra? Ich bin nun schon seit zwei Stunden hier und habe meine zukünftige Braut noch nicht zu sehen bekommen. Wir haben vieles zu besprechen. Ich will, dass unsere Hochzeit ein großartiges Fest wird, wie es zwei Menschen von unserem Stand gebührt. Die Planung wird Monate in Anspruch nehmen – das Volk muss es sehen und Ehrfurcht empfinden.»

Damit hatte Olympias nicht gerechnet. «Die Heirat sollte doch gewiss so bald wie möglich stattfinden?»

Leonnatos schien in Gedanken weit entrückt zu sein. «Wie? Oh, nein, nein, das kommt gar nicht in Frage. In den zehn Tagen, seit ich dein Angebot erhielt, hatte ich Zeit, mir Gedanken über meine Prioritäten zu machen. Zunächst einmal muss ich warten, bis meine Armee eintrifft, und dann muss ich vor Ort noch mehr Männer rekrutieren, insbesondere Kavallerie, ich brauche dringend Kavallerie. Und dann –»

«Leonnatos», gurrte Kleopatra und trat auf die Terrasse heraus. «Ich habe mich nach diesem Moment gesehnt, seit du mir die Ehre angetan hast, um meine Hand anzuhalten.»

Falls Leonnatos diese neue Darstellung der Eheanbahnung überraschte, so war er wohlerzogen genug, sich nichts anmerken zu lassen. «Die Freude ist ganz auf meiner Seite, Kleopatra. Lass uns gemeinsam ein Stück gehen, meine Liebe. Wir haben einiges zu planen.» Er bot ihr den Arm, und sie nahm ihn, wobei sie mit den Lidern klimperte und verschämt zu ihm aufblickte. Sie schaute sich noch einmal ängstlich nach ihrer Mutter um, ehe sie ihren zukünftigen Ehemann auf einen gemächlichen Spaziergang begleitete.

Gib acht, dass du es nicht übertreibst, Kind. Er weiß sehr wohl, dass du keine Jungfrau mehr bist, schließlich hast du bereits zwei Kinder und einen gesunden Appetit.

«Geben die beiden nicht ein überaus elegantes Paar ab, meine liebste Olympias?»

Olympias fuhr herum und sah sich Antipatros' Frau gegenüber, die ihr zulächelte. «Hyperia, meine Liebe, welch reizende Überraschung.» *Für dich ist es offenbar keine Überraschung, Regentenhure – nach deiner Kleidung, deinem Schmuck, der Frisur und Schminke zu urteilen bist du zur Schlacht gerüstet.* «Ich hatte nicht damit gerechnet, dich hier anzutreffen – ich nahm an, du seist bei deinem Gemahl.»

«Ich wünschte, ich könnte seine Entbehrungen teilen – ich könnte ihm eine solche Stütze sein. Es ist ja so erfüllend, einen Mann zu trösten, wie ich finde – du kannst dich gewiss noch daran erinnern.»

Damit geht der erste Punkt an dich. «Oh, und ob, liebe Hyperia. Philipp war stets überaus rege, auch in späteren Jahren, als er bereits in den Vierzigern war. Gewiss bedauerst du es, deinen Mann erst geheiratet zu haben, als er schon auf die sechzig zuging.»

«Glücklicherweise besitzt er noch immer die Kraft eines Jüngeren.» Hyperia strich ihr Kleid glatt, sodass die Wölbung ihres Bauches sichtbar wurde. «Wie du siehst, meine Liebste, bin ich erneut schwanger.»

Olympias setzte eine verblüffte Miene auf. «Gelobt seien die Götter, noch ein Kind, das all deine unverheirateten Töchter umsorgen können. Übrigens, wie geht es ihnen eigentlich, meine Liebe? Ich hoffe, sie langweilen sich in Pella nicht zu sehr – wobei die Stadt doch auch zahlreiche Annehmlichkeiten bietet.»

«Ach, sie werden nicht mehr lange hier bleiben, aber danke für deine Sorge. In letzter Zeit gab es reges Interesse an ihnen: Ptolemaios in Ägypten hat brieflich um die Ehre ersucht, in unsere Familie einheiraten zu dürfen, ebenso wie Perdikkas. Ich finde noch immer Wege, mit meinem Mann in Kontakt zu bleiben, trotz seiner gegenwärtigen ... Schwierigkeiten.»

Schmach.

«Wir haben entschieden, Krateros Philas Hand anzubieten –»

«Ich hatte gehört, er habe sie sich bereits genommen – oder verwechsle ich das mit einem anderen Körperteil von ihr?»

Hyperias Lächeln wurde noch verkrampfter, sodass nun ihre Backenzähne zu sehen waren. «Und wir erwarten sie zur Hochzeit hier in Pella.»

«Wie reizend. Aber sage mir doch, welche deiner Töchter hattest du für Leonnatos im Sinn? Die Ärmste muss ja bitterlich enttäuscht sein.»

«Ursprünglich Eurydike, aber nachdem Leonnatos das Angebot abgelehnt hat, beschlossen wir, dass sie an Ptolemaios gehen soll und Nikaia an Perdikkas.»

«Ja, der Geschmack der Zurückweisung ist bitter.»

Hyperia setzte eine bedauernde Miene mit einem Anflug von Triumph auf.

Das ist der Ausdruck, den sie zeigt, wenn sie zum tödlichen Schlag ansetzt. Ich muss geradewegs in ihre Falle getappt sein.

«Ach ja, wohl wahr, doch glücklicherweise wurde die Zurückweisung in diesem Fall durch ein ehrenhaftes Angebot der Unterstützung abgemildert: Leonnatos wird seine Armee gen Süden führen, um meinem Mann zu Hilfe zu kommen und ihn aus Lamia zu befreien.»

Diese Mitteilung traf Olympias wie ein heftiger körperlicher Schlag, ganz wie Hyperia es beabsichtigt hatte. *Aber er muss doch wollen, dass Antipatros scheitert und vorzugsweise bei dieser Belagerung umkommt? Wie kann er so töricht sein?* Und dann verschlug es ihr fast den Atem, als sie plötzlich erkannte, was Leonnatos getan hatte. *Ich darf ihn nie wieder unterschätzen – der Hurensohn hat Kleopatra Eurydike vorgezogen, weil sie der Schlüssel zum Thron ist. Anschließend wird er ein Abkommen mit Antipatros schließen, nach dem dieser seinen Anspruch unterstützt, wenn Leonnatos ihn aus Lamia befreit.*

Hyperia deutete ein Nicken und Augenzwinkern an, als sie sah, dass Olympias begriff. «Ich freue mich wirklich sehr für dich, meine Liebe, dass Kleopatra nun mit Leonnatos verlobt ist. Jetzt muss ich mich aber verabschieden, ich habe so viel für meine Mädchen zu organisieren.»

Olympias schaute ihr starr vor Entsetzen nach, als sie davonging. *Meine Tochter mag Königin von Makedonien werden, aber ich werde keinen Einfluss haben, da die eigentliche Macht weiterhin bei Antipatros liegen wird. Wenn ich aber die Heirat absage, bin ich keinen Schritt weiter als zuvor und laufe überdies Gefahr, mich mit Kleopatra zu entzweien, die für mich der schnellste Weg zur Macht ist. Irgendwie muss ich das hier aufhalten.* Sie überdachte ihre Möglichkeiten, während sie an ihrer Wange kaute. *Moment mal, Leonnatos sagte doch, er brauche dringend Kavallerie – nun, vielleicht sollte ich ihm welche beschaffen.*

PERDIKKAS
DER HALBERWÄHLTE

Nahmen die Schwierigkeiten, die ihn heimsuchten, denn kein Ende?

Perdikkas schaute auf den Ring hinunter. Wie viele Male hatte er sich diese Frage schon gestellt, seit er ihn aus der Hand des sterbenden Alexander empfangen hatte? Er lenkte seine Aufmerksamkeit wieder auf die jüngste Nachricht aus einem entlegenen Teil des zerrütteten Reiches.

Perdikkas richtete seinen erschöpften Blick auf den Kaufmann. Die langen Gewänder des Mannes und das kunstvoll um den Kopf geschlungene Tuch kamen ihm noch exotischer vor als die persische Tracht. «Bist du sicher, Babrak?»

«Ja, werter Herr, als meine Karawane in die Stadt Alexandria am Oxos eskortiert wurde, wartete dort bereits ein Bote, um Philon die Nachricht zu überbringen. Der berief daraufhin unverzüglich eine Versammlung der Garnison ein, welche per Abstimmung entschied, ihren Posten zu verlassen und in die Heimat zurückzukehren. Sie schienen alle ganz versessen darauf, das Meer wiederzusehen.»

Perdikkas seufzte und rieb sich den Nacken. *Nun, das kann ich ihnen nicht einmal verdenken. Ich hege allmählich den*

*gleichen Wunsch – warum habe ich nicht eher daran gedacht,
schon als Kleomenes hingerichtet wurde und Ptolemaios durch
die Prägung dieser Münzen praktisch seine Unabhängigkeit erklärte? Und dann die Ungewissheit um Krateros ... Mir scheint,
das Meer wäre jetzt wirklich ein guter Ort.* «Aber als deine
Karawane weiterzog, hatten sie ihren Posten noch nicht verlassen?»

«Manche schon, werter Herr. Zuletzt hörte ich, sie hätten
sich die Zustimmung fast aller Truppen in Sogdien und der
meisten in Baktrien gesichert. Die den Weg noch schaffen
konnten, ehe die Witterung es unmöglich machte, waren
nach Alexandria am Oxos gekommen – die Stadt heißt so,
weil sie am Fluss –»

«Ja, wir alle kennen Alexandria am Oxos», fiel Alketas ihm
ins Wort. «Wir waren dabei, als Alexander die Stadt gründete,
und er hätte sich dafür keinen trostloseren Ort aussuchen
können.»

Perdikkas warf einen raschen Blick zu Kassandros, der damals in Makedonien zurückgelassen worden war. Als er sah,
dass die wohlgezielte Kränkung ihn traf und Seleukos und
Aristonous einen belustigten Blick wechselten, wünschte er,
es könnte zwischen seinen engsten Kameraden zumindest
ein wenig Einmütigkeit geben. «Fahre fort.»

Babrak verbeugte sich und berührte seine Stirn mit den
Fingerspitzen. «Gewiss, werte Herren, verzeiht bitte, dass
ich Euch mit dieser gänzlich überflüssigen Erklärung behel-
ligt habe. Nun, eine ganze Anzahl an Truppen war bereits eingetroffen, als ich meine geschäftlichen Angelegenheiten erledigt hatte und bereit zur Weiterreise war. Ich würde sagen, in
der Stadt und in Lagern um sie herum waren wenigstens fünftausend Mann versammelt, und es kamen immer noch mehr
dazu. Das brachte den Handel in Schwung und war auch der

Grund dafür, dass ich mich nicht lange in der Stadt aufzuhalten brauchte.»

Perdikkas forderte Seleukos mit einem Blick auf, sich dazu zu äußern.

«Diesmal verhalten sie sich vernünftig», erklärte Seleukos. Er lehnte sich in seinem knarrenden Stuhl zurück, streckte seine langen Beine vor sich aus und überkreuzte sie. «Beim letzten Mal, als sie glaubten, Alexander sei in Indien durch einen Pfeil getötet worden, zogen die Garnisonen jede für sich los und wurden einzeln zur Strecke gebracht. Ein paar erreichten zwar die Heimat, doch es wurden genug getötet, um den Rest abzuschrecken. Diesmal jedoch …»

Seleukos brauchte den Satz nicht zu beenden – alle im Raum wussten, was nun auf dem Spiel stand, und Perdikkas schloss beim Gedanken daran die Augen. *Nichts Geringeres als das Fortbestehen des östlichen Reiches. Wenn unsere Garnisonen im Osten von der Fahne gehen, ist niemand mehr da, der verhindern könnte, dass die Satrapen gegen meine Oberherrschaft rebellieren. Das wiederum wird dazu führen, dass die Massageten, die Saken und andere nördliche Stämme auf der Suche nach neuen Gebieten die Grenzen bedrohen.* Er stöhnte laut auf, da er immer größere Gefahren sah. *Und dann die indischen Königreiche – wie gern sie sich zurückholen würden, was Alexander erobert hat.* «Gibt es sonst noch etwas, Babrak?»

«Nein, werter Herr, das ist alles, was ich weiß.»

«Ich danke dir, du hast mir gute Dienste geleistet.» Perdikkas warf dem Kaufmann einen Beutel mit Goldmünzen zu und entließ ihn.

«Ehe ich mich aus Eurer mächtigen Gegenwart entferne, möchte ich noch um eine Gunst bitten, werter Herr.»

«Sprich.»

«Wenn meine Geschäfte hier erledigt sind, werde ich nach Sardis aufbrechen, das liegt –»

«Wir alle wissen, wo Sardis liegt», fiel Alketas ihm abermals ins Wort, «wir haben es erobert.»

Babrak neigte den Kopf und berührte wiederum seine Stirn mit den Fingerspitzen. «Werte Herren, meine Umgangsformen reichen nicht an Eure Kenntnisse der Geographie heran – ich habe mich vergessen. Wo wäret Ihr noch nicht gewesen?» Er wandte sich wieder an Perdikkas. «Wäre es wohl möglich, dass Ihr mir Empfehlungsschreiben an den dortigen Satrapen Menandros mitgeben könntet und an Krateros, der sich, soweit ich weiß – sofern die Gerüchte wahr sind – in Kilikien aufhält, das liegt ... Verzeiht, werte Herren, Ihr wisst natürlich, dass es auf dem Weg dorthin liegt, da Ihr es ja erobert habt.»

Perdikkas scheuchte den Mann hinaus. «Ja, ja, nun fort mit dir, wir haben wichtige Angelegenheiten zu besprechen. Wende dich an meinen Sekretär, er wird die Schreiben aufsetzen, und ich werde sie unterzeichnen.» Wieder richtete er den Blick auf Seleukos, während Babrak sich unter vielen Verbeugungen entfernte und dabei immer wieder die Hand an die Stirn führte.

«Eine große Rebellion erfordert eine große Reaktion», erklärte Seleukos mit gewohnter Direktheit. «Wir müssen Wege finden, den östlichen Rand des Reiches unter Kontrolle zu halten, und ich würde vorschlagen, Schrecken und Ehrfurcht in gleichem Maße wären die geeigneten Mittel.»

«Also töten wir sie alle, bevor sie sich im Frühjahr auf den Weg machen.»

«Wie kannst du dann wissen, ob du die Richtigen tötest? Wenn du das tust, müsstest du jeden Griechen in jeder Garnison töten, ob er nun plante, von der Fahne zu gehen, oder nicht. Das wäre alles andere als hilfreich. Nein, warte lieber, bis sie sich auf den Weg machen. Wenn sie sich zusammengeschlossen haben, dann töte sie, jeden Einzelnen, auch die Frauen und Kinder. Damit sendest du eine klare Botschaft an alle in den östlichen Satrapien, wer das Sagen hat.»

«Peithon ist der richtige Mann für diese Aufgabe», stellte Aristonous fest, nachdem er ein wenig über das Massaker nachgedacht hatte, durch das diese einstigen Kameraden ihrer Träume vom Meer beraubt werden sollten. «Sie müssen durch Medien ziehen, das ist seine Satrapie.»

«Aber es könnten gut und gern über fünfzehntausend Mann werden», wandte Seleukos ein, «vielleicht zwanzigtausend. Die Armee seiner Satrapie zählt nicht mehr als fünfzehntausend. Um einen Sieg wirklich sicherzustellen – und das ist in dieser Situation unabdingbar –, braucht er eine Armee von fünfundzwanzigtausend Mann.»

«Dann muss ich ihm die Soldaten leihen», sagte Perdikkas.

Kassandros war es, der die Bedenken äußerte, die sie alle im Hinterkopf hatten. «Aber wenn du einem einzigen Mann fünfundzwanzigtausend Soldaten gibst, um eine zwanzigtausend Mann starke Söldnerarmee abzufangen und zu vernichten, wie willst du dann sicherstellen, dass der Mann nicht am Ende eine Armee von fünfundvierzigtausend hat? Schließlich werden die zwanzigtausend Söldner nicht angreifen, wenn sie sich einer Armee aus fünfundzwanzigtausend ihrer einstigen Kameraden gegenübersehen – sie werden sich ihnen ergeben. Und wenn sie dann nicht kaltblütig abgeschlachtet werden, dann schließen sie sich der Armee an, die ausgesandt wurde, um sie abzufangen – sei es auch nur, um am Leben zu bleiben, bis sich die nächste Gelegenheit bietet, sich abzusetzen und auf den Weg in die Heimat zu machen.»

Götter, warum ist das alles so schwierig? Warum kann ich das Reich nicht genau so haben, wie Alexander es hatte? Perdikkas blickte in die erwartungsvollen Gesichter seiner Kameraden. *Ich muss den Anschein erwecken, Entscheidungen ebenso mühelos zu treffen wie er.* «Kassandros, sorge dafür, dass Peithon hierher nach Babylon kommt, so schnell er kann. Bis zu seiner Residenz in Ekbatana sind es knapp hundert Parasangen; durch eine Botenstaffel kann ihn die Nachricht in weniger als zwei Tagen erreichen, und er kann in fünf Tagen hier sein. Alketas, sorge dafür, dass die griechischen Söldner hier in Babylon allen ausstehenden Sold gezahlt bekommen – ich will nicht, dass sie Grund zur Unzufriedenheit haben, wenn sie erfahren, was draußen im Osten vor sich geht.» Während Kassandros und Alketas den Raum verließen, wandte Perdikkas sich an Seleukos. «Überlege schon einmal, wo wir die Truppen abziehen können, die wir Peithon geben müssen, um dieser Sache Einhalt zu gebieten.»

Seleukos erhob sich. «So, dass dir noch genügend Soldaten bleiben, um an anderer Stelle einzugreifen, falls es einen weiteren Zwischenfall geben sollte?»

Perdikkas runzelte verständnislos die Stirn. «Einen weiteren Zwischenfall? Wo?»

«Nun, so, wie die Dinge stehen, könnte es überall geschehen. Ptolemaios, Antigonos, vielleicht sogar Krateros, von dem wir nun schon seit mehreren Monaten nichts mehr gehört haben – wer weiß, was er mit seinen zehntausend Veteranen im Schilde führt? Jeder unserer potenziellen Gegner könnte die Situation ausnutzen, wenn du dich allzu angreifbar machst, indem du deine Truppen anderswohin entsendest.»

Dieser Einwand hätte von mir selbst kommen sollen. Ich muss schneller denken, ich will nicht, dass Leute anfangen, sich zu fragen, ob ich überfordert bin. Wenn ich sie nicht führen kann,

242

wer dann? «Natürlich musst du mir genügend Männer dalassen, um gegebenenfalls anderswo einzugreifen. Ich dachte, du meintest, es gäbe bereits einen weiteren Zwischenfall.»

«Gewiss, Herr», sagte Seleukos mit versteinerter Miene. Er wandte sich ab und ging.

«Wenn du dir die Loyalität dieses überaus fähigen und ehrgeizigen jungen Mannes dauerhaft sichern willst», bemerkte Aristonous, als sie allein waren, «dann rate ich dir, seine Vorschläge und Hinweise nicht abzutun, als hättest du bereits selbst daran gedacht.»

«Natürlich hatte ich bereits selbst daran gedacht!», brauste Perdikkas auf. «Seleukos ist nicht der Einzige, der etwas im Kopf hat.»

«Nein, das ist er nicht», bestätigte Aristonous und erhob sich. «Ich habe ebenfalls etwas im Kopf. Und wenn du auch weiterhin meiner Weisheit teilhaftig werden willst, dann schlage ich vor, du schreist mich künftig nicht mehr an, erst recht nicht, wenn du lügst.»

Mit erschöpfter Miene und einem Gefühl der Taubheit sah Perdikkas zu, wie sein treuester Unterstützer aufgebracht den Raum verließ. Er wollte aufstehen und eine Entschuldigung rufen, doch er fühlte sich außerstande. Stattdessen ließ er sich in seinen Stuhl zurücksinken und rieb sich die Augen mit den Fäusten. *Vielleicht sollte ich selbst nach Osten gehen, um mich der Fahnenflüchtigen anzunehmen. Das wäre wenigstens etwas, worauf ich mich verstehe: ein Feldzug. Etwas, wovon ich weiß, dass ich gut darin bin.* Es dauerte ein paar Herzschläge, ehe ihm klarwurde, wie dumm diese Idee war. *Wenn ich in den Osten ginge, gäbe es keinen Westen mehr, in den ich zurückkehren könnte. Und was täte ich dann?*

Die Niedergeschlagenheit lastete schwer auf ihm, verstärkt durch das quälende Gefühl drohenden Scheiterns. In

Momenten wie diesem suchte Perdikkas den Ort auf, der ihm das Gefühl gab, dass all dies – all der Druck, unter dem er stand – sich am Ende lohnen würde. Auch jetzt hob sich seine Stimmung schlagartig, als er den Thronsaal betrat, in dem sich nunmehr zahlreiche Handwerker gewissenhaft ihrer Tätigkeit widmeten, und Alexanders Leichenwagen betrachtete. Der Rohbau war bereits fertig, jedoch noch völlig schmucklos. «Du hast Fortschritte gemacht, seit ich zuletzt hier war, Arrhidaios», sagte Perdikkas und betrachtete strahlend das entstehende Werk, das inzwischen sein Stolz und seine Freude war.

«Jawohl, Herr, wie du siehst, wurde das Dach inzwischen angebracht», erwiderte Arrhidaios und schaute von einem Plan auf, den er gerade studierte. «Das war das letzte Bauteil. Heute beginnen wir mit der Dekoration, die das ganze nächste Jahr und mehr in Anspruch nehmen wird. Die Bildhauer sind bereits an der Arbeit. Nach ihnen kommen die Maler an die Reihe und zuletzt die Gold- und Silberschmiede.»

Perdikkas fühlte, wie die Niedergeschlagenheit von ihm abfiel, während er das Gefährt näher in Augenschein nahm. Er selbst würde dem Leichenwagen voranreiten und im Triumph nach Makedonien heimkehren, als Hüter des Leichnams eines Gottes und Regent für beide Könige, die dessen Erben waren. Damit würde seine Position abgesichert sein. «Sehr schön, sehr schön, Arrhidaios. Wir gehen also weiterhin davon aus, dass wir früh im übernächsten Jahr aufbrechen können?»

«Vorausgesetzt, die Maultiere sind bis dahin abgerichtet, ja. Ich hoffe, dass bis zur Tagundnachtgleiche alles bereit zum Aufbruch ist.»

«Und dann kämen wir wann in Makedonien an?»

Arrhidaios zuckte die Schultern. «Das ist schwer zu sagen. Bis Syrien werden wir einen Monat brauchen – der weitere Weg ist wegen des Zustands der Straße nicht leicht zu schätzen.»

«Gut, gut. Ich werde jemanden beauftragen, sich des Problems anzunehmen. Ich will genau wissen, wann ich mich auf den Weg machen muss, um dabei zu sein, wenn er die Grenze nach Makedonien überquert. Diesen Augenblick darf ich mir nicht entgehen lassen.»

«Zunächst einmal musst du dieses Ding allerdings nach draußen bringen», ließ sich hinter ihm eine Stimme vernehmen.

Perdikkas drehte sich um und sah vor sich Eumenes, staubig von der Reise. «Was –»

«Was ich hier tue? Ich wollte dich sprechen, da du wieder einmal meine Hilfe brauchst und ich im Gegenzug die deine.»

«Weshalb brauche ich deine Hilfe?»

Eumenes zeigte auf die zweiflügelige Tür, den Haupteingang zum Saal. «Nun, zunächst einmal brauchst du jemanden, der dich darauf hinweist, dass du diesen Durchgang erweitern musst.»

Perdikkas schaute auf die prächtigen Türflügel aus gewachstem Zedernholz, die drei Mannshöhen aufragten. Ihm erschienen sie durchaus groß genug. «Warum?»

«Wenn du Alexanders Leichenzug im Triumph in die Heimat führen willst, musst du zuallererst den Leichenwagen aus diesem Saal hinausbringen.»

Perdikkas betrachtete noch einmal die Türflügel, dann den Leichenwagen, und Übelkeit stieg in ihm auf. *Nicht einmal das kann ich richtig machen – ich habe den Leichenwagen in einem Raum bauen lassen, dessen Türen nicht groß genug sind, dass man das Ding hindurchfahren kann. Was bin ich doch für ein Schwachkopf! Aber warum hat es auch niemand anders bemerkt? Seleukos, Aristonous, viele haben es gesehen – Arrhidaios hat es tagtäglich vor Augen. Haben sie es etwa bemerkt und nichts gesagt, weil sie sich einen Spaß auf meine Kosten erlauben wollten? Lachen sie alle hinter meinem Rücken über mich?* «Arrhidaios!»

Arrhidaios schaute von seinen Plänen auf, erschrocken über den scharfen Ton. «Ja, Herr?»

Perdikkas ging drohend auf ihn zu. «Weshalb hast du mir nicht gesagt, dass der Leichenwagen zu groß wird, um durch die Tür zu passen?»

Arrhidaios richtete sich zu seiner vollen Höhe auf und straffte die Schultern. «Ich habe es versucht, Perdikkas – ich habe gesagt, ich fände nicht, dass wir ihn hier drin bauen sollten, aber du hast mir gar nicht zugehört.»

«Ich wusste ja nicht, dass er zu groß wird.»

«Weil du mir keine Gelegenheit gegeben hast, es dir zu sagen.»

«Aber was tun wir denn jetzt?»

«Das ist dein Problem – du hast darauf bestanden, dass ich ihn hier drin baue. Ich baue ihn, du bringst ihn hinaus. Und nun, *Herr*, muss ich mich wieder an die Arbeit machen, wenn du gestattest.» Mit übertriebener Geste wandte Arrhidaios sich ab und beugte sich wieder über seine Pläne.

Perdikkas machte einen Schritt auf ihn zu, dann hielt er sich zurück. *Nicht, du hast schon genug an Würde eingebüßt.*

«Eine weise Entscheidung», bemerkte Eumenes hinter ihm. «Es wäre sinnlos, ihn noch mehr gegen dich aufzubringen. Schließlich warst du der Schwachkopf, der darauf bestanden hat, den Leichenwagen hier im Saal zu bauen – womöglich würde er irgendwann einfach zu dir sagen ‹Leck mich am Arsch›, das scheint ja dieser Tage in Mode zu sein.»

Perdikkas fuhr zu dem kleinen Griechen herum. «Ich habe es satt, immerfort deine selbstgefällige Stimme zu hören.»

«Nun, das ist ein Jammer, Perdikkas, denn ich wollte dir eben etwas höchst Interessantes erzählen, etwas, das du wissen musst. Doch aus Rücksicht auf deine Empfindlichkeiten werde ich es unterlassen. Allerdings denke ich wirklich, du solltest mir zuhören – hättest du Arrhidaios zugehört, dann hättest du dich nicht derart zum Gespött gemacht. Aber die Entscheidung liegt natürlich ganz bei dir.» Er wandte sich ab und ging in Richtung des hinteren Ausgangs.

Der kleine Hurensohn hat recht – ich wäre ein Schwachkopf, nicht anzuhören, was er mir zu sagen hat, nachdem er einen so weiten Weg auf sich genommen hat, um es mir mitzuteilen. Perdikkas schluckte hinunter, was von seinem Stolz noch übrig war, und ging Eumenes rasch nach, um ihn zurückzuhalten. «Es tut mir leid, Eumenes.»

«Ach, es tut dir also leid? Meine Güte, ich glaube, ich muss mich setzen – ich habe noch nie erlebt, dass einem Makedonen etwas leidtut. Wie fühlt sich das an? Musst du dich vielleicht ebenfalls setzen?»

«Sehr komisch. Nun sag schon, was du mir mitteilen wolltest.»

«Lass uns nach draußen gehen, wo uns niemand belauschen kann.»

«Bist du sicher?», vergewisserte sich Perdikkas, während sie über den großen Hof des Palastkomplexes gingen. «Leonnatos wird tatsächlich Kleopatra heiraten?»

«Er hat es mir selbst gesagt.»

«Und sie hat eingewilligt?»

«Es war andersherum: Sie – oder besser gesagt Olympias – hat die Verbindung vorgeschlagen, und Leonnatos hat eingewilligt. Ich nehme an, so herum hat es seiner Eitelkeit mehr geschmeichelt.»

Perdikkas war nicht zu Spöttereien aufgelegt. «Das ist eine ernste Angelegenheit. Wenn er das tut, könnte er den Anspruch erheben, sich über mich zu stellen.»

«Selbstverständlich würde er das tun – er wäre König.»

«König?»

«Natürlich. Die Armee in Makedonien und die seiner Satrapie – jene, mit der er loszieht, um Antipatros zu befreien – würden ihn zum König proklamieren, sobald die Belagerung von Lamia gebrochen und die griechische Rebellion im Westen niedergeschlagen ist.»

«Aber was soll ich tun?»

Eumenes setzte sich auf den Sockel des Springbrunnens in der Mitte des Hofes. «Du verteidigst dich gegen einen möglichen Angriff, ohne zu provozieren.»

«Du denkst, Leonnatos werde mich angreifen? Antipatros würde ihn doch gewiss davon abhalten, schließlich heirate ich bald eine seiner Töchter.»

«Aber noch ist es nicht so weit. Bislang besteht keine familiäre Bindung zwischen dir und ihm, mithin würde er sich nicht verpflichtet fühlen, Leonnatos zurückzuhalten, sollte der beschließen einzumarschieren. Und blicken wir den Tatsachen ins Auge, Perdikkas: Ein Krieg ist nunmehr unausweichlich – das heißt, wenn du deine Position behalten willst. Und dein Leben, nebenbei bemerkt.»

Perdikkas setzte sich neben Eumenes und dachte über diese Feststellung nach. Er nickte bedächtig. «Antigonos, Ptolemaios und nun auch noch Leonnatos – du hast recht, Eumenes, ein Krieg ist unausweichlich, also täte ich gut daran, mich darauf vorzubereiten.» Er runzelte die Stirn. *Ist dies der Zwischenfall, auf den Seleukos anspielte? Hat er den Konflikt*

248

zwischen uns bereits vorhergesehen – uns, die wir doch einst Brüder waren? Warum haben sie mich nicht einfach als ihren Anführer anerkannt? Schließlich habe ich den Ring. «Du rätst mir also, mich auf einen möglichen Angriff vorzubereiten, ohne zu provozieren?»

«Ah, du hast mir also zugehört.»

Perdikkas bedachte den Griechen mit einem Blick, der diesen veranlasste, den Kopf zu neigen und beschwichtigend eine Hand zu heben. «Dann erkläre mir, wie.»

«Ich sehe die Dinge folgendermaßen», holte Eumenes aus, während er sich im Kopf seine Argumentation zurechtlegte. «Ptolemaios kannst du vorerst vergessen, da er damit beschäftigt ist, Ägypten fest unter seine Kontrolle zu bringen. Was Krateros betrifft – bei ihm kennt niemand sich so recht aus, er ist also eine Unbekannte in der Gleichung. Eines kannst du allerdings als gegeben annehmen: Sollte Leonnatos einmarschieren, ob mit oder ohne Antipatros, so würde er über den Hellespont in seine Satrapie übersetzen und sich dann nach Süden wenden, um sich auf dem Weg mit Antigonos zusammenzuschließen, denn dass der dir nicht zugetan ist, hat seine letzte Nachricht hinreichend klargemacht.»

«Leck mich am Arsch, ja, ich wünschte, wir könnten das einfach vergessen. Aber wahrscheinlich hast du recht. Also, was tue ich?»

«Du bringst dort oben eine Armee in Stellung, um sie zu empfangen.»

«Aber das wäre doch eine Provokation. Sie könnten sagen, ich sei derjenige, der den Krieg angefangen hat.»

«Nicht, wenn die Armee dort etwas anderes zu tun hat, sodass nicht der Eindruck entsteht, als warte sie nur darauf, eine Invasion abzuwehren.»

«Was zum Beispiel?»

«Zum Beispiel Kappadokien zu befrieden.» Perdikkas wollte etwas einwenden, doch Eumenes hob abwehrend die Hand. «Denke einmal darüber nach: Kappadokien grenzt sowohl an Phrygien, Antigonos' Satrapie, als auch an Kleinphrygien, wo Leonnatos herrscht. Die Königsstraße führt durch Kappadokien hindurch. Wenn du also Ariarathes für mich unterwirfst und währenddessen erfährst, dass eine Invasion droht, kannst du über die Straße schnell an den Ort des Geschehens gelangen. Und doch sieht es die ganze Zeit so aus, als wolltest du eine Satrapie befrieden, nicht so, als machtest du dich zu einem Bürgerkrieg bereit. Und wenn du schon dabei bist, entsende auch gleich eine Armee, um die Lage in Armenien zu regeln – das liegt gleich neben Kappadokien, so hättest du Verstärkung in der Nähe, falls du welche brauchst.»

Perdikkas überdachte den Vorschlag. «Ja, Neoptolemos könnte das übernehmen.»

«Ich hatte eher an jemanden gedacht, der wenigstens einen Hauch von Sachverstand besitzt.»

Perdikkas schüttelte den Kopf. «Ich muss ihn an mich binden, indem ich ihm eine Gelegenheit verschaffe, einigen Ruhm zu erringen. Er wird schon zurechtkommen.»

«Nein, das wird er nicht.»

Perdikkas überhörte den Widerspruch und sinnierte stattdessen über die Eleganz dieses Plans. *Ich werde endlich wieder einmal etwas tun, das ich wirklich kann: Soldaten ins Feld führen. Ich werde meine Selbstachtung wiederherstellen, und andere Männer von meinem Stand werden mir wieder den gebührenden Respekt zollen. Ja, der schleimige kleine Grieche hat recht, und was schadet es schon, wenn auch er seinen Nutzen aus der Angelegenheit zieht – die Hauptsache ist doch, dass ich mich besser fühlen werde. Und wenn ich ihm zur Herrschaft über Kappadokien verhelfe und Armenien befriede, habe ich jemanden im Norden, der meine Interessen im Blick hat, sollte ich jemals in den Süden ziehen müssen, um gegen Ptolemaios vorzugehen. Außerdem, was könnte ich sonst tun, solange ich darauf warte, dass der Leichenwagen fertig wird?* Perdikkas lächelte und klopfte Eumenes auf die Schulter. «Du bist doch der listigste aller kleinen Griechen.»

«Oh, danke, Perdikkas.»

«Und auch der gerissenste. Ich werde es tun – ich werde meine Armee für dich nach Kappadokien führen.»

ANTIPATROS
DER REGENT

«Magas!», brüllte Antipatros. Er hatte Mühe, sich über den Kampflärm hinweg Gehör zu verschaffen – gerade erfolgte ein Angriff auf die Mauern von Lamia, was selten vorkam. «Magas! Führe Männer zum Westtor! Das hier ist eine Finte – sie fahren eine Rampe heran. Bringe Artillerie und Öl dort hinüber. Jetzt!»

Antipatros' Stellvertreter bestätigte den Befehl mit einem Handzeichen, da schlug auch schon die nächste Leiter krachend gegen die Brustwehr. Magas überließ es dem Chiliarchen der Truppen an diesem Abschnitt der Südmauer, mit der Bedrohung fertigzuwerden, während er selbst losrannte, die Steinstufen zur Straße hinunter und weiter durch die Stadt zum Haupttor in der Westmauer.

In der Gewissheit, dass der Ansturm auf das Tor abgewehrt würde, stieß Antipatros mit seiner Lanze nach einem Athener Hopliten, der über eine der zahlreichen Leitern auf die südliche Stadtmauer zu gelangen versuchte. Wieder und wieder rammte Antipatros seine Waffe abwärts und stöhnte dabei vor Anstrengung. Immer wieder traf die Spitze krachend den Schild des Hopliten, den er über seinen Kopf hielt, während er höher stieg und sich dabei nur mit der rechten Hand festhielt. Die Leiter bog sich unter der Wucht von Antipatros' Angriff und dem Gewicht der nachfolgenden Männer, doch der Hoplit kletterte immer weiter, unangreifbar unter seinem Schild, auf dem das schaurige Gesicht der Medusa prangte. Ihre rote Zunge ragte aus dem Mund, Schlangen wanden sich um ihren Kopf. Zu beiden Seiten von Antipatros kämpften seine Männer gegen die blutdurstigen Griechen, welche die Mauern erstürmen wollten: Sie warfen Ziegelsteine hinunter, stachen mit Lanzen und Speeren und stießen die Leitern zurück, die noch nicht mit zu vielen Angreifern beschwert waren. Unablässig mühten sie sich, seit kurz nach Tagesanbruch die Hornsignale ertönt waren, die den Angriff ankündigten. Die meisten Verteidiger hatten um diese Zeit noch nichts gegessen, und so kämpften sie auf leeren Magen – nicht dass sie sich überhaupt hätten satt essen können, denn jetzt, im vierten Monat der Belagerung, standen Katzen, Hunde und Ratten bereits hoch im Kurs. Viele konnten sich kaum noch erinnern, wann sie zuletzt eine anständige Morgenmahlzeit bekommen hatten.

Götter, ich könnte einen ganzen Hund verspeisen, dachte Antipatros, als sein Magen rumorte und er sauer aufstoßen musste. *Ich bin zu alt, um auf leeren Magen zu kämpfen. Wie kann dieser Mann nur immer noch durchhalten?* Wieder rammte er seine Lanze auf den Schild des Atheners hinunter, und diesmal fühlte er, wie sie sich in das lederverstärkte Holz bohrte und stecken blieb. Er drückte mit seinem ganzen Gewicht nach unten und hinderte so den Hopliten am Weiterklettern. Ein Pfeil zischte an seinem Kopf vorbei, während Antipatros sich auf den Schaft seiner Waffe lehnte und das Hoplon abwärts und zur Seite schob, sodass es den Kopf des Atheners nicht mehr schützte. «Erledige ihn!», rief er dem Mann zu seiner Linken zu. Der warf einen Steinbrocken auf den Rosshaarbusch hinunter, der den attischen Helm des Atheners zierte. Mit einem Aufschrei, der fast im allgemeinen Kampflärm unterging, stürzte der Hoplit von der Leiter, wobei er den nachfolgenden Mann aus dem Gleichgewicht brachte und Antipatros' Lanze wieder freigab. Mit einem schnellen Stoß rammte dieser die Spitze in ein Auge des plötzlich ungedeckten Soldaten. Indessen stieß der Mann zu seiner Rechten die Leiter mit einer Mistgabel von der Mauer zurück. Nun, da sie so viel Gewicht verloren hatte, ließ sie sich leicht umkippen und schlug krachend auf die erhobenen Schilde der Soldaten, die unten darauf warteten, dass sie an die Reihe kamen. Es waren Hunderte, und hinter ihnen im Niemandsland zwischen den Mauern und den Belagerungslinien hielten sich noch mehr bereit. Kaum war die Leiter umgestürzt, da wurde sie von eifrigen Händen gepackt und erneut aufgerichtet, unter einem Hagel Wurfspeere von einer der Peltasteneinheiten, die Antipatros zwischen seiner schweren Infanterie auf der Mauer in Stellung gebracht hatte.

Götter, warum geben sie es nicht endlich auf? Sie dienen doch ohnehin nur der Ablenkung – wollen sie wirklich für ein Ablenkungsmanöver ihr Leben lassen? Er riskierte einen Blick nach Westen und sah, dass der Sturmbock mit ledernem Schutzdach, der langsam an das Haupttor gefahren wurde, inzwischen um die Ecke und außer Sicht war. «Übernimm hier das Kommando», rief Antipatros dem Chiliarchen zu. Er zuckte zusammen, als ein Schleudergeschoss mit ohrenbetäubendem Krach von seinem Helm abprallte. Tief geduckt lief er zu den Stufen, die von der Mauer hinunterführten.

«Löse die Männer ab, sobald der Ansturm ein wenig nachlässt», befahl Antipatros dem vollbärtigen Befehlshaber der Reserve, der ihn am Fuß der Treppe erwartete. «Ich nehme an, sie werden sich in Kürze zurückziehen, denn sie haben ihr Ziel bald erreicht – der Sturmbock ist schon fast am Tor.»

Antipatros nickte dem Offizier knapp zu, als dieser den Befehl bestätigte, dann nahm er sich zwei Mann als Eskorte und marschierte durch die engen Straßen Lamias zum Haupttor.

Obwohl die Stadt unter Belagerung stand und jetzt gerade angegriffen wurde, ging das Leben, soweit möglich, seinen gewohnten Gang. Handwerker verrichteten in offenen Werkstätten ihre Arbeit, da sie für Zeiten wie diese Materialien vorrätig hielten. Schuster nähten Sandalen, Schmiede hämmerten auf ihre Ambosse, Wäscherinnen schrubbten auf ihren Waschbrettern. Antipatros beschlich ein unwirkliches Gefühl, als er an ihnen vorbeiging, nachdem er nur ein paar hundert Herzschläge zuvor noch Menschen getötet hatte. Doch dann sagte er sich, dass die hiesige Bevölkerung wohl aufgrund der Lage der Stadt an Krieg gewöhnt sein musste: Lamia lag direkt an der einzigen gangbaren Nord-Süd-Route, über die eine Armee marschieren konnte. *Ich frage mich, wie viele dieser Leute noch geheime Nahrungsvorräte haben. Wenn es so weitergeht, bleibt mir schon sehr bald nichts anderes mehr übrig, als die Häuser zu durchsuchen und alles Essbare für meine Männer zu beschlagnahmen.* Mit diesem düsteren Gedanken im Kopf und ohne auf die makedonienfeindlichen Rufe aus der Menge zu achten, schritt Antipatros auf die Agora hinaus. Hier standen dicht an dicht Marktstände, an denen alles Erdenkliche verkauft wurde, nur keine Lebensmittel – wenigstens nicht offen. Antipatros hatte eine Verordnung erlassen, nach der alles Essbare ausschließlich durch seine Quartiermeister verteilt wurde, doch er wusste, dass Fleisch und Getreide unter der Hand auch auf der Agora zu haben waren. «Nein, ich will keinen deiner Hüte kaufen», fauchte er den aufdringlichen Sohn eines Händlers an, schüttelte die Hand des Jungen von seiner Schulter ab und versetzte ihm eine Ohrfeige.

«Makedonischer Wilder!», rief der Junge und flüchtete sich in den Schutz der Menge.

«Ungehobelter Barbar», ertönte eine andere körperlose Stimme, gefolgt von einer Salve ähnlicher Rufe, die zeigten, wie sehr die Griechen ihre Herren aus dem Norden verachteten.

Antipatros sagte sich, dass die Bevölkerung von Lamia wohl schon bald sämtliche Makedonen in der Stadt im Schlaf ermorden würde, wären da nicht die guten Geschäfte, die man mit einer belagerten Armee machen konnte. Er wehrte noch ein paar Markthändler ab und bahnte sich einen Weg durch die höhnisch rufende Menge zu der breiten Straße, die von der Agora zum Haupttor führte.

«Wie stehen die Dinge?», erkundigte Antipatros sich bei Magas, als er den Torturm erreichte. Gerade krachte der Eisenkopf des Sturmbocks dröhnend gegen das Holz.

«Das Tor wird noch eine Weile standhalten», erwiderte Magas und deutete auf die zahlreichen Metallstangen, mit denen die Torflügel zur Verstärkung verkeilt waren. «Jedenfalls bleibt uns genug Zeit, um ein paar der Hurensöhne am Sturmbock von oben zu verbrühen. Bewegt euren Arsch da rauf!», brüllte er einen Trupp an. Die Männer trugen dicke Handschuhe und schleppten acht dampfende Kessel mit erhitztem Öl. «Ihr sollt rennen, nicht gehen!» Er wandte sich wieder an Antipatros. «Die Pfeile der Bogenschützen dringen nicht durch das lederne Schutzdach, also will ich versuchen, es in Brand zu setzen und die Dreckskerle zu braten.»

«Das sollte wirken. Mir ist unbegreiflich, weshalb Leosthenes gerade jetzt einen so großen Angriff befiehlt, nachdem er die letzten paar Monate bloß auf seinem Hintern gesessen und versucht hat, uns auszuhungern. Nur hin und wieder hat er einen Versuch unternommen, die Stadt zu stürmen, aber eher um den Schein zu wahren und damit seine Männer nicht ganz aus der Übung kommen.»

«Vielleicht wurde es ihm langweilig, und er dachte sich, ein Angriff in großem Stil wäre ein guter Zeitvertreib.»

Antipatros zuckte zusammen, als neuerlich ein Stoß gegen das Tor donnerte. Erleichtert sah er, dass es hielt. «Ein reichlich kostspieliger Zeitvertreib. Seine Verluste gehen bereits in die Hunderte.»

«So muss er weniger Männer bezahlen – die meisten sind schließlich Söldner, oder nicht?»

«Die meisten, ja. Aber für das Ablenkungsmanöver hat er Athener Bürger eingesetzt, und unter ihnen sind die Verluste am größten.»

Magas zuckte die Achseln, während sie die Stufen hinaufstiegen, gefolgt von den Männern, die das heiße Öl schleppten. «Dann haben seine politischen Herren ihm vielleicht befohlen, endlich in die Gänge zu kommen.»

«An diese Möglichkeit habe ich auch schon gedacht, und mir fällt nur ein Grund ein, weshalb sie das tun sollten: wenn sie wissen, dass entweder Leonnatos oder Krateros auf dem Weg hierher ist, um die Belagerten zu befreien.»

«Oder beide.»

«Ja, oder das.»

Auf dem Turm über dem Tor drängten sich Bogenschützen, überwiegend kretische Söldner, die schon lange unter Antipatros dienten. An den Ecken standen zwei leichte Bolzengeschütze.

«Aus dem Weg! Platz da!», schrie Magas und verjagte die Männer mit Fußtritten. «Hier kommt heißes Öl. Heißes Öl, ihr Schnecken!» Er rempelte sich den Weg zur Brustwehr frei. «Zieh deine Männer zurück», befahl er dem kretischen Offizier, «und dann haltet euch bereit, um sie abzuschießen, wenn sie fliehen. Das gilt auch für euch Jungs an der Artillerie.»

Antipatros packte einen herrenlosen Schild, hielt ihn sich vor den Kopf und beugte sich vor, um durch eine Zinnenscharte auf den Sturmbock hinunterzuschauen. Er war riesig, der Stamm eines alten Baumes, der hoch und dick gewachsen war. Eben schnellte sein eisenverstärkter Kopf aus dem Ledergehäuse vor, um abermals gegen das Tor zu krachen.

Schleudergeschosse trafen Antipatros' Schild, und er trat von der Brustwehr zurück, denn nun wurden die Kessel gebracht. «Das wird nichts nutzen, Magas. Die Mannschaft ist durch das Dach vollständig geschützt. Das Öl wird einfach an den Seiten ablaufen.»

«Soll es nur. Jetzt gießt es aus!»

Die ersten vier Kessel neigten sich, und dampfendes Öl ergoss sich in die Tiefe, das jeden verbrüht hätte, mit dem es in Berührung gekommen wäre. Nur kam es – wie von Antipatros vorhergesagt – mit niemandem in Berührung, denn das lederne Schutzdach hielt ihm stand.

«Jetzt ihr vier!», rief Magas.

Mit einem wachsenden Gefühl der Dringlichkeit, da der Rhythmus des Sturmbocks sich beschleunigte, wurden die letzten Ölkessel geleert. Antipatros riskierte noch einen Blick nach unten, während der kretische Offizier seine Männer wieder an die Brustwehr befahl. Das lederne Schutzdach glänzte von Öl, doch die Mannschaft darunter war unversehrt. Aufgrund des ansteigenden Geländes vor dem Tor lief das Öl der Länge nach von vorn nach hinten über das ganze Gehäuse.

Mit verbissenen Mienen unter ihren breitkrempigen Lederhüten legten die Kreter Pfeile auf und warteten auf ihr Kommando, während Männer mit brennenden Fackeln herbeiliefen.

«Jetzt!», rief Magas.

Ein halbes Dutzend Fackeln wurde hinuntergeworfen, und binnen weniger Augenblicke schlug Antipatros ein Schwall heißer Luft entgegen: Das Öl auf dem Schutzdach stand sofort lichterloh in Flammen, die hoch aufloderten, und an den Seiten tropfte brennendes Öl herab wie ein flammender Vorhang. Im Inneren des Gehäuses wurden schrille Schreie laut, und im nächsten Moment stürzten die ersten Männer durch die Öffnung am hinteren Ende ins Freie. Bogensehnen summten, als die Kreter, Meister ihrer Waffen, die Fliehenden Mann für Mann abschossen. Das Geschrei schwoll immer mehr an, da die Mannschaft im vorderen Teil keine andere Wahl hatte, als durch den Vorhang herabtropfenden Feuers zu springen. Öl fiel auf ihre Kleidung, in ihr Haar oder auf bloße Haut und verbrannte sie, und die ganze Zeit hagelten von oben Pfeile herab, die unweigerlich ihr Ziel fanden. Für etliche, die sich brennend am Boden wälzten, bedeutete ein Treffer in die Brust ein gnädiges Ende; Antipatros bemerkte wohlgefällig, dass die Bogenschützen Gegner, die in Flammen standen, nie lange leiden ließen. Alle, die je bei einer Belagerung mitgemacht hatten, kannten die Angst vor dem Feuer von oben und hatten die Qualen des Flammentodes mit angesehen: Einen solchen Tod verdiente kein Mann im Krieg, nicht einmal der Feind und erst recht nicht einer, der ein Söldner war wie man selbst.

«Die wären wir los», rief Magas, die Begeisterung des Sieges in den Augen, während die Kreter weiter jeden in ihrer Reichweite abschossen.

Antipatros überblickte durch den Qualm von dem brennenden Sturmbock hindurch das Gelände: Zwischen dem Tor und den Belagerungslinien zogen sich die griechischen Einheiten, die sich für den Vorstoß durch das eingeschlagene Tor bereitgehalten hatten, nun zurück. Indessen war der Lärm von dem versuchten Sturm auf die Südmauer schwächer geworden. Er wollte sich gerade abwenden und davongehen, um es sich bei etwas saurem Wein und einer kümmerlichen Portion zwiegebackenen Brotes bequem zu machen, da zerriss das schrille Signal eines Kavalleriehorns die Luft. Geradeaus vor dem Tor erschien zweihundert Schritt entfernt in den Belagerungslinien ein Reiter, der tief geduckt auf seinem Pferd saß. Zur Linken sah Antipatros die Quelle des Signals: Mit wehenden Mänteln stürmte eine Kavallerieeinheit aus zwei Dutzend Mann durch die Belagerungslinien, um dem einzelnen Reiter den Weg abzuschneiden.

«Gebt ihm Deckung», befahl Antipatros den Kretern und den Männern an den Bolzengeschützen.

Letztere schossen zuerst, da sie die größere Reichweite hatten. Geschosse, halb so lang wie ein Mann, schnellten der Kavallerietruppe entgegen, während der einzelne Reiter seinem Tier das Äußerste abverlangte. Er ritt zwischen zwei Einheiten Hopliten im Rückzug hindurch, so schnell und so überraschend, dass keiner auch nur versuchte, ihn aufzuhalten.

«Bereithalten, um das Nebentor zu öffnen», befahl Antipatros dem Hauptmann der Wache unten.

Die Armmuskeln der Männer an den Artilleriegeschützen traten hervor, als sie die Wurfarme wieder spannten und neue Bolzen einlegten. Dann wurden die Geschütze abermals ausgelöst, die Wurfarme schnellten vor und schlugen gegen den Rahmen, die Geschosse flogen durch die Luft. Antipatros schirmte seine Augen mit einer Hand ab, um ihre Flugbahn zu verfolgen. Er staunte über die Treffsicherheit, mit der die Mannschaften auf ein bewegliches Ziel schossen – ein Bolzen schlug mitten in der Kavallerietruppe in den Boden ein und brachte ein Pferd zu Fall, das ein weiteres Tier mitriss. Das zweite Geschoss bohrte sich in das Hinterteil eines galoppierenden Pferdes, sodass es sich aufbäumte und in seiner Qual wild mit den Vorderhufen schlug. Der Reiter klammerte sich vergeblich an. Doch die anderen versuchten weiter zu verhindern, dass der erste Mann durch den Belagerungsring brach.

Wieder luden die Mannschaften mit vereinten Kräften ihre Geschütze neu, und nun legten die Kreter die ersten Pfeile auf, denn die griechische Kavallerie war fast in ihrer Reichweite. Mit dumpfem Krach wurden die beiden nächsten Bolzen abgeschossen. Einer flog über die herangaloppierenden Griechen hinweg, der andere riss einen Reiter vom Pferd. Es war ein weißes Pferd, wie Antipatros bemerkte, und er erinnerte sich, dass Leosthenes am Tag ihrer Verhandlung ein solches geritten hatte. Die Kreter lösten nun Pfeil um Pfeil auf die Kavallerie, und wenig später bremsten die Reiter ihre Pferde und wendeten sie. Indessen schlugen zwei Artilleriebolzen hinter ihnen in den Boden ein, ohne Schaden anzurichten. Antipatros strengte seine Augen an, als die Reiter im Rückzug bei der Leiche ihres gefallenen Kameraden anhielten. Er wagte kaum zu hoffen, der Mann könnte tatsächlich Leosthenes sein – welch ein Glückstreffer das gewesen wäre. Vor Aufregung vergaß er beinahe den einzelnen Reiter. «Öffnet das Tor», rief er und riss seinen Blick von dem leblos daliegenden Körper in hundertzwanzig Schritt Entfernung los, von dem er nun sicher war, dass es sich um den griechischen Söldnerführer handelte.

Unten öffnete sich das Nebentor knarrend, und der Reiter ritt hindurch. Sein Ross atmete schwer nach dem anstrengenden Galopp. Der Mann sprang herunter, nahm seinen Helm ab und sah zu Antipatros auf. «Guten Tag, Vater», grüßte Iolaos, «ich bringe eine gute und eine schlechte Nachricht.»

«Das ist wahrhaftig eine gute Nachricht», sagte Antipatros und kaute nachdenklich an einem verschrumpelten Apfel, einem der wenigen Schätze, die sein Sohn in seiner kleinen Reisetasche hatte mitbringen können. Er betrachtete die rudimentäre Karte, die auf dem Tisch in seinem Amtszimmer lag. «Ich kann also in den nächsten zehn Tagen mit ihm rechnen, wenn man berücksichtigt, in welchem Zustand die Straße zu dieser Jahreszeit ist.»

«Ich fürchte allerdings, es gibt auch schlechte Nachrichten, Vater.»

Antipatros schaute seinen jüngeren Sohn resigniert an. «Nach meiner Erfahrung gibt es die immer. Lass hören.»

«Leonnatos' Armee steht noch immer in Kleinphrygien und wird voraussichtlich erst kurz vor der Frühjahrs-Tagundnachtgleiche nach Europa übersetzen. Zudem wird die Überfahrt mehr Zeit als sonst in Anspruch nehmen, da nur sehr wenige Schiffe verfügbar sind –»

«Weil Krateros sämtliche Schiffe in der östlichen Ägäis für die Flotte requiriert hat, die Alexander wollte. Und nun hortet er sie für seine eigenen Zwecke.» In jüngeren Jahren wäre Antipatros über eine solche Nachricht in rasende Wut geraten, doch jetzt im Alter stellte er fest, dass es ihm weitaus leichter fiel, Dinge hinzunehmen. *Nun, es ist wohl so, wie es ist – wenigstens kommt Leonnatos überhaupt. Diese Nachricht wird die Moral meiner Männer stärken.* Er richtete den Blick auf Magas und Nikanor, die ebenfalls jeder einen schrumpeligen Apfel genossen. «Dann heißt es also noch ein paar Monate durchhalten. Das schaffen wir, oder?»

Nikanor zerbiss knirschend das Kerngehäuse seines Apfels. «Das will ich meinen, Vater. Zu wissen, dass Verstärkung unterwegs ist, macht es leichter, auch wenn wir schon Schuhsohlen fressen.»

«Und Baumrinde», ergänzte Magas.

Antipatros überdachte die Situation, während er den Rest seines Apfels mitsamt Kerngehäuse verspeiste. «Gib den Befehl aus, alle Häuser nach Lebensmitteln zu durchsuchen, Magas, und lasse sie unter Bewachung herbringen. Niemand soll in den nächsten zwei Monaten Nahrung horten, und meine Männer müssen bei Kräften bleiben, um den Belagerungsring zu durchbrechen, wenn Leonnatos mit seiner Armee eintrifft.» Er wandte sich wieder an Iolaos. «Ist das die einzige schlechte Nachricht?»

Iolaos verzog das Gesicht und schüttelte den Kopf. «Ich fürchte nein, Vater. Leonnatos hat die von dir angebotene Braut verschmäht.»

Antipatros verstand nicht. «Weshalb kommt er mir dann zu Hilfe, wenn er nicht wünscht, durch Heirat ein Bündnis mit meiner Familie einzugehen?»

«Es ist ihm nicht möglich, das Angebot anzunehmen, da er bereits zugesagt hat, Kleopatra zu heiraten.»

Antipatros verschluckte sich fast an seinem Bissen und spuckte den halb zerkauten Apfel auf die Landkarte. «Dahinter steckt doch diese Hure!» Er schlug mit der flachen Hand auf den Tisch. «Das stinkt nach ihr, ich rieche es bis hierher. Ich weiß genau, was Olympias im Schilde führt, und ich lasse nicht zu, dass ihr Vorhaben gelingt. Sie will Kleopatra zur Königin machen, und Leonnatos soll meinen Posten usurpieren. Als Gegenleistung dafür, dass er mir gegen die Belagerer hilft, wird er verlangen, dass ich seinen Anspruch auf den Thron unterstütze. Die Forderung dürfte in den nächsten Tagen eintreffen.»

Iolaos zog einen Brief aus seiner Tasche. «Ich nehme an, das hier ist sie, Vater. Leonnatos hat mir dieses Schreiben mitgegeben, als ich von Pella aufbrach.»

Antipatros überflog das Schriftstück, dann knüllte er es zusammen und warf es in eine Ecke. «Das ist Erpressung!»

Iolaos hob den Brief auf und las ihn. «Ich würde sagen, das ist pragmatische Politik, Vater.»

«Was weißt du in deinem Alter denn schon von pragmatischer Politik?»

Iolaos gab den Brief an Nikanor weiter. «Nur so viel: Wenn ich etwas habe, das du brauchst, wie beispielsweise eine Armee, dann wäre es töricht von mir, es dir zu geben, ohne im Gegenzug etwas zu fordern, erst recht, wenn meine Armee die einzige weit und breit ist.»

«Ah! Das ist sie aber nicht», bemerkte Nikanor und legte den Brief auf den Tisch. «Da wäre noch Krateros, er hat eine Armee und eine Flotte. Hast du mit ihm gesprochen?»

Iolaos nickte. «Ja, ich bin für eine Weile bei ihm geblieben, während er über dein Ersuchen nachdachte, Vater.»

Antipatros horchte auf. «Und?»

«Und er ist zu keinem Entschluss gelangt.»

Diesmal konnte Antipatros sich nicht beherrschen. «Was! Er hockt drüben in Kilikien mit mehr als zehntausend Veteranen und mit einer meiner Töchter, die all seine Bedürfnisse erfüllt, und er kann sich nicht entschließen, seinem zukünftigen Schwiegervater zu helfen?»

«Ich fürchte, so sieht es aus.»

«Was tut er dann?»

«Das weiß nur Krateros selbst.»

KRATEROS
DER FELDHERR

«Zweiundvierzig Trieren oder größer, General», teilte Kleitos der Weiße Krateros mit. Beide schauten vom Palast des Satrapen auf den übervollen Hafen von Tarsos hinunter. «Dreiundsiebzig Dieren, fünfunddreißig Lemboi zum Kundschaften und zur schnellen Nachrichtenübermittlung und einhundertdreiundzwanzig Transportschiffe. Vierzig davon wurden für den Transport von Pferden umgebaut, sie fassen je vierundsechzig Tiere – genug, um deine gesamte Kavallerie auf einmal über den Hellespont zu bringen.»

Krateros betrachtete andächtig die Vielzahl der Schiffe, die zu dritt, mitunter sogar zu viert nebeneinander an den vielen Landungsstegen am Ufer des Kydnos lagen, wo der Fluss auf seinem Weg zum nur vier Parasangen entfernten Meer an der großen Stadt Tarsos vorbeiströmte. «Sehr gut, Kleitos. Aber wer sagt denn, dass ich meine Armee über den Hellespont führen will?»

«Niemand, General. Aber falls du es wollen würdest, hättest du jetzt die Schiffe dafür.»

«Und wenn ich es nicht will?»

«Dann hast du trotzdem die Schiffe dafür.»

Krateros unterdrückte ein Schmunzeln. *Solche Männer brauche ich. Ich kann mich glücklich schätzen, ihn zu haben, auch wenn er es für nötig hält, sich als Poseidon zu verkleiden und mit einem Dreizack herumzufuchteln.* «Was sagst du, Polyperchon? Soll ich Antipatros' Angebot annehmen, Phila heiraten und gen Norden ziehen, um mit Hilfe von Kleitos' Pferdetransportschiffen Europa in meine Gewalt zu bringen, oder soll ich meine Amastris behalten und mit einer Perserin an meiner Seite mir Asien zu eigen machen?»

Der gealterte Soldat betrachtete seinen Feldherrn mit scharfem Blick. «Ich würde meinen, diese Frage sollte besser an die betreffenden Frauen gerichtet werden, General – sie allein wären in der Lage, ihre jeweiligen Vorzüge ins beste Licht zu rücken.»

Krateros lachte herzlich und klopfte seinem Stellvertreter auf den Rücken. «Es geht mir nicht um die Vorzüge der Frauen, mein Freund – ich weiß wohl, dass sie beide sich nicht scheuen, sich aufs vorzüglichste jedes Details anzunehmen. Die Frage ist: Wessen Heimat ist reif, gepflückt zu werden, Europa oder Asien? Fest steht, dass wir nicht ewig hier in Kilikien herumsitzen wollen – nun, nachdem wir die Küste von der Piratenplage befreit haben, gibt es für uns nicht mehr viel zu tun, und wir alle wissen doch, was geschieht, wenn eine Armee sich langweilt, nicht wahr, meine Herren?» Er sah zum Himmel auf – die schwere Wolkendecke der letzten Tage begann aufzureißen, und der Frost, unter dem die Küste während der Wintermonate gelitten hatte, ließ bereits merklich nach. «Das Frühjahr kommt und mit ihm die Feldzugsaison – es gibt Throne zu erringen, meine Freunde. Ich habe mir das Recht auf einen verdient, die Frage ist: auf welchen?»

Mit diesem Problem rang Krateros, seit ihn die Nachricht von Alexanders Tod erreicht hatte: In welche Richtung sollte er sich wenden? Beide Möglichkeiten hatten ihre Vorzüge und Nachteile, und wie auch immer er sich entschied, in jedem Fall hätte er Hilfe durch eine Frau.

Phila als Antipatros' Tochter würde ihm die Unterstützung des alten Mannes sichern, der noch immer in Lamia unter Belagerung stand. Sofern seine, Krateros', Informanten zuverlässig waren – und es bestand kein Grund, etwas anderes anzunehmen, da die Berichte mit der Arroganz des betagten Regenten in Einklang standen –, würde Antipatros einen Verbündeten gegen Leonnatos freudig willkommen heißen, denn jener wollte zweifellos seine jüngst geknüpfte Verbindung zum Königshaus dazu nutzen, sich selbst zum König aufzuschwingen. Diese Entwicklung würden alle, die Alexander nahegestanden hatten, verhindern wollen: Der selbstherrliche, eitle Geck, der in seiner Haartracht den großen Mann nachäffte, wäre kein einender König. Wenige würden sich damit abfinden können, wenn ein solcher Mann sich über sie erhob, und außerdem war sein militärischer Verstand nicht eben herausragend.

Und dann war da noch Amastris, seine persische Frau, die Alexander ihm bei der Massenhochzeit von Susa aufgenötigt hatte. Als Cousine von Alexanders eigener Frau Stateira wäre sie für ihn im Umgang mit dem persischen Adel von unschätzbarem Wert, sollte er sich entscheiden, sich nach Osten zu wenden und es mit Perdikkas aufzunehmen. Doch damit würde er ebendie Sache gutheißen, deretwegen er sich mit Alexander überworfen hatte und nach Makedonien zurückgeschickt worden war, vorgeblich um Antipatros abzulösen: die Verbindung von makedonischem mit östlichem Blut. Andererseits wäre der Osten die größere Errungenschaft, dessen war Krateros gewiss, denn er hatte die Reichtümer mit eigenen Augen gesehen.

Polyperchon war es, der das nachdenkliche Schweigen brach. «Makedonien mag nicht so reich sein wie der Osten, aber es ist weit sicherer. Die Griechen werden erneut vernichtend geschlagen werden; von Epirus ist schon seit mehr als einem Jahrhundert keine ernsthafte Bedrohung mehr ausgegangen; die Illyrer verwenden zu viel Zeit darauf, sich untereinander zu bekriegen, ebenso wie die Thraker – das heißt, wenn Lysimachos dort nicht gerade Säuberungsaktionen durchführt. Ich würde sagen, die Entscheidung liegt auf der Hand: Verstoße Amastris, heirate Phila und werde Antipatros' Schwiegersohn. Dann bräuchtet ihr nur noch gemeinsam Leonnatos zu vernichten, und schon hätte er gar keine andere Wahl mehr, als dich zu seinem Erben zu machen.»

«Aber das würde bedeuten, dass Makedonen gegen Makedonen kämpfen – dazu darf es niemals kommen. Außerdem, was ist mit Kassandros?»

«Welche Macht hat Kassandros schon? Das Kommando über die jüngeren Silberschilde, die Nachfolger der dreitausend Veteranen, die du hier bei dir hast – was werden sie ihm wohl nutzen? Er ist viele Tagesmärsche von Makedonien entfernt, er ist schwach, und vor allem ist er keiner von uns, Alexander hat ihn zurückgelassen. Kassandros könnte weder dir noch einem anderen jemals den makedonischen Thron streitig machen. Er ist nicht schlachtenerprobt, hat nie eine Armee geführt – ja, er hat kaum jemals selbst in einer mitgekämpft.»

Kleitos knurrte zustimmend, auch wenn Krateros den Eindruck hatte, dass es ihm mehr um seinen persönlichen Wunsch nach Heimkehr ging als um eine strategische Analyse der Situation. Zeiten wie diese waren es, die Krateros bewusst machten, dass es nur einen Menschen gab, an den er sich um unvoreingenommenen Rat wenden konnte, selbst wenn der Rat den eigenen Interessen dieser Person zuwiderlief.

«Meinem Vater wird es nicht gefallen, wenn Leonnatos ihn zwingt, als Gegenleistung für die Rettung aus dem belagerten Lamia seinen Thronanspruch zu unterstützen», stellte Phila fest. Sie und Krateros entspannten sich gerade in einem warmen Bad. Das Wasser war mit den Blütenblättern von Rosen bestreut, die aus wärmeren Gegenden weiter südlich importiert worden waren. In der hinteren Ecke des Raumes, hinter einem hölzernen Wandschirm verborgen, zupfte ein Sklave liebliche Tonfolgen auf einer Harfe. «Und ebenso wenig wird er zulassen wollen, dass Kleopatra Königin wird und somit Olympias erneut ins Zentrum der Macht gelangt. Er wird also dein Verbündeter sein, ganz gleich, ob du ihm gemeinsam mit Leonnatos hilfst, aus der belagerten Stadt zu entkommen.»

Krateros lehnte den Kopf an den Rand des Bades zurück, streckte die Arme zu beiden Seiten aus und schaute hinauf zur Decke, die mit geometrischen Mustern in leuchtenden Farben verziert war. Dann schloss er die Augen. Er genoss das warme Wasser und das, was er an seinem großen Zeh fühlte. «Du meinst also, Phila, überstürztes Handeln würde eine Konfrontation mit Leonnatos nahezu unvermeidlich machen.»

«Ja. Derzeit ist Leonnatos stark. Das heißt, wenn es ihm gelingt, die Belagerung von Lamia ohne allzu große Verluste zu beenden, dann käme es zum Bürgerkrieg, sollte jemand ihn hindern wollen, die Herrschaft über Makedonien an sich zu reißen. Und einen Bürgerkrieg willst du ja um jeden Preis vermeiden.»

Krateros nagte an seiner Lippe, während er das Argument überdachte. «Das heißt, wenn ich tatsächlich nach Westen gehe, so besteht kein Grund zur Eile.»

«Genau. Opfere nicht deine Männer sinnlos für etwas, das Leonnatos auch allein schaffen kann. Lasse ihn die Verluste erleiden, und hoffentlich wird er geschwächt aus der Erfahrung hervorgehen, denn dann wird er eher bereit sein zu verhandeln.»

«Und wenn er gänzlich scheitert und dein Vater weiterhin in Lamia in der Falle sitzt?»

«Das wäre das günstigste Szenario: Leonnatos' Ansehen wäre so beschädigt, dass weder der Adel noch die Armee ihn als König akzeptieren würden. Das könnte deine Gelegenheit sein – und du wirst nicht scheitern.»

Ich bin noch nie gescheitert. «Und ich könnte verlangen, dass Leonnatos mir die verbliebenen Männer seiner Streitmacht zur Verfügung stellt, um die Ehre Makedoniens gegen die rebellischen Griechen zu verteidigen.» Er wackelte mit dem großen Zeh und wurde mit einem Kichern belohnt, gefolgt von einem leisen Seufzer. Trotz des strapaziösen Nachmittags in ihrem Gemach konnte Krateros nie genug von Phila bekommen, weder von ihrem Körper noch von ihrem Geist. Er hatte nie eine andere Frau gekannt, die solch einen scharfen Verstand besaß, und nur wenige Männer konnten sich mit ihr messen. Angeblich hatte ihr Vater sie schon früh zu Rate gezogen, noch bevor sie zur Frau erblüht war, so außerordentlich waren ihre analytischen Fähigkeiten. «Und wenn es ihm doch ohne allzu große Verluste gelingt, deinen Vater zu befreien?»

«Dann wird mein Vater seine Zusage, Leonnatos' Thronanspruch zu unterstützen, nicht einhalten. Er wird dich um Unterstützung gegen ihn bitten.»

«Somit stünde Leonnatos vor der Wahl, ob er seinen Anspruch fallenlässt oder die Schandtat begeht, den ersten Schlag gegen einen makedonischen Landsmann zu führen.»

«Ganz genau.»

Krateros grinste. «In diesem Fall – wenn Antipatros sich gegen Leonnatos wenden sollte – wäre nicht ich derjenige, der gegen eine Vereinbarung verstößt. Es wäre dein Vater, und die Last läge allein auf seinem Gewissen. Ich würde lediglich die Sache unterstützen, die ich für das Wohl Makedoniens als die beste erachte.»

Phila lächelte ihm zu. Ihr rötliches Haar klebte nass an der blassen Haut ihrer Wangen, und ihre grünen Augen funkelten durchtrieben, als auch sie sich regte und ihn zwischen ihre Füße nahm. «Ach, ich bin sicher, er wird es verkraften. Auch wenn er noch nie sein Wort gebrochen hat, nicht einmal gegenüber Olympias – das wird wahrhaftig ein Schock für Leonnatos sein.»

«Ja, ihm werden sich wohl die ach so sorgfältig frisierten Haare sträuben. Ich freue mich schon auf sein Gesicht, wenn er erfährt, was dein Vater getan hat.» Er versuchte noch ein paar Manöver mit seinem Zeh. «Du bist also sicher, dass er ein Versprechen brechen wird.»

«Hmmm?»

Philas Aufmerksamkeit schweifte ab, sodass er die Frage wiederholen musste.

«Hmmm. Nun, wenn nicht, wird Leonnatos ihn töten müssen – Olympias wird darauf bestehen.»

«Ich marschiere also nach Westen, wenn der rechte Zeitpunkt gekommen ist, obwohl dort die kleinere Beute winkt?»

«Gegenwärtig interessiert mich nur ein Punkt im Süden.»

Er zog seinen Zeh zurück.

«He!»

«Ich marschiere also nach Westen, obwohl dort die kleinere Beute winkt?»

«Du kennst meine Ansichten darüber, den Osten zu halten, und die haben sich in den letzten sieben Monaten nicht geändert: Kein einzelner Mann kann ihn dauerhaft beherrschen, deshalb wird es immer Krieg geben. Nimm die kleinere Beute und lebe ehrenvoll und in Frieden, damit später niemand sagen kann: Krateros war derjenige, der den makedonischen Bürgerkrieg begonnen hat.»

«Und du rätst mir das, obwohl ich dadurch in direkten Konflikt mit deinem Bruder Kassandros geraten könnte.»

«Du hast mich nach meiner wohlüberlegten Meinung zu diesem Thema gefragt, nicht nach meinen persönlichen Empfindungen. Im Übrigen ist er nur mein Halbbruder, und nicht einmal ein besonders netter.» Sie packte seinen Fuß und positionierte ihn wieder da, wo er sich so gut angefühlt hatte. «Außerdem hat er keine Macht, und das wird wohl auch so bleiben, also stellt er keine Bedrohung dar.»

Krateros gab nach und widmete sich wieder ihrer Lust, während er genoss, wie sie ihn mit den Füßen streichelte und rieb. Allmählich festigte sich sein Entschluss, ein für alle Mal den Gedanken aufzugeben, Alexanders Erbe zu werden. Sollten die geringeren Männer die Sache unter sich ausfechten, er würde sich Makedonien zu eigen machen. Es galt nur noch, den rechten Zeitpunkt zu wählen – wann würde der sein?

Der erste Teil der Antwort kam von Norden in Gestalt eines Schiffes.

«Er hat für den Weg hierher drei Tage gebraucht», teilte Kleitos Krateros und Polyperchon mit, nachdem er ihnen den Trierarchos eines schnittigen kleinen Lembos vorgestellt hatte, der im Morgengrauen dieses Tages in Tarsos eingetroffen war.

«Leonnatos' Armee hat also am selben Morgen mit der Überquerung begonnen, an dem du aufgebrochen bist, Akakios?»

«Ja, General. Kleitos hatte mich dort hinauf entsandt, damit ich auf dem Hellespont patrouilliere und schnellstmöglich hierher komme, sobald sie sich in Marsch setzen. Sie werden einige Zeit brauchen, da sie nur sehr wenige Schiffe zur Verfügung haben – allerhöchstens zwei Dutzend.»

Krateros überschlug die Zahlen im Kopf, dann nickte er vor sich hin. «Das heißt, bis heute Abend oder spätestens morgen Mittag werden alle drüben sein.»

«Dann können sie in fünf Tagen Pella erreichen», ergänzte Polyperchon, der nicht lange zu überlegen brauchte.

«Wenn wir noch Zeit einrechnen, um sich für den Feldzug zu bevorraten, sollte Leonnatos ungefähr zur Frühjahrs-Tagundnachtgleiche bereit sein.» Krateros warf Akakios einen schweren Beutel mit Münzen zu. «Du hast deine Sache gut gemacht – spendiere deinen Männern Wein und ein paar Frauen, bevor ihr wieder aufbrecht.»

Die Miene des Trierarchos erhellte sich, wobei Zähne sichtbar wurden, vor denen die meisten Frauen ohne erheblichen finanziellen Anreiz wohl zurückgescheut wären. «Die Götter mögen mit dir sein, General.»

«Entsende mehr Schiffe, um vor der Küste Thessaliens zu patrouillieren, Kleitos», sagte Krateros, als Akakios sich entfernte. «Ich will unverzüglich benachrichtigt werden, wenn Leonnatos gen Süden zieht.»

«Ja, General. Soll ich den Rest der Flotte zum Auslaufen bereit machen?»

«Nein, noch nicht.»

Polyperchon runzelte die Stirn. «Worauf warten wir?»

«Auf zweierlei: Kleitos, haben wir schon Nachricht von unseren Patrouillen vor Samos und Piräus?»

273

«Nur dass die Athener noch immer ein paar Schwadronen vor Lamia patrouillieren lassen, um zu verhindern, dass Antipatros' Schiffe ihrer Armee in den Rücken fallen. Der Großteil ihrer Flotte ist allerdings noch nicht ausgelaufen, General – sobald das geschieht, werden wir erfahren, wann und wohin.»

«Sehr gut. Wenn ich diese Nachricht habe, bleibt nur noch eine Sorge: Perdikkas.»

EUMENES
DER LISTIGE

Eumenes hatte von jeher eine Vorliebe für Konfrontationen, und diese war eine der besten, die er je miterlebt hatte, denn keine Seite konnte einen Kompromiss eingehen, da es keinen Mittelweg gab. Es lief auf einen Willenskrieg hinaus. *Wenn es eine Wette abzuschließen gälte, würde ich auf Perdikkas setzen*, sinnierte Eumenes, der in Roxanes Gemächern an einem offenen Fenster lehnte und in den Palasthof hinunterschaute. Dort versammelte sich gerade die Armee Babylons, um sich zum Marsch gen Norden nach Kappadokien bereit zu machen.

«Wenn der König die Armee begleiten soll» – Roxane kreischte fast vor Entrüstung –, «dann bleibt der Schwachsinnige hier.»

«Der *Schwachsinnige*, wie du ihn nennst, ist ebenfalls König!» Perdikkas' Ungeduld zeigte sich darin, dass seine Stimme um eine Oktave stieg. «Und wenn die Armee auf Feldzug geht, dann mit beiden Königen. Sie zieht als die königliche Armee in den Krieg, damit sie die volle Legitimität hat.»

«Mein Sohn hat alle Legitimität, die diese Armee braucht, denn er ist der eine wahre König.»

«Philipp steht auf einer Stufe mit deinem Sohn, Roxane, und das ist dir sehr wohl bewusst.»

«Mir ist nichts dergleichen bewusst. Ich bin die Königin, und ich habe das Kind Alexanders des Großen geboren – sein leibliches Kind, in dessen Adern Alexanders Blut fließt. Sage mir doch, Perdikkas, welches Blut fließt in den Adern des Schwachsinnigen? Nun? Sage es mir.»

Wie windest du dich da heraus, Perdikkas? Eumenes wandte sich um, damit ihm nur ja weder ein Wort von Perdikkas' Erwiderung noch sein Gesichtsausdruck entging.

«In Philipps Adern fließt das königliche Blut der Argeadendynastie. Mehr brauchte er nicht, um von der Armee zum König erwählt zu werden, Roxane – und das wurde er, erinnerst du dich? Ein König von Makedonien wird von der Armee gemacht, nicht von irgendeiner asiatischen Hure, die Alexander zufällig mal gerammelt hat, weil Hephaistion nicht mehr verfügbar war.»

Geschickt argumentiert.

«Ich war seine Ehefrau! Es war an der Zeit, dass er mir seine volle Aufmerksamkeit widmete.»

Perdikkas duckte sich, als sie bemerkenswert zielsicher eine Vase nach ihm warf. Diese zerschellte nur zwei Schritt von Eumenes entfernt an der Wand.

«Hephaistion hat viel zu viel von Alexanders Zeit in Anspruch genommen – und er hätte Alexander doch niemals Kinder schenken können.»

Was aber gewiss nicht daran lag, dass sie sich zu wenig angestrengt hätten. Eumenes runzelte die Stirn, dann legte er Daumen und Mittelfinger an die Schläfen, plötzlich tief in Gedanken versunken. *Was hat sie da eben gesagt?*

«Roxane», sagte Perdikkas in abschließendem Ton, «ich werde keine Zeit mehr auf dieses Thema vergeuden. Beide

Könige, Alexander und Philipp, werden mit der Armee ziehen. Somit bleibt nur die Frage, ob du auch mitkommen willst.»

«Was willst du damit sagen?»

«Genau das, was ich gesagt habe: Wünschst du deinen Sohn zu begleiten, wenn er mit der königlichen Armee zieht, oder bleibst du lieber hier? Die Entscheidung liegt bei dir, aber ehrlich gesagt wäre ich weitaus glücklicher, wenn du dich entschließen würdest zu bleiben.»

Roxanes Augen – der einzige Teil ihres Gesichts, den ihr Schleier freiließ – starrten Perdikkas ungläubig an. «Du willst einen Säugling von seiner Mutter trennen?»

«Fang mir nicht so an. Du stillst ihn nicht, noch wickelst du ihn oder wiegst ihn in den Schlaf, eigentlich tust du gar nichts für ihn. Ich bezweifle daher stark, dass er dich vermissen wird, wenn ich Soldaten herschicke, die ihn dir wegnehmen.» Perdikkas duckte sich rechtzeitig, um der nächsten Vase auszuweichen.

«Du hast kein Recht dazu!»

«Ich bin sein Regent. Ich entscheide, was für ihn das Beste ist, und ich erachte es als das Beste für ihn, mit der Armee zu ziehen.» Er wandte sich zum Gehen und forderte Eumenes mit einer Kopfbewegung auf, ihm zu folgen.

«Eher werde ich ihn töten, als zuzulassen, dass du ihn mir wegnimmst!»

Eumenes' Gesicht verzog sich langsam zu einem Lächeln – er verstand. «Nein, Roxane, das wirst du nicht tun, denn du weißt, dass das auch für dich den Tod bedeuten würde. Du wirst tun, was Perdikkas befiehlt, sonst wird er verlauten lassen, dass du es warst, die Hephaistion vergiftet hat.»

Perdikkas schaute Eumenes verwirrt an. «Werde ich das?»

«Lügner!», schrie Roxane.

Eumenes wich einem wohlgezielten Pantoffel aus. «Bin ich

das, Roxane? Du hast dich soeben selbst verraten. Nun, wir alle wissen, wie du Stateira und Parysatis vergiftet hast. Perdikkas hält eine sehr interessante Zeugin in sicherer Verwahrung, damit sie künftig noch befragt werden kann –»

«Perdikkas war mit meinem Plan einverstanden, er hat sie nach Babylon bestellt.»

Perdikkas tat die Unterstellung mit einer wegwerfenden Geste ab. «Unfug.»

«Doch, das hast du!» Der zweite Pantoffel flog und traf ihn mitten auf der Brust.

«Was Perdikkas getan hat oder auch nicht, ist irrelevant», beharrte Eumenes. «Tatsache ist, wir wissen, dass du die beiden vergiftet hast. Und da du schon einmal des Giftmordes überführt bist, fällt es leicht, sich vorzustellen, dass du auch den vergiftet hast, mit dem du dir Alexanders Zuwendung teilen musstest. Eben hast du es ja schon beinahe zugegeben, Roxane. Perdikkas sagte so etwas wie: ‹Ein König von Makedonien wird von der Armee gemacht, nicht von irgendeiner asiatischen Hure, die Alexander zufällig mal gerammelt hat, weil Hephaistion nicht mehr verfügbar war.› Und du sagtest daraufhin: ‹Ich war seine Ehefrau! Es war an der Zeit, dass er mir seine volle Aufmerksamkeit widmete.› Das lässt den Schluss zu, dass du entschieden hast, es sei an der Zeit, dir Alexanders Aufmerksamkeit zu sichern, indem du deinen Rivalen tötest. Du hast Hephaistion vergiftet. Da kannst du leugnen, so viel du willst, es passt alles zusammen.» Er hielt inne und bedachte Roxane mit einem falschen Lächeln. «Aber das bleibt unter uns, einverstanden? Natürlich nur, solange du tust, was man dir sagt. Anderenfalls, Roxane, lassen wir die Armee wissen, was du getan hast. Hephaistion war in ihren Reihen überaus beliebt, daher wird es dir wohl nicht viel nutzen, die Mutter von Alexanders Kind zu sein, wenn sie es erst erfahren – erst recht, wenn noch hinzukommt, dass du das Kind austauschen wolltest, falls es ein Mädchen geworden wäre. Vergiss nicht, wir haben noch immer die Sklavin als Zeugin für diesen orientalischen Verrat.» Sein Lächeln wurde breiter. «Wir brechen in der Morgendämmerung auf. Komm, Perdikkas.»

Eumenes wich noch rasch einem elfenbeinernen Kamm aus, während er sich abwandte, dann verließ er den Raum, gefolgt von einem verwunderten Perdikkas, der sich im Nacken kratzte.

Nachdem sich die Tür zu Roxanes Gemach hinter ihnen geschlossen hatte, schaute Perdikkas auf Eumenes hinunter. «Wie hast du –»

«– herausgefunden, dass Roxane Hephaistion vergiftet hat? Gar nicht – das war eine Eingebung, nachdem sie diese Formulierung gebrauchte: ‹Es war an der Zeit, dass er mir seine volle Aufmerksamkeit widmete.› Aber mir scheint, ich habe ins Schwarze getroffen. Ich nehme an, sie wird sich morgen früh dem Marsch anschließen, als hätte sie genau das schon die ganze Zeit beabsichtigt.»

Perdikkas' Kiefermuskeln verkrampften sich vor Zorn. «Die kleine Hure – dafür sollte ich sie hinrichten lassen.»

«Das täte ich an deiner Stelle nicht. Vielleicht ist sie noch zu etwas anderem nutze, als mit Gegenständen zu werfen.»

«Das ist nicht komisch, Eumenes.»

«Das habe ich auch nie behauptet.»

«Man könnte sagen, sie sei die Ursache der ganzen Misere –»

«Weil Alexander vielleicht einen stärkeren Lebenswillen gehabt hätte, wenn Hephaistion nicht gestorben wäre? Das bezweifle ich – ihm blieb noch die halbe Welt zu erobern. Ich würde meinen, das sollte als Daseinszweck genügen.»

«Denkst du –»

«– dass sie Alexander ermordet hat? Nein, sie stünde weit besser da, wenn er noch am Leben wäre. Wenn du sie jetzt schon anstrengend findest, stell dir nur vor, wie sie wäre, wenn sie sich hinter Alexanders Thron verstecken könnte. Aber ohnehin ist es Zeitverschwendung, darüber zu spekulieren, was hätte sein können – wir müssen uns jetzt auf das konzentrieren, was ist. Hast du schon Nachricht von Peithon?»

«Mein letzter Stand ist, dass er mit den Truppen, die ich ihm gegeben habe, nach Medien zurückgekehrt ist und in Ekbatana auf die Nachricht von Philons Aufbruch wartet. Seine Späher beobachten die Straße, und er behauptet, mit einigen der Fahnenflüchtigen in Kontakt getreten zu sein, die bereit wären, sich die Sache noch einmal zu überlegen – gegen ein Entgelt, versteht sich.»

«Versteht sich. Und unsere Versicherung, dass Peithon das Richtige tut und nicht einfach die Größe seiner Armee verdoppelt?»

«Seleukos ist auf dem Weg und wird Peithons Armee ohne dessen Wissen verfolgen. Ich bezweifle allerdings, dass Peithon den Mumm hätte, in die Rebellion zu gehen.»

«Ich mache mir nicht allein wegen Peithon Sorgen – was, wenn seinen Männern die Vorstellung gefällt, in die Heimat zurückzukehren? Was, wenn sie finden, dass diese Griechen vielleicht genau das Richtige tun?»

Perdikkas starrte Eumenes entsetzt an. «Götter, auf diesen Gedanken bin ich noch gar nicht gekommen.»

Natürlich nicht, darum brauchst du ja immerfort meine Hilfe. Ich wünschte nur, du würdest es wenigstens einmal zugeben. «Ich nehme an, eine Armee aus vierzig- bis fünfzigtausend Fahnenflüchtigen würde auf ihrem Marsch gen Westen sehr rasch größer werden. Seleukos wird dafür sorgen, dass das Ergebnis wie gewünscht ausfällt: Bis wir mit Kappadokien fertig sind, wirst du dir weder um Peithon noch um diesen Philon irgendwelche Sorgen machen müssen.»

PHILON
DER HEIMATLOSE

Die Tagundnachtgleiche stand bevor. In den Tälern des Ostens war der Schnee bereits geschmolzen, doch auf den umgebenden Gipfeln hielt er sich noch. Philon blickte aus einem hohen Fenster gen Westen über die Landstriche hinaus, die sie durchqueren mussten, wenn sie das Meer erreichen wollten. Nach einem Winter unter der Schneedecke kahl und braun, wirkte das Gelände so unwirtlich, wie er es noch nie gesehen hatte. Doch heute empfand er ausnahmsweise einmal keinen Widerwillen dagegen, denn heute würde der letzte Tag sein, an dem er sich eingeschlossen fühlte, abgeschnitten durch das endlose Ödland, das sich weiter erstreckte, als er es sich hätte vorstellen können. Heute würden sie ihren Marsch zum Meer antreten.

Philon fühlte die Begeisterung des Augenblicks wie ein Kribbeln im Bauch, und er musste den Fenstersims fest umklammern, damit ihm nicht vor Anspannung die Hände zitterten. Von unten drang ein Gewirr erregter Stimmen herauf, Tausender Stimmen, da die griechischen Söldner der östlichen Garnisonen sich auf dem Exerzierplatz von Alexandria am Oxos versammelten. Sie traten in ihren *Taxeis* an – Einheiten von fünfhundert bis tausend Mann. Ihre Habseligkeiten hatten sie auf die Fuhrwerke geladen, die in langer Reihe zu beiden Seiten der Brücke über den Oxos bereitstanden, ebenso wie das zivile Gefolge der Truppe und die Familien, die es heimzuführen galt.

Es müssen fünf- oder sechstausend Zivilisten sein, schätzte Philon angesichts der riesigen Schar nutzloser Esser, die er auf dem Weg würde durchfüttern müssen. *Ich hätte verbieten sollen, dass Gefolge mitgebracht wird.* Doch noch während er das dachte, war ihm bereits klar, dass er einen solchen Befehl unmöglich hätte durchsetzen können: Wie hätte er diese Leute daran hindern sollen, sich ihnen anzuschließen? Sollte er seinen Männern vielleicht befehlen, jeden anzugreifen, der Anstalten machte, der Kolonne zu folgen? Sollten sie etwa ihre eigenen Frauen und Kinder töten? Natürlich hätten sie ihm nicht gehorcht, und so hätte er das Gesicht verloren und Autorität eingebüßt. Sie mussten sich also mit den Zivilisten beschweren und würden ihretwegen zweifellos langsamer vorankommen. Philon schob den Gedanken von sich – er konnte ohnehin nichts daran ändern. Stattdessen wandte er sich vom Fenster ab und schaute sich ein letztes Mal in seinem Zimmer um. Es war leer bis auf ein Bettgestell, einen Tisch mit einer irdenen Schüssel darauf und einen Stuhl, alles Gegenstände, die er zurückließ. *Wer sie wohl nach mir benutzen wird? Oder wird die Stadt von Leuten geplündert werden, die für solche Dinge keine Verwendung haben?* Philon beschloss, dass es ihn nicht kümmerte, was aus Alexandria am Oxos wurde, wenn er fort war. Er nahm den Lederbeutel mit seinem Gepäck, seinen Schild und den Helm und verließ den Raum, ohne sich noch einmal umzuschauen und ohne die Tür hinter sich zu schließen.

«Wir sind fast bereit, Herr», meldete Letodoros, als Philon

auf den Exerzierplatz hinaustrat. «Wir haben achtzehn Taxeis, alles in allem an die zwölftausend Mann.»

«Sind die Boten alle zurück?»

«Fast alle. Sie haben Zusagen mitgebracht, nach denen weitere sieben- bis achttausend Mann auf dem Weg zu uns stoßen werden. Nun, da sie unsere Marschroute kennen, werden sie keine Schwierigkeiten haben, uns zu finden.»

«Das sind sehr gute Nachrichten, Letodoros – in der Masse liegt die Kraft. Eine große Truppenstärke ist entscheidend für den Erfolg unserer Unternehmung. Jemand müsste schon sehr mutig sein, eine Armee aus zwanzigtausend schlachtenerprobten Söldnern auf dem Weg in die Heimat anzugreifen. Wenn wir Glück haben, werden andere Heerführer uns einfach durchziehen lassen und froh sein, dass ihre Männer nicht versuchen, sich uns anzuschließen.»

Letodoros schien nicht recht überzeugt. «Hoffen wir, dass sie eine solche Haltung einnehmen, aber ich denke eher, wir werden früher oder später kämpfen müssen.»

Philon seufzte. Er ließ seinen Packsack auf den Boden fallen und legte seinen Schild darauf. «Glaubst du wirklich, jemand wäre bereit, Hunderte, vielleicht Tausende Männer zu opfern, nur um uns aufzuhalten?»

«Die Makedonen werden mächtig sauer auf uns sein, und nach meiner Erfahrung neigen mächtig saure Makedonen dazu, ohne Rücksicht auf Verluste anzugreifen, einfach um sich Luft zu machen.»

Philon überdachte das ein wenig. «Nun, wir können nichts weiter tun, als uns auf diese Eventualität gefasst zu machen. Wir werden ständig Kundschafter nach allen Seiten ausschicken, um unliebsame Überraschungen zu vermeiden.»

«Sehr wohl, Herr.»

«Ich werde zu den Männern sprechen, bevor wir aufbrechen», erklärte Philon und stieg auf das Podium in der Mitte des Exerzierplatzes, seinen Helm in der Armbeuge.

Da stand er, blickte hinunter in all die bärtigen, erwartungsvollen Gesichter und fühlte, wie sich die Last der Führerschaft auf seine Schultern legte. Schon oft hatte er Männer in die Schlacht geführt, aber nie zuvor auf einen solch verzweifelten Marsch über fast zweihundert Tagesreisen durch Gegenden, die man als feindliches Gebiet betrachten musste. Philon wusste, sie würden niemandem als sich selbst vertrauen können und denen, die sich ihnen auf dem Weg noch anschlossen. *Aber wenn wir es schaffen, werden wir Xenophon und seine mickrigen zehntausend in den Schatten stellen, die haben gerade mal ein Drittel dieser Strecke zurückgelegt.*

«Freunde», hob er an, als sich Stille über den Platz gesenkt hatte, «oder sollte ich sagen Brüder, denn wir werden in den kommenden Monaten wie Brüder sein, die einander unterstützen, füreinander sorgen und einander vertrauen. Und so muss es sein, wenn wir unser Ziel erreichen wollen: das Meer.»

Bei der Erwähnung des ersehnten Ziels brach der ganze Platz in tosenden Jubel aus. Helme wurden durch die Luft geschwenkt, Bronze glänzte in der aufsteigenden Sonne, und Rosshaarbüsche wehten rot, weiß, schwarz und golden im leichten Wind.

Philon ließ den Jubel eine Weile anhalten, ehe er mit erhobenen Händen Ruhe gebot. «Vielleicht wird man uns unbehelligt ziehen lassen – wir sind zahlreich genug, dass jeder, der sich uns in den Weg stellen will, es sich zweimal überlegen wird. Doch ich will euch nichts vormachen, meine Brüder – es kann auch sein, dass wir uns den Weg zum Meer freikämpfen müssen.»

Wieder brach bei der Erwähnung des Meeres Jubel los, und Helme wurden geschwenkt.

«Aber ich verspreche euch dies», fuhr Philon fort, sobald er sich wieder Gehör verschaffen konnte. «Wenn wir kämpfen müssen, dann werden wir es tun, ganz gleich, wen sie gegen uns ins Feld schicken, selbst wenn wir die Gesichter kennen, die uns über ihre Schilde hinweg entgegenblicken, Brüder aus einer anderen Zeit – denn sie werden nicht länger unsere Brüder sein, wenn sie sich uns in den Weg stellen. Niemand wird uns aufhalten, wenn wir in unserer Absicht geeint bleiben. Wir werden aus dieser Ödnis entkommen, in die wir verbannt wurden, als wir das Verbrechen begingen, heimkehren zu wollen. Doch nun ist das Ungeheuer tot, das uns verbannt hat, nachdem wir ihm gute Dienste geleistet hatten – es ist endlich tot, und wir sind wieder frei. Also folgt mir, meine Brüder, folgt mir ans Meer.»

Unter tosendem Gebrüll nahm Philon seinen Helm, der fast geschlossen war – zwischen dem kurzen Nasenstück und den großen Wangenklappen blieben nur Löcher für die Augen. Mit übertriebener Geste setzte Philon ihn auf, prächtig mit seinem hohen, dichten Helmbusch, und stieg vom Podium. Er nahm seinen Packsack und seinen Schild und marschierte entschlossenen Schrittes durch die Menge jubelnder Söldner zum Westtor der Stadt.

An all den Fuhrwerken marschierte er vorbei, dann über die steinerne Brücke über den träge dahinströmenden Oxos, und seine Männer schlossen sich ihm an, bis er an der Spitze der Kolonne anlangte. Dort blieb er stehen, warf seinen Packsack auf das vorderste Fuhrwerk und stieß die geballte Faust dreimal in die Luft.

Zum größten Jubel des Tages senkte er seinen ausgestreckten Arm in Richtung Westen, und mit dieser Geste tat er den ersten Schritt zum Meer. Und die Taxeis folgten ihm in Kolonne an den Fuhrwerken vorbei, bis nur noch die Nachhut zurückblieb. Diese wartete, bis auch der Gepäcktross sich in Bewegung setzte.

Es war ein ermüdender, ein endloser Marsch gen Westen. Die Straße – denn immerhin gab es eine, der sie folgen konnten – war hier draußen im Osten eher ein Pfad, angelegt von Boten und den Karawanen, die von und nach Indien und den sagenhaften, hinter einem Schleier verborgenen Ländern jenseits davon zogen. Bald knickte die Straße nach Süden ab, auf Zariaspa zu. Doch trotz des Richtungswechsels war noch immer jeder Schritt ein Schritt auf die Freiheit zu, und dieser Gedanke milderte die Schroffheit des Geländes ab, durch das die Straße führte.

Am zweiten Tag kamen sie nach Zariaspa, wo weitere dreieinhalbtausend Söldner sie erwarteten. Mit Tränen der Freude und Hoffnung begrüßten Philon und seine Leute ihre neuen Brüder – Männer wie sie, gestählte Krieger, die ihr ganzes Erwachsenendasein kaum etwas anderes gekannt hatten als ein Leben im Feld. Männer jeden Alters schlossen sich jubelnd der Kolonne an, manche waren sogar schon in den Siebzigern und trugen die Kampfnarben von mehr als fünfzig Jahren im Dienste Persiens und Makedoniens. Nun marschierten sie Seite an Seite mit jüngeren Männern, die den Osten erst kürzlich kennengelernt hatten und ihn nicht nach ihrem Geschmack fanden. Nachdem die Neuzugänge sich eingereiht hatten, wandte Philon sich nach Westen und führte sein Gefolge von der Straße herunter, denn diese verlief in Windungen und führte weiter nach Süden, dann nach Osten zwischen den hohen Gipfeln des Parapanisos hindurch und dann hinunter nach Arachosien. Dort machte sie wieder eine Biegung nach Westen, ehe sie nach Norden schwenkte, nach Aria und weiter nach Parthien. Und dort in Parthien, unweit südlich der Stadt Susia, plante Philon, wieder auf die

Straße zu stoßen, nachdem er seine Männer über hundert Parasangen weit durch die Wildnis des baktrischen Kernlandes geführt hatte. Bei Alexandria in Margiana würden sie den Fluss Margos überqueren und dann bei Siraka den Ochos.

Nahrung und Wasser wurden immer knapper, je weiter sie sich von besiedelten Gegenden entfernten, und die baktrischen Stämme, die im wilden Kernland heimisch waren, hatten nicht die Angewohnheit zu teilen. Doch da Philons Männer so zahlreich waren, griffen die Stämme sie nicht an, sondern begnügten sich damit, sie durch ihr Gebiet zu verfolgen und unvorsichtige Trupps zu überfallen, die sich auf der Nahrungssuche oder beim Kundschaften zu weit von der Kolonne entfernten. So marschierten sie weiter bei Sonne, Wind und Regen. Hin und wieder schlossen sich ihnen kleinere Söldnertrupps an, die sich von den Garnisonen an der nördlichen Grenze abgesetzt hatten. Sie alle waren auf der Suche nach einem besseren Leben als dem in den trostlosen Ebenen, dem Hochland und den Wüsten und den ständigen Scharmützeln mit den Dahenern und Massageten, den blutrünstigen Reitern, die alle Fremden hassten.

Nach wenigen Tagen klarte das Wetter auf, doch die Mittagssonne wurde so früh im Jahr noch nicht zum Problem, und so marschierten sie von der Morgen- bis zur Abenddämmerung ohne Pause. Selbst die Mittagsmahlzeit aus getrocknetem Brot und hartem Käse nahmen sie im Gehen zu sich. Nur wenige blieben zurück, und jene, die auf dem Marsch zusammenbrachen, wurden vom Gepäcktross aufgelesen und auf Fuhrwerke gelegt, denn niemand hätte einen Bruder den bekannten oder phantasierten Grausamkeiten der Baktrer ausgeliefert.

Philon dankte den Göttern jeden Tag für das milder werdende Wetter, denn in diesen trockenen Landstrichen fiel zwar nicht viel Regen, doch es herrschte auch keine sengende Hitze, die brennenden Durst zu einem Fluch gemacht hätte. Kleinere Flüsse wurden an Furten durchquert und fast ausgetrocknet, wenn Tausende Trinkschläuche gefüllt wurden und die Zugtiere der Fuhrwerke ihren Durst stillten. Dann mussten sie mit ihrem kleinen, kostbaren Vorrat wieder tagelang auskommen, ehe sie den nächsten Wasserlauf erreichten.

So marschierten sie in langer Kolonne, fast eine Parasange lang, und doch wirkte sie verloren in der endlosen Weite der Landschaft unter einem noch grenzenloseren Himmel. Im Vergleich waren Tausende Männer kaum mehr als eine kleine Schlange, die sich über den Wüstengrund wand.

Mit großer Erleichterung erblickte Philon endlich die Mauern von Alexandria in Margiana. Die Stadt war erbaut worden, um die Brücke über den Fluss Margos nahe der Westgrenze Baktriens zu schützen. Hier warteten weitere viertausend Söldner, die ihre Posten verlassen hatten, mit Sack und Pack. Inzwischen hatte sich ihnen mehr als die Hälfte der Garnisonen im Norden und Osten angeschlossen, und die verbliebenen hatten sie fast alle hinter sich gelassen, sodass sie keine Bedrohung mehr darstellten.

«Zwei Tage, Letodoros», sagte Philon, als die Söldner ihr Lager am Westufer des Margos unweit der Brücke aufschlugen. «Zwei Tage bleiben wir hier und ruhen aus, dann nehmen wir die nächste Etappe in Angriff.»

Letodoros grinste. Sein Bart und seine Haut waren vom Staub der Reise bedeckt, sodass das Weiße seiner Augen heller wirkte als gewöhnlich. «Um ehrlich zu sein, Herr, ich hätte nicht gedacht, dass wir unbehelligt so weit kommen und so viele unserer Jungs dann noch marschfähig sein würden. Wie ich hörte, wurden nur ein paar hundert von den Fuhrwerken abgeladen, um hierzubleiben, wenn wir weiterziehen.»

Philon seufzte beim Gedanken an das Schicksal, das möglicherweise jene erwartete, die nicht weitermarschieren konnten. «Arme Hunde – lasse den Sufeten der Stadt so viel Geld da, wie du entbehren kannst, vielleicht erkauft ihnen das ein wenig Mitleid, sodass sie nicht ermordet und ausgeraubt werden.»

«Das bezweifle ich.»

Philon sog die Luft durch die Zähne ein. «Ja, ich wohl auch – aber was können wir tun? Wenn wir warten, bis sie sich erholt haben, werden in der Zwischenzeit andere erkranken. Wir ziehen also in zwei Tagen weiter, komme, was wolle.»

Und so wurde in der Morgendämmerung des übernächsten Tages das Lager abgebrochen, die Kolonne formierte sich neu, und der Marsch gen Westen zum Meer wurde fortgesetzt. Bald hatten sie die Grenze von Baktrien nach Parthien überquert, das Gelände wurde bergiger und die Vegetation üppig. Hier fanden sie leichter Nahrung, denn es gab reichlich Wild und Früchte und weniger wilde Stammeskrieger, die Trupps auf Nahrungssuche überfielen. So marschierten sie weiter bergauf und bergab, bis sie in das grüne Tal des Flusses Ochos kamen, an dessen Ufern die Stadt Siraka lag. Hier verweilten sie nicht, denn seit Alexandria in Margiana waren sie erst fünf Tage marschiert. Philon zahlte nur einen Bruchteil des horrenden Wegezolls, den die Ältesten der Stadt forderten, und machte ihnen klar, dass sie von Glück sagen konnten, noch eine Stadt zu haben, deren Älteste sie waren. Die nächsten zwei Tage führte er seine Männer am Westufer des Ochos entlang. Das Gelände stieg allmählich an, bis die Ebene zwischen dem Fluss und der eindrucksvollen Bergkette zu ihrer Rechten kaum noch zehn Stadien breit war. Philon wusste noch von früher, als er mit Alexanders Armee in den Osten gekommen war, dass an dieser Stelle die Straße zwischen den Bergen hindurch von Süden heraufführte und von hier aus weiter nach Westen verlief, durch die Kaspische Pforte zum Meer.

Und tatsächlich, da war die Straße, wie er sie in Erinnerung hatte, und an diesem Abend feierten seine Männer, denn von nun an würden sie leichter vorankommen. Sie brauchten nicht länger über unebenes Gelände zu stolpern, sondern konnten einer Straße folgen, die vor fast zweihundert Jahren auf Befehl Kyros' des Großen gebaut worden war.

«Jetzt können wir die Kundschafter weiter vorausschicken», sagte Philon zu Letodoros, als sie an diesem Abend in seinem Zelt einen Eintopf aus Kaninchenfleisch und Bärlauch aßen. «Hier in Parthien dürften sie relativ sicher sein, aber achte darauf, dass sie immer in Trupps zu wenigstens zwanzig Mann losziehen. Sie sollen zwei Parasangen weit zu beiden Seiten kundschaften und entlang der Straße so weit voraus, wie sie es wagen.»

«Sie werden aufbrechen, sobald es hell wird, Herr», erwiderte Letodoros. Er leckte sich Fleischsaft von den Fingern und wischte sie dann an seinem Chiton ab. «Ich werde ihnen befehlen, bis zur Grenze nach Medien vorauszukundschaften.»

«Tu das. Was schätzt du, wie weit es bis dort ist?»

«Ungefähr hundert Parasangen. Leichte Reiter wie unsere Kundschafter können die Strecke in fünf Tagen bewältigen und drei Tage später wieder bei uns sein, sofern wir in diesem Tempo weitermarschieren.»

«Oh, das werden wir, Letodoros. Ich habe noch nie eine Truppe gekannt, die so willig marschierte.»

Genau acht Tage später, wie von Letodoros vorhergesagt, ritten die Kundschafter wieder ins abendliche Lager.

«Vor uns ist nichts, Herr», meldete ihr Anführer, während er genüsslich vom besten Wein trank, den Philon hatte auftreiben können. «Wir sind an Hekatompylos vorbei bis zur Grenze geritten und haben nichts gesehen, Herr. Ich habe dann meine Männer aufgeteilt und zehn weiter nach Medien hineingeschickt, während ich mit den Übrigen zurückgekehrt bin.»

Philon klopfte dem Mann anerkennend auf die Schulter. «Du hast deine Sache gut gemacht. Ruht euch über Nacht aus und reitet morgen früh wieder los, um die Männer, die du weitergeschickt hast, abzulösen.»

Drei Abende später kam der Befehlshaber der Kundschafter wieder, und diesmal berichtete er Philon mit düsterer Stimme: «Peithon hat eine Armee gen Osten geführt, ich schätze, an die fünfundzwanzigtausend Mann. Er hat sie gleich hinter der Kaspischen Pforte in Stellung gebracht und erwartet uns dort.»

ANTIPATROS
DER REGENT

«Sämtliche Brücken sind bereit», meldete Magas, als Antipatros den Arbeitstrupp auf der Agora von Lamia inspizierte. «Zweihundert Stück, wie du befohlen hast, Herr.»

Antipatros betrachtete die zehn Schritt breiten, zwei Schritt langen flachen Holzkonstruktionen, die in Stapeln zu jeweils zehn Stück in der Mitte der Agora aufgeschichtet waren. Die Marktstände waren verschwunden, denn sie waren sämtlich beschlagnahmt worden. Aus dem Material war das entstanden, wovon Antipatros hoffte, dass es zur Befreiung seiner Armee aus der Belagerung beitragen würde: Brücken, die sie über die Belagerungsgräben legen konnten. Überhaupt waren für den Bau fast sämtliche hölzernen Gegenstände in der Stadt beschlagnahmt worden: Türen und Fensterläden und so gut wie alles, das die Bezeichnung Möbel verdiente. Die Einwohner mussten nun auf dem Boden schlafen und essen – sofern sie denn etwas zu essen hatten. Sogar Dächer waren abgerissen worden, um die kostbaren Balken zu verwenden, und Holz, das für den Bau nicht belastbar genug erschien, war verbrannt worden, um die grimmige Kälte des thessalischen Winters zu vertreiben.

Doch nun, kurz nach der Tagundnachtgleiche, war das Wetter milder geworden. Antipatros wusste, dass die Zeit zum Ausbruch nahe war, denn gewiss waren die Straßen inzwischen wieder passierbar. «Sehr gut, Magas. Jetzt muss nur noch Leonnatos kommen.»

«Hoffentlich bald – mir wurde gemeldet, gestern seien die ersten Einwohner der Stadt am Hunger gestorben.»

Antipatros rieb sich den eingefallenen Bauch. *Wenn die Ersten sterben, werden es ganz schnell mehr.* «Wie viele waren es gestern?»

«Drei.»

«Und heute?»

«Fünf.»

Morgen werden es acht sein, bis Ende des Monats sind wir bei fünfzig oder mehr am Tag, und dann werden auch meine Männer vor Entkräftung zusammenbrechen. Der Hunger nagte schon seit vielen Tagen an seinen Eingeweiden, doch Antipatros' Sorge galt seinen Männern, nicht ihm selbst. In der gegenwärtigen Lage konnte er persönlich nichts tun – wenn ihnen der Ausbruch gelingen sollte, dann durch die Stärke seiner Männer, und dazu mussten es möglichst viele sein. Also hatten er und seine Offiziere auf einen Teil ihrer Rationen verzichtet und aßen nun weniger als der gemeine Soldat. Die Stadtbevölkerung bekam gar nichts mehr zu essen – die Leute waren schon zu geschwächt, um gegen die belagerte Truppe zu rebellieren, die alles Essbare beschlagnahmt hatte. Inzwischen gab es mehr als nur vage Gerüchte über Mord und Kannibalismus, Antipatros hatte die Beweise dafür selbst gesehen.

«Lasse alle Brücken zum Nordtor bringen, Magas», befahl er und schob das Bild eines gebratenen menschlichen Oberschenkels von sich, von dem bereits Scheiben abgeschnitten worden waren. Zwei Männer waren bei dem Versuch ertappt worden, ihn für ein kleines Vermögen zu verkaufen, und beide waren dafür auf der Agora gekreuzigt worden. Der Rest des Körpers wurde allerdings nicht gefunden, und Antipatros argwöhnte, dass er verschwunden bleiben würde – irgendjemand war dadurch zum reichen Mann geworden. «Wenn der rechte Zeitpunkt da ist, werden wir in diese Richtung ausbrechen und versuchen, unwegsames Gelände zu erreichen. Ich nehme an, sie werden damit rechnen, dass wir das Westtor nehmen, um der Straße zu folgen, doch das Vergnügen gönne ich ihrer thessalischen Kavallerie nicht.»

«In unwegsamem Gelände kommen wir selbst aber ebenso schwer voran, Herr, und die Phalanx wird Schwierigkeiten haben, eine geschlossene Formation zu halten.»

Das Risiko muss ich eingehen, wenn ich jemals wieder gemeinsam mit meiner Frau in Ruhe beim Essen sitzen will. Götter, ich bin zu alt für das hier. Ich sollte mir die Füße am Feuer wärmen, bei einem Becher gewürzten Weines, ein Enkelkind auf dem Schoß, und stattdessen ... Er schaute sich in der Stadt um, die nunmehr einen trostlosen Anblick bot, und schüttelte seufzend den Kopf über all das Elend. *Stattdessen muss ich hier ausbrechen und dann die Rebellen für ihre Taten büßen lassen, sonst werde ich niemals an meinem Herdfeuer Frieden finden.*

«Wir kommen schon zurecht, Magas, irgendwie schaffen wir es doch immer. Lass die ausgewählten Männer weiter mit den Brücken üben und halte Ausschau nach Norden und Osten.»

Magas kratzte sich in seinem verlausten Bart, wandte sich ab und erteilte den Befehl, die Brücken an den gewünschten Ort zu bringen. Indessen ging Antipatros davon, die Hände hinter dem Rücken verschränkt, gebeugt vor Erschöpfung. Zorn stieg in ihm auf, als er auf die mehr als sechs Monate zurückblickte, die er nun schon an diesem Ort ausharren musste. Aber immerhin war er noch am Leben, und das hatte er wohl allein einem einzigen gelungenen Schuss zu verdanken, einem reinen Glückstreffer. Denn dass an dem Tag, an dem Iolaos den Belagerungsring durchbrochen hatte, Leosthenes getötet worden war, hatte sich als ihre Rettung erwiesen: Leosthenes' Nachfolger Antiphilos konnte ihm nicht das Wasser reichen. Er zog es offenbar vor, untätig herumzusitzen und zuzusehen, wie seine Männer an Krankheiten starben, statt die Belagerung mit Gewalt zum Ende zu bringen. Darin lag nun Antipatros' Hoffnung, denn viele der Kontingente aus den rebellischen Städten waren bereits heimgekehrt, krank von einer langen winterlichen Belagerung und um das Wohlergehen ihrer Höfe besorgt. Die meisten Söldner waren geblieben, aber Tatsache war, dass die Rebellenarmee auf etwa ein Drittel ihrer ursprünglichen Größe geschrumpft war. Und als am nächsten Morgen Hornsignale von den Wachtürmen die Sichtung von Leonnatos' rettender Armee kundtaten, glomm in Antipatros zum ersten Mal seit Monaten ein echter Hoffnungsfunke auf. Bald würde er zu Hause bei seiner Frau sein; bald konnte er sich ausruhen und neue Kraft schöpfen, um Griechenland so zu unterwerfen, dass er in den restlichen paar Jahren seines Lebens nie wieder so etwas durchzumachen brauchte.

«Was schätzt du, wie viele sind es, Nikanor?», fragte Antipatros. Er, Magas und seine beiden Söhne spähten angestrengt zu Leonnatos' Armee hinüber, die über die Küstenstraße heranmarschierte und sich dabei aus der Kolonne zu einer Linie umformierte.

Nikanor schirmte seine Augen ab. «Ich sehe nur, dass es nicht genug Kavallerie ist. Er kann nicht mehr als fünfzehnhundert bei sich haben, aber immerhin scheinen es alles schwere Reiter mit Lanzen zu sein.»

«Nun, wenigstens hat er überhaupt welche – mit Infanterie allein würden wir es nicht schaffen. Fünfzehnhundert Reiter sollten genügen, um zu verhindern, dass die thessalische leichte Kavallerie der Phalanx in die Flanken fällt – diese Hurensöhne scheuen sich stets, der Spitze einer Lanze allzu nah zu kommen.»

Antipatros drehte sich um und schaute in die Stadt hinunter, wo seine Männer sich auf den breiteren Straßen zu lanzenbewehrten Kolonnen formierten – Reihen um Reihen ausgemergelter, hohläugiger Gestalten mit verlausten, verfilzten Haaren und Bärten, aber noch am Leben. *Am Leben! Den Göttern sei es gedankt, und hoffen wir, dass sie noch die Kraft aufbringen, den Hass, der sich über den Winter in ihnen angestaut hat, an den Gegnern auszulassen.*

«Sie setzen sich in Bewegung!», rief Magas und lenkte damit Antipatros' Aufmerksamkeit wieder auf das Geschehen außerhalb der Mauern.

Antipatros schlug mit der Faust in seine Handfläche. «Ich wusste, ihnen würde nichts anderes übrigbleiben. Sie können es nicht riskieren, nicht ihre volle Stärke gegen Leonnatos einzusetzen, nun, da ihnen so viele abhandengekommen sind.» Er strahlte seine drei Gefährten an, und das Lächeln erhellte sein grau gewordenes Gesicht zum ersten Mal, seit vor Monaten der Hunger begonnen hatte, an ihm zu zehren. «Nun, meine Herren, es ist an der Zeit, Lamia Lebewohl zu sagen. Magas, du und ich führen von der Front, ich bei den Pionieren und du bei der Phalanx. Nikanor und Iolaos, ihr übernehmt die Peltasten und die Bogenschützen und sichert die nördliche Flanke der Phalanx.»

Die Torflügel ließen sich nicht gleich öffnen, da sie während der gesamten Dauer der Belagerung nicht benutzt worden waren. Die Kraft vieler Männer war nötig, um sie langsam und knarrend zu bewegen. Schnelligkeit war jetzt entscheidend, und Antipatros ärgerte sich über jede Verzögerung. «Legt euch ins Zeug, Jungs! Wir müssen einigermaßen geordnet jenseits der Belagerungslinien stehen, ehe die Hurensöhne bemerken, was im Gange ist, und ihre Kavallerie auf uns hetzen.»

Unter vielstimmigem Ächzen und Stöhnen bewegten sich die beiden schweren hölzernen Torflügel Fußbreit um Fußbreit, bis das Tor offen war.

«Macht Platz, Jungs!», rief Antipatros den Männern am Tor zu. Sie wichen zu beiden Seiten zurück und gaben den Weg aus der Stadt frei – Antipatros betete, es möge ihr Weg in die Freiheit sein. Er reckte sein Schwert in die Höhe. «Jetzt!», brüllte er den handverlesenen Pionieren zu, welche die Brücken zum Einsatz bringen sollten. Ohne abzuwarten, ob sie ihm folgten, wandte Antipatros sich ab und rannte auf geschwächten Beinen los, zum Tor hinaus in das Niemandsland davor. Der Boden war von zahllosen Angriffen aufgewühlt, aber glücklicherweise trocken. Keuchend und mit brennenden Muskeln führte Antipatros seine Männer zweihundert Schritt weit über freies Gelände, ohne dass jemand sie behelligte. Er bekam kaum noch Luft, und der Schmerz in seiner Seite wurde so stark, dass er schon glaubte, nicht mehr weiterzukönnen, als er die erste Schanzlinie erreichte, einen Graben vor einem Wall aus Pfählen von doppelter Mannshöhe.

Ein einzelner Pfeil schlug in seinen Schild ein, als er eben in den Graben hinuntersprang. Der Schuss kam unerwartet, doch sonst drohte keine Gefahr – die spärliche Mannschaft, die diese Belagerungslinie noch besetzt hielt, floh angesichts einer solchen Überzahl durch Tunnel unter dem Wall hindurch. Denn in der Überzahl waren sie gewiss, jede Brücke wurde von acht Mann auf vier Querbalken getragen. Sie fächerten sich auf, als sie das Gelände überquerten, sodass hundert Brücken nebeneinander waren und die nächsten hundert direkt dahinter, als sie die Schanzlinien erreichten. Die vorderen Männer sprangen in den Graben hinunter und trugen ihr Ende der Brücke über Kopf zur anderen Seite hinüber, wo sie es mit hölzernen Pflöcken befestigten. Sobald die Brücken an beiden Enden fest waren, liefen die nachfolgenden Trupps mit den nächsten Brücken hinüber und bis zu dem Wall aus versenkten Pfählen zehn Schritt weiter. Hier setzten sie ihre Brücken als Rammen ein, schmetterten sie gegen die senkrechten Hölzer, wieder und wieder, wobei sie langsam in einen Rhythmus fanden und jeden Stoß mit lauten Rufen begleiteten. Indessen formierten sich hinter ihnen die Bogenschützen unter Iolaos und die von Nikanor befehligten Peltasten, während der Rest der Armee aus der Stadt strömte.

Unter dem Jubel der Männer begannen die ersten Pfähle zu kippen – mit jedem krachenden Stoß der behelfsmäßigen Rammen neigten sie sich stärker.

«Weiter so, Jungs!», feuerte Antipatros sie wieder und wieder an, während er entlang der Linie auf und ab lief. *Wenn wir den Wall einreißen können, ohne dass der Haupttrupp der Rebellenarmee auf uns aufmerksam wird – bei den Göttern, dann haben wir gute Chancen, uns zu formieren, ehe die Thessaler ausgeschickt werden, um uns abzuschlachten.*

Mit großer Erleichterung sah Antipatros die ersten Lücken in dem Wall entstehen, der sie in den vergangenen Monaten eingeschlossen hatte. Immer mehr Pfähle neigten sich, und wenn sie schräg genug standen, stiegen die Pioniere darauf und halfen mit ihrem Gewicht und dem der Holzbrücken nach, bis die Pfähle flach auf dem Boden lagen. Schon liefen die Pioniere weiter, und Antipatros rannte mit ihnen die wenigen Schritte zum nächsten Graben. Die Bogenschützen folgten ihnen mit aufgelegten Pfeilen, um etwaige Gegner im zweiten Graben zu erledigen, während die Peltasten sich bereit machten, ihn nötigenfalls zu stürmen. Doch dort war niemand, und aus den Rammen wurden wieder Brücken, die bald in Position gebracht waren.

So brach die Armee von Makedonien nach ihrer langen Gefangenschaft in der Stadt Lamia durch die Belagerungsringe, überbrückte die Gräben und riss den Wall dazwischen ein. Immer mehr makedonische Infanterie strömte über die Brücken, und die Befehlshaber brüllten Kommandos, um ihre Männer nach der Überquerung in Formation zu bringen. Einheit für Einheit nahm die Phalanx Gestalt an und wurde größer, Reihe um Reihe wuchs sie auf dem unebenen Gelände außerhalb der durchbrochenen Schanzlinien an.

«Das sieht schon besser aus», brüllte Antipatros Magas zu. «Das ist es, was wir brauchen, mein Freund: Eine Phalanx steht der Rebellenarmee gegenüber, und wir formieren uns dahinter. Das wird ihnen ganz und gar nicht gefallen.»

Magas grinste und entblößte dabei, was ihm an Zähnen noch geblieben war – die meisten waren durch die Mangelernährung verfault. «Eine ideale Gelegenheit. Machen wir das Beste daraus.»

Antipatros' Herz schlug heftig. So lebendig hatte er sich nicht mehr gefühlt, seit er zuletzt bei seiner Frau gelegen hatte. Sobald seine Phalanx in Formation aufgestellt war, befahl er den Vorstoß.

Unter Jubelgeschrei aus Tausenden Kehlen rückte die Armee von Makedonien vor, um die griechischen Rebellen zwischen sich und Leonnatos einzuschließen.

Antipatros sah jetzt eine halbe Parasange entfernt die beiden Heerscharen, wie sie sich gegenüberstanden: Leonnatos' mit Lanzen bewehrte Phalanx und die griechischen Hopliten mit ihren langen Stichspeeren. Plänkler schwärmten zwischen den beiden Armeen umher, richteten jedoch mit ihren Bogen, Schleudern und Wurfspeeren kaum Schaden an, außer an den Plänklern der Gegenseite. Da es Leonnatos an Kavallerie mangelte, hatte er seine südliche Flanke direkt ans Ufer gestellt und seine fünfzehnhundert Reiter, angeführt von ihm selbst und seinen Standarten, an die rechte Flanke, wo das Gelände in eine Senke abfiel, ehe es zum Küstengebirge hin anstieg. Die thessalischen leichten Reiter formierten sich ihnen gegenüber.

Beflügelt von dem Gedanken, dass seine Zukunft nun wieder in seinen Händen lag, nahm Antipatros seinen Platz neben Magas in der Mitte der vordersten Reihe der Phalanx ein. Während diese vorrückte, deckten die Belagerungslinien um Lamia ihre rechte Flanke. Peltasten und Bogenschützen in loser Formation, von seinen Söhnen befehligt, besetzten indessen das ansteigende Gelände an ihrer nördlichen Flanke, um zu verhindern, dass die Thessaler sie umgingen, falls diese ihre Aufmerksamkeit auf die Armee in ihrem Rücken richten sollten.

Doch die thessalischen Reiter machten keine Anstalten, den einen oder den anderen Gegner umgehen zu wollen.

«Was haben sie vor?», fragte Antipatros, als von den Thessalern Hornsignale erschollen; sie lösten sich von der Truppe und wandten sich nach Norden, ritten durch die Senke und dahinter bergauf.

«Verdammt, ich habe keine Ahnung», erwiderte Magas ebenso verwirrt.

«Was immer es sein mag, sie scheinen weder uns noch Leonnatos zu bedrohen.»

«Du glaubst doch nicht ...»

Menon ist zu allem fähig, also weshalb sollte er nicht erneut die Seiten wechseln und sich wieder uns anschließen, nun, da wir die Belagerung durchbrochen haben und er sieht, dass sich das Blatt zuungunsten der Griechen gewendet hat. «Allmählich halte ich es für möglich – dieser elende Verräter.»

«Verrat ist es doch gewiss nur, wenn es gegen uns gerichtet ist – wenn er wieder zu uns überläuft, dann ist das Treue. Selbst wenn es von seiner Seite nichts als Berechnung ist.»

«Dennoch wird er mir dafür büßen, dass er uns überhaupt untreu geworden ist. Er ist schuld daran, dass ich meine Frau seit Monaten nicht mehr gesehen habe.»

«Nun, jedenfalls hat er seine Männer den Hang hinaufgeführt, und die Griechen sind nun für Leonnatos' Kavallerie angreifbar.»

So war es tatsächlich, das konnte Antipatros deutlich sehen: Die Thessaler hatten sich zurückgezogen, sodass die gesamte nördliche Flanke der griechischen Formation Leonnatos ungeschützt ausgesetzt war. *Aber wenn er weiter vorrückt, geht er noch immer das Risiko ein, dass die Thessaler den Hang wieder hinunterstürmen und ihm in die Flanke fallen.* Dann kam Antipatros noch ein Gedanke, einer, der ihm durchaus plausibel erschien, nachdem er Menons Untreue selbst erlebt hatte. *Es sei denn, das hier wäre lange im Voraus geplant worden, und Leonnatos hätte bereits mit Menon verhandelt, ihn gekauft wie Leosthenes vor ihm. Ja, so muss es sein, denn Leonnatos würde doch gewiss niemals in eine so offensichtliche Falle tappen?*

Als Leonnatos seine Kavallerie vorwärts führte, um die Flanke der Griechen zu bedrohen, und sich dabei selbst der Gefahr eines Angriffs durch die Thessaler aussetzte, wuchs in Antipatros die Überzeugung, dass es sich tatsächlich so verhielt. «Blast das Kommando zum Laufschritt!»

Die Hornsignale erschollen, die Offiziere brüllten, und die schwerfällige Formation beschleunigte, die Lanzen noch immer senkrecht haltend.

Etwas stimmt nicht, wurde Antipatros bewusst, als er in den Reihen der Griechen keine Bewegung wahrnahm, um seinem Angriff oder dem von Leonnatos zu begegnen.

Warum dreht sich nicht die Hälfte von ihnen zu uns um?

Die Antwort erhielt Antipatros, als er die Schlachtrufe der heranstürmenden Kavallerie hörte: Die Thessaler, fast fünftausend Reiter, strömten den Hang herab, wegen des Gefälles zurückgelehnt auf ihren Pferden sitzend. Staub wölkte unter zwanzigtausend donnernden Hufen auf, als sie geradewegs auf Leonnatos und seine Hetairenreiterei zuhielten.

«Ist das nun Verrat oder Leonnatos' Dummheit?», fragte Magas, als die makedonische Kavallerie die drohende Gefahr erkannte und versuchte kehrtzumachen.

«Halt!», schrie Antipatros, die Signalgeber stießen in ihre Hörner, und binnen zwanzig Schritt kam die Phalanx zum Stillstand. «Links um!»

Die Phalanx befolgte das Kommando nicht gleichzeitig, sodass sich die Bewegung wie eine Welle zu beiden Seiten fortsetzte.

«Was hast du vor?», fragte Magas, als aus der Kavallerieschlacht nur zehn Stadien von ihnen entfernt die ersten Schreie Sterbender ertönten.

«Selbst wenn es ihnen gelingen sollte, aus der Falle zu entkommen, werden sie so schwer mitgenommen sein, dass sie uns nichts mehr nutzen.» Antipatros wies auf die Stadt und dann den Hang hinauf. «Das heißt, sofern wir uns nicht in die relative Sicherheit einer belagerten Stadt zurückziehen wollen, müssen wir das höher gelegene Gelände besetzen und abwarten, wie das hier ausgeht.»

Also stiegen sie hinauf. Ihre Reihen gerieten in Unordnung, da das Gelände unwegsam war, übersät mit Felsbrocken und Gestrüpp und von trügerischen Gräben durchzogen. Doch sie kämpften sich bergauf weiter, denn jedem war klar, was die Alternativen wären: zu sterben oder sich wieder in die Hölle auf Erden zurückzuziehen, aus der sie eben erst entkommen waren. Während die schwere Infanterie kletterte, bildeten die Bogenschützen und die Peltasten – Einheiten, die wegen ihrer offenen Formation weit besser für solches Gelände geeignet waren – einen Schutzschild zwischen ihnen und den Thessalern. Als sie ein paar hundert Schritt über den beiden Armeen waren, ließ Antipatros sie anhalten und hangabwärts gewandt in Stellung gehen, die Plänkler vor ihnen und die Peltasten auf beide Flanken verteilt.

«Leonnatos scheint der Falle entkommen zu können», bemerkte Antipatros, sobald er wieder dazu kam, den Fortgang der Schlacht zu beobachten. «Aber er hat in dieser Senke viele Tote zurückgelassen.»

«Morastiger Boden, wie es aussieht», stellte Magas fest. «Sieh nur, wie die Pferde sich abmühen.»

Antipatros' Augen wurden schmal. *Das Ganze war eine Falle, und Leonnatos ist hineingetappt – wie konnte er nur so dumm sein?*

Die Thessaler ließen Speersalven auf die letzten Einheiten im Rückzug begriffener Makedonen niederprasseln. Viele gingen getroffen zu Boden, als sie die Sicherheit ihrer eigenen Reihen schon beinahe erreicht hätten. Eine schwer angeschlagene, ausgedünnte Formation sammelte sich hinter der Phalanx neu – ihre Zahl war um wenigstens ein Drittel verringert, und von Leonnatos' Bannern war nichts mehr zu sehen.

«Sie wagen es nicht, ohne Unterstützung durch Kavallerie

anzugreifen», stellte Magas fest. Stille senkte sich über das Feld, da beide Seiten ihre Optionen erwogen.

Es ist an der Zeit, dass wir versuchen, hier rauszukommen. «Sie könnten da für den Rest des Tages so stehen – ich hoffe sogar, dass sie es tun. Während sie sich gegenseitig anstarren, können wir außen herum hinter Leonnatos gelangen, sodass wir ihm den Rücken decken, und dann können wir uns gemeinsam nach Hause schleppen.»

Es war ein unheimlicher Anblick, dachte Antipatros, während seine Männer auf dem höher gelegenen Gelände sich unauffällig in Bewegung setzten: Zwei Armeen standen einander schweigend gegenüber, im Süden und Osten erstreckte sich das funkelnde Meer in der Frühlingssonne, und im Westen lag eine verwüstete Stadt; im Norden verdüsterte sich der Himmel. Es überraschte Antipatros nicht, als mit einem Schrei aus tausend Kehlen ihre Hopliten vorrückten. *Sie müssen sich ihrer Sache sehr sicher sein, wenn sie eine lanzenbewehrte Truppe angreifen – von so etwas habe ich seit Chaironeia vor fünfzehn Jahren nicht mehr gehört.* Doch die Phalanx wich zurück, als die Thessaler erneut gegen ihre Flanke vorstießen. Auch wenn die nunmehr versammelte Kavallerie sie nach Kräften zu schützen versuchte, war doch das Risiko, sich dem Angriff entgegenzustellen, zu groß, und Leonnatos' Armee zog sich Schritt um Schritt zurück. Jenseits der Belagerungslinien lief indessen ein Schiff aus dem kleinen Hafen von Lamia aus und nahm Kurs auf Athen.

Die Kunde von Leonnatos' Niederlage und meiner Flucht wird morgen Athen erreichen – das wird ihnen dort mehr Anlass zur Sorge als zum Feiern sein, auch wenn sie ihren kleinen Sieg genießen werden. Was kann einen erfahrenen Mann wie Leonnatos nur dazu veranlasst haben, etwas so Törichtes zu tun?

«Olympias», flüsterte Leonnatos. Er brachte kaum die Kraft zum Sprechen auf, wie er da in einem vom Regen durchweichten Zelt eine halbe Parasange vom Schlachtfeld entfernt auf dem Feldbett lag. Seine und Antipatros' Armee hatten sich auf einer Anhöhe zusammenschließen können, kurz nachdem die dräuenden Regenwolken aufrissen, sodass die Griechen von ihnen ablassen mussten. Jedoch hatten sie die Stellung gehalten und konnten zu Recht den Sieg für sich beanspruchen.

«Olympias?» Irgendwie überraschte Antipatros das nicht – diese Zauberin war zu allem fähig. Er schaute auf das hinunter, was von Leonnatos' rechtem Arm geblieben war: Er war über dem Ellenbogen abgetrennt und mit blutigem Leinen verbunden. Auch um den Kopf trug Leonnatos blutgetränkte Verbände, da die Hälfte seiner Kopfhaut fehlte. *Selbst wenn die Ärzte ihn retten könnten, würde er so nicht leben wollen – nicht ein solch eitler Mann wie er.*

Leonnatos schaute mit seinem einen verbliebenen Auge zu ihm auf. «Ja, ich habe ihr vertraut.»

Nun, dann hast du es wirklich nicht anders verdient, du Schwachkopf. «Was hat sie dir versprochen?»

«Ich brauchte Kavallerie, und sie sagte, sie werde mir welche beschaffen. Ich habe ihr geglaubt, weil ich im Begriff war, ihre Tochter zu heiraten.»

«Und dann hat sie dir erzählt, sie habe Menon dazu gebracht, die Seiten zu wechseln?»

«Ja.»

«Hat sie dir auch gesagt, dass Menon schon einmal die Seiten gewechselt hatte?»

Leonnatos schloss sein Auge. «Nein.»

«Und du hattest nicht gehört, wie es dazu gekommen war, dass ich in Lamia eingeschlossen wurde?» *Falls doch, so hast du dir weiter keine Gedanken darum gemacht – du hast es der Torheit eines alten Mannes zugeschrieben, du arroganter Hurensohn.*

«Ich ... nun ... Ich weiß nicht.»

Antipatros sah, dass die Lebenskraft des jüngeren Mannes rasch schwand – er hatte bereits enorm viel Blut verloren, als seine Männer ihn aus dem Gemetzel in der sumpfigen Senke geklaubt und hergeschleppt hatten, und die Ärzte waren nicht zuversichtlich. «Und als du gesehen hast, wie Menon sich bergauf zurückzog, da bist du nicht auf den Gedanken gekommen, er könnte ein falsches Spiel treiben?»

«Ich hatte ihm Gold geschickt.»

«Gold! Du kannst ihm so viel Gold schicken, wie du willst, er ist und bleibt doch ein Thessaler – wie du zu deinem Schaden selbst erfahren musstest.»

«Und das war mein Tod. Wirst du ... wirst ...»

Seine Stimme war kaum noch vernehmbar, Antipatros musste sich zu ihm hinunterbeugen.

«Mich rächen?» Wieder blickte er auf, einen flehentlichen Ausdruck in seinem einen Auge.

Antipatros fasste ihn an der Schulter und drückte sie. «Das werde ich – entweder ich oder einer meiner Söhne, sollte ich selbst nicht mit dem Leben davonkommen. Aber falls es dir den Gang zum Fährmann leichter macht: Was sie getan hat, war nicht gegen dich persönlich gerichtet. Die Hure war darauf aus zu verhindern, dass du mich aus der Belagerung befreist. Dass ich nach Makedonien komme, wäre das Letzte gewesen, was sie gewollt hätte, wenn sie Kleopatra mit dir verheiratet hätte – du wärest König geworden.»

Leonnatos war zu schwach, um noch etwas zu erwidern, aber ein Ausdruck des Verstehens trat auf sein Gesicht, ehe es sich entspannte und er mit einem Seufzer sein Leben aushauchte.

Die Hure, diesmal wird sie es mir büßen. Wenigstens habe ich genug Kavallerie, um sicherzustellen, dass wir einigermaßen unbehelligt heimkehren können. Das wird ein schwerer Schlag für sie. «Magas!»

«Ja, Herr.» Magas erhob sich von einem Stuhl im Halbdunkel des Zeltes.

«Magas, wir brechen morgen früh auf. Ein kämpfender Rückzug, durch die Kavallerie gedeckt, und die Verwundeten nehmen wir auf Fuhrwerken mit. Allerdings bezweifle ich, dass sie noch einen Angriff versuchen werden, wenn dieses Wetter anhält. Ich will nicht, dass die Kunde von Leonnatos' Tod und unserem Entkommen vor uns nach Pella gelangt. Überhaupt will ich nicht, dass irgendwelche Nachrichten uns vorauseilen. Ich will Olympias mit meinem Eintreffen in Pella die Überraschung ihres Lebens bereiten.»

OLYMPIAS
DIE MUTTER

Ich rufe den rasenden, den tanzenden Dionysos an. Uranfänglich, von doppelter Natur, dreifach geborener Herr der Ekstase; wild, unbeschreiblich, geheimnisvoll, gehörnt, zwiegestaltig, efeubekränzt, stiergesichtig, kriegerisch, heulend und rein. Du nimmst rohes Fleisch und schlemmst, in Laub gehüllt, mit Trauben behängt. Erfindungsreicher Eubouleus, unsterblicher Gott, von Zeus gezeugt in unaussprechlicher Vereinigung mit Persephone. Höre meine Stimme, o Gesegneter, und mit deinen golden gegürteten Nymphen hauche mich an im Geiste der Vollkommenheit.» So sang Olympias, die auf einer bewaldeten Anhöhe nördlich von Pella neben einem weißen Stier stand, da das Frühjahrsfest des Dionysos um Mitternacht seinen Höhepunkt erreichte.

In der Dunkelheit um sie herum standen in Gruppen die Anhänger und Anhängerinnen des Kultes in unterschiedlichen Stadien der Trunkenheit. Sie hielten Fackeln und wiegten sich, während ein Trommler, unsichtbar zwischen den Bäumen abseits der Versammlung, einen sich allmählich steigernden Rhythmus schlug. Die Frauen hielten riesige Phalloi aus dem Holz von Feigenbäumen in die Höhe, feucht glänzend von kürzlichem Gebrauch; die Männer stießen im Takt der Trommel Thyrsoi in die Luft, Stäbe aus dem Stängel des Riesenfenchels, mit Efeu umwunden und mit einem Pinienzapfen an der Spitze.

Eine Doppelaxt blitzte in den Händen eines riesenhaften, mit Efeu bekränzten Mannes auf. Sein Bauch war mit vergossenem Wein besudelt, und er hatte eine gewaltige Erektion. Im nächsten Moment sauste die Klinge auf den Nacken des Stiers hinab, durchtrennte das Rückgrat, und Blut spritzte, dunkel im Fackelschein. Ein Zittern durchlief das Tier, alle vier Beine knickten ein, es rollte wild mit den Augen und brach zusammen. Das Blut, das pulsierend aus der Wunde quoll, wurde mit einer Schale aufgefangen.

«Euoi! Euoi!», ertönte der Sprechgesang der Versammelten wieder und wieder, während neue Mitglieder des Kultes nach vorn geführt wurden, um die letzte Stufe der dreitägigen Initiation zu durchlaufen. Die Männer hatten bereits Dionysos' Leben, Tod und Wiedergeburt nachgestellt, waren symbolisch in den Hades hinabgezerrt worden, um in den Höhlen weiter unten am Berg etwas zu durchleiden, wovon keiner jemals sprechen würde. Nun bekamen sie Becher mit Wein gereicht, der mit dem Blut des Stieres vermischt war. Nachdem sie dies getrunken hatten, erhielten sie ihre Thyrsoi und durften sich den übrigen Anbetern anschließen.

Dann wurden die weiblichen Neuzugänge vorgeführt, die als Ariadne, die Braut des Dionysos, zurechtgemacht waren. Sie wurden rituell gegeißelt. Olympias persönlich gebrauchte die Peitsche und fügte ihnen dabei größeren Schmerz zu, als streng genommen erforderlich war. Anschließend erhielten auch sie den Becher mit der Mischung aus Wein und Blut. Vielen der Frauen liefen Tränen über die

Wangen, und auf ihrem Rücken und Gesäß schwollen rote Striemen an; sie schluckten schnell und krampfhaft den Trank hinunter und empfingen von Olympias ihre Phalloi aus Feigenholz.

Und nun konnte der orgiastische Höhepunkt der Zeremonien beginnen – der Mann, der den Stier geopfert hatte, wurde symbolisch gesteinigt, eine rituelle Inszenierung der uralten Praktik. Flöten schrillten, und das Trommeln wurde frenetisch, während Wein in Strömen floss.

Auch Olympias soff hemmungslos, in Gedanken ganz bei den Mysterien des Festes, während sie sich in einen Rausch religiöser Leidenschaft steigerte. Ihr Haar hing wirr, ihre Füße stampften zu wechselnden Rhythmen; alle Sorgen waren für den Moment vergessen, da sie sich einzig auf die prachtvollen Erektionen der anwesenden Männer konzentrierte.

Eine Ziege wurde in die Menge getrieben. Das verängstigte Tier bockte, trat aus und senkte den Kopf, um sich den Weg aus der Gefahr freizustoßen. Vor Blutdurst kreischend fielen die Feiernden über die Ziege her, trieben sie rasch in die Enge und drückten sie zu Boden. Zähne schlugen sich in ihr Fleisch, Gliedmaßen wurden vom Körper gerissen, während die Schreie des Tieres zu einem gleichgültigen Himmel emporgellten.

Olympias riss einen Fetzen rohen Fleisches von dem Kadaver, stopfte ihn in den Mund und kaute mit aller Kraft, während sie tanzte und mit der freien Hand ihren Phallos schwenkte. Jemand reichte ihr Wein, und sie spülte das zerkaute Fleisch hinunter, während die Flöten weiterspielten und der Rhythmus der Trommel verschwamm. Plötzlich beugte jemand ihren Oberkörper nach vorn und drang im selben Moment in sie ein. Sie wand sich und presste sich dagegen, und ihre Schreie steigerten sich, während die religiöse

310

Verzückung in ihr wuchs, bis sie sich in orgastischer Lust Bahn brach, ihre Sinne aufs äußerste reizte. Lichtblitze zuckten vor ihren Augen, während der Samen sich in sie ergoss, kraftvoll und lebenspendend. Sie fühlte, wie er sich zurückzog, doch sogleich drang der Nächste in sie ein, als stünden sie Schlange. Sie spannte sich an, genoss, wie er mit größerer Kraft zustoßen musste, um einzudringen, und dabei beobachtete sie andere Paare bei ebensolchem Treiben. Wieder andere tanzten um die Kopulierenden herum, während sie aus Weinschläuchen tranken und von rohen Fleischklumpen abbissen, die sie in den Händen hielten, bluttriefend, noch mit Fell daran.

Immer wieder stieß sie nach hinten, fester und fester, während immer wieder ein anderer Penis oder hölzerner Phallos in der Hand einer Frau sie befriedigte, bis sie es nicht mehr ertragen konnte und in ihrer Ekstase schreiend den Gott anrief, der solch große Gaben der Sinnlichkeit geschenkt hatte, wieder und wieder, ehe sie mit einem letzten Schrei in Besinnungslosigkeit versank.

«Du siehst furchtbar aus», stellte Kleopatra fest, als sie Olympias' Schlafgemach betrat.

Olympias hob den Kopf und schaute sich um, doch der Schmerz wurde zu stark, und sie sank auf das Kissen zurück. Sie strich mit den Händen über ihren Körper. «Wer hat mich angekleidet?»

«Ich, jemand musste es ja tun. Du wurdest nackt hergebracht, Blut lief dir an den Beinen hinunter, und dein Haar war mit Sperma verklebt.»

Olympias betastete ihr Haar. «Es ist noch da.»

«Natürlich ist es noch da. Ich habe nur das Allernötigste gemacht, denn du hast dich schon gewehrt und geschrien wie eine Harpyie, als ich dir nur das Blut abwischte. Und dann hast du drei Chitone zerrissen, ehe es mir gelang, dir einen überzustreifen. Also dachte ich mir, das Sperma überlasse ich dir, es steht dir doch gut. Und du fragst noch, weshalb ich mich weigere, deinem Kult beizutreten, Mutter?» Kleopatra hielt ihrer Mutter einen Bronzespiegel vors Gesicht. «Schau dich an und schau mich an und dann frage dich, wer mehr Würde hat: die mit sauberer Haut, gekämmtem Haar, ohne Blutergüsse und mit frischer Kleidung oder die, die über und über mit Sperma besudelt ist?»

«Es geschieht zum Ruhm und Lob unseres Herrn Dionysos, Kleopatra – zum Dank für die Wonnen des Weines und die anderen Gaben, die er uns gebracht hat.»

Kleopatra warf den Spiegel scheppernd zu Boden. «Nun, wenn es zur Ehre des Dionysos beiträgt, sich von halb Pella rammeln zu lassen, dann hast du ihm ja ausgiebig gehuldigt.»

Olympias zuckte zusammen und legte die Hände über die Augen. «Ja, meinetwegen, aber bitte hör auf, zu schreien und mit Gegenständen zu werfen. Wie bin ich hierher zurückgekommen?»

«Ich weiß es nicht, und ich will es auch nicht wissen! Es ist jedes Jahr dasselbe, immer beim ersten Vollmond nach der Frühjahrs-Tagundnachtgleiche. Du erniedrigst dich drei Tage lang und tauchst dann in solcher Verfassung wieder auf, dass die Sklaven ihre Belustigung kaum verbergen können –»

«Ich lasse jedem die Zunge herausschneiden, den ich dabei ertappe, wie er sich lustig macht!»

«Alle machen sich über dich lustig, aber sie hüten sich, es zu zeigen. Denke daran, wenn du das nächste Mal das Bedürfnis verspürst, Dionysos zu preisen.»

Olympias winkte gleichgültig ab. «Genug jetzt, ich bin deine Mutter. Ich muss mich bereit machen – wie viel Zeit habe ich noch, bis der Rat der Regenten tagt?»

«Er hat gestern getagt.»

«Gestern! Wie lange habe ich denn geschlafen?»

«Du warst *bewusstlos*, einen Tag und zwei Nächte lang.»

«Aber der Rat?»

«Der Rat hat ohne dich getagt und beschlossen, meine Heirat mit Leonnatos zu billigen.»

«Was ist mit seinem Anspruch auf den Thron?»

«Darüber haben sie nicht gesprochen.»

«Nicht! Warum nicht? Wenn ich dabei gewesen wäre, hätten sie darüber gesprochen.»

«Du hättest keinen Zutritt gehabt.»

«Aber natürlich, ich bin die Königin.»

«Du hättest dennoch keinen Zutritt gehabt. Mich haben sie auch nicht eingelassen, und als ich sagte, sie hätten kein Recht, mich auszuschließen, hielten sie dagegen, sie hätten jedes Recht, schließlich sei es der Rat der Regenten, nicht der meine oder der deine. Und wenn ich darauf bestünde, daran teilzunehmen, würden sie alle gehen und sich auf ihre Landgüter zurückziehen.»

«Dann rufe sie erneut zusammen, ich werde ihnen schon zeigen, wer das Sagen hat.»

«Sie haben sich alle auf ihre Landgüter zurückgezogen und kommen erst wieder in die Stadt, wenn Antipatros zurück ist.»

«Nun, dann können sie lange warten.»

«Ich finde, zwei Tage sind nicht lange.»

Olympias schaute ihre Tochter an und versuchte herauszufinden, ob sie scherzte.

«Ganz recht, Mutter, zwei Tage.»

Das kann nicht wahr sein.

«Er ist aus Lamia entkommen.»

«Aber das sollte nicht geschehen. Leonnatos sollte –»

«Leonnatos ist tot.»

«Tot!»

«Tot.»

«Woher weißt du das?»

«Die Spione, die du in Leonnatos' Armee hattest, sind gestern Abend zurückgekommen, und da du nicht in der Verfassung dazu warst, habe ich ihren Bericht angehört.»

«Vielleicht ist es nicht wahr.»

«Natürlich ist es wahr. Deshalb hat Antipatros keine Nachricht nach Pella geschickt – er wollte dich überraschen, das ist offensichtlich. Hätte Leonnatos überlebt, dann hätte er dafür gesorgt, dass die Kunde von seinem glorreichen Sieg ihm vorauseilt, so war er nun einmal. Nein, Leonnatos ist wirklich und wahrhaftig tot.»

«Aber wie kann das sein?»

«Die thessalische Kavallerie ist ihm und seinen Gefährten in die Flanke gefallen. Wie dumm kann man sein?»

«Aber Menon sollte doch –»

«Ja, Mutter? Was sollte Menon? Was für Ränke und Intrigen hast du noch heimlich geschmiedet?»

«Menon sollte zum Schein die Seiten wechseln und dann der Phalanx in die Flanke fallen, sodass sie gezwungen wäre zurückzuweichen und Antipatros nicht zu Hilfe kommen könnte. Leonnatos hätte sich dann nach Pella zurückziehen müssen, und Antipatros wäre genau da geblieben, wo ich ihn haben wollte.»

«Nun, Mutter, das ist wohl nicht ganz wunschgemäß verlaufen, wie? Antipatros ist aus der Belagerung ausgebrochen, und Menon hat stattdessen die Kavallerie angegriffen, meinen zukünftigen Ehemann getötet und unsere Pläne zunichtegemacht. Und wenn Antipatros zurückkommt –»

«Weiß er, was ich getan habe?»

«Das weiß ich nicht, Mutter. Allerdings hat er noch mit Leonnatos gesprochen, ehe der starb.»

«Dann weiß er Bescheid.»

«Wieso? Hast du Leonnatos etwa in deine Pläne eingeweiht? Warum solltest du das tun?»

«Ich konnte ihn nicht davon abbringen, Antipatros zu befreien. Deshalb bin ich darauf verfallen, den Versuch zu sabotieren. Leonnatos brauchte Kavallerie, also habe ich ihm welche besorgt, indem ich mit Menon intrigierte. Ich habe Leonnatos erzählt, Menon werde mit seinen fünftausend Thessalern zu ihm überlaufen. In dieser Gewissheit war er bereit, gen Süden zu marschieren. Selbstverständlich musste ich ihn glauben machen, Menon wolle tatsächlich die Seiten wechseln – ich habe Leonnatos angewiesen, ihm drei Talente Gold zu schicken, wenn er sich der Stadt näherte, denn das war Menons Preis.»

«Das hat Leonnatos gegenüber Antipatros zweifellos erwähnt, bevor er starb.»

«Und deshalb will Antipatros mich jetzt überraschen. Nun, das wird ihm nicht gelingen. Pack deine Sachen, Kleopatra.»

«Wohin gehen wir? Zurück nach Epirus?»

«Nein, dort gibt es keine Macht zu erringen, deshalb werden wir anderswo danach suchen. Wir werden uns unverzüglich nach Asien einschiffen.»

«Was wird aus meinen Kindern?»

«Ich schicke Thessalonike nach Epirus, sie kann sich bis zu unserer Rückkehr um sie kümmern.»

«Und was tun wir?»

«Da aus deiner Heirat mit Leonnatos nichts wird, machen

wir das Beste aus der Misere und verheiraten dich entweder mit dem Mann, der den Respekt der gesamten Armee genießt, oder mit dem Mann, der die Kontrolle über beide Könige hat.»

Kleopatra dachte kurz nach. «Ja, du hast recht, Mutter: Antipatros wird seine Herrschaft über Makedonien nicht freiwillig aufgeben, und die Einzigen, die ihn noch dazu zwingen könnten, sind Perdikkas und Krateros.»

KRATEROS
DER FELDHERR

Und du hast all das mit eigenen Augen gesehen, Akakios?», fragte Krateros, während sie mit Kleitos über die Uferstraße am Flusshafen von Tarsos gingen. Die Takelagen der Flotte summten in der steifen Brise; jeder Anlegeplatz war belegt, und Sklaventrupps brachten gerade Proviant an Bord. Matrosen schrubbten, kalfaterten und verrichteten sonstige Instandsetzungsarbeiten an ihren Schiffen, um sie seetüchtig zu machen. Trierarchoi trieben ihre Mannschaften mit barschen Befehlen zu größerer Eile an, denn alle wussten, dass die Ausfahrt unmittelbar bevorstand. Polyperchon war bereits vor neun Tagen mit der Haupttruppe der Armee gen Norden aufgebrochen, ausgenommen Antigenes' Silberschilde. Was Krateros zu raschem Handeln getrieben hatte, waren die beiden Nachrichten gewesen, dass Leonnatos auf Lamia marschierte und dass Perdikkas von Babylon heraufkam. Doch nun gab es wiederum Neuigkeiten.

«Ich habe den toten Leonnatos nicht mit eigenen Augen gesehen, aber ich habe mit einem Mann gesprochen, der ihn gesehen hatte», antwortete der Trierarchos und stieg über eine Taurolle hinweg. «Und ich sah, wie die athenische Flotte nordwärts segelte, als wir durch die Meerenge bei Euboia kamen. Wir hatten Glück, sie haben uns nicht bemerkt.»

«Alles in allem wenigstens einhundertfünfzig Schiffe.»

«Ja, General. Hauptsächlich Dieren und Trieren, nichts Größeres.»

«Und das war drei Tage, nachdem Antipatros seinen Rückzug nach Norden angetreten hatte?»

«Ja, General, und wir haben drei Tage gebraucht, um dich zu erreichen.»

«Und Antiphilos, der neue griechische Feldherr, ist Antipatros nicht gefolgt?»

«Nein, General, er befindet sich noch immer in Thessalien.»

«Die athenische Flotte hat ihn also überholt – das bedeutet, dass sie nicht gemeinsam vorgehen.»

«Sie sind auf dem Weg zum Hellespont», sagte Kleitos und scheuchte einen Sklaven, der einen schweren Sack auf den Schultern trug, mit seinem Dreizack aus dem Weg.

Krateros nickte. «Das war auch mein Gedanke. Sie wollen verhindern, dass Verstärkungstruppen über die Meerenge nach Europa gelangen. Ich an ihrer Stelle täte dasselbe. Der Anblick einer makedonischen Armee auf dem Rückzug, der ersten seit Jahren, und die Kunde von Leonnatos' Tod werden sämtliche griechischen Stadtstaaten ermutigen, ebenso wie auch Epirus und die Illyrer. Ich könnte wetten, dass jetzt gerade Unterhändler zu allen Landesherren unterwegs sind, die Grund haben, Makedonien zu hassen – sie werden versuchen, eine Allianz zu schmieden, um auf unser Gebiet einzumarschieren.» Er grübelte in düsterem Schweigen über die Angelegenheit, während sie weiter über den belebten Kai gingen. «Wie lange noch, bis du bereit zum Auslaufen bist, Kleitos?»

«Wenn wir die Silberschilde über Nacht einschiffen, können wir morgen früh lossegeln.»

«Gut. Bis zum Hellespont sind es bei günstigem Wetter drei Tage. Polyperchon müsste in sieben Tagen mit der Armee Abydos erreichen, somit bleiben uns vier Tage, um die athenische Flotte zu besiegen und die Meerenge zu sichern, damit wir nach Europa übersetzen können.»

«Reichlich Zeit, General», sagte Kleitos, und seine Augen glänzten bei der Aussicht, nach dem Sieg über die Piraten wieder einmal zu kämpfen. «Was den Hellespont betrifft, ist die Sache die, dass die Meerenge sehr schmal ist. Dadurch ist sie einerseits leicht zu blockieren, andererseits ist die Flotte, die sie blockiert, aber auch leicht zu bekämpfen, da sie aufgrund der Enge nicht gut manövrieren kann.»

Krateros klopfte Kleitos auf die Schulter. «Sehr gut, mein Poseidon – ich werde Antigenes befehlen, bei Sonnenuntergang mit der Einschiffung zu beginnen.»

«Die Jungs weigern sich zu gehen, General», erwiderte Antigenes auf Krateros' Befehl.

Krateros starrte Antigenes mit offenem Mund ungläubig an. «Sie weigern sich? Das können sie nicht tun, Makedonien steht auf dem Spiel.»

Antigenes war die Sache sichtlich unangenehm. «Nun, ich fürchte, sie weigern sich dennoch, General.»

«Aber warum denn?»

«Die meisten dieser Männer sind in den Sechzigern, manche sogar schon in den Siebzigern. Sie finden, sie seien zu alt, um nach Makedonien zurückzukehren und dort eine Familie zu gründen. Sie wollen hierbleiben.»

«Um was zu tun?»

«Sie beabsichtigen, sich Perdikkas anzuschließen. Sie finden, es sei falsch von dir gewesen, dich seinem Ruf nach Unterstützung in Kappadokien zu verweigern.»

«Das war kein Ruf, es war ein Befehl, und Perdikkas hat kein Recht, mir Befehle zu erteilen. Außerdem ist jetzt Makedonien selbst bedroht, also war meine Weigerung im Rückblick die richtige Entscheidung.»

«Nun, jedenfalls wollen die Jungs sich ihm anschließen.»

Und ich habe keine Möglichkeit, sie daran zu hindern, weil ich den Rest meiner Truppen bereits mit Polyperchon nach Norden geschickt habe. Ich muss eben das Beste aus der Situation machen. «Also gut, Antigenes, geh mit meinem Segen und führe sie zu Perdikkas. Wenn du etwas dazu beitragen willst, die politische Lage zu entspannen und das Undenkbare abzuwenden, dann richte Perdikkas aus, ich hätte dich auf seinen Befehl hin geschickt.»

Antigenes schmunzelte – ihm war klar, was die Lüge bewirken sollte. «Das werde ich, General. Ich wünsche dir viel Erfolg gegen die athenische Flotte.»

«Masten voraus!», rief der Mann im Ausguck nach unten, als die makedonische Flotte die erste Landspitze im Hellespont umschiffte und der Hafen von Abydos weniger als eine Parasange entfernt in Sicht kam.

«Wie viele?», rief Kleitos zurück, der zwischen den Steuerrudern im Heck des Schiffes stand.

Einen Moment lang blieb es still, während der Mann im Ausguck über dem geblähten Segel sich an den Masttopp klammerte, seine Augen mit einer Hand abschirmte und über die schmale Meeresstraße Ausschau hielt. Falb- und ockerfarbene Hügel säumten das blaue Band, das an dieser Stelle kaum mehr als eine Parasange breit war; die Felder von Ilion lagen nach Steuerbord. «Zwischen siebzig und hundert.»

«Das ist nur die Hälfte der Flotte», stellte Kleitos an Krateros gewandt fest.

«Wenn sie Abydos blockieren, wo ist dann der Rest?»

«Vielleicht weiter voraus, um Kyzikos an der Propontis zu blockieren?»

«Vielleicht.»

Krateros spürte, wie die Sorge in seinen Eingeweiden zu nagen begann. Er wandte sich um und blickte zurück nach Westen. «Vielleicht sind sie aber auch hinter uns und wollen uns hier in der Meerenge einschließen.»

Kleitos wechselte einen besorgten Blick mit Krateros. «Dann sollten wir zusehen, dass wir diesen Teil ihrer Streitmacht schnell erledigen. Wir greifen sofort an, Jungs!», brüllte er und fuchtelte mit seinem Dreizack. «Der Wind steht günstig für uns. Poseidon zieht in die Schlacht!»

Die Besatzung jubelte ihrem Poseidon zu, während die Matrosen an Deck auf ihre Gefechtsstationen liefen und die Seesoldaten und Bogenschützen im Bug der Triere in Stellung gingen. Unten eilten die Ruderer zu ihren Bänken und machten die Ruder für den Moment bereit, da das Segel eingeholt wurde und das Schiff wieder mit menschlicher Muskelkraft angetrieben werden musste.

«Gib den Geschwaderkommandeuren Zeichen, meinem Beispiel zu folgen», befahl Kleitos seinem Stellvertreter. Er riss sich den Chiton herunter und ging zum Bug des Schiffes. Nackt bis auf seine Sandalen stand er da, Seetang im Haar, seinen Dreizack auf die athenische Flotte gerichtet, die eben gewahrte, welch große Flotte da um die Landspitze kam.

Krateros blieb bei den Steuerleuten stehen – ihm war bewusst, dass er in der bevorstehenden Schlacht wenig bis gar nichts tun konnte, denn er war ein General zu Land, nicht zur See. Er nahm seine durchnässte Kausia ab und wrang sie aus. Während er den wollenen Rand wieder aufrollte, schaute er nach Backbord, dann nach Steuerbord: Auf der engen Meeresstraße wimmelte es von Schiffen – Trieren, Dieren, Lemboi und Transportschiffen, zweihundertvierzig insgesamt, alle mit gesetzten Segeln, vom Salz ausgeblichen, aber vom Wind gebläht. Als Kleitos' Signal durch die Flotte weitergegeben wurde, bildeten die vordersten Geschwader aus je zehn Schiffen eine Keilformation mit dem Führungsgeschwader unter Kleitos an der Spitze und hielten die Position. In tausend Schritt Abstand hinter ihnen blieb eine zweite Linie aus acht Geschwadern in Reserve.

So fuhren sie weiter, von einem kräftigen Wind getrieben, ihre Bugsporne pflügten die See, und sie zogen weiße Schaumstreifen hinter sich her. Möwen kreisten mit klagenden Rufen und stießen herab, aufgeregt beim Anblick so vieler Schiffe und der Aussicht auf Nahrung. Ein grauweißer Schleimklecks landete dicht neben Krateros' Fuß, und er fragte sich, ob es wohl Glück oder Unglück verhieß, wenn ein Vogel auf ihn schiss.

Gischt flog Krateros ums Gesicht, während das Schiff mal von Wellen angehoben wurde, dann wieder in Wellentäler hinunterfiel und klatschend auf die Wasseroberfläche schlug, in langsamem, berauschendem Rhythmus. Die Kampfschiffe der Flotte ließen allmählich die trägeren Transporter hinter sich.

Weitere zehn Stadien wurden zurückgelegt, und die athenischen Schiffe hatten begonnen, sich zur Schlacht zu formieren. Sie fuhren die Ruder aus wie Vögel, die ihre Schwingen ausbreiteten, wendeten und glitten von Abydos in die Meeresstraße hinaus. Auf diese Entfernung konnte Krateros nicht erkennen, wie viele Linien es waren, doch er wusste, dass die athenische Kriegsflotte vor hundert Jahren die beste der Welt gewesen war. Er betete zu Poseidon – dem echten –, das möge nun nicht mehr der Fall sein; immerhin waren die Makedonen zahlenmäßig überlegen.

Als nur noch fünfzehn Stadien die beiden Flotten voneinander trennten, hatten die Athener ihr Manöver abgeschlossen und sich zu zwei Linien formiert. Wieder fuhren ihre Ruder aus und senkten sich ins Wasser, denn nun mussten die Schiffe gegen den Wind Fahrt aufnehmen.

Die Makedonen kamen ihnen mit geblähten Segeln entgegen, von denen viele mit der sechzehnstrahligen Sonne von Makedonien verziert waren. Die Ruderer schonten indessen ihre Kräfte und tranken Wasser aus Schläuchen, um für die bevorstehende Anstrengung bereit zu sein – bald würde ihnen das Äußerste abverlangt werden. Die Mannschaften an Deck zurrten Leinen straff, um den von den Göttern gesandten Wind voll auszunutzen. Ihren nackten, mit einem Dreizack bewehrten und mit Seetang behängten Poseidondarsteller an der Spitze, glitt die makedonische Flotte dem Feind entgegen.

Kleitos war vom Körperbau her tatsächlich ein wahrer Poseidon, wie er da mit seinem Dreizack im Bug des Schiffes einherstolzierte und sich in Pose warf. Trotzig brüllte er der herannahenden feindlichen Flotte entgegen und versprach, jedes einzelne ihrer Schiffe auf den Grund seines dunklen, nassen Reiches zu schicken. Hinter ihm überprüften die Seesoldaten und Bogenschützen ein letztes Mal ihre Ausrüstung und sandten Stoßgebete an diejenigen Götter, von denen sie sich am ehesten Beistand erhofften.

Nun trennten nur noch weniger als zehn Stadien die gegnerischen Schiffe voneinander. Kleitos wandte sich um und befahl, das Segel einzuholen und die Ruder auszufahren. Matrosen kletterten eilends den Mast hinauf und liefen über die Rah, um das Segel loszumachen. Sogleich zogen zahlreiche Hände an der gewaltigen Leinwand, damit der Wind sie nicht erfasste. Die übrigen Schiffe der ersten Linie folgten unverzüglich Kleitos' Beispiel. Segel wurden eingeholt, und den Schiffen wuchsen Flügel; die Pfeifen der Taktgeber schrillten in dem Tempo, das sie vom führenden Schiff übernahmen. Gleichzeitig tauchten die Ruder ein, und angestrengtes Stöhnen wurde laut. Ohne an Geschwindigkeit zu verlieren, glitt die Flotte weiter vorwärts.

Kleitos gab einen langsamen Takt vor, indem er seinen Dreizack rhythmisch in die Luft stieß, während er den immer geringer werdenden Abstand zwischen den beiden Flotten abschätzte. Nun konnte Krateros bereits einzelne Gestalten auf den Decks der athenischen Schiffe ausmachen: Matrosen, Seesoldaten mit bronzenen, von hohen Kammbüschen gezierten Helmen, deren Wangenklappen und Nasenstücke die Gesichter fast gänzlich verbargen. Die Armmuskeln der Männer traten hervor, als sie ihre Wurfspeere und runden Schilde hoben. Bogenschützen zu beiden Seiten der Soldaten legten Pfeile auf und hielten nasse Zeigefinger in die Höhe, um die Windrichtung zu prüfen. *Hier sind wir etwas im Vorteil, da der Wind zu unseren Gunsten steht*, sagte Krateros zu sich selbst, leidenschaftslos wie ein unbeteiligter Beobachter. Er hatte bislang nur kleine Scharmützel mit einem oder zwei Piratenschiffen erlebt, nie eine richtige Seeschlacht, und dass sich das nun ändern sollte, war eine faszinierende Aussicht. *Man weiß ja nie – auch so spät im Leben kann man noch etwas Neues lernen.*

Bei zwei Stadien Abstand steigerte Kleitos mit seinem Dreizack das Tempo, und unter schrillen Pfeifensignalen beschleunigte das Schiff auf Angriffsgeschwindigkeit. Die anderen Schiffe in der Linie taten dasselbe, und die Trierarchoi fassten nun einzelne feindliche Schiffe als Ziel ins Auge.

Für Krateros war inzwischen offenkundig, dass Kleitos keinen richtigen Plan verfolgte – es hieß einfach «Auf sie!», und jedes Schiff würde eigenständig kämpfen, wenn die beiden Flotten aufeinandertrafen.

Vor ihnen war eine Triere mit rot gestrichenem Rumpf, auf dem zu beiden Seiten des Bugs dunkle Augen aufgemalt waren. Wenn der Bugsporn aus den Wellen auftauchte, konnte man sehen, dass er mit Bronze verstärkt war, und den Bug zierte ein hölzernes Bildnis der Athena, groß und stolz, mit Speer und Schild in den Händen. Kleitos brüllte vor Wonne. Er zeigte auf das Schiff, drehte sich um und schrie dem Trierarchos Paris – einem wettergegerbten, ergrauten Veteranen, der so gar nichts mit seinem Namensvetter aus dem Mythos gemein hatte – zu: «Die gehört uns, Paris! Nimm sie, so gut du kannst. Poseidon nimmt Athena!» Die Einzelheiten des Angriffs überließ Kleitos dem Trierarchos, er selbst wandte sich wieder dem herannahenden Gegner zu und steigerte abermals das Tempo. Das Schiff – und gleich darauf auch der Rest der Flotte – beschleunigte nun auf Rammgeschwindigkeit.

Dann flogen die Pfeile: Von den Decks beider Flotten erhoben sie sich in die Luft wie Spatzenschwärme, stiegen höher, bis sie vom höchsten Punkt ihrer Flugbahn herabschnellten, um dem Feind Schrecken und Tod zu bringen. Doch der Wind spielte seine Rolle, und so erreichte die erste Salve der Athener ihr Ziel nicht, sondern erlegte allenfalls ein paar Fische. Die makedonischen Bogenschützen hatten mehr Erfolg, denn ihre Salve wurde den herannahenden Schiffen entgegengeweht. Schon gellten die ersten Schmerzensschreie über das Wasser. Wieder summten die Bogensehnen, und zahlreiche Schäfte zischten gen Himmel. Salve um Salve lösten die Bogenschützen, und nun fanden auch die Pfeile der Athener ihr Ziel. Eisenspitzen bohrten sich in die Decks der makedonischen Schiffe.

Krateros hielt seinen Schild vor sich und tat, als nähme er

die Gefahr von oben nicht wahr. Indessen wurden Feuertöpfe an Deck gebracht und zwischen den Bogenschützen aufgestellt, die einstweilen weiter in hoher Flugbahn schossen.

Die Pfeifentöne des Taktgebers gaben nun das höchstmögliche Tempo vor, sodass die Ruderer aufs äußerste strapaziert wurden. Weiter und weiter trieben sie das Schiff an; bis zum Zusammenstoß blieben keine fünfzig Schritt mehr. Die Bogenschützen wechselten nun zu Brandpfeilen, denn auf die kurze Distanz war die Wahrscheinlichkeit geringer, dass sie erloschen. Die Spuren aus Rauch, die diese Pfeile in der Luft hinterließen, schienen die beiden Flotten miteinander zu verbinden wie Leinen, mit denen die feindlichen Schiffe herangezogen wurden. Stellenweise begann es zu brennen, wo die flammenden Pfeile eingeschlagen waren, und Eimer wurden ausgegeben. Alle an Bord der Schiffe behielten nun den herannahenden Feind fest im Auge. Da nur noch dreißig Schritt sie voneinander trennten, ließen sie alle Gedanken an Brandbekämpfung oder weiteren Beschuss fahren, hielten sich fest und wappneten sich für den Zusammenstoß.

Die athenische Triere war auf weniger als fünfundzwanzig Schritt heran und kam frontal auf sie zu. Krateros schloss unwillkürlich die Augen und umklammerte die Reling. Paris rief: «Jetzt!»

Die Steuerleute rissen ihre Ruder nach Backbord herum. Die gewaltige Triere schwenkte nach Steuerbord und kreuzte so den Weg des nahenden athenischen Schiffes. Dieses stand jetzt mittschiffs in Flammen.

«Noch mal!», schrie der Trierarchos, und die Steuerleute rissen ihre Ruder in die entgegengesetzte Richtung herum, sodass die Triere wieder ihren ursprünglichen Kurs aufnahm, nun aber geradewegs auf die Ruder an der Backbordseite der

Athener zuhielt. «Ruder an Backbord einholen!», brüllte Paris zu den Ruderern hinunter.

Sie befolgten das Kommando augenblicklich, denn jeder wusste, wie es einem erging, der sein Ruder nicht rechtzeitig einzog. Der athenische Trierarchos hingegen reagierte weniger prompt, und während Kleitos lauthals eine Siegeshymne anstimmte, mähte der Bug die feindlichen Ruder ab, dass sie brachen wie trockenes Reisig. Aus dem Schiffsrumpf ertönten die Schreie der Ruderer, denen die Rippen gebrochen und die Gesichter zerschmettert wurden. Gleichzeitig nahmen Bogenschützen und Seesoldaten die Mannschaft auf dem gedrängt vollen Deck unter Beschuss; diese erwiderte Salven von Pfeilen und Wurfspeeren, sodass auf beiden Seiten Männer getroffen zusammenbrachen.

Ohne den Geschosshagel zu beachten, packte Kleitos einen Enterhaken, ließ ihn über seinem Kopf kreisen und schleuderte ihn hinüber zum feindlichen Schiff, wo er sich an der Bordwand verfing. Flink befestigte Kleitos die Leine an einer Klampe. Unten zerbrachen indessen immer mehr Ruder, und Rauch vom brennenden Deck hüllte beide Trieren ein. Mit einem Ruck spannte sich die Enterleine, sodass die Schiffe nicht weiter aneinander entlangglitten. Stattdessen wurden sie zueinander hingezogen, und Holz knirschte an Holz. Seesoldaten sprangen mit erhobenen Schilden über die Reling und stießen mit Speeren von oben zu, während die Bogenschützen den Gegnern einen stetigen Pfeilhagel entgegenschickten, bis deren Schilde mit befiederten Schäften gespickt waren. Als sie den Beschuss einstellen mussten, um nicht die eigenen Leute zu treffen, suchten sie sich andere Ziele.

Mit einer Kakophonie aus Schlachtrufen fielen die Seesoldaten beider Seiten übereinander her, Schild schmetterte gegen Schild, und Speere wurden mit Wucht von oben hinabgestoßen. Schon gellten Schmerzensschreie, und Verwundete und Sterbende brachen zusammen. Krateros zog eben in Erwägung, sich aus Interesse selbst ins Getümmel zu stürzen, da sprang Kleitos auf das athenische Schiff hinüber. Noch immer nackt, nun aber durch einen Schild geschützt, bahnte er sich einen Weg durch die Menge der Kämpfenden und bohrte dem feindlichen Trierarchos seinen Dreizack in den Hals. Indessen drängten die Makedonen die Athener mit einer raschen Folge hoher Speerstöße zurück. Krateros entschied, sich lieber nicht persönlich zu beteiligen – *ich wäre nur im Weg. Das ist etwas für jüngere Männer, und ohnehin scheinen sie ganz gut ohne mich zurechtzukommen.*

Er schaute sich um. Rauch zog in Schwaden über das Deck; keine zwanzig Schritt nach Steuerbord begannen zwei andere Schiffe ein tödliches Duell. Und dann kollidierten immer mehr zu beiden Seiten – manche schrammten mit der Breitseite aneinander, sodass die Ruder abbrachen, andere rammten sich, Bugsporne bohrten sich krachend in gegnerische Schiffsrümpfe, gefolgt von einem dumpfen Zusammenprall, dessen Laut durch den Innenraum verstärkt wurde wie der Ton einer gewaltigen Trommel. Ein Krach folgte auf den anderen, da die Frontlinien der beiden gewaltigen Flotten aufeinandertrafen und sich ineinander verzahnten. Manche Schiffe standen inzwischen lichterloh in Flammen, Rauch wölkte, und jeder war in seinen Zweikampf Schiff gegen Schiff eingeschlossen wie in eine eigene Welt.

Doch nicht alle athenischen Schiffe hatten sich beteiligt. Ihr Befehlshaber hatte es von vornherein gar nicht beabsichtigt. Er hatte nämlich durch Späher vorab erfahren, dass eine Flotte, von der man bislang nichts gewusst hatte, auf dem Weg gen Norden war. Daraufhin hatte er beschlossen, sie in eine Falle zu locken und ihrer zahlenmäßigen Überlegenheit zum Trotz zu vernichten. Als Krateros sich umschaute, sah er daher hinter seiner zweiten Linie den Rest der athenischen Flotte unter vollen Segeln mit hoher Geschwindigkeit um die Landspitze kommen, um die Falle zu schließen.

Wo es möglich war, brachen die Athener durch die erste Linie der makedonischen Flotte, um die rasch nachfolgende Reserve zu zwingen, in beide Richtungen zugleich zu kämpfen.

Krateros sah das Manöver und durchschaute den Plan sofort. *Sie wollen unsere Reserve zuerst vernichten, damit wir nicht mehr in der Überzahl sind – dieser athenische Kommandeur ist definitiv seiner Vorgänger würdig.*

Und so glitten viele der athenischen Schiffe durch die erste Linie hindurch, viele andere wurden allerdings von den Makedonen in Kämpfe verwickelt. Blut mischte sich ins Meerwasser, aufgewühlt von Männern, die verzweifelt gegen das Ertrinken ankämpften. Durch Rauch und Chaos kam voraus eine zweite Welle athenischer Schiffe in Sicht, während Krateros' Triere und die gegnerische, noch immer in tödlicher Umarmung miteinander verbunden, zu kreisen begannen.

«Paris!», rief Krateros und zeigte auf eine Diere, die auf sie zuhielt, während sie ihr die Breitseite zuwandten.

«Ruder an Steuerbord!», schrie der Trierarchos aufs Ruderdeck hinunter, denn auch er erkannte augenblicklich die Gefahr, die Krateros gewahrte. Binnen weniger Herzschläge schrillte die Pfeife des Taktgebers, und die sechzig Ruder an der Steuerbordseite, in zwei Reihen übereinander angeordnet, bewegten sich gleichzeitig; die oberen Ruder waren länger und wurden von je zwei Mann betätigt, die unteren, kürzeren nur von einem. Alle legten sich nun mit voller Kraft in die Riemen, denn durch die Ruderluken konnten auch sie die herannahende Bedrohung sehen. Immer näher kam die Diere, geradewegs auf sie zu, und dem Trierarchos war klar, dass sie ein wehrloses Opfer abgaben. In Rammgeschwindigkeit schoss das gegnerische Schiff durch die Wellen; die makedonischen Ruderer verloren den Mut, als der tödliche Bugsporn durch die schäumende See pflügte, unausweichlich auf sie zu. Ruder fielen herab, da die Männer ihre Posten im Stich ließen und zu den Niedergängen liefen, um hinauf aufs Hauptdeck zu gelangen, ans Tageslicht.

Krateros beobachtete mit morbider Faszination, wie die Athener in einer Geschwindigkeit nahten, die er für ein Wasserfahrzeug nicht für möglich gehalten hätte. Im letzten Moment duckte er sich; das Schiff wurde mit einem Ruck zurückgestoßen und dabei knirschend gegen die mit ihm verbundene athenische Triere gedrückt, als der Bugsporn unter mächtigem Krachen berstenden Holzes den Rumpf durchbohrte. Immer tiefer drang er in die Eingeweide des makedonischen Schiffes, Splitter flogen, welche Männer töteten oder verletzten, bis der Bug gegen den Rumpf krachte und die Bewegung mit einem Ruck endete. Alle drei Schiffe waren nun miteinander verbunden und schaukelten so heftig, dass niemand an Bord sich mehr auf den Beinen halten konnte. Krateros rollte auf dem Deck hin und her, bis das Schwanken nach dem Anprall schwächer wurde. Nach ein paar Herzschlägen kam er unsicher auf die Beine. Ruderer strömten von unten auf das Deck, durchnässt und aus zahlreichen Wunden blutend, Zeugnis der Verwüstung, die der Zusammenstoß angerichtet hatte.

«Sie wird sinken!», rief Paris.

«Auf die Triere!», befahl Krateros der Besatzung, die eben erst wieder zur Besinnung kam und ihre Notlage gewahrte. Die Diere begann, rückwärts zu rudern, um sich aus der unnatürlichen Verbindung zu befreien.

Krateros wusste, dass Führerschaft entscheidend für das

Überleben war. Er eilte zur Backbordreling, zog sein Schwert und sprang auf das athenische Schiff hinüber. Das Deck, durch Rauchschwaden kaum sichtbar, war schlüpfrig von Blut; Männer, die bei der Kollision eben gestürzt waren, rollten darauf herum, in Kämpfen auf Leben und Tod umklammert. Mit einem schnellen Abwärtsstich durchbohrte Krateros einen athenischen Seesoldaten, der eben versuchte, einem Makedonen die Augen auszustechen. Hinter ihm kamen Ruderer und Besatzung von dem beschädigten Schiff herüber. «Besetzt das Ruderdeck!», schrie Krateros dem erstbesten Ruderer zu. Die Männer erkannten die Wichtigkeit dieser Aufgabe, sahen sich hastig nach herrenlosen Waffen um – Messern, Schwertern oder Wurfspeeren – und stürmten den Niedergang hinunter, um es mit den gegnerischen Ruderern aufzunehmen. Deren Zahl war bereits deutlich verringert, da viele durch die abbrechenden Ruder verletzt worden waren.

Inmitten des Gemetzels fand Krateros Kleitos am Großmast, wo er gerade einem Bogenschützen die Kehle aufschlitzte. Seinen Dreizack hatte er verloren. «Wir brauchen dieses Schiff», rief Krateros ihm zu. «Das unsere sinkt.»

Kleitos schaute sich um, schien ihn aber kaum wahrzunehmen. «Was sagst du da?»

Krateros wiederholte seine Worte und zog Kleitos von dem Blutbad fort. Er blickte um sich. «Makedonen zu mir!»

Die überlebenden Seesoldaten und Bogenschützen scharten sich um ihren Führer, bereit zu einem letzten vereinten Kraftakt. Indessen flohen weitere Besatzungsmitglieder zusammen mit dem Trierarchos von dem sinkenden Schiff, das bereits deutlich tiefer im Wasser lag als das athenische. Ein kleiner Trupp Athener sammelte sich im Bug, blutbesudelt und erschöpft. Von unter Deck drangen grausige Schreie herauf, da die athenischen Ruderer niedergemetzelt wurden.

Sie waren in der Unterzahl gegenüber ihren makedonischen Kollegen, von denen immer mehr in die Düsternis des Ruderdecks hinunterstiegen.

Es dauerte ein paar Herzschläge, bis die Athener den Ernst ihrer Lage erkannten, dann warfen sie fast gleichzeitig ihre Waffen hin und fielen auf die Knie.

«Fesselt sie», befahl Kleitos, hob ein Schwert auf und ging energischen Schrittes zu dem Enterhaken. Mit einem Schlag durchtrennte er das Seil, das die beiden Schiffe miteinander verband. Das Heck der makedonischen Triere lag schwer im Wasser.

«Ich übernehme das Kommando auf dem Ruderdeck», schrie Krateros, während Paris seiner Mannschaft Befehle zurief, die Flammen zu löschen und Leichen und Trümmer fortzuräumen.

Unten im Dämmer des Ruderdecks lagen leblose Körper kreuz und quer. «Werft die Leichen über Bord und seht zu, wie viele Ruder ihr von der Backbordseite retten könnt», befahl Krateros dem Taktgeber.

«Und die Verwundeten, General?» Der Taktgeber wies auf die zahlreichen Ruderer, die mit gebrochenen Rippen und zerschmetterten Gesichtern stöhnend unter den Bänken lagen.

Krateros erkannte, dass den meisten von ihnen nicht mehr zu helfen war. «Schneidet ihnen die Kehle durch und werft auch sie durch die Ruderluken ins Wasser. Macht schon!»

Der Taktgeber wusste selbst, dass sie hilflos ausgeliefert waren, solange sie nicht manövrieren konnten. Er wandte sich ab und erteilte seinen Männern Befehle. Kehlen wurden durchgeschnitten, Leichen durch die Luken hinausgeschoben und Ruder umverteilt.

Krateros lief wieder aufs Deck. Er sah gerade noch, wie sich der Bug ihres einstigen Schiffes aus den Wellen hob, dann sank es unter dem Pfeifen entweichender Luft mit dem Heck voran in die Tiefe. Zurück blieb eine schäumende, brodelnde Wasserfläche.

Die Brände waren inzwischen unter Kontrolle. Kleitos hatte seinen Dreizack wiedergefunden und ging umher, um die Männer zu ermutigen und auf ihre Positionen zu schicken, während Paris und die Steuerleute auf Meldung vom Ruderdeck warteten. Krateros atmete tief durch und schaute sich um. Ringsumher sah er nichts als Schiffe: kämpfende, brennende, sinkende Schiffe, solche auf der Flucht und andere, die zwischen Rauch und Trümmern einfach auf dem Wasser trieben. Als er den Blick nach Westen richtete, sah er viele der athenischen Schiffe, die durch die erste Reihe der makedonischen Flotte gedrungen waren, geradewegs auf die Reservelinie zuhalten, während die andere Hälfte der athenischen Flotte sich dieser von hinten näherte.

Krateros erfasste die Situation und das Ausmaß der Konsequenzen, falls die Athener den Sieg davontragen sollten. Er lief zu Kleitos hinüber. «Wir müssen uns mit der Reserve zusammenschließen und dann hier die Stellung halten, damit ich die Armee nach Europa übersetzen kann.»

Kleitos nickte. Er schaute sich um und zählte die noch einsatzfähigen Schiffe in der nunmehr durchbrochenen ersten Linie. Viele waren nach wie vor damit beschäftigt, gegnerische Schiffe zu entern oder deren Enterversuche abzuwehren. Eine Gruppe aus wenigstens einem Dutzend Schiffen war kreuz und quer miteinander verbunden und bildete eine kleine Insel, auf der etwas ausgetragen wurde, das einer Schlacht zu Land ähnelte. Durch den Qualm war nicht auszumachen, wer die Oberhand hatte.

«Unten ist alles bereit», rief der Taktgeber durch den Niedergang herauf.

«Keinen Augenblick zu früh», sagte Kleitos mehr zu sich selbst. Er richtete seinen Dreizack nach Westen auf die Reserve, wo soeben das erste athenische Schiff eines der ihren rammte. «Paris, sieh zu, dass wir Fahrt aufnehmen, und gib Signale, dass alle, die können, sich uns anschließen sollen.»

Gegen den Wind und mit verminderter Ruderzahl beschleunigte die gewaltige Triere nur langsam, und mit jedem Ruderschlag drang das angestrengte Stöhnen der Ruderer herauf.

Die in Kämpfe verwickelten Schiffe hinter sich lassend, glitt die erbeutete Triere langsam vorwärts, gefolgt von denjenigen makedonischen Schiffen, die sich ebenfalls aus dem Schlachtengeschehen lösen konnten – insgesamt drei bis vier Dutzend. *Aber wird das genügen?* Krateros schätzte die Entfernung zur Reservelinie auf vier- bis fünfhundert Schritt. Diese Schiffe wurden indessen von den Athenern angegriffen, welche die erste Linie durchbrochen hatten; wie weit die andere Hälfte der athenischen Flotte, die ihnen in den Rücken fiel, noch entfernt war, konnte er nicht ausmachen.

Die Triere nahm nun Fahrt auf, und Kleitos stand wieder im Bug, während sie durch Wellen und umhertreibende Trümmer pflügte. Die Pfeifentöne des Taktgebers gingen beinahe im Ächzen der Ruderer unter, die sich bis zum Letzten verausgabten, denn sie wussten, das Schicksal ihrer Kameraden hing davon ab, dass sie ihnen schnell zu Hilfe kamen.

Kleitos umklammerte die Reling so fest, dass seine Fingerknöchel weiß wurden, und sang abermals die Hymne an Poseidon. Krateros neben ihm beobachtete, wie sich der Abstand zwischen den beiden Linien verringerte. *Wenn wir hier unterliegen und ich meine Armee dieses Jahr nicht mehr über den Hellespont führen kann, werden wir Griechenland verlieren, und was kommt dann als Nächstes? Gewiss der Osten. Und dann werden wir anfangen, uns gegenseitig zu bekämpfen.* Krateros schüttelte den Kopf über diese Möglichkeit, die bis vor kurzem noch undenkbar gewesen war, nun aber mit jedem Schiff, das sie einbüßten, realer schien.

Vierhundert Schritt, dreihundert, der Abstand verringerte sich stetig. Krateros hörte bereits Schreie und Kampflärm, vom Wind über die Wasserfläche herübergetragen. Als sie die feindlichen Schiffe fast erreicht hatten, wurde ihm bewusst, dass eines diesmal grundlegend anders war: Sie würden ihnen in den Rücken fallen, während die Gegner bereits nach vorn oder zur Seite kämpften, sodass sie nicht in der Lage waren, zu der neuen Bedrohung herumzuschwenken.

Mit dem Bugsporn leicht schräg zwischen die Steuerruder des Athener Schiffes vor ihnen zielend, hieß Paris die Steuerleute den Kurs halten. Indessen lösten die Bogenschützen die ersten Salven und machten damit die Athener auf die Gefahr aufmerksam, die von hinten nahte.

Doch die konnten nichts tun, da sie bereits in Kämpfe verwickelt waren, sodass ihr Heck – oder, falls sie sich gedreht hatten, die Breitseite – dem neuen Angriff schutzlos ausgesetzt war.

Die Taktgeber steigerten das Tempo, da Kleitos seinen Dreizack heftig in die Luft stieß zum Zeichen, dass alle Schiffe auf den letzten fünfzig Schritt zur Rammgeschwindigkeit beschleunigen sollten. Dann krachten sie gegen die Athener, und der Lärm übertönte selbst den gewaltigen Donnerschlag, mit dem der erzürnte Zeus ein Gewitter entfesselte. Doch es war nicht nur ein Donnerkrachen, es war ein vielfaches Stakkato der Zerstörung, da Bugsporne die hölzernen Schiffsrümpfe der Athener zertrümmerten, zum Bersten brachten, aufrissen. Krateros stürzte, als der Bugsporn seines Schiffes sich schräg in das Heck der gegnerischen Triere bohrte. Mit ihm brach ein gewaltiger Schwall Wasser ein, das durch die kleine Kabine des Schiffsführers strömte und die dünnen Wände einriss, sodass das gesamte Ruderdeck frei lag.

«Zurückrudern, zurückrudern!», brüllte Kleitos zu Paris hinüber. «Sie ist erledigt. Es wäre sinnlos, Männer zu opfern, um sie zu entern.»

Viele der Makedonen fanden sich in einer ähnlichen Lage. Sie ruderten zurück und zogen ihre Bugsporne aus klaffenden Wunden, in die Wasser einströmte.

Krateros kam wieder auf die Füße, als die Triere sich rückwärts von ihrem Opfer entfernte. Dessen Besatzung verließ nun in Scharen das sinkende Schiff. Die Bogenschützen setzten rein zum Vergnügen den Beschuss fort, sodass viele verletzt in die Wellen stürzten, aus unnötigen Wunden blutend. Und als immer mehr der makedonischen Schiffe zurückruderten, tat sich eine Lücke auf, durch welche nun die Schiffe der makedonischen Reserve kamen – sie lösten sich von ihren Gegnern, Augenblicke bevor die andere Hälfte der athenischen Flotte sie erreicht hätte. Manche, die nicht rechtzeitig entkamen, erlitten das gleiche Schicksal wie ihre Gegner: Ihr Heck wurde von einem Bugsporn durchbohrt, oder ihre Ruder wurden abgebrochen. Doch weit mehr erreichten die relative Sicherheit im Rücken der athenischen Linie. Umhertreibende Wracks und manövrierunfähig gewordene Schiffe behinderten die neu eingetroffene Verstärkung der Athener. Kleitos' Triere und viele andere zogen sich weiter zurück, den Neuankömmlingen zugewandt, während die makedonische Reserve sich um sie sammelte und wendete, ebenfalls ihren Verfolgern entgegen. Ungehindert durch Trümmer, bildeten sie eine lange, eindrucksvolle Gefechtslinie.

Stille senkte sich über die Meerenge, als die beiden Flotten einander entgegenblickten. Das Summen der Leinen im Wind und das Flattern loser Leinwand waren die einzigen Geräusche während dieser erschöpften Atempause.

Die Athener blinzelten zuerst.

«Sie haben genug, die verweichlichten griechischen Hurensöhne», rief Kleitos, als die ersten Schiffe den Rückzug antraten. «Aber wir halten die Stellung, Jungs – für heute lassen wir sie entkommen.»

Als die letzten Athener gen Westen davonruderten, ließ auch Kleitos seine Flotte wenden und in den Hafen von Abydos einlaufen, vorbei an zahlreichen zerstörten Schiffen.

«Ich schätze, wir haben mehr als fünfzig von ihnen versenkt, wenn ich diesem Bericht der Trierarchoi glauben kann», sagte Kleitos zu Krateros und hielt ein Schriftstück hoch. Es war eine Stunde später, sie saßen auf einer Treppe, die vom Kai hinunterführte, und ließen die Füße ins Wasser hängen. «Und ein paar Dutzend weitere haben wir erbeutet. Verglichen mit unseren eigenen Verlusten – sechsundzwanzig Schiffe sind gesunken, acht weitere schwer mitgenommen – würde ich sagen, wir haben heute einiges geleistet.»

Krateros war zu müde, um etwas anderes als ein Gähnen zu erwidern.

«Krateros?», ertönte eine Stimme vom oberen Ende der Treppe.

Er schaute sich um und erblickte Polyperchon zu Pferde.

«Polyperchon? Ist die Armee hier?»

«Sie wird in zwei Tagen eintreffen. Ich bin vorausgeritten – mir war zu Ohren gekommen, die Athener hätten den Hafen blockiert, und ich wollte mir selbst ein Bild von der Lage machen.»

«Guter Mann, recht so.»

«Nun, ich sehe die Lage, und ich möchte meinen, sie erscheint mir recht günstig.»

Krateros lächelte über die Untertreibung. Er wandte sich an Kleitos. «Mache dich so bald wie möglich auf den Weg und bringe den Rest der athenischen Kriegsflotte zur Strecke. Lasse mir die Transportschiffe hier, dann setze ich die Armee ans andere Ufer über, sobald sie hier ist. Wir treffen uns in vier oder fünf Tagen in Ainos oben an der thrakischen Küste, ziehen gemeinsam westwärts und schlagen die griechische Rebellion im Westen nieder.»

PHILON
DER HEIMATLOSE

Zur gleichen Zeit stand die griechische Rebellion im Osten vor ihrer größten Herausforderung, da Philon seine Männer zu dem engen Pass direkt südlich des Kaspischen Meeres führte. Durch diesen mussten alle Armeen, wenn sie sich nicht der sengenden Hitze der Wüste weiter im Süden aussetzen wollten. Zehn Tage marschierten sie nun schon in dem Wissen, dass Peithon den Pass besetzt hielt. Boten waren zum Satrapen von Medien entsandt worden, um ihm Gold anzubieten, damit er sie passieren ließ, doch Peithon hatte abgelehnt.

«Er sagte, er werde nur mit uns verhandeln, wenn wir auf unsere Posten zurückkehren, und dann würde es um Begnadigung gehen, nicht um freies Geleit», teilte Letodoros Philon mit, als er aus Peithons Lager jenseits des Passes zurückkehrte. Sie standen da und blickten auf den breiten Zugang, der sich gegen die sinkende Sonne abzeichnete. Berge ragten steil zu beiden Seiten empor. Wo der Pass anstieg, rückten sie enger zusammen, ehe sie den Weg hinaus ins fruchtbare Hochland Mediens vier Parasangen entfernt freigaben. «Ich habe alles versucht: Schmeichelei, Drohungen, Bestechung, ich habe sogar an seinen Gerechtigkeitssinn appelliert. Der ist natürlich durch und durch makedonisch geprägt, sodass die Kümmernisse von Griechen für ihn kein Gewicht haben.»

Philon überdachte seine Optionen – viele waren es nicht. «Das heißt, entweder wir kehren in den Osten zurück, oder wir nehmen die südliche Route und lassen es darauf ankommen, wie viele von uns überleben.»

«Von den Frauen und Kindern nur sehr wenige, das ist gewiss.»

«Und wenn wir endlich geschwächt und in verminderter Zahl aus der Wüste kommen, wer sagt uns, dass dann nicht eine Armee auf uns wartet, um uns den Rest zu geben?» *Wenn ich Peithon wäre, würde ich wollen, dass wir die südliche Route nehmen – so müsste er weniger Männer opfern, um uns zu schlagen.*

Letodoros schüttelte mit düsterer Miene den Kopf. «So sehe ich es auch. Im Grunde stehen wir also vor der Wahl, ob wir kämpfen oder umkehren.»

«Wenn ich den Männern befehle umzukehren, könnte ich mir ebenso gut gleich selbst die Kehle durchschneiden.»

«Und mir.»

«Ja, mein Freund, und dir. Konntest du ungefähr erkennen, wie viele Männer er hat?»

«Schwer zu sagen, aber ich schätze, weniger als wir, höchstens fünfzehntausend Fußsoldaten.»

«Das ist ermutigend, aber er kann den Ort wählen, wo er uns erwartet, wenn wir aus dem Pass kommen. Wenn er ein wenig militärischen Verstand besitzt – was der Fall ist –, wird uns unsere zahlenmäßige Überlegenheit nichts nutzen.»

«Das denke ich auch.»

So stehen die Dinge nun einmal, und ich kann nichts daran ändern – ich muss mich auf die Tatsachen konzentrieren, an-

statt mir etwas zu wünschen, das ich nicht habe und nicht bekommen kann. «Dann sei es so.»

«Wir kämpfen also, Philon?»

«Ja.»

«Das habe ich Peithon bereits angekündigt.»

«Und?»

«Er bedauerte, dass es so kommt, und sagte, es sei ihm zuwider, gute Männer zu opfern. Dann hat er mich gefragt, ob wir bereit wären, uns ihm anzuschließen.»

«Ihm anzuschließen? Gegen wen?»

«Gegen jeden, den zu bekämpfen ihm einfällt. Anscheinend haben wir seit Alexanders Tod eine Menge Entwicklungen nicht mitbekommen, da wir so abgeschnitten waren. Nach dem zu urteilen, was Peithon gesagt hat, wird das Großreich nicht mehr lange zusammenhalten.»

«Und er glaubt, er könne sich ein Stückchen vom Osten abschneiden?»

«So ungefähr.»

«Was hast du darauf erwidert?»

«Ich sagte, die Männer wollen zurück in ihre Heimat, ans Meer, nicht einen Herrn gegen einen anderen eintauschen – sie wären nicht dafür zu gewinnen, hier draußen zu bleiben. Daraufhin bot er mehr Silber an, aber ich erklärte ihm, es ginge nicht um Silber, sondern ums Meer.»

«Hat er das verstanden?»

«Natürlich nicht.»

«Er erwartet uns also.»

«Ja.»

«Dann wollen wir ihn nicht enttäuschen. Lasse die Männer vor der Morgendämmerung antreten. Wenn wir uns beeilen, sind wir ein paar Stunden vor Einbruch der Dunkelheit durch – mehr als genug Zeit, um Peithon zu vernichten.»

Der Pass hatte etwas Unheimliches an sich, wie er durch eine ansonsten undurchdringliche Landschaft aus Bergkämmen, Schluchten und steilen Felswänden hindurch anstieg. *Vielleicht ist es der Gedanke an all die Dutzenden Armeen, die über die Jahrhunderte hindurchmarschiert sind*, ging es Philon durch den Kopf. Allein schon der Name – die Kaspische Pforte – klang so bedeutungsschwer, und nun sollte an diesem Ort wieder einmal ein Abschnitt der Geschichte eine entscheidende Wendung nehmen. In Reihen zu zehn Mann nebeneinander marschierten sie durch den Pass – die Breite der Kolonne war nach der schmalsten Stelle bemessen, damit auch dort kein Rückstau entstehen würde. Das metallische Klirren ihrer Ausrüstung hallte unablässig von den hohen, zerklüfteten Felswänden wider, als würde eine endlose Herde mit Glocken behängter Ziegen durch den Pass getrieben. Die Männer redeten wenig, denn dieser Ort war ihnen unheimlich, und sie beschlich das untrügliche Gefühl, beobachtet zu werden. Nervös schauten sie sich um, warteten ängstlich darauf, dass jeden Moment eine Salve Pfeile oder Steinschlag von oben auf sie niedergehen könnte. Schon nach kurzer Zeit waren alle überzeugt, irgendwo lauere ein verborgener Feind auf die Gelegenheit zum Angriff. Und in diesem unwegsamen Gelände konnten Kundschafter nicht viel ausrichten.

Die Sonne stieg höher und brannte schon bald direkt auf die Kolonne herunter. Da kein Windhauch ging, war die Luft im Pass zum Ersticken, Schweiß lief den Männern den Rücken hinunter und glitzerte auf gebräunten Stirnen. Der Gestank ungewaschener Chitone umfing die Kolonne, machte die Atmosphäre noch stickiger und steigerte das Gefühl der Beklommenheit, das inzwischen von allen Besitz ergriffen hatte.

Philon nahm einen großen Schluck Wasser aus seinem Trinkschlauch und warf einen Blick zum Himmel hinauf, wo die flammende Sonne eben den Zenit überschritt. Aasvögel kreisten gelassen, anscheinend in der Gewissheit, dass ein derart riesiger Zug Lebender ein Festmahl in Form einer Spur aus reichlich Toten hinterlassen würde.

Die Erschöpfung wuchs mit jedem Schritt, als sie die Mitte des Passes erreichten. Philon wagte nicht, eine Rast einzulegen, da er fürchtete, nicht rechtzeitig am anderen Ende anzukommen, um Peithons Truppe zu bekämpfen und zu schlagen. «Wenn wir die Nacht im Pass verbrächten, wäre die Gefahr eines nächtlichen Angriffs groß», erklärte er einer Delegation seiner Männer, die vorgeschickt worden war, um ihn zu bitten, den Tagesmarsch zu beenden und den Weg am nächsten Morgen fortzusetzen. «Wenn wir siegen wollen, müssen wir noch heute Abend durchbrechen – gelingt uns das nicht, so wäre alles, was wir bis jetzt auf uns genommen haben, vergebens gewesen. Vertraut mir, Brüder, dann werden wir das Meer erreichen.»

Die Männer der Delegation kehrten auf ihre Plätze in der Kolonne zurück, nachdem sie versprochen hatten, jegliche Gegenrede unter den Kameraden im Keim zu ersticken.

Wenig später erschienen voraus in der flimmernden Hitze Gestalten auf Pferden.

«Bringe sie direkt zu mir, Letodoros», befahl Philon, als die Kundschafter im Galopp nahten. «Ich will die schlechten Nachrichten unverzüglich hören.»

«Er weiß, dass wir auf dem Weg sind und am späten Nachmittag eintreffen werden», teilte der Anführer des Trupps Philon mit. «Er hat seine Armee in Stellung gebracht. Jetzt lässt er die Männer sich verpflegen und ausruhen, damit sie bei unserer Ankunft voll bei Kräften sind.»

Die Miene des Kundschafters verriet deutlich, dass der

Mann es für den Gipfel der Tollkühnheit hielt, noch an diesem Tag anzukommen. Philon achtete nicht darauf. «Konntest du sehen, wie sie sich formiert haben?»

Der Mann besann sich kurz, ehe er antwortete. «Seine Phalanx, acht- bis zehntausend Mann stark, steht wenig überraschend auf dem ebenen Grund direkt gegenüber der Mündung des Passes, nach vorn abgeschirmt durch eine Linie Bogenschützen und Schleuderer. Die Haupttruppe seiner Kavallerie, bestehend aus schweren Lanzenreitern, steht auf dem rechten Flügel, unterstützt durch Peltasten. Und dann sind da noch ein paar einheimische Rekruten zur zahlenmäßigen Verstärkung, weit hinten, wo sie nicht im Weg sind. Der Rest seiner Peltasten und die berittenen Bogenschützen sind auf dem linken Flügel in Stellung, abgeschirmt durch leichte Infanterie mit Wurfspeeren.»

«Berittene Bogenschützen? Wie viele?»

«Knapp tausend, würde ich schätzen. Aber das Seltsame ist: Hinter ihnen befindet sich eine kleine Anhöhe, die anscheinend nicht besetzt wurde. Wenn es uns gelänge –»

«Wenn es uns gelänge, die zu besetzen, dann hätten wir diese Hälfte des Schlachtfelds unter Kontrolle.» Philon spürte das Prickeln aufkeimender Hoffnung.

«Ich werde es tun, Herr», erbot sich Letodoros. «Ich nehme die dreitausend Mann meiner Taxeis, führe sie im Eilmarsch aus dem Pass und bin schon auf dieser Anhöhe, ehe Peithon recht begriffen hat, was vor sich geht. Die berittenen Bogenschützen werden nicht versuchen, in unsere Reihen vorzustoßen, sondern uns lediglich aus der Distanz unter Beschuss nehmen, und das sind wir vom Eskortieren von Karawanen schon gewohnt. Die Peltasten und die leichte Infanterie werden uns überhaupt nicht behelligen. Wir schaffen das.»

Philon sah es im Geiste schon vor sich. «Ja, Letodoros, das

denke ich auch. Wenn die anderen euch dort oben sehen, wird schon der bloße Anblick sie ermutigen. Tu es, und tu es schnell.»

Letodoros lächelte gelassen und fasste Philon an der Schulter. «Das werde ich. Wenn ihr aus dem Pass kommt, werdet ihr euren Augen nicht trauen.»

Die Sonne verlor an Kraft, während sie gen Westen sank. Philon sah die letzten paar Einheiten unter Letodoros' Kommando nach rechts verschwinden, als sie den Pass hinter sich ließen und ihr Tempo steigerten. Er schaute sich um und reckte eine Faust in die Luft. Seine Männer hatten eben ein letztes Mal ihre Ausrüstung überprüft, ehe sie in die Schlacht zogen; nun richteten sie sich auf und holten tief Luft. Allen war klar: Es würde hart werden. Schon schnellte Philons Faust hinab, er setzte sich im Laufschritt in Bewegung und die erste Einheit mit ihm. Eine nach der anderen fielen die Einheiten in Laufschritt und folgten ihrem Feldherrn aus der Kaspischen Pforte hinaus, einem Feind entgegen, der weit besser vorbereitet war, als sie es irgend sein konnten.

Schwer atmend von dem Lauf mit voller Ausrüstung, verließ Philon die Mündung des Passes und sah vor sich die gewaltige makedonische Armee in Formation aufgestellt. Den größten Teil seines Blickfelds nahm ihre Phalanx ein, düster und bedrohlich, mit Tausenden Lanzen bewehrt, die sechzehn Fuß hoch aufragten und mit scharfen Eisenspitzen versehen waren. Links davon erblickte er die Keilformationen der schweren Kavallerie, deren Lanzenspitzen im Schein der sinkenden Sonne hinter ihnen golden glänzten. Er betete, diese Einheit möchte nicht bereits auf ihn losgelassen werden, während er noch versuchte, seine Leute in Stellung zu bringen. Die Götter erhörten sein Gebet, und er stürmte mit seinen Mannen davon, die ihm eilends folgten, um sich an der äußersten linken Flanke zu formieren. Erst als er die erforderliche Position erreicht hatte und die Offiziere dieser ersten Einheit das Kommando übernahmen, drehte Philon sich um und hielt nach Letodoros Ausschau. Sein Herz tat einen Sprung, als er sah, dass die Männer seines Stellvertreters tatsächlich die Anhöhe besetzt hatten; auf den Hängen wimmelte es nur so von ihnen, und sie hatten nun diesen Teil des Geländes unter ihrer Kontrolle. Um dort die Oberhand zu gewinnen, würde Peithon sie in blutigen Kämpfen von ihrer Stellung vertreiben müssen.

Von neuer Zuversicht durchströmt, richtete Philon seine Aufmerksamkeit wieder auf seine Einheit, doch plötzlich stieg Übelkeit in seiner Kehle hoch, und er fuhr mit einem Ruck wieder zu der Anhöhe herum. Ihm stockte fast der Atem, als er erkannte, wie Letodoros' Männer sich formiert hatten: Sie standen seinen Truppen zugewandt, nicht denen Peithons.

Verrat.

Die Erkenntnis dessen, was Letodoros getan hatte, lief in Windeseile durch die ganze Armee; der Versuch, in Stellung zu gehen, geriet ins Stocken.

«Kameraden! Kameraden!» Der Ruf ertönte aus den makedonischen Linien. Ein Reiter auf einem weißen Ross kam auf sie zu, bis er auf halber Strecke zwischen den beiden Seiten anhielt. «Ich bin Peithon, einer von Alexanders Leibwächtern. Viele von euch kennen mich.» Er verstummte und ritt vor der griechischen Linie auf und ab, damit alle sehen konnten, dass er tatsächlich der war, für den er sich ausgab. Als er sich Philons Position näherte, verlangsamte er und zeigte auf ihn. «Philon! Du kennst mich – wer bin ich?»

Es ist vorbei, mit Feindseligkeit kann ich jetzt nichts mehr erreichen. «Ich kann für dich bürgen, Peithon. Was willst du?»

«Nichts, das ihr Griechen euch nicht leisten könntet: Ich will dich, und zwar lebend.»

«Wozu willst du mich lebend?»

«Damit du mir hinfort dankbar bist, dass ich dich verschont habe. Schau dich um, Philon: Rückzug ist unmöglich. Wir würden euch abschlachten, während ihr versucht, durch den Pass zu fliehen. Und vorwärts kommst du ohne Schlacht auch nicht weiter, doch da Letodoros und seine Männer zur Vernunft gekommen sind, kannst du diese Schlacht unmöglich gewinnen. Also, was wählt ihr, Griechen? Das Leben oder den Tod?»

Die Frage brauchte nicht erst diskutiert zu werden, denn allen war klar, dass Peithon ihre Lage zutreffend dargestellt hatte. *Wenn ich mir noch irgendwelche Autorität über meine Männer bewahren will, muss ich ein Beispiel geben.* Philon trat vor und warf mit übertriebener Geste, damit alle es sahen, seinen Schild und Speer von sich. Dann zog er sein Schwert aus der Scheide und ließ es fallen.

Mächtiger Jubel erhob sich von der Rebellenarmee, als den Männern klarwurde, dass sie am Leben bleiben würden und ihren Traum vom Meer nicht endgültig begraben mussten. Für einen Moment hatten sie dem Tod ins Auge geblickt, doch nun wussten sie, heute würden sie nicht sterben. Speere und Schwerter wurden fortgeworfen, und die Soldaten gingen der gegnerischen Armee entgegen, um sie zu begrüßen, denn viele der Männer kannten sich von gemeinsamen Feldzügen. Festtagslaune kam auf, als die beiden Seiten aufeinandertrafen, Männer umarmten sich und klopften einander auf die Schultern, begannen Gespräche über Entbehrungen und Schlachten, teilten Erinnerungen an Kameraden, die nicht mehr am Leben waren.

«Komm mit mir, Philon», sagte Peithon in einem Ton, der keinen Widerspruch zuließ.

Bei Einbruch der Nacht herrschte im makedonischen Lager allgemeine Trunkenheit, und beide Seiten feierten ihre neuentdeckte Freundschaft. Gelächter und Rufe drangen laut bis in Peithons Lederzelt, wo Philon Letodoros voller Verachtung ansah, während sie auf den makedonischen Feldherrn warteten. «Warum hast du das getan?»

Letodoros zuckte die Achseln. «Aus den üblichen Gründen: Gier und Selbsterhaltung.»

Philon spuckte aus. «Ich dachte, wir seien Freunde. Ich dachte, dir läge wirklich etwas daran, die Heimat wiederzusehen.»

«Dem ist auch so. Aber als ich Peithons Armee sah, wurde mir klar, dass ich es mit einer so großen Truppe nicht bis in die Heimat schaffen würde – uns würde immer irgendwo eine Armee auflauern, selbst wenn wir diese besiegten. Ein kleinerer Trupp aus einem halben Dutzend Männern mit Geld hätte weit bessere Aussichten, und dank Peithons Großzügigkeit besitze ich nun dieses Geld.»

«Du meinst wohl, dank deinem Verrat.»

Letodoros blickte gekränkt drein und trank einen Schluck von seinem Wein. «Das ist ungerecht. Ich habe unser aller Leben gerettet. Die meisten der Jungs werden zurück in den Osten geschickt werden, mit Peithon als ihrem Gönner – er wird künftig ihren Sold bezahlen, und sie werden seine Männer.»

«Und du?»

«Ich werde meinen Ruhestand genießen – am Meer.»

«Du Hurensohn.» Philon wollte sein Schwert ziehen, doch dann wurde ihm wieder bewusst, dass es ihm abgenommen worden war, nachdem er sich ergeben hatte.

Letodoros schnalzte mit der Zunge und klopfte auf sein Schwertheft – als Beweis von Peithons Vertrauen durfte er seine Waffe behalten. «Also wirklich, Philon – selbst wenn du bewaffnet wärst, was würde das jetzt nutzen?»

«Ich würde mich sehr viel besser fühlen.»

«Und Peithon würde dich hinrichten lassen. Nicht wahr, Peithon?»

«Was?», fragte Peithon, der in diesem Moment das Zelt betrat. Als er die Plane am Eingang auseinanderschlug, drang der Lärm des Gelages lauter ins Innere.

Letodoros wiederholte seine Worte.

«Ich würde nicht zögern, Philon – du bist Grieche. Aber es wäre mir lieber, wenn du mir dienst.»

«In welcher Form?», fragte Philon, ohne Letodoros aus den Augen zu lassen.

Der Lärm aus dem Lager wurde noch wüster, die Rufe und Schreie von Kämpfen unter den Betrunkenen übertönten nun die allgemeine Ausgelassenheit. Peithon lauschte einen Moment lang mit schiefgelegtem Kopf, dann achtete er nicht weiter darauf. «Ich beabsichtige, den Osten zu erobern, und mit deinen Männern könnte ich ihn halten.»

«Und was, wenn wir nicht dort bleiben wollen?»

«Dann werdet ihr hier sterben.»

Philon überdachte seine Möglichkeiten, während die Geräusche draußen sich weiter steigerten. «Was bietest du uns als Bezahlung?»

«Das Übliche zuzüglich eures Lebens – also eine ganze Menge.»

Nun wurden ganz in der Nähe durchdringende Schreie laut. Peithon legte abermals den Kopf schief, und diesmal entschied er, der Sache nachzugehen. Philon und Letodoros folgten ihm hinaus ins Lager. Es war von lodernden Fackeln und Feuern erhellt, in deren Schein Hunderte Gestalten kämpften. Es dauerte ein wenig, bis Philons Augen sich an das schwache

Licht gewöhnt hatten. Als er das Massaker gewahrte, wurde er bleich. «Gebiete ihnen Einhalt, Peithon. Das ist nichts anderes als Mord.»

Peithon sah verblüfft, wie seine makedonischen Soldaten mit allen Waffen, die gerade zur Hand waren, über die unbewaffneten Griechen herfielen. Schwerter, Messer, Lanzen und Speere, ganz gleich, zum Töten taugte alles, und Töten war das, was sie im Sinn hatten. «Ich habe das nicht befohlen. Welchen Nutzen hätte ich davon?»

Der Ausdruck in Peithons Augen bewog Philon dazu, ihm zu glauben. Voller Grauen sah er zu, wie Kehlen aufgeschlitzt und Bäuche durchbohrt wurden; ein Veteran schrie gellend, als ihm beide Hände abgeschlagen wurden, die er schützend vor das Gesicht gehoben hatte. Ein anderer saß auf dem Boden und starrte entsetzt auf den Haufen schleimiger Eingeweide in seinen Händen hinunter, bis eine Klinge ihm den Kopf abtrennte und Blut spritzte, dunkel im Fackelschein. Da und dort hatten sich die Griechen zu kleinen Pulks zusammengeschlossen, um notdürftig Widerstand zu leisten, doch die Versuche waren zum Scheitern verurteilt, da sie alle entwaffnet worden waren. Gnadenlos wurden sie von denselben Männern niedergemetzelt, mit denen sie kurz zuvor noch Speise und Trank geteilt hatten.

Durch all dieses Morden hindurch marschierte ein Trupp Männer, alle schwerbewaffnet und mit Schilden bewehrt, mit denen sie ihren Befehlshaber deckten. Dieser schritt großspurig in ihrer Mitte einher, mit hohem Helmbusch und edlem Mantel. So kamen sie auf Peithons Zelt zu und stießen alle beiseite, die ihnen im Weg waren.

«Seleukos», sagte Peithon beinahe flüsternd, als der Offizier sich näherte.

«Ja, Peithon», erwiderte Seleukos mit liebenswürdigem

350

Lächeln. «Ich bin es wirklich, und du freust dich gewiss ungemein, mich zu sehen?»

«Hast du das hier befohlen?»

Seleukos schaute sich um, wie um festzustellen, auf was genau Peithon sich bezog. «Ach, du meinst die Gerechtigkeit, die den Fahnenflüchtigen widerfährt – nein, Peithon, ich habe das nicht befohlen. Ich habe lediglich ein paar der Offiziere an ihre Pflicht gegenüber den Königen und Perdikkas erinnert – sie haben dann wohl die entsprechenden Befehle erteilt. Recht so, denn ich hätte es schrecklich gefunden, wenn du den unverzeihlichen Fehler begangen hättest, Abschaum wie diesen in deine Armee aufzunehmen.»

«Ich –»

«Versuche nicht, es zu leugnen, Peithon – du hast nicht den Intellekt dazu, überzeugend zu lügen. Du sprichst klar und geradeheraus, so warst du schon immer, und du wirst auch immer so bleiben. Nun, ich schlage dir Folgendes vor: Wir töten sie bis auf den letzten Mann ...» Er hielt inne und schaute Philon an, dann Letodoros. «Ausgenommen vielleicht diese beiden hier – es kann gut sein, dass Perdikkas gern ein vertrauliches Gespräch mit ihnen führen würde. Und dann löst du die Garnisonen im Osten mit deinen Männern ab und führst den Rest deiner Armee nach Ekbatana. Ich bringe die Truppen, die Perdikkas dir geliehen hat, zurück zu ihm nach Kappadokien. Anschließend bleibst du in Ekbatana und benimmst dich, tust, was immer Perdikkas von dir verlangt, und wenn du ein ganz braver Junge bist, wird Perdikkas dir vielleicht irgendwann einmal verzeihen, dass du versucht hast, ihm den Osten zu entreißen. Leugne ja nicht, dass das deine Absicht war.» Er wandte sich an Letodoros und tat, als könne er sich nur mit größter Mühe auf dessen Namen besinnen. «Letodoros! Ist es nicht so, Letodoros?»

Letodoros war eifrig darauf bedacht, dem neuen Herrn der Lage zu Diensten zu sein. «Ja, Seleukos. Er hat zu uns gesagt, er wolle den gesamten Osten für sich.»

«Und wie viel war er bereit, euch zu zahlen?»

«Das musst du Philon fragen – er war derjenige, der mit ihm verhandelt hat, nachdem ich das Angebot rundheraus abgelehnt hatte.»

«Du verlogener Hurensohn!», rief Philon. Seine Faust traf schmetternd das Gesicht seines einstigen Stellvertreters und zertrümmerte dessen Nase, so wütend war er über den Verrat und das Massaker an seinen Männern, das noch immer im Gange war. Er stürzte sich auf Letodoros, packte ihn mit einer Hand an der Kehle und griff mit der anderen nach seinem Schwert. Durch den Schwung stürzten beide zu Boden, wo ein wildes Gerangel entstand. Philon drückte seinem Gegner die Kehle zu, riss mit der anderen Hand das Schwert aus der Scheide und rammte es ihm mit einem schnellen Stoß unter die Rippen. Blut quoll aus Letodoros' Mund, und sein Gesicht verzerrte sich zu einem Ausdruck des Schmerzes und der Überraschung.

Es war das Letzte, das Philon sah.

KRATEROS
DER FELDHERR

Krateros hob den Schleier seiner neuen Frau an, schob ihn über ihren Kopf zurück und intonierte die rituelle Formel, durch die Philas Übergang aus Antipatros' Familie in die seine besiegelt wurde. Philas Schwestern Eurydike und Nikaia sowie ihre Cousine Berenike begleiteten die Braut. Der alte Regent und seine Frau sprachen als Erste ihre Glückwünsche aus, als Krateros seine frischgebackene Ehefrau den versammelten Würdenträgern präsentierte, welche der Hochzeit in dem riesigen Saal des Königspalastes zu Pella beiwohnten.

«Ich hoffe, du zeugst viele Söhne mit ihr», sagte Antipatros mit wissendem Lächeln zu seinem neuen Schwiegersohn. «Wenn sie nach ihrer Mutter kommt, ist sie fruchtbarer Boden.»

«Vater!», rief Phila aus, und die Röte schoss ihr ins Gesicht. «Sprich nicht so vor unseren Gästen.»

«Nun, es ist ja nicht so, als wärst du eine Jungfrau», murmelte Eurydike. Nikaia unterdrückte prustend ein Lachen und hielt sich den Mund zu.

«Schäme dich, Mann», rügte Hyperia ihren Gemahl und überhörte dabei geflissentlich die Bemerkung ihrer zweitältesten Tochter. «Es ziemt sich nicht, auf einer Hochzeit so zu reden.»

Antipatros versetzte seiner Frau einen kräftigen Klaps aufs Hinterteil, woraufhin sie entrüstet aufschrie – allerdings mit einem kleinen Funkeln in den Augen, das Krateros nicht entging. «Unfug, meine Liebe – gerade auf einer Hochzeit kann man so reden, schließlich dreht sich alles um Fortpflanzung und das Vergnügen, das wir dabei haben. All dieses Gerede davon hat mich in Stimmung gebracht, also halte dich gleich nach dem Festmahl für Zuwendungen bereit.»

Krateros lachte wider Willen, was ihm einen heftigen Stoß in die Rippen von Phila eintrug. Er setzte eine ernsthaft-würdevolle Miene auf. «Ich bete darum, dass unsere Verbindung sich für unsere beiden Familien als gleichermaßen produktiv erweisen möge.»

«Das wird sie gewiss», erwiderte Antipatros und beäugte dabei verstohlen die Brüste seiner Frau.

«Als Zeichen des wechselseitigen Vertrauens, das nunmehr zwischen uns herrscht, und auch als Geste des Respekts eines Sohnes vor seinem Vater unterstelle ich meine Armee und Kriegsflotte nach Kleitos' Rückkehr deiner Führerschaft in dem bevorstehenden Feldzug gegen die griechischen Rebellen. Außerdem biete ich dir meine Dienste als dein Stellvertreter an.»

Bei diesen Worten horchte Antipatros auf und vergaß einstweilen die Brüste seiner Frau. Er schaute Krateros dankbar an. «Wenigstens du verstehst, dass Zusammenarbeit nicht in einem Gremium am besten funktioniert, sondern in Form einer klaren Hierarchie. Diese großmütige Geste wird es uns beiden sehr erleichtern, den Griechen eine Lektion zu erteilen.»

Ein Bürgerkrieg wird so vermieden, und wenn du in ein paar

Jahren stirbst, alter Mann, werde ich der neue Befehlshaber deiner Armee und dessen, was von Leonnatos' und meiner noch übrig ist. Ganz gleich, was dein Sohn Kassandros sich einbilden mag. «Das ist mein Wunsch.»

«Was wir brauchen, ist Ordnung mit einer starken, klaren Befehlskette.»

«Dem stimme ich zu, und deshalb habe ich das Angebot gemacht. Das Hauptproblem für Perdikkas besteht darin, dass die meisten unserer Kollegen sich geweigert haben, sich seinem Willen unterzuordnen. Ich hoffe daher, wenn ich mich dir zur Verfügung stelle, wird das eine Signalwirkung auf andere Truppenführer haben, dass es keine Schande ist, würdigen Männern zu dienen. Vielleicht können wir künftig noch ein paar mehr unter unserem Banner versammeln.»

Antipatros begriff sofort, was gemeint war. «Ein Bündnis gegen Perdikkas schmieden? Aber ich werde bald Nikaia als seine Braut zu ihm schicken.»

«Womit er in der gleichen Position sein wird wie ich – und sieh, was ich eben getan habe.»

«Aber er würde mir niemals seine Truppen unterstellen.»

«Vielleicht nicht, doch er wird sehen, wie hoch ich dich achte, und erkennen: Wenn ich bereit bin, mich dir unterzuordnen, nicht jedoch ihm, dann könnten andere sich womöglich ebenso verhalten, sollte er weiterhin versuchen, sich selbst zu einem neuen Alexander aufzuschwingen.»

«Mit anderen Worten: Ein Krieg wird weniger wahrscheinlich, wenn er einfach nur meine Tochter heiratet und sich um seine eigenen Angelegenheiten kümmert.»

Krateros neigte den Kopf. «Ganz genau. Ich denke, die meisten von uns erkennen inzwischen, dass es nie wieder ein geeintes Großreich geben wird und wir auf nichts Besseres hoffen können, als dass es mit möglichst wenig Blutvergießen in seine Teile zerfällt. Nur so haben wir eine Chance zu halten, was wir besitzen, und zu verhindern, dass die Stämme im Norden und Osten ihr Glück versuchen.»

«Ich begnüge mich also mit Makedonien, mit dir als meinem Erben?»

«Schwiegervater, lass uns das beim Hochzeitsmahl besprechen.»

Die männlichen Gäste waren in ausgelassener Stimmung, als sie, angeführt von Nikanor und Iolaos, zum wiederholten Male auf die Manneskraft des Bräutigams tranken und auf die Reinheit der Braut, von der alle wussten, dass sie nicht mehr vorhanden war. Sklaven liefen geschäftig zwischen den Tischen umher, um Wein nachzuschenken und immer neue Speisen aufzutragen, auf Platten und in Schüsseln, die prächtig mit Bildern von Athleten, Göttern und Kriegern verziert waren.

Krateros gestattete sich zum ersten Mal, seit er Kilikien verlassen hatte, einen Rausch, ohne sich darum zu sorgen, dass dies seine Leistungen in der Hochzeitsnacht beeinträchtigen könnte. Phila speiste mit den übrigen Frauen in einem abgetrennten Bereich, sodass niemand da war, der Einwände erhoben hätte. Und außerdem war sie bereits bestens mit seiner Manneskraft vertraut.

Fast ein Jahr war vergangen, seit Alexanders Tod die Welt erschüttert hatte. Krateros empfand nun Erleichterung darüber, dass er seinen Stolz hinuntergeschluckt und sich auf Antipatros' Seite gestellt hatte, denn dieser besaß erwiesenermaßen einen scharfen politischen Verstand und würde ein nützlicher Verbündeter gegen Perdikkas sein. Nachdem Leonnatos aus dem Weg war – ein Glücksfall, auf den er nicht zu hoffen gewagt hätte –, war er, Krateros, die nächstliegende Wahl, wenn es darum ging, wer nach Antipatros' Tod das Amt des Regenten in Europa übernehmen sollte. Und anders als das Königtum wurde das Amt des Regenten nicht vererbt, daher würde Kassandros keinen Anspruch auf den Posten seines Vaters haben. *Ja, alles in allem ist das hier ein äußerst geschickter Zug – was ist schon ein wenig angekratzter Stolz, wenn ich auf das langfristige Ziel schaue, den Westen unter meine Herrschaft zu bringen. Soll Perdikkas meinetwegen Babylon und den Osten behalten, Eumenes kann Kappadokien gern haben, und niemand wird je Ptolemaios aus Ägypten vertreiben. Nein, ich begnüge mich hiermit.* Er hob seinen Becher und trank auf sich selbst, schwelgte in der Aussicht auf den bevorstehenden Feldzug und die Gelegenheit, einmal wieder wirklich Soldat zu sein, größtenteils frei von der Politik, nun, da Antipatros ihn gegen diese abschirmen würde. *Und was noch besser ist: Es werden Griechen sein, gegen die ich kämpfe, nicht meine eigenen Landsleute.*

«Wir lassen Polyperchon als amtierenden Regenten hier in Pella zurück, und Nikanor befehligt die Garnison, wenn wir gen Süden ziehen», lallte Antipatros. «Gemeinsam sind sie in der Lage, Aiakides abzuwehren, sollte der kleine Hurensohn noch einmal die Muskeln von Epirus spielen lassen. Allerdings rechne ich eher nicht damit, nachdem die Zauberin Olympias verschwunden ist und er niemanden hat, der seinen Schwanz steif werden lässt.»

«Wissen wir eigentlich, wohin sie verschwunden ist?», erkundigte sich Krateros, während er seinen Becher wieder einmal neu füllen ließ.

«Ich habe keine Ahnung. Von mir aus kann sie so lange verschwunden bleiben, wie es ihr beliebt – ein Problem weniger, mit dem ich mich herumschlagen muss.»

Krateros hob seinen Becher. «Trinken wir auf die Abwesenheit von Problemen.» Er stürzte den Wein in einem Zug hinunter, und die übrigen Feiernden folgten seinem Beispiel.

Allerdings hatte er ein sehr großes Problem: Nun, da er nach Leonnatos' Tod Anspruch auf Kleinphrygien erhoben hatte, drängte es ihn zu erfahren, was in den Köpfen von Antigonos und Menandros vorging, den Herrschern zweier angrenzender Satrapien. Lysimachos, der Satrap der dritten, hatte Krateros' Armee durch sein Territorium Thrakien ziehen lassen, ohne für das benötigte Futter für Pferde und Zugtiere einen allzu überzogenen Preis zu fordern. Lysimachos hatte sogar persönlich mit Krateros zu Abend gegessen, während dieser auf der Nordseite des Hellespont darauf gewartet hatte, dass seine Armee übergesetzt wurde. Hierbei war deutlich geworden, dass der Satrap von Thrakien keine Ambitionen hatte, sein Territorium nach Süden auszudehnen – er konzentrierte sich darauf, die wilden thrakischen Stämme im Norden zu unterwerfen. Beim Abschied hatten sie Freundschaftsgeschenke ausgetauscht, doch Krateros wiegte sich nicht in falscher Sicherheit – er wusste, sollte Lysimachos erfolgreich sein, dann könnte er aus seinen wilden neuen Untertanen eine gewaltige Armee rekrutieren. Er war ein Mann, auf den man in Zukunft ein Auge haben musste.

Aber was war mit Antigonos und Menandros? Und nebenbei auch mit Asandros in Karien? Würden sie tatenlos zusehen, wie er langsam zu größerer Macht aufstieg? Würden sie erkennen, was in Wahrheit sein langfristiges Ziel war, nun, da er sich Antipatros' Gunst gesichert hatte? Sehr wahrscheinlich würden sie es durchschauen, aber würden sie etwas unternehmen?

So sinnierte er über das komplexe Unterfangen des Aufstiegs zur Macht, bis ein Lärmen an der Tür ihn aus seinen Gedanken riss, gerade als wieder einmal ein Trinkspruch ausgebracht wurde. «Wo ist er? Wo ist er?»

Krateros kannte die Stimme nur zu gut, und gleich darauf

erschienen unter dem Jubel aller Anwesenden die Spitzen eines Dreizacks in der Tür.

«Krateros!», rief Kleitos quer durch den Saal. «Ich bin gekommen, um dir das beste aller Hochzeitsgeschenke zu bringen.» Er hielt inne, um sich in eine Pose zu werfen, die er offenbar für überaus göttergleich hielt, seinen Dreizack über den Kopf erhoben und eine Hand auf die Hüfte gestemmt. «Vor zwei Tagen habe ich die athenische Kriegsflotte besiegt, als sie die Meeresstraße bei Amorgos besetzen wollte. Alle ihre Schiffe wurden zerstört oder erbeutet. Zwischen hier und Piräus ist nichts mehr.»

Diese Meldung rief den größten Jubel des Tages hervor – es war die Nachricht, auf die alle gewartet hatten.

Antipatros wandte sich an Krateros, während ihnen beiden Wein nachgeschenkt wurde. «Mir scheint, du könntest gerade noch Zeit haben, meine Tochter zu schwängern, ehe wir gen Süden marschieren.»

«Gewiss, aber erst noch etwas Wein», erwiderte Krateros und hob seinen Becher. «Auf die Flotte und Kleitos.»

Die Flotte war parallel zur Armee an der thessalischen Küste hinuntergefahren, Flecken auf dem azurblauen sommerlichen Meer, die Segel von einem nördlichen Wind gebläht, begleitet von Scharen von Möwen, die sich von den Abfällen der Schiffe ernährten. Doch anders als beim vorigen Mal, als das makedonische Heer südwärts marschiert war, hatte es diesmal vom Meer her nichts zu befürchten – die Flotte war nur dazu da, die Armee aus fünfzigtausend überwiegend unberittenen Männern zu verpflegen, damit sie nicht durch einen langen, schwerfälligen Gepäcktross gebremst wurde. Schnelligkeit war entscheidend, denn es galt, die Rebellen zur Strecke zu bringen, ehe sie von Antipatros' Marsch gen Süden hörten.

Und in der Tat sollte sich die Schnelligkeit auszahlen, wie sich nun zeigte, als Krateros, Antipatros und Magas den Bericht des Befehlshabers der Einheit leichter Kavallerie hörten, die eben von Erkundungen im Binnenland zurückgekehrt war. «Ein Drecksloch, das sich Krannon nennt, Herr – es liegt etwa sechs Parasangen westlich von hier. Dort hausen rund zwei Dutzend alte Männer, ein paar alte Weiber, die zusammen vielleicht noch ein halbes Dutzend Zähne haben, und die Gemeindeziege, bei der die Männer sich abwechseln. Die Jünglinge sind allesamt Rebellen, und die jungen Frauen sind ihnen zu Diensten – du weißt doch, wie sehr die Männer hierzulande ihren Schwestern und Cousinen zugetan sind?»

«Ja, ja.» Antipatros winkte ab – er interessierte sich nicht für die vielen Beobachtungen des Kundschafters bezüglich der Gepflogenheiten der Einheimischen. «Also, was gibt es dort in Krannon, das Antiphilos und Menon interessieren sollte?»

Der Kundschafter, dessen Gesicht wie gegerbtes Leder war und dessen Atem nach rohen Zwiebeln und Knoblauch stank, nahm seinen breitkrempigen Sonnenhut ab und kratzte sich den grindigen, kahlen Kopf. «Nun, die Feldfrüchte sind es nicht, das steht mal fest. Die meisten Höfe sind wegen des Krieges verwahrlost. Aber das Gelände ist für unsere Zwecke geeignet: Abgesehen von der Anhöhe, wo sie ihr Lager aufgeschlagen haben, ist es eben.»

«Eben?»

«Ja, Herr, eben.»

Antipatros warf dem Mann eine Münze zu und entließ ihn.

«Wir haben sie in offenem Gelände erwischt», stellte Krateros fest, während der Kundschafter das Zelt verließ.

Antipatros hatte Zweifel. «Haben wir das? Oder wollen sie es uns nur glauben machen?»

«So oder so, wenn wir morgen bis zum späten Nachmittag

dort sind, können wir sie stellen und die Sache ein für alle Mal zu Ende bringen.»

«Sofern sie von ihrer Anhöhe herunterkommen», gab Magas zu bedenken. «Die Jungs kämpfen nicht gern bergauf, wenn es sich vermeiden lässt.»

Krateros schüttelte den Kopf. «Wenn wir sie auf dieser Anhöhe überraschen, haben sie zwei Möglichkeiten: Sie können den geordneten Rückzug versuchen, dann setzen wir ihnen auf dem ganzen Weg bis zu den Thermopylen zu und treiben sie dort in die Enge. Oder sie kommen herunter und kämpfen, denn wenn sie auf der Anhöhe bleiben, werden wir sie aushungern.»

Antipatros setzte sich seufzend. «Das ebene Gelände ist günstig für ihre Kavallerie.»

«Das sind überwiegend thessalische leichte Plänkler, nur ein Viertel besteht aus schweren Reitern, und alle haben Wurfspeere, keine Lanzen. Selbst wenn sie die fünftausend noch bei sich haben, die dir von der Fahne gegangen sind, können sie es dennoch nicht mit unseren zweitausend schweren Lanzenreitern und tausend leichten aufnehmen. Wenn wir sie zu überstürztem Handeln verleiten und unschädlich machen können, ist der Rest eine simple Prügelei zwischen Fußtruppen, so, wie die Jungs es lieben.»

«Das hoffe ich. Wie dem auch sei, haben wir eine Wahl? Wenn wir sie jetzt nicht angreifen, zieht sich der Feldzug noch bis zur Erntezeit hin, und dann werden die Männer unmutig.» Antipatros dachte kurz nach. «Die Männer der Gegenseite allerdings auch, und bei denen ist es weit wahrscheinlicher, dass sie einfach nach Hause gehen.»

«Dennoch solltest du das Risiko nicht eingehen. Vergiss nicht, viele von ihnen sind Söldner, die haben keine Höfe und keine Ernte, die sie einbringen müssten.»

Antipatros erhob sich und schlug sich auf den Schenkel – sein Entschluss war gefasst. «Du hast recht. Magas, lass Rationen für zwei Tage ausgeben. Wir brechen eine Stunde vor der Morgendämmerung auf, und es wird ein strapaziöser Eilmarsch. Krateros, ich will, dass du die Kavallerie befehligst, ich selbst übernehme die Infanterie. Wir werden ihnen schnell den Garaus machen.»

Doch ganz so einfach sollte es nicht werden. Krateros ermüdete allmählich. Seit elf Tagen hatte er seiner Kavallerietruppe keine anderen Befehle erteilt, als sich morgens zu formieren – die Lanzenreiter dicht hinter der rechten Flanke der Phalanx und die leichten Reiter ein Stück vor ihrer linken Flanke – und sie dann sechs Stunden später wieder ins Lager zu entlassen, nachdem die Rebellen sich wieder einmal geweigert hatten, von ihrer Anhöhe herunterzukommen und zu kämpfen.

«Ich kann es ihnen nicht verübeln», kommentierte Antipatros wieder einmal, als seine obersten Offiziere in seinem Zelt zusammenkamen, nachdem sie einen weiteren Tag in der Ebene gestanden und darauf gewartet hatten, dass die Rebellen ihr Lager abbrachen und sich ihnen stellten. «Wir sind um fünfzehntausend in der Überzahl, wenn man unseren Spionen glauben kann – unter solchen Umständen würde ich auch nicht aus der Deckung kommen.»

«Bald wird ihnen nichts anderes mehr übrigbleiben», stellte Krateros fest und wischte sich mit einem Tuch den Staub vom Gesicht. «Wir werden durch unsere Flotte versorgt, sie hingegen haben nichts. Wir haben ihre Nachschublinie abgeschnitten, und offensichtlich reagiert niemand auf die Bitten um Verstärkung, die sie ausgesandt haben. Niemand kommt ihnen zu Hilfe, und je länger das hier dauert, umso mehr werden sie bluten.»

«Warum ergeben sie sich dann nicht?», fragte Magas und ließ sich auf einen Stuhl fallen.

«Würdest du dich kampflos geschlagen geben?»

Antipatros rieb sich die Schläfen. «Wir werden morgen noch einmal versuchen, sie zur Schlacht herauszufordern.»

«Und wenn sie nicht darauf eingehen?»

«Dann bleibt mir nichts anderes übrig, als bergauf anzugreifen. Damit sind sie im Vorteil und stehen vor der simplen Entscheidung: Kampf oder Rückzug.»

Die Rebellen wählten den Kampf. Bei Sonnenaufgang war ihre zahlenmäßig weit unterlegene Hoplitenphalanx in Stellung und wartete darauf, dass ihre thessalische Kavallerie unter Menon versuchte, die rechte Flanke der makedonischen Phalanx zu entblößen. Diese nahm eben ihre Position ein, nur fünfzehnhundert Schritt vom Fuß der Anhöhe entfernt.

Krateros ließ die Schultern kreisen und setzte sich auf seinem Pferd zurecht, die Schenkel um die Flanken des Rosses gespannt, die Füße frei hängend. Er fühlte das Gewicht der Lanze in seiner rechten Hand und sah mit Wohlgefallen, wie die scharfe Spitze in der Sonne glänzte. Von seinem Standpunkt dicht hinter der Phalanx überblickte er das Gelände. Vor ihm war eine erste Linie Peltasten vorgerückt, um die rechte Flanke der Infanterie zu decken. Er schaute sich nach hinten um und stellte zufrieden fest, dass seine gesamte Kavallerie, in Kolonne entlang der Rückseite der Phalanx formiert, seinen letzten Befehl befolgt hatte.

«Halte dich in meiner Nähe», wies er den Signalgeber hinter sich an. «Jetzt gilt es, den rechten Zeitpunkt abzupassen.»

Nachdem die Reihen neu ausgerichtet waren, befahl Antipatros der makedonischen Phalanx vorzurücken. Signale ertönten entlang der fast eine halbe Parasange breiten Formation, und wie eine riesige Bestie, die aus dem Schlaf erwachte, setzte sich die gewaltige Truppe in Bewegung, nicht ganz gleichmäßig, sodass da und dort die Formation in die Länge gezogen wurde und dann wieder zusammenrückte, wenn die Männer in ein gleichmäßiges Marschtempo fanden.

Krateros hielt sich mit seinen Leuten zurück. Er folgte der Taktik, die er und Antipatros bei einer Morgenmahlzeit aus frischem Brot und Oliven besprochen hatten: Das Ziel war, als Sieger aus der Begegnung hervorzugehen, die Verluste dabei aber so gering wie möglich zu halten.

«Wenn wir ihnen nicht zu viel Grund zur Rachsucht geben», hatte Antipatros zu ihm gesagt, «dann kann ich mich mit den meisten Städten auf vernünftige Bedingungen einigen.»

«Weshalb solltest du das wollen?», hatte Krateros gefragt.

«Das wirst du schon sehen, wenn ich erst mit der athenischen Delegation rede», hatte der Regent mit verschwörerischem Augenzwinkern erwidert. Mehr hatte er dazu nicht gesagt.

Doch Krateros scherte sich nicht um die diplomatischen Feinheiten nach dem Ende des Krieges. Ihn interessierte der bevorstehende Kampf, und dies war für ihn die erste richtige Schlacht zu Land seit vier Jahren, seit Alexander den indischen König Poros in der Schlacht am Fluss Hydaspes besiegt hatte. Er würde tun, was Antipatros befohlen hatte: seine Männer zurückhalten, sodass an der Flanke der Phalanx eine Blöße entstand, um die Thessaler zu einem überstürzten Vorstoß zu verleiten. Aber wenn er seine Männer in den Kampf schickte, würde er sie nicht zur Zurückhaltung auffordern – er selbst würde sich keinerlei Beschränkungen auferlegen, und von seinen Leuten erwartete er dasselbe.

Die schwerfällige Bestie rückte also weiter über das ebene Gelände vor, wo sie am besten vorankam. Die Erde bebte unter lederbeschuhten Füßen, die im Gleichschritt marschierten. Die Reihenschließer am hinteren Rand arbeiteten hart, um die Ordnung der Formation zu erhalten, während die Reihenführer vorn – allesamt Veteranen – sich gegenseitig im Blick behielten, um sicherzustellen, dass alle gleichauf waren.

Krateros zog am Zügel, um sein Pferd zu bändigen, denn es wurde nervös vom Vorbeimarsch so vieler Männer und vom Anblick der Kavallerie nur hundert Schritt entfernt auf der anderen Seite des Schlachtfeldes. Dann sah er zu seiner Überraschung, dass die Phalanx der Rebellen nun ganz von ihrem Hang herunterkam. Augenblicklich erkannte er den Zweck des Manövers und frohlockte. *Sie sind darauf hereingefallen. Sie müssen herunterkommen, um ihre Kavallerie zu unterstützen, aber ich an ihrer Stelle hätte wenigstens zwanzig Schritt vom Hang besetzt gehalten und die Jungs aufgefordert, hangabwärts zu pissen, um den Boden schlüpfrig zu machen und einen Frontalangriff zu erschweren. Sie wären immer noch nah genug bei ihrer Kavallerie.* Er hielt angestrengt Ausschau, ob irgendetwas nicht so war, wie es auf den ersten Blick erschien. *Wir müssen auf der Hut sein – einen solchen Vorteil gibt man nicht ohne guten Grund auf.*

Die makedonische Phalanx schloss jetzt zu den Peltasten in der vordersten Linie auf. Gemeinsam rückten sie weiter vor, die Peltasten wie üblich lässigen Schrittes, während die Phalangiten stramm marschierten. Jenseits davon rückten die Thessaler im Trab vor, von Bogenschützen und Schleuderern im Laufschritt abgeschirmt. Es schien, als wollten sie die Peltasten frontal angreifen. Krateros wischte sich die Stirn. Schweiß rann nun unter seiner Kausia hervor, da die Sommersonne an Kraft gewann. *Es wird ein glutheißer Tag werden. Womöglich entscheidet sich die Schlacht danach, wer bei der Morgenmahlzeit mehr Wasser getrunken hat – wenn die Kämpfe erst einmal im Gange sind, gibt es keinen Nachschub mehr.* Er schob den Gedanken von sich und wartete auf den richtigen Moment, um der ersten Einheit seiner Kavallerie das Kommando zu erteilen.

Ein schrilles Hornsignal übertönte den Marschtritt der Phalanx, und die Bogenschützen und Schleuderer der Rebellen rannten los. Die thessalische Kavallerie hinter ihnen folgte im gleichen Tempo. Als die beiden Seiten bis auf hundertzwanzig Schritt aneinander heran waren, schickten die Plänkler Wurfspeere und Steine in die lose Formation der Peltasten. Ein paar gingen zu Boden, die Übrigen liefen weiter, halbmondförmige Schilde erhoben, Wurfspeere bereit für den Moment, da der Feind in Reichweite kam. Indessen gingen weitere Geschosse von den Plänklern nieder, prallten krachend von Schilden und Helmen ab, doch ansonsten richteten sie kaum etwas aus.

Und dann, als noch hundert Schritt zwischen den beiden Armeen blieben, zerrissen wiederum Hornsignale die Luft. Die Thessaler trieben ihre Pferde an, durchbrachen die Linien der Plänkler, und während sie zu vollem Galopp beschleunigten, hielten sie geradewegs auf die Peltasten zu. Der Augenblick, auf den Krateros gewartet hatte, war gekommen. Er nahm seine Kausia ab und reckte sie in die Höhe; auf ein Signal, das sich durch die Formation fortsetzte, trabte die Kavallerie in Kolonne hinter der Phalanx hervor. Als sie offenes Gelände erreichte, schwenkte sie herum und bildete eine Linie, nunmehr gut fünfhundert Schritt von der hintersten Reihe der Peltasten entfernt.

Indessen stürmten die Thessaler weiter auf die vorderste Linie der Makedonen zu. Noch neunzig Schritt, achtzig, siebzig – die Peltasten ließen die erste Salve los. Hoch flogen die Wurfspeere, doch im selben Moment schwenkten die Thessaler nach links herum wie ein Mann, eine reiterische Glanzleistung, die nur wenige vollbracht hätten. Im Galopp ritten sie an der Front der Peltasten entlang, sodass fast die gesamte Salve ihr Ziel verfehlte.

Krateros lächelte in sich hinein, während er das nächste Kommando gab und die Hörner erschollen – es kam so, wie er es erhofft hatte. *Sie haben uns nicht gesehen und versuchen, die Peltasten zu umgehen, um der Phalanx in die Flanke zu fallen. Ihnen steht eine böse Überraschung bevor.* Er blickte an seinen Linien entlang. Die einzelnen Einheiten formierten sich nun zu Keilen wie die Zähne im Maul eines riesigen Wolfs.

Einen zweiten Wurfspeer in der Hand, nahmen die Peltasten mit schnellen Schritten Anlauf, holten mit rechts aus und ließen die zweite Salve los. Mit dem Finger in der ledernen Schlaufe an der Mitte des Schafts gaben sie ihren Speeren zusätzlichen Schwung. Kaum waren diese in der Luft, da wechselten die Thessaler erneut die Richtung und stürmten vorwärts. Unter Kriegsgeschrei trieben sie ihre Pferde zum Äußersten an, um unter der Salve hindurchzugaloppieren. Den meisten gelang es; ein paar in den hinteren Reihen wurden getroffen, doch als diese Rosse und Reiter in den Staub stürzten, kam niemand mehr hinter ihnen nach, den sie behindert hätten. Indessen galoppierte die Haupttruppe weiter, geschlossen und beinahe unversehrt, direkt auf die Peltasten zu. Diesen waren erste Zeichen der Verunsicherung anzumerken – einzelne Männer schauten sich um oder hantierten ungeschickt mit ihrem dritten Wurfspeer.

Krateros erkannte sofort, was dieses Manöver bedeutete. *Sie sind verzweifelt – sie scheuen sich nicht, unnötig Männer zu opfern. Es geht ihnen darum, die Peltasten zu brechen, denn wenn diese die Flucht ergreifen, würde das die Phalanx demoralisieren, ehe sie ihr in die Flanke fallen.* Krateros' Herz schlug schneller. *Wir werden durch unsere eigenen aus der Ordnung gebrachten, fliehenden Truppen hindurch angreifen müssen.*

Die Phalanx marschierte weiter, der Abstand zum Gegner verringerte sich zusehends. Indessen nahten die Thessaler im Galopp, und tatsächlich: Die Peltasten zauderten, unsicher, wie sie sich verhalten sollten. Manche duckten sich kniend hinter ihre Schilde, solche mit langen Stichspeeren rammten das Ende des Schafts in den Boden, andere schleuderten ihren letzten Wurfspeer und schickten sich an zu fliehen, während nicht wenige einfach dem Albtraum aller Fußsoldaten entgegenstarrten, der da auf sie zustürmte.

Jetzt war für Krateros der Moment gekommen.

Als zweihundert Schritt von ihm entfernt die ersten Peltasten unter die Hufe der Pferde gerieten, wandte Krateros sich an seinen Signalgeber: «Zum Angriff blasen.»

Die ansteigende Tonfolge erscholl, und unter dem Jubel der Männer, dem Schnauben der Rosse und dem Klirren von Zaumzeug setzten sich zweitausend der besten Reiter Makedoniens in Bewegung. Sogleich gab Krateros ein weiteres Zeichen, das Horn ertönte wieder, und die Lanzenreiter fielen in Trab. Gleichzeitig brachen die Thessaler durch die ausgedünnte Schar der Peltasten, die noch die Stellung zu halten versuchten. Sie hinterließen eine Spur aus Toten und Verwundeten, während sie die Fliehenden vor sich hertrieben. Doch der Anblick der überlegenen Kavallerie, die nun zum leichten Galopp beschleunigte, traf sie unerwartet – sie hatten auf eine Gelegenheit gehofft, den weichen Bauch der Phalanx mit Wucht anzugreifen und Gemetzel unter wehrlosen Fußsoldaten anzurichten, die zusehen mussten, wie ihre Kameraden auf der Flucht nur einige Dutzend Schritt entfernt zur Strecke gebracht und abgeschlachtet wurden.

Krateros brachte seine Lanze über der Schulter in die Waagerechte, um sie gegen den ersten Feind einzusetzen, der in seine Reichweite kam. Der Signalgeber blies nun zum Galopp, und achttausend Hufe donnerten auf die Erde, begleitet vom Chor der Schlachtrufe, den über die Jahre die gesamte bekannte Welt gehört hatte. Die makedonische Hetairenreiterei erreichte ihr volles Angriffstempo und war nur auf eines aus: thessalisches Blut.

Keine hundert Schritt trennten sie mehr vom Gegner, da machten die Thessaler kehrt und ergriffen die Flucht.

Den Wind im Gesicht, einen Schlachtruf in der Kehle und eine Lanze in der Faust, trieb Krateros sein Ross an und führte an der Spitze des mittleren Keils seine Kavallerie ins Gemetzel. Es war keine Zeit, keine Möglichkeit zu manövrieren, deshalb ritten sie die fliehenden Peltasten einfach nieder, und die bereits verletzt am Boden lagen, wurden unter donnernden Hufen zermalmt. Man sah das Weiße in den aufgerissenen Augen der gewaltigen Rosse, die mit geblähten Nüstern und Schaum vor dem Maul ihre Beute verfolgten, keine fünfzig Schritt mehr entfernt, in ihrer hastigen Flucht eine Staubwolke hinter sich lassend.

Immer mehr holten Krateros und seine Männer zum Feind auf und trieben ihn dabei von der Flanke der Phalanx fort. Diese kam nun ihrerseits in Kontakt mit den Rebellen, und ihre Lanzen drangen mühelos zwischen den langen Speeren der Hopliten hindurch, stachen und stießen.

Krateros warf sich nach vorn und bohrte seine Lanze einem thessalischen Nachzügler in die Nieren. Der Mann stürzte mit einem Aufschrei und verschwand unter einem Wall aus Pferdeleibern und Staub. Und wieder stieß Krateros zu, während die Keile rechts und links von ihm ebenfalls mit den ersten Gegnern in Berührung kamen, die fliehenden

Thessaler zwischen ihren Zähnen packten und zu blutigen Fetzen zerkauten.

Doch mit einem raschen Blick nach links erkannte Krateros, dass das Gemetzel nicht weitergehen konnte – sie waren zu spät gekommen. Die Phalanx der Rebellen hatte beim ersten Feindkontakt den geordneten Rückzug auf die Anhöhe angetreten, und Antipatros ließ sich nicht in Versuchung führen. Er brach unverzüglich ab, statt bergauf zu kämpfen und dem Feind damit einen Vorteil zu verschaffen. Krateros reagierte sofort. «Rückzug! Rückzug!»

Das Signal ertönte und setzte sich durch die Linie fort. Die meisten hörten es und zügelten ihre Rosse, doch manche ritten im Blutrausch weiter, um ihre Lanzen in die ungedeckten Rücken der Feinde zu stoßen. Von ihnen kehrten nur wenige zu ihren Kameraden zurück, die sich hinter der Phalanx sammelten. Diese stand nun unbeweglich am Fuß der Anhöhe und forderte die Rebellen heraus, ihr Glück noch einmal zu versuchen.

«Das wurde auch Zeit», sagte Antipatros, als ein paar Stunden nach Mittag zwei Unterhändler der Gegenseite den Hang herunterkamen. Krateros hatte mit ihm gewartet, während seine Reiter ihre Pferde versorgten. Hinter ihnen hatte sich die Phalanx fünfhundert Schritt weit zurückgezogen. Noch immer in Formation, stärkten die Männer sich mit Brot und Trockenfleisch, das aus dem Lager herbeigeschafft worden war.

Krateros, unter einem Baldachin auf dem Feld des Sieges sitzend, bemerkte mit Interesse, dass weder Menon noch Antiphilos persönlich gekommen waren. Es war für die Rebellen keine vernichtende Niederlage gewesen, nur rund fünfhundert von ihnen waren tot. Auf makedonischer Seite hatten etwas über hundert ihr Leben gelassen – hauptsächlich die unglücklichen Peltasten. Dennoch war die Sache entschieden: Die Befehlshaber der Rebellen wussten, dass ihre Leute nicht bereit sein würden, erneut zu kämpfen.

Jetzt war es an der Zeit, die Bedingungen auszuhandeln.

«Auf gar keinen Fall», sagte Antipatros lächelnd im gelassenen Ton eines vernünftigen, geduldigen Mannes. «Ich kann nicht alle Rebellenstädte gleich behandeln – manche haben mehr Schuld auf sich geladen als andere. Lamia beispielsweise hat sich der Rebellion erst angeschlossen, nachdem es mir gelungen war, meine Armee aus der Stadt zu führen. Ich nehme an, diese Leute hatten keine andere Wahl, immerhin war das Rebellenheer dort einquartiert.» Er schaute die beiden Unterhändler forschend an. «Sagt mir doch, meine Herren, soll ich mit Lamia etwa ebenso verfahren, wie ich es mit Athen täte, der Stadt, welche die Rebellion begonnen hat? Wäre das denn gerecht gegenüber Lamia? Oder sollte ich vielleicht Athen so behandeln, wie Lamia es verdient? Wäre das gerecht gegenüber dem kleinen Lamia, wenn Athen, das die Ursache all dieses Leids war, so glimpflich davonkäme? Sieht so Gerechtigkeit aus? Ich denke nicht. Nein, geht zurück zu euren Herren und richtet ihnen aus, mit jeder Stadt wird gemäß ihrer jeweiligen Schuld verfahren. Sagt Menon von Thessalien, ich bin bereit, ihm seinen Verrat nachzusehen, wenn er und seine Mannen jetzt zu mir herunterkommen. Anderenfalls werde ich damit beginnen, die nächstgelegenen thessalischen Städte zu zerstören, und nicht aufhören, ehe er zur Vernunft kommt. Und macht unter den Söldnern bekannt, dass sie einen Platz in meiner Armee finden können, wenn sie bis eine Stunde vor Sonnenuntergang von der Anhöhe herunterkommen. Die Kontingente aus den Städten werden in eurem Lager bleiben, bis ein vorläufiger Waffenstillstand geschlossen ist.»

Der ranghöhere der beiden Unterhändler, ein Mann mit starkem Athener Akzent, wurde bei dieser Ankündigung sichtlich nervös. «Und was ist mit Athen?»

Antipatros tat, als verstünde er nicht. «Athen? Wie meinst du das, was ist mit Athen?»

«Wie wirst du mit Athen verfahren?»

«Verfahren? Was erwartest du denn von mir? Wie ist Alexander mit Theben verfahren, als es eine Rebellion anführte?»

Der Unterhändler schluckte. «Er hat die Stadt dem Erdboden gleichgemacht und ihre Bürger als Sklaven verkauft.»

Diesmal stellte Antipatros sich überrascht. «Ach ja, hat er das? Jeden Einzelnen?»

«Soweit ich weiß, ja.»

«Soweit du weißt.» Antipatros überdachte die Aussage. «Dann würdest du es also – ebenso wie zweifellos jeder Bürger von Athen – vorziehen, wenn ich mit Athen nicht so verführe wie Alexander mit Theben, habe ich recht?»

Wieder schluckte der Unterhändler. «Ja, Herr.»

Krateros beobachtete mit heimlicher Belustigung, wie Antipatros sich in rechtschaffenen Zorn hineinsteigerte. Er wurde nicht enttäuscht – der Regent sprang auf und zeigte nachdrücklich mit dem Finger auf den Unterhändler.

«Dann solltest du deinen Herren sagen, sie sollen herkommen und mich verdammt noch mal anflehen! Ich war den ganzen Winter lang in Lamia eingeschlossen und habe mich von Ratten, verfaultem Gras und Schuhsohlen ernährt, und alles wegen Athen. Wegen Athen habe ich sechs Monate lang nicht bei meiner Frau gelegen, sechs Monate! Kannst du dir vorstellen, wie sich das angefühlt hat? Sechs ganze verdammte Monate! Wenn Athen jetzt wünscht, dass ich Milde walten lasse, dann will ich mich mit Phokion und Demades zusammensetzen und hören, was sie mir zum Verhalten

Athens zu sagen haben und auch zum Verhalten von Hypereides und Demosthenes. Und wenn sie dazu bereit sind, dann wird dieses Treffen in den Ruinen der Agora von Theben stattfinden – in dem, was von Theben noch übrig ist. Vielleicht wird das ihre Gedanken in die richtige Richtung lenken. Jetzt schert euch davon!»

Krateros sah zu, wie die erschrockenen Unterhändler sich verbeugten und hastig den Rückzug antraten. Als sie außer Hörweite waren, brach er in Gelächter aus. «Du hast dich soeben bei den Bewohnern Attikas zum unbeliebtesten aller Männer gemacht. Ein Athener hasst nichts mehr, als wenn ihm jemand vorschreibt, was er zu tun hat.»

«Und, war ich bislang etwa noch nicht der unbeliebteste Mann dort?»

«Ich glaube, diesen Rang hatte noch immer Alexander inne, obwohl er tot ist. Immerhin hat er durch sein Verbanntendekret die Athener gezwungen, Samos an seine rechtmäßigen Eigentümer zurückzugeben.»

«Mag sein, aber ich nehme gern den Mantel von ihm und erteile diesen verdammten Griechen eine Lektion.»

«Sofern sie überhaupt zu den Gesprächen nach Theben kommen.»

«Oh, sie werden kommen, dafür sorge ich schon.»

«Wie das?»

«Wenn ich mich mit Menon und Antiphilos geeinigt habe, werde ich durch den Pass der Thermopylen marschieren und drohen, jede Rebellenstadt am Weg zu stürmen. Denen, die sich ergeben, wird nichts geschehen, sie werden nur mit einer makedonischen Garnison belegt. Die sich aber nicht ergeben ...» Er schaute Krateros lächelnd an. «Nun, sie werden die Athener deutlich daran gemahnen, wie es Theben ergangen ist.»

Krateros kicherte noch immer. «Du bist ein Mann nach meinem Herzen, Vater. Alexander verstand sich darauf, Druck auf die Starken auszuüben, indem er an den weniger Starken Exempel statuierte. Letztendlich müssen so weniger Makedonen ihr Leben lassen. Hoffen wir, dass sie die Lektion begreifen, denn ich war noch nie ein großer Freund von Belagerungen.»

PERDIKKAS
DER HALBERWÄHLTE

Die Belagerung wird erst dann beendet – und *nur* dann», sagte Perdikkas, jedes Wort betonend, als spräche er mit einem schwerhörigen alten Weib, «wenn Ariarathes das Tor öffnet, auf den Knien herauskommt und darum bittet, dass die beiden Könige ihm vergeben.»

Der kappadokische Unterhändler, ein Mann mit Schifferkrause, lag bäuchlings vor Perdikkas auf dem Boden, die Nase in den Sand gedrückt. Perdikkas saß unter einem Baldachin und überblickte Mazaka, die Stadt in Zentralkappadokien, die der rebellische Satrap Ariarathes als Herrschersitz auserkoren hatte. «Aber Herr, König Ariarathes bittet Euch, Rücksicht auf sein fortgeschrittenes Alter zu nehmen, er ist –»

«Zweiundachtzig und hat geschwollene Knie», fiel Eumenes ihm ins Wort, der hinter Perdikkas' Stuhl stand. «Das wissen wir, du sagtest es bereits. Und dir wurde auch bereits gesagt, dass Ariarathes kein König ist, dennoch hast du ihn eben als solchen bezeichnet. Ich finde es bemerkenswert, dass ein Mann so darauf erpicht ist, sich die Zunge herausschneiden zu lassen.» Er gab der Wache, die neben dem Unterhändler stand, einen Wink, woraufhin der Mann sein Messer zog.

«Ich bitte um Verzeihung, edle Herren, ich habe es versäumt, meine Zunge zu hüten.» In seiner Angst nahm der Unterhändler die Komik dessen, was er eben gesagt hatte, gar nicht wahr. Eumenes und Perdikkas jedoch wechselten einen Blick und begannen schallend zu lachen. Der Mann hob verstohlen ein wenig den Blick, um zu sehen, woher die Heiterkeit rührte.

Perdikkas schlug mit der flachen Hand auf die Armlehne seines Stuhls und setzte wieder eine ernste Miene auf. Er gab dem Wachmann ein Zeichen, das Messer wegzustecken. «Das wird nicht nötig sein.»

«Ja», pflichtete Eumenes ihm noch immer kichernd bei, «es wäre ein Jammer, ein solches komödiantisches Talent für immer zum Schweigen zu bringen.»

Perdikkas schaute auf den Mann hinunter, der sofort die Augen niederschlug. «Jetzt steh auf und überbringe dem Verräter meine Botschaft.»

Eumenes warf einen Blick zu der belagerten Stadt hinüber. Von den Belagerungslinien stieg viel Rauch auf, da die makedonischen Soldaten gerade ihr Mittagessen kochten. «Und sei froh, dass du wegen deines meisterhaften Wortspiels noch eine Zunge hast, mit der du die Botschaft übermitteln kannst, und nicht gezwungen bist, sie mimisch darzustellen – aber mit deinem Talent könntest du das gewiss in einer Weise tun, dass alle sich vor Lachen kugeln würden.»

«Offensichtlich nicht», bemerkte Eumenes eine kleine Weile später beim Anblick des Unterhändlers, der auf der Stadtmauer an einem Pfahl zappelte.

Perdikkas schlug sich mit der Faust in die flache Hand. «Warum widersetzen sich mir alle?»

«Sie widersetzen sich nicht *dir*, Perdikkas – es ist nichts

Persönliches, wenigstens im Fall von Ariarathes nicht. Es ist Stolz. Wärest du im umgekehrten Fall vor ihm auf den Knien gerutscht?»

«Selbstverständlich nicht, ein Makedone kniet vor niemandem.»

«Ach, natürlich, wie dumm von mir, das zu vergessen. Nun, in diesem Fall wäre es sinnlos, wenn ich länger versuchte zu erklären – wir müssen eben hingehen und alle dort drin töten, weil ein alter Mann seinen Stolz hat und du nicht in der Lage bist, den Grund zu erkennen. Aber bevor wir das tun, sehe ich mich erst einmal nach einem Mittagessen um.»

Perdikkas schaute dem kleinen Griechen stirnrunzelnd nach, als dieser davonging. *Warum muss einer der wenigen Männer, denen ich vertraue, immer so nervtötend sein?* Seufzend wandte er sich wieder der Stadt zu und überdachte seine Möglichkeiten in dieser Angelegenheit, die den Höhepunkt seines schnellen Kappadokienfeldzugs darstellte.

Es war wirklich ein erfreulich schneller Feldzug gewesen. Von Babylon aus waren sie mit einer großen Flotte aus Flussschiffen unter dem Befehl seines Schwagers Attalos aufgebrochen, einen Monat bevor in den tiefer gelegenen Landstrichen Kappadokiens der Schnee schmolz. So war es Perdikkas gelungen, Thapsakos an der syrischen Grenze zu erreichen. Von dort war er auf den Spuren Alexanders zum Meer marschiert und dann nordwärts nach Kilikien hinein, über die Küstenebene bei Issos – dem Schauplatz seines zweiten großen Sieges über die Perser – und weiter nach Tarsos. Zu seiner Enttäuschung musste er feststellen, dass Krateros kürzlich mit dem größten Teil seiner Armee von dort aufgebrochen war. Doch Perdikkas wurde dadurch entschädigt, dass Antigenes und die Silberschilde sich auf Krateros' Geheiß seiner Sache anschlossen – ein Zeichen des Respekts, das er gern sah. Ferner erfuhr Perdikkas, dass Krateros seine gesamte Kriegsflotte nach Norden geführt hatte und weiter nach Europa in der Absicht, Antipatros im Krieg gegen die rebellischen Griechen im Westen zu unterstützen. Das Bündnis war durch Krateros' Heirat mit Phila besiegelt worden. Als Perdikkas von diesen Entwicklungen erfuhr, hatte er wieder einmal an den alternden Regenten geschrieben und um die Hand einer seiner anderen Töchter angehalten.

Er war dem Lauf des Flusses Karmalas aufwärts ins Binnenland Kappadokiens gefolgt und hatte eine Frühjahrsoffensive gegen den rebellischen Satrapen begonnen. Erst da hatte ein Angebot anderer Art ihn in Form eines Briefes von Olympias eingeholt, die sich zu Perdikkas' Überraschung nun in Sardis befand. Er hatte den Überbringer der Botschaft töten lassen, damit die Königin nicht erfuhr, ob er den Brief erhalten hatte – so erkaufte er sich Zeit, um über seine Antwort nachzudenken.

Perdikkas hatte Ariarathes durch unwegsames Gelände verfolgt und ihn in zwei größeren Auseinandersetzungen geschlagen. Währenddessen hatte er darüber nachgedacht, welche Konsequenzen es hätte, wenn er seinen Antrag, in Antipatros' Familie einzuheiraten, zurückzöge und stattdessen Olympias' Angebot annähme, Kleopatra zu ehelichen. Nun war er hier vor Mazaka, im Schatten des mächtigen Berges Argaios, im Begriff, die Unterwerfung Kappadokiens zu vollenden. Neoptolemos kümmerte sich um Armenien im Osten, und so würde es für Perdikkas bald an der Zeit sein, sich nach Westen zu wenden, um eine Rebellion in Pisidien niederzuschlagen, gleich neben Lydien mit seiner Hauptstadt Sardis.

Nun, da er Ariarathes hier in Mazaka eingeschlossen hatte, konnte er die Entscheidung nicht mehr lange hinauszögern.

Aber ich werde bald Eumenes ins Vertrauen ziehen müssen – es wäre töricht, eine solche Entscheidung zu treffen, ohne seinen

Rat einzuholen. Der listige kleine Grieche hat die unliebsame Angewohnheit, recht zu haben – ein Grund mehr, weshalb er mir so auf die Nerven fällt.

Perdikkas beschloss, die Angelegenheit aufzuschieben, bis Ariarathes sicher auf einem Pfahl steckte. In der Zwischenzeit bestellte er all seine ranghohen Befehlshaber zu einer Versammlung in sein Zelt. «Und ich werde mein Mittagessen dort einnehmen!», rief er dem Boten nach.

«Wir brauchen weder die Mauern zu stürmen noch zu versuchen, das Tor aufzubrechen», erklärte Eumenes den Versammelten, als Perdikkas um Vorschläge bat, wie das eine oder das andere zu bewerkstelligen wäre.

Perdikkas schaute den Griechen überrascht an. «Nicht, Eumenes? Wie sollen wir denn dann in die Stadt gelangen, sollen wir etwa fliegen?»

Eumenes überdachte den Vorschlag einige Augenblicke lang. «Ich nehme an, das könnten wir tun, aber nicht einmal Alexander hat je eine Möglichkeit erfunden, wie. Wir würden gewiss Jahre brauchen, um eine praktikable Methode zu entwickeln, und selbst dann ... Schaut euch nur an, welche Probleme Ikaros hatte. Nein, ich würde nicht dazu raten, erst recht nicht, wenn wir die Stadt am liebsten gleich morgen einnehmen wollen.»

«Morgen?», rief Alketas aus.

Eumenes lächelte Perdikkas' jüngeren Bruder mit dem herablassenden Ausdruck an, den er sich für Makedonen von geringerem Rang und Intellekt aufsparte. «Oder noch heute Nacht, falls du das vorziehen solltest, Perdikkas?»

Götter, der Mann ist wirklich nervtötend! «Wenn wir es heute Nacht tun könnten, weshalb haben wir es dann nicht schon gestern Nacht getan?»

«Zunächst einmal waren die Verhandlungen noch im Gange. Zweitens hast du nicht danach gefragt, und drittens ... und das, meine Herren, ist der entscheidende Punkt.» Er hielt inne und blickte in die Runde aus einem halben Dutzend makedonischen Offizieren, die allesamt an seinen Lippen hingen. «Ich war noch nicht bereit.» Er wandte sich wieder an Perdikkas. «Aber jetzt bin ich es.»

«Bereit, was zu tun?»

«Uns Zugang zur Stadt zu verschaffen, natürlich, danach hast du doch eben gefragt.»

«Wie willst du das tun?»

«Nun, ich werde es nicht persönlich tun – weshalb selbst ein Risiko auf sich nehmen, wenn es andere gibt, die das bereitwillig übernehmen? Nein, nein, ich habe jemanden dazu gebracht, das Tor zu öffnen.»

Perdikkas unterdrückte seinen aufsteigenden Zorn. «Das Tor?»

«Ja, ich dachte mir, das wäre der leichteste Weg in die Stadt – eine erprobte und bewährte Methode.»

«Und wer wird uns das Tor öffnen?»

«Die Sorge um den Verrat kannst du getrost mir überlassen. Das ist ein Gebiet, auf dem ich als Nichtmakedone zu glänzen vermag. Ihr Makedonen könnt indessen eure Männer versammeln, um sie in die Stadt zu führen, sobald das Tor auf meine Veranlassung geöffnet wurde. Dann könnt ihr tun, was euch am meisten liegt: alle niedermetzeln. Ich denke, heute Nacht können wir alle einmal glänzen.»

Ein Schatten huschte auf ihn zu; Perdikkas umklammerte den Griff seines Schwertes fester. Er spannte sich an, unterdrückte jedoch den Impuls, die Klinge zu ziehen, damit nicht etwa jemand das Geräusch hörte oder das blanke Metall etwas von dem schwachen Licht spiegelte, das von den Fackeln über dem fünfzig Schritt entfernten Torhaus von Mazaka herüberschien. Hinter ihm warteten die zweihundert handverlesenen Männer von den Silberschilden unter Antigenes' Kommando reglos in der mondlosen Nacht. Sie hatten alle entbehrliche Ausrüstung abgelegt und Lumpen um ihre Sandalen gewickelt. Perdikkas war entschlossen, sich den Vorteil des Überraschungsmoments zu bewahren.

Der Schatten kam näher und verdichtete sich zu einer menschlichen Gestalt, die sich neben Perdikkas niederkauerte.

«Nun, Alketas?», fragte Perdikkas flüsternd.

«Eumenes hat mir versichert, dass das Tor geöffnet wird. Wir müssen uns nur gedulden.»

«Gedulden? Ich gedulde mich schon die halbe Nacht – wie viel länger soll ich mich seiner Meinung nach noch gedulden?»

«Ich nehme an, bis das Tor geöffnet wird.»

Perdikkas warf seinem jüngeren Bruder einen Blick zu. *Vorlauter Wicht.* Er kauerte sich wieder hin und übte sich in der Tugend, um die Eumenes ersucht hatte. Währenddessen dachte er darüber nach, wie es dem kleinen Griechen gelungen sein mochte, Kontakt zu dem unbekannten Verräter in der Stadt aufzunehmen – seit der Ankunft der makedonischen Armee waren die Tore fest verschlossen geblieben.

Er war der Lösung des Rätsels noch nicht näher gekommen, als ein kurzer, abgerissener Schrei ihn aus seinen Grübeleien riss. Dann wurden die Fackeln auf dem Torhaus eine nach der anderen nach hinten hinuntergeworfen. Hinter dem Tor wurde abermals ein Ruf laut, hohl in der Nacht, ehe das Scharren von Holz an Holz verriet, dass der schwere Balken an der Innenseite entfernt wurde.

Perdikkas wandte sich an Antigenes. «Bereit?»

Der altgediente Befehlshaber nickte; die Bewegung war nur undeutlich auszumachen, nun, da die meisten Lichtquellen erloschen waren.

Beim ersten Knarren von Scharnieren zog Perdikkas sein Schwert, hob seinen Schild und lief los. Die handverlesenen Männer folgten ihm geduckt, so geräuschlos wie möglich, dunkle Schatten in einer dunklen Nacht.

Wieder zerriss ein Schrei die Stille, dann noch einer, während die Torflügel sich langsam bewegten. Perdikkas lief schneller über das offene Gelände vor der Stadt. Die gähnende Öffnung des Tores zeichnete sich gegen den Schein der Fackeln ab, die hinuntergeworfen worden waren. Im Hintergrund waren undeutlich kämpfende Gestalten auszumachen.

Perdikkas strengte sich an, noch schneller zu rennen – jetzt spielte es keine Rolle mehr, wie viel Lärm sie machten. In vollem Lauf führte Perdikkas seine Männer nach Mazaka hinein, und sie warfen sich gegen die Wachsoldaten, die durch die Todesschreie ihrer wachenden Kameraden aus dem Schlaf aufgeschreckt waren. Durch das plötzliche Auftauchen des Feindes völlig überrumpelt, trugen die Verteidiger weder Helm noch Rüstung, und nur ein paar wenige Glückliche kamen noch dazu, nach ihrem Schild zu greifen. Schon gingen sie unter dem Ansturm der Makedonen zu Boden, schneller, als Verstärkung herbeieilen konnte. Perdikkas ließ den Torbogen hinter sich und erreichte den Marktplatz, von dem noch drei Straßen ausgingen. Da erhob sich hinter ihm lautes Geschrei: Nach seinem ersten Vorstoß mit wenigen Männern griff nun die Hauptruppe an. Perdikkas schmetterte seinen Schild in das bärtige Gesicht eines benommenen Verteidigers, während er mit dem Schwert nach dem erhobenen Speer eines anderen Wachmannes schlug. Die Klinge glitt am Schaft entlang und trennte dem Mann drei Finger und die Daumenspitze ab. Der Verletzte stürzte mit einem Aufschrei rücklings, aus vier Fingerstümpfen blutend. Da hallte der Lärm rennender Füße von der Hauptstraße herüber, die vom Marktplatz ins Herz der Stadt führte.

«In Stellung! In Stellung!», rief Perdikkas seinen Männern zu, die hinter ihm auf den Platz strömten. «Antigenes! Sorge dafür, dass sie sich formieren!» Er zeigte zu der Straße, aus der ihnen die Verstärkungstruppe entgegenkam. «Wenn wir nicht geschlossen kämpfen, hacken sie uns in Stücke.»

Der altgediente Befehlshaber schrie seinen untergebenen Offizieren Befehle zu, ihre Männer in Formation zu bringen, während er selbst mit Tritten und Stößen Ordnung in seine Silberschilde brachte. Schon zischten Pfeile durch die Nacht, bohrten sich in silberüberzogenes Holz und prallten von steinernen Mauern ab.

Fünfzig Mann nebeneinander und vier Reihen tief standen die Silberschilde über die Breite des Marktplatzes formiert, als die persische Garnison aus der Hauptstraße kam und im Laufen weitere Pfeile löste. Von hinten war der Lärm der makedonischen Kolonne zu hören, die jetzt im Laufschritt durch das Tor kam. Perdikkas atmete auf – in Kürze würde er Verstärkung bekommen. «Vorwärts!», rief er aus der Mitte der vordersten Reihe und richtete sein Schwert auf den Feind. Im selben Moment schlugen mehrere Pfeile kurz nacheinander in seinen Schild ein.

Die Silberschilde, alles Männer in den Fünfzigern und Sechzigern, die bereits unzählige Kämpfe überstanden hatten, rückten geschlossen gegen die Perser vor. Nun ertönten auch Schlachtrufe aus den beiden Straßen, die seitlich vom Marktplatz abgingen. Perdikkas schaute nach links, dann nach rechts – Dutzende schemenhafter Gestalten strömten herbei.

«Die Jungs hinter uns werden sich um sie kümmern», rief er seinen Männern zu, während sie entschlossenen Schrittes weiter vorrückten. «Wir konzentrieren uns auf die Hurensöhne vor uns.»

Die Speere stoßbereit über der Schulter, näherten sich die Makedonen ihren Gegnern, während noch immer Pfeile einschlugen und etliche der alten Soldaten niederstreckten, die am Ende doch das Glück verlassen hatte. Im Moment des Zusammenpralls verlagerte Perdikkas das Gewicht auf das linke Bein und führte seinen ersten tiefen Schwertstich unter dem Schild hindurch. Er fühlte, wie das Metall in Fleisch drang. Er stieß die Klinge tiefer hinein, drehte sie aus dem Handgelenk nach rechts und links, um die Saugwirkung der Wunde zu lösen und die Verletzung an den Eingeweiden zu vergrößern; Blut ergoss sich über seine Hand und auf den Boden. Ein wahres Unwetter von Speerstößen ging auf die Linie der Perser nieder, die ihrerseits ihre Waffen gegen den makedonischen Schildwall schmetterten. Beide Seiten schoben und stießen gegeneinander, begleitet von vielstimmigen Schreien und metallischem Scheppern.

In seinem eigenen Mikrokosmos der Gewalt eingeschlossen, konnte Perdikkas nichts anderes tun, als sich gegen seinen Schild zu stemmen und mit seiner Klinge aufs Geratewohl zuzustoßen. Der Gestank von Urin, Blut und Kot stieg ihm in die Nase, der Schlachtenlärm dröhnte in seinen Ohren und hallte in seinem Kopf wider. Zu beiden Seiten dicht neben ihm waren seine Waffenbrüder in ihre eigenen Kämpfe vertieft, deren Erfolg für die Sicherheit der ganzen Einheit entscheidend war. Triumphgefühl stieg in Perdikkas auf, als es ihm gelang, einen Schritt nach vorn zu machen, da der Druck gegen seinen Schild für einen Moment nachließ. Er fühlte, wie die Linie mit ihm vorrückte und die Perser zurückwichen. «Wir haben sie, Jungs!», brüllte er, rammte die Spitze seines Schwertes in einen Schild und stieß ihn zur Seite. Sein Hintermann nutzte die entstandene Blöße des Gegners und stach ihm über Perdikkas' Schulter hinweg seinen Speer in die Brust.

Doch das Hochgefühl starb einen raschen Tod, als Hufschläge durch die gepflasterte Straße hallten. Perdikkas blickte auf, sah aber im Halbdunkel nichts als die bärtigen Gesichter der Gegner, die neue Kraft schöpften, als sie hinter sich die Kavallerie zu Hilfe eilen hörten. Von rechts ertönten Schreie – Perdikkas wusste nicht, was sie zu bedeuten hatten, aber es klang nicht nach Triumphgeschrei, eher als seien Makedonen in Bedrängnis. Er verfluchte die Götter, die in ihrer Gunst so wankelmütig waren, verdoppelte seine Anstrengungen und feuerte seine Männer mit Rufen an, dasselbe zu tun. *Wenn wir jetzt verzagen, sind wir tot.* Weshalb geschah es nur immer wieder, gerade wenn der Erfolg zum Greifen nahe schien, dass das Schicksal ihm eine Ohrfeige versetzte? Er biss die Zähne zusammen und stach wieder und wieder mit seinem Schwert zu, während er seinen Schild nach vorn stieß. Die Kavallerie klang jetzt näher, sodass ihr Lärm den der kämpfenden Fußsoldaten übertönte. Perdikkas machte sich auf den unvermeidlichen Angriff auf die Flanke seiner Einheit gefasst und darauf, dass die Formation zerreißen würde, wenn die kraftvollen Rosse durch ihre Reihen pflügten. Er verzog das Gesicht, und während er erneut zustieß, fragte er sich, ob dies der letzte Schwertstich sein würde, den er im Leben führte. Doch gerade als seine Klinge durch die eines Feindes abgelenkt wurde, lief es plötzlich wie ein Schaudern durch die persische Formation, und von ihrer linken Flanke erhob sich schrilles, klagendes Geschrei. Perdikkas blickte auf und sah, wie die Pferde in den Feind hineinliefen. Sie bäumten sich auf, während ihre bärtigen, mit Hosen bekleideten Reiter mit Wurfspeeren und Schwertern auf die Fußsoldaten hinunterstießen, die sie umgaben – und das waren Perser wie sie. So schlug die Kavallerie eine Bresche und tötete dabei willkürlich, während die Makedonen sich zurückzogen und die Arbeit ihren unverhofften Verbündeten überließen. Perdikkas beobachtete mit wachsendem Erstaunen, wie geschickt diese Reiter in dem beengten Raum mit ihren Pferden manövrierten, um die nunmehr fliehenden Fußsoldaten zur Strecke zu bringen.

Und dann fing der Anführer der Reiter Perdikkas' Blick auf. Perdikkas stutzte und schaute noch einmal hin, denn er kannte den Mann gut, hätte aber niemals damit gerechnet, ihn so zu sehen: Es war der kleine Grieche, der die Kavallerie anführte, und in diesem Moment wusste Perdikkas, dass er Eumenes sein Leben verdankte.

«Kappadokier, um genau zu sein, keine Perser», teilte Eumenes Perdikkas mit, während sie gemeinsam ins makedonische Lager zurückkehrten. Sie überließen es Alketas und Antigenes, den letzten Widerstand in Mazaka niederzuschlagen und Ariarathes aufzuspüren. «Sie waren es, die mir das Tor geöffnet haben.»

«Uns», korrigierte Perdikkas. Gerade färbte das erste Licht der Morgendämmerung die schneebedeckten Berggipfel im Osten rosig; sein Atem bildete Dampfwolken in der frostigen Morgenluft.

«Gewiss. Jedenfalls behaupten sie von sich, die beste Kavallerieeinheit in der ganzen Satrapie zu sein, und nach dem, was ich gesehen habe, könnte das durchaus zutreffen. Und um die Frage zu beantworten, die du gerade stellen wolltest: Sie haben erkannt, dass Ariarathes' Tage gezählt sind und ich im Begriff bin, in Kappadokien die Macht zu übernehmen. Da sagten sie sich, es sei besser, in meinem Dienst weiterzuleben, als in Ariarathes' Dienst zu sterben. Ich muss gestehen, dass ich ihrer Logik nichts entgegenzusetzen hatte, und so habe ich ihr Angebot, ihren einstigen Herrn zu verraten, mit Freuden angenommen.»

Perdikkas nickte dem Hauptmann der Wache am Tor zum Lager zu, als dieser ihn grüßte. «Und was meinst du, wie lange es dauern wird, bis sie jemand anderem anbieten, dich zu verraten?»

Über diese Frage brauchte Eumenes nicht erst nachzudenken. «Nachdem ich meine erste Schlacht verloren habe, noch einen Tag, schätze ich.» Er schaute Perdikkas fragend an. «Hältst du diese Annahme für realistisch?»

Ares, er ist wirklich nervtötend. Dennoch sollte ich seinen Rat einholen.

«Kleopatra, keine Frage», sagte Eumenes, nachdem Perdikkas ihm bei einer Morgenmahlzeit aus gedörrten Früchten und frischem Brot die Sachlage erklärt hatte. Sie saßen an einem glimmenden Feuerbecken in Perdikkas' Zelt. «Sie bringt Macht und Legitimität mit, Nikaia hingegen nur einen alten Mann als Verbündeten.»

«Aber indem ich mich für Kleopatra entscheide, würde ich mir ebendiesen alten Mann zum Feind machen.»

Eumenes spuckte einen Dattelstein aus. «Und? Was kann er schon tun? In Asien einmarschieren und einen Krieg gegen den Regenten zweier Könige anfangen, der außerdem mit Alexanders Schwester verheiratet ist? Das glaube ich kaum, Perdikkas. Er hätte keine Legitimation, und außerdem wäre sein Ruf dahin, wenn er die Gräuel eines Bürgerkrieges über das Reich brächte. Antipatros ist alt und weise genug zu verstehen, dass du die Entscheidung aus dynastischen Gründen triffst und nicht in der Absicht, ihn zu beleidigen. Er wird die Kränkung hinnehmen und seine Bemühungen darauf konzentrieren, seine Position in Europa abzusichern. Soll er nur – bis die Zeit kommt, da wir finden, es sollte wieder Teil des Großreiches werden.»

Perdikkas überdachte Eumenes' Ansichten, während er gemächlich einen Bissen Brot kaute.

«Und noch etwas», fuhr Eumenes fort. «Antipatros hat seine Tochter Phila bereits Krateros zur Frau gegeben, und wenn die Gerüchte wahr sind, hat er Ptolemaios Eurydike versprochen, somit wärest du nur einer unter dreien. Kleopatra ist exklusiv.»

«Alketas meint, ich sollte mich an Nikaia halten.»

«Dein Bruder ist ein Schwachkopf, doch das scheint euch beiden nicht klar zu sein. Sonst würde er keine Ratschläge erteilen, und du würdest ganz gewiss keine von ihm einholen, ganz zu schweigen davon, sie zu befolgen. Beantworte mir doch einmal folgende Frage: Wenn du Nikaia heiratest, wer wird dann Kleopatra zur Frau nehmen?»

«Ich könnte ja beide heiraten – Alexander hatte sogar drei Ehefrauen.»

«Du bist nicht Alexander.»

Das weiß ich, aber ich könnte es sein, und ich sollte es sein, da ich seinen Ring habe. «Trotzdem.»

Eumenes zeigte mit dem Finger auf Perdikkas. «Jetzt hör mir mal zu. Ich habe mich seit seinem Tod bemüht, dir zu helfen, und das war verdammt harte Arbeit, aber dieses eine Mal solltest du wirklich auf mich hören: Wenn du Kleopatra und Nikaia heiratest, wird Nikaia schneller ermordet werden, als du sie rammeln kannst.»

«Ermordet? Wie?»

«Mit Gift vermutlich. Das ist, soweit ich weiß, Olympias' bevorzugte Waffe. Sie wird nicht zulassen, dass eine Tochter von Antipatros die Macht mit ihrer Tochter teilt und somit auch mit ihr. Wenn aber Nikaia unter solchen Umständen ums Leben käme, dann müsstest du wirklich befürchten, dass der alte Mann eine Invasion anzettelt, aus dem legitimen Grund, seine Tochter zu rächen. Und glaube mir, nicht wenige würden mit ihm sympathisieren und sich auf seine Seite stellen. Also schlag dir das aus dem Kopf und beantworte meine Frage: Wen würde Kleopatra heiraten, wenn nicht dich?»

Perdikkas blickte völlig ratlos drein.

«Lysimachos, damit sie an dem Vergnügen teilhaben kann, die Stämme im Norden in Schach zu halten?», schlug Eumenes beflissen vor. «Den Hosen tragenden Peukestas, um Persisch zu lernen? Oder vielleicht Peithon, wegen seines herausragenden Geistes.»

Perdikkas zuckte die Schultern. «Ich weiß es nicht.»

«Nun, keiner der drei würde ihr Mann werden, das kann ich dir versichern. Ich selbst auch nicht, obwohl ich mich ausgezeichnet mit der Frau verstehe und ihre Mutter einmal etwas nicht ganz Abfälliges über mich gesagt haben soll. Nein, sie wird gar nicht heiraten. Sie wird dort in Sardis sitzen als Siegespreis für denjenigen, der den Versuch wagt, das Großreich unter seine Herrschaft zu bringen. Kassandros zum Beispiel.»

«Sie würde niemals einen Sohn von Antipatros heiraten!»

Eumenes betrachtete nachdenklich eine Aprikose, ehe er sie in den Mund steckte. «Wirklich nicht? Mir scheint, das wäre die eleganteste Lösung des ganzen Problems. Allerdings würdest du es nicht mehr miterleben, denn du wärest überaus tot.»

Der nervtötende kleine Hurensohn hat schon wieder recht.

Ich sollte Kleopatra heiraten, aber ich wage es nicht, Nikaia zurückzuweisen – es muss eine Möglichkeit geben, an die noch keiner gedacht hat.

Da drängte sich eine hochgewachsene, staubbedeckte Gestalt in fleckigem Reisemantel an den Wachen am Zelteingang vorbei und riss Perdikkas aus seinen Gedanken. «Seleukos.»

«Noch eine Möglichkeit für Kleopatra», murmelte Eumenes durchaus vernehmlich vor sich hin.

«Es ist vollbracht», verkündete Seleukos, nahm seinen Mantel ab und warf ihn über eine Stuhllehne. «Mehr als zwanzigtausend Söldner wurden getötet. Besser gesagt, ermordet. Es war, wie ich – ich meine wir – vermuteten: Peithon hat eine Einigung mit ihnen geschlossen und wollte sie in seine Armee aufnehmen.»

Eumenes zog eine Augenbraue hoch. «Peithon zeigt Initiative? Da sieh mal einer an.»

Perdikkas überhörte den Einwurf. «Was hast du mit ihm gemacht?»

Seleukos schenkte sich etwas zu trinken ein und setzte sich. «Nichts. Ich habe ihm gesagt, er soll die Toten anständig bestatten und nie wieder so ein böser Junge sein. Er soll in seiner Satrapie bleiben, bis du ihn rufst. Ich habe seine Truppen entsandt, um die Garnisonen im Osten zu ersetzen, bis wir mehr Söldner rekrutiert haben, um die Posten zu übernehmen. Und die Einheiten, die du ihm geliehen hattest, habe ich mitgebracht.»

Perdikkas schüttelte seufzend den Kopf. «Kann ich denn niemandem trauen?»

«Mir kannst du trauen», erwiderte Seleukos. Dann warf er einen Blick auf Eumenes. «Und vielleicht kannst du sogar diesem listigen kleinen Griechen trauen, auch wenn ich es nicht täte. Aber ich kann dir einen nennen, dem du nicht hättest trauen sollen: Neoptolemos. Er hat die Sache in Armenien gründlich verbockt. Ich bin durch die Satrapie gekommen, als ich über die Königsstraße aus Medien zurückkehrte.»

«Ich sage jetzt nicht: Hab ich's dir nicht gleich gesagt», murmelte Eumenes.

Perdikkas warf dem Griechen einen finsteren Blick zu, dann wandte er sich wieder an Seleukos. «Was hat er angestellt?»

Seleukos riss ein Stück Brot ab. «Er hat es sich mit seinen Jungs verdorben, indem er ihnen den Sold vorenthalten hat, deshalb weigern sie sich, für ihn zu kämpfen. Er wiederum weigert sich nun, ihnen den Sold zu zahlen, solange sie nicht für ihn kämpfen. Frag mich nicht warum, ich weiß es nicht. Ich weiß nur, dass eine makedonische Armee in Armenien untätig herumsitzt, während die kleinen einheimischen Potentaten einherstolzieren und sich um gar nichts scheren. Ich musste mir das sichere Geleit durch das Land mit Bestechungen erkaufen.»

Perdikkas schlug mit der Faust auf den Tisch, sodass alle drei Becher überschwappten. «Dann solltest du wohl lieber dorthin zurückgehen und die Sache in Ordnung bringen, wie?»

«Blödsinn.»

«Blödsinn? Verweigerst du etwa einen Befehl?»

«Ich bin eben erst zurückgekehrt, nachdem ich monatelang draußen im Osten war, und ich denke nicht daran, nach Armenien zu gehen, um in Ordnung zu bringen, was jemand anders verbockt hat.»

«Ich gehe», warf Eumenes rasch ein.

Perdikkas und Seleukos schauten den Griechen verblüfft an. «Du?», fragten beide wie aus einem Mund.

«Ja, ich. Mit meiner kappadokischen Kavallerie. Das verschafft uns eine Gelegenheit, einander ein wenig näher kennenzulernen.»

Seleukos machte eine gleichgültige Handbewegung. «Besser du als ich.»

«Ja, das finde ich auch», pflichtete Eumenes ihm bei. Dabei schaute er Perdikkas an.

Nun, das wäre für mich ein Ausweg aus einer unliebsamen Situation – mir scheint, ich sollte dem nervtötenden kleinen Mann dankbar sein. «Also gut, Eumenes», sagte Perdikkas, gerade als der Wachmann durch den Zelteingang trat. «Führe sie nach Osten, während ich mich um Pisidien kümmere.» Er wandte sich an die Wache. «Was gibt es?»

«Sie bringen eben Ariarathes herein, Herr.»

«Ah, endlich eine gute Nachricht. Rufe die Könige herbei.»

«Kann ich ihn wirklich töten lassen?», fragte König Philipp aufgeregt, und vor Begeisterung lief ihm Sabber über das Kinn.

«Sprich leise, mein König», raunte Perdikkas ihm verstohlen zu, während die hochgewachsene, imposante Gestalt von Ariarathes vor die versammelte Armee geführt wurde. «Wenn er tut, was du verlangst, dann musst du Gnade zeigen.»

«Gnade?» Mit diesem Begriff wusste der König offenbar nicht viel anzufangen.

«Schlitze ihm den Bauch auf und lache über seine Qual», zischte Roxane, die ihren kleinen Sohn im Arm hielt.

Perdikkas beachtete sie nicht. Er hatte auch über die Tatsache hinweggesehen, dass sie überhaupt erschienen war, obwohl er befohlen hatte, nur das Kind und seine Amme sollten anwesend sein. «Ariarathes», hob Perdikkas an, als der Rebell vor ihm stand, neben einem angespitzten Pfahl, der im Boden steckte. «Die Armee von König Philipp und König Alexander hat dich auf dem Schlachtfeld besiegt, doch die Könige sind gnädig.» Er machte eine Geste in Philipps Richtung. «Mein König?»

Bebend vor Eifer, besann Philipp sich auf seinen Text. «Knie nieder!», rief er viel lauter, als es mit königlicher Würde vereinbar war.

Ariarathes spuckte auf den Boden, dann lachte er tief und hohl. Er wandte sich an Perdikkas. «Was ist das? Nennt ihr Makedonen das neuerdings einen König? Das und dieses Wickelkind?» Er spuckte noch einmal aus. «Vor so etwas knie ich nicht.»

«Schlitzt ihm den Bauch auf!», kreischte Roxane.

«Schweig, Weib!», sagte Perdikkas, ohne sie anzusehen. «Du wirst niederknien oder sterben, Ariarathes.»

«Ich weiß, Perdikkas. Deshalb habe ich entschieden, mich nicht selbst zu töten. Ich wollte dir zeigen, wie sehr ich deinen sabbernden Schwachsinnigen und deinen Säugling verachte. Alexanders Erben? Pah!» Er warf einen Blick auf den Pfahl. «Ich wähle die schmerzhafteste aller Todesarten.»

Der Hurensohn sorgt noch im Tod dafür, dass ich dumm dastehe, aber jetzt kann ich nicht mehr zurück. Warum läuft nur nie etwas nach Plan? «Schön.» Er nickte den Wachen zu. «Pfählt ihn.»

Ariarathes wehrte sich nicht, als sie ihm die Kleider vom Leib rissen, und er gab keinen Laut von sich, als sie ihn hochhoben und den Pfahl in seinen After einführten, so, dass er mit den Zehen gerade eben nicht den Boden erreichte. Dann ließen die Wachen ihn los. Er versuchte nicht, sich abzustützen, als die Spitze tiefer in ihn eindrang und seine Zehen den Boden berührten. Stattdessen spuckte er noch einmal in Richtung der Gruppe um die Könige aus. Der Pfahl glitt durch seine Eingeweide und durchbohrte das Herz. Als die

Spitze an seiner linken Schulter wieder austrat, war er bereits tot.

«Nun, das ist ja ausgezeichnet gelaufen», bemerkte Eumenes an Perdikkas gerichtet, als sie sich von dem Gepfählten abwandten und davongingen. «Er hat sich als Held präsentiert, der sich weigerte, sich von einem Schwachsinnigen und einem Wickelkind beherrschen zu lassen. Sehr schlau. Hoffen wir, dass du in Pisidien mehr Glück hast.»

«Halte dein nervtötendes Mundwerk und mache dich lieber auf den Weg nach Armenien», fuhr Perdikkas ihn an, der jetzt nicht in der Stimmung für ein Gespräch mit Eumenes war. «Antigenes, gib den Befehl aus, das Lager abzubrechen.»

«Jawohl, Herr.»

«Und schicke Nachrichten an Menandros in Lydien und Antigonos in Phrygien, sie sollen in einem Monat in Pisidien zu mir stoßen und jeweils dreitausend Mann mitbringen.»

Eumenes starrte Perdikkas entsetzt an. «Antigonos? Das ist nicht dein Ernst, oder?»

Perdikkas runzelte die Stirn. «Warum nicht? Nachdem er meinen Befehl missachtet hat, dich in Kappadokien zu unterstützen, gebe ich ihm nun eine Gelegenheit zur Wiedergutmachung und dazu, seine Treue zu den Königen unter Beweis zu stellen.»

«Und du gibst ihm eine Gelegenheit, dir die gleiche Antwort zu geben wie beim letzten Mal. Was wirst du dann tun?»

Was werde ich dann tun? Nun, dann werden wir dem Krieg einen Schritt näher sein.

ANTIPATROS
DER REGENT

Beim letzten Mal habt ihr die Verhandlungen abgebrochen, weil euch die Vorstellung einer bedingungslosen Kapitulation unerträglich war.» Antipatros schaute abwechselnd Phokion und Demades an und ignorierte dabei gänzlich das dritte Mitglied der athenischen Delegation, den alternden Philosophen und einstigen Freund des kürzlich verstorbenen Aristoteles, Xenokrates. «Um unserer langjährigen Bekanntschaft und des wechselseitigen Respekts willen, Phokion, erweise ich dir die Rücksicht, meine Armee nicht nach Attika hineinzuführen, damit dein Volk nicht die Bürde tragen muss, sie zu verpflegen. Aber vergiss nicht, ich kann diese Entscheidung jederzeit zurücknehmen.»

Die drei Athener saßen nebeneinander auf einer niedrigen Bank gegenüber Antipatros und Krateros in ihren bequemen Stühlen. Ihre Umgebung – die von Unkraut und Kletterpflanzen überwucherten Ruinen der thebanischen Agora, in denen zwei rivalisierende Rudel wilder Hunde heimisch waren – diente zur Mahnung daran, wie gnadenlos Makedonen mit einem geschlagenen Feind verfahren konnten.

Phokion war im gleichen Alter wie Antipatros, sein Gesicht

war runzelig und der Vollbart weiß, die Augen jedoch hell und klar wie die eines jüngeren Mannes. Nun blickten sie auf Demades, der zwanzig Jahre jünger war, beleibt, glatt rasiert, mit geöltem Haar und Ringen an den Fingern, ein alternder Geck. Die beiden Männer schauten sich einen Moment lang an, ehe sie zu einer wortlosen Übereinkunft gelangten und sich wieder Antipatros zuwandten.

«Das war in der Tat rücksichtsvoll, Antipatros», sagte Phokion, «und wir hoffen, dass du deine Entscheidung nicht zurücknimmst.»

Xenokrates räusperte sich und stand auf, um eine Rede zu halten. «Ich fordere, dass –»

«Setz dich hin!», fuhr Antipatros ihn an. «Ich rede mit Phokion.»

«Aber ich fordere, dass –»

Antipatros hob die Stimme. «Als ich in Lamia festsaß, Phokion, hat euer Feldherr Leosthenes mich nicht angehört, als ich ihm Bedingungen unterbreiten wollte. Er sagte, der Sieger diktiert die Bedingungen, und ich musste widerstrebend zugeben, dass er recht hatte. Nun wart ihr also zwischenzeitlich wieder in Athen, um euren Landsleuten über unser erstes Treffen zu berichten, und sie haben euch abermals zu mir geschickt. Ich nehme daher an, dass ihr willens seid, meine Bedingungen anzuhören – die Bedingungen des Siegers.»

Xenokrates lief vor Entrüstung puterrot an. «Barbar! Ich fordere, dass –»

«Es reicht!» Antipatros redete weiter, ohne auf die Beleidigung einzugehen, ganz auf Phokion konzentriert. «Erstens: Athen reduziert die Anzahl der Personen, die in seiner Demokratie mitbestimmen dürfen – von nun an ist das Wahlrecht Männern vorbehalten, deren Besitz mehr als zweitausend Drachmen wert ist.»

Phokion versteifte sich. «Aber das hieße –»

«– dass die Stadt zur Oligarchie wird, ich weiß. Oligarchien sind leichter zu beherrschen. Leute mit geringerem Besitz haben weniger zu verlieren und neigen deshalb eher dazu, für überstürzte und destruktive Politik zu stimmen. Die Wohlhabenden haben ein größeres Interesse daran, den Frieden zu wahren.»

«Aber ich fordere, dass –»

«Eine makedonische Garnison aus fünfhundert Mann wird in der Festung auf dem Munychia in Piräus stationiert, und schließlich: Athen wird für sämtliche Kosten aufkommen, die Makedonien durch den Krieg entstanden sind, und zusätzlich eine Strafzahlung in Höhe von fünfzig Prozent dieser Kosten leisten. Das sind meine Bedingungen.»

Wieder wechselten Phokion und Demades einen Blick, während Xenokrates begann, seine Forderungen aufzuzählen, ohne dass irgendjemand ihn beachtete.

«Die Garnison», sagte Phokion laut genug, um Xenokrates zu übertönen. «Ist diese Bedingung wirklich unerlässlich? Makedonien hat Athen diese Schmach in der Vergangenheit stets erspart.»

«Phokion, ich bin bereit, dir alles Mögliche zu gewähren, aber nichts, das uns beide zum Untergang verurteilt. Wenn die Athener unbeaufsichtigt bleiben und erneut in die Revolte gehen, dann bist du ebenso ihr Feind wie ich, denn du bist es, der hier mit mir verhandelt, nicht Hypereides oder Demosthenes.»

«Ich fürchte, da muss ich dir leider zustimmen, alter Freund.»

«Und was Hypereides und Demosthenes betrifft, so werde ich den Verbanntenjäger auf sie ansetzen. Er und seine thrakischen Freunde lieben diesen Sport, und ich wüsste keinen

Grund, ihnen das Vergnügen vorzuenthalten. Wie viele Menschen mussten wegen ihrer Demagogie ihr Leben lassen?»

«Zu viele, und ich werde nicht für sie um Gnade bitten. Jedoch bitte ich um einen Gefallen.» Phokion unterbrach sich kurz und schaute zu Xenokrates auf, der noch immer schwadronierte. «Würdest du bitte ruhig sein? Wir versuchen hier, ein Gespräch zu führen.»

Xenokrates brach ab und blickte auf Phokion hinunter. «Aber ich fordere, dass –»

«Du kannst fordern, so viel du willst», unterbrach Antipatros ihn, «niemand wird dir zuhören.»

Xenokrates warf Antipatros einen herablassenden Blick zu. «Du behandelst Athen zu großzügig für Sklaven und zu grausam für freie Männer. Dass Athen, das Zentrum der Zivilisation, von ungebildeten Barbaren aus den Bergen eine derartige Behandlung erdulden soll, ist nicht hinnehmbar.»

Antipatros verdrehte die Augen – er war der athenischen Hochnäsigkeit überdrüssig. «Deine Meinung steht dir zu, und du darfst sie ganz für dich behalten – bitte behellige mich künftig nicht mehr damit. Also, Phokion, welchen Gefallen möchtest du erbitten?»

«Dass Athen Samos behalten darf.»

Antipatros schüttelte den Kopf. «Alexanders Verbanntendekret gilt nach wie vor. Ihr werdet eure Siedler von der Insel entfernen, sodass die ursprünglichen Bewohner und ihre Nachkommen zurückkehren können.» Er erhob sich zum Zeichen, dass die Unterredung beendet war. «Aber ich werde Gebiete in Thrakien bereitstellen für alle, die nicht wissen wohin, und für jene in Athen, die ihr Wahlrecht verlieren und nicht in einer Stadt bleiben möchten, in der sie kein Mitspracherecht mehr haben. Ich finde, das ist mehr als gerecht.»

«Es ist weit mehr als gerecht», sagte Krateros, während er und Antipatros durch das einstige Stadttor gingen. Dahinter wartete eine Gruppe wüst aussehender Männer. «Ich hätte einen makedonischen Tyrannen eingesetzt und das Wahlrecht gänzlich abgeschafft.»

«Du warst länger als ein Jahrzehnt in Asien, Krateros, und hast vergessen, dass man die Dinge hier in Europa anders handhabt. Ich muss in Athen einen Anschein von Freiheit erhalten, um den anderen Stadtstaaten Hoffnung zu geben. Wenn wir sie alle wie Sklaven behandeln, haben sie nichts mehr zu verlieren, und ehrlich gesagt bin ich zu müde, um mich mit immer neuen Rebellionen herumzuschlagen. Ich will einfach nur heim zu meiner Frau.»

«Du hast nach mir geschickt, Antipatros», sagte der Anführer der wartenden Gruppe. Er hatte ein rundes, beinahe knabenhaftes Gesicht mit heiter blickenden Augen unter einem üppigen schwarzen Lockenschopf.

«Ja, Archias. Ich habe drei Aufträge für dich und deine ... äh ... Geschäftspartner.» Antipatros überblickte das halbe Dutzend Männer mit roten Bärten und Fuchsfellmützen, hohen Stiefeln und übelriechenden Hemdgewändern und Mänteln. Jeder von ihnen trug auf dem Rücken eine gebogene Klinge mit langem Griff, die bevorzugte Waffe der Thraker, Rhomphaia genannt. Sie war unter allen gefürchtet, die schon einmal das Pech gehabt hatten, ihr im Kampf zu begegnen.

«Ich stehe zu Diensten.» Archias lächelte und entblößte dabei überraschend weiße Zähne. Allerdings, so sagte sich Antipatros, war der Mann früher einmal Tragödienschauspieler gewesen und wusste, wie wichtig es war, auf sein Äußeres zu achten.

«Es gilt, Hypereides und Demosthenes zu töten. Ich gebe

dir ein Talent in Gold, wenn du nach erfolgreicher Ausführung nach Makedonien zurückkehrst.»

«Wo finde ich sie?»

«Sie sind zweifellos ins Exil gegangen, und da du ein Verbanntenjäger bist, überlasse ich es dir, sie ausfindig zu machen. Du kannst mit der Garnison, die ich entsende, nach Athen segeln, und ich sorge dafür, dass dir von dort aus eines der Schiffe zur Verfügung gestellt wird, um sie aufzuspüren.»

Archias neigte den Kopf. «Ich werde dir ihre Zungen bringen, da diese dir den meisten Ärger bereitet haben. Und der dritte Auftrag?»

«Ich habe kurz etwas in Korinth zu erledigen und werde anschließend nach Makedonien zurückkehren. Wenn du wieder nach Pella kommst, will ich, dass du meinen Sohn Iolaos begleitest. Er bringt meine Tochter Nikaia nach Asien, wo sie Perdikkas heiraten wird.»

Der Verbanntenjäger runzelte die Stirn und schaute Antipatros fragend an. «Perdikkas? Weshalb willst du denn eine deiner Töchter mit ihm verheiraten, einem bloßen Regenten, wie du selbst einer bist, wenn es doch auch einen König zu ehelichen gäbe – wenn mir die Frage gestattet ist?»

Für einen Moment war Antipatros ob dieser Dreistigkeit sprachlos. «Ich denke nicht, dass dich das etwas angeht, Archias.»

«Gewiss nicht, Herr. Ich möchte lediglich darauf hinweisen, dass es noch einen unverheirateten König gibt, und wie Sophokles in seiner Phaidra so treffend formulierte: Das Glück ist nicht mit den Zaghaften. Ich hätte gemeint, du gibst dich mit etwas zu Geringem zufrieden und …» Er tat den Gedanken mit einer Handbewegung ab. «Aber wie du meinst. Ich werde in zehn Tagen wieder in Pella sein.»

«Weißt du, er hat nicht ganz unrecht», bemerkte Krateros,

400

als sie zusahen, wie der Verbanntenjäger und seine Männer sich entfernten. «Perdikkas ist Philipps Regent – sein Sohn kann niemals König werden, ebenso wenig wie deiner oder meiner. Weshalb solltest du sie nicht mit Philipp verheiraten? Sie könnte einen Erben der Argeadendynastie hervorbringen, der vielleicht irgendwann das ganze Reich wieder einen würde.»

«Der Mann ist schwachsinnig, und ich will nicht, dass er auf meine Tochter sabbert.»

«Nun, früher oder später wird er auf eine Frau sabbern, und diese Frau wird in einer sehr günstigen Position sein, ihrer Familie zum Aufstieg zu verhelfen.»

«Perdikkas ist die bessere Wahl. Wenn du, er und Ptolemaios mit drei Schwestern verheiratet seid, haben wir eine Chance, einen Krieg zu vermeiden. Nur ein Schwachkopf würde einen Schwachkopf heiraten.»

ADEA
DIE KRIEGERIN

Die Klingen prallten klirrend aufeinander. Mit einer flinken Bewegung stieß Adea das Messer in ihrer linken Hand abwärts, um das ihres Widersachers abzuwehren, während sie mit den Schwertern in der Rechten kämpften, nunmehr Heft an Heft. Mit einem Sprung nach links und einem Tritt in den Bauch ihres Gegners – eines Mannes, der doppelt so alt war wie sie, aber gleich groß – befreite sich Adea aus der Pattsituation. Ihr Schwert sauste durch die Luft, um einen weiteren Stich mit dem Messer zu parieren, das während des ganzen Kampfes immerfort von verschiedenen Seiten auf sie zuschnellte. Schweiß lief ihr in die Augen, doch sie widerstand dem Drang, ihn fortzuwischen. Stattdessen rückte sie mit rasch aufeinanderfolgenden Schwertschlägen gegen ihren Widersacher vor und drängte ihn damit immer weiter zurück, in Richtung ihrer Mutter Kynane, die dasaß und den Kampf gebannt verfolgte.

Ein weiterer schneller Sprung, diesmal nach rechts, brachte Adea in die Position, ihrem Kampfpartner leicht seitlich gegenüberzustehen. Er stieß abermals blitzschnell mit seinem Dolch zu, doch sie fing die Klinge mit dem Schwert ab und drückte seinen Arm weit nach außen, wobei sie all ihre beträchtliche Kraft einsetzte. Gleichzeitig duckte sie sich unter einem Querschlag mit dem Schwert hindurch und stieß ihm die stumpfe Spitze ihres Messers gegen die Brust direkt über dem Herzen. «Das wäre der tödliche Stich, Barzid!»

«In der Tat, Herrin», erwiderte Barzid, atemlos von dem turbulenten Übungskampf. «Und ein guter, einer Prinzessin würdig. Nun hast du mich zum zehnten Mal in Folge besiegt – ich kann dir nichts mehr beibringen.»

Adea schaute zu ihrer Mutter, die anerkennend nickte.

«Barzid hat recht», sagte Kynane, erhob sich und ging auf ihre Tochter zu. Hochgewachsen und breitschultrig, mit buschigen Augenbrauen und einer ausgeprägten Knollennase, war Kynane nicht eine klassische Schönheit zu nennen. Doch ihr kraftvoller, beinahe maskuliner Körper hatte etwas an sich, das Männer anzog. Seit Alexander nach seiner Thronbesteigung ihren Mann Amyntas getötet hatte – dieser war sein Cousin und stellte somit eine Bedrohung dar –, hatte es ihr nicht an Verehrern gemangelt. Sie jedoch hatte anderweitige Neigungen und wies sie alle ab. Stattdessen konzentrierte sie sich ganz darauf, ihre Tochter nach der Art der Illyrer zu erziehen: zu einer Kriegerin.

Und das war Adea, nunmehr fünfzehnjährig, zweifellos. Eine Daumenbreite größer als ihre Mutter und damit so groß wie die meisten Männer, wenn auch nicht ganz so kräftig, verstand Adea sich aufs Töten, und es war an der Zeit, dass sie in den Krieg zog.

Kynane nahm Adeas Gesicht in beide Hände und küsste ihre Tochter auf die Stirn. «Bist du noch immer gewillt zu tun, was wir geplant haben?»

Adea blickte ihrer Mutter in die Augen und nickte langsam. «Ich werde es tun, Mutter. Auch wenn ich nach wie vor finde, es wäre besser, wenn du es tätest. Du bist nicht zu alt, um Kinder zu bekommen, und der König ist nur dein Halbbruder. Du bist immerhin Alexanders ältestes Geschwister, somit wäre es weit wahrscheinlicher, dass man auf dich hört, auch wenn du eine Frau bist.»

Kynane lächelte und küsste ihre Tochter noch einmal. «Das haben wir doch alles schon besprochen: Ich stamme aus der Verbindung eines makedonischen Königs mit einer illyrischen Prinzessin. Du hingegen stammst aus der Verbindung zwischen einer makedonischen Prinzessin – mir – und einem makedonischen Edelmann, dem Vetter Alexanders, der ebenso einen rechtmäßigen Anspruch auf den Thron gehabt hätte wie Alexander selbst, weshalb er ja auch ermordet wurde. Du, mein liebes Kind, bist weit besser geeignet, die Frau des geistesschwachen Königs zu werden. Wärest du ein Knabe, dann hätten sie dich auf den Thron gesetzt, nicht einen Säugling und einen Schwachsinnigen.»

Adea atmete tief durch und stählte sich für das, was ihr bevorstand. *Wie soll ich die Stärke aufbringen, das durchzustehen, wenn ich doch weiß, dass alles an Philipp mich anwidern wird?*

Kynane erriet, was ihre Tochter dachte. «Du musst es ihn nur ein- oder zweimal tun lassen, Adea. Barzid hat den Beischlaf mit dir vollzogen, du weißt also, wie es ist – es wird für dich nicht überraschend kommen.»

«Das ist es nicht, Mutter. Ja, Barzid war so gütig, mir zu zeigen, was Männer mit Frauen tun. Das beunruhigt mich nicht, noch interessiert es mich – du weißt ja, dass ich ebenso wie du das eigene Geschlecht vorziehe. Ich fürchte nur, dass schon sein bloßer Anblick mich abstoßen wird. Ich weiß noch, wie ich ihn als Kind einmal sah, seine Schwäche, sein Sabbern, seinen von Pisse fleckigen Chiton – ich fürchte, dass mir übel wird, wenn er mir beischläft.»

«Ich werde es so einrichten, dass ich im Nebenraum bin, liebste Tochter, und ich werde eine Köstlichkeit für dich bereithalten, mit der du dich vergnügen kannst, wenn er fertig ist. Sei unbesorgt, Adea, ich bin immer für dich da.»

Und Adea wusste, dass das die Wahrheit war, denn ihre Mutter war in den nunmehr fünfzehn Jahren ihres Lebens nie von ihrer Seite gewichen. Sie waren unzertrennlich, aßen, ertüchtigten sich und schliefen zusammen, selbst wenn Kynane sich eine Geliebte ins Bett holte und dann kürzlich, als Adea dem Beispiel ihrer Mutter gefolgt war und sich ein Sklavenmädchen genommen hatte. Ihr gemeinsames Leben war darauf ausgerichtet gewesen, dass Kynane alles, was sie wusste, an ihre Tochter weitergab, um sie nach illyrischer Tradition zu einer Kriegerprinzessin zu schmieden. Hier in der Abgeschiedenheit ihrer Bergheimat, wo sie vor der Giftmischerin Olympias sicher waren, hatte Adea sich genau so entwickelt, wie ihre Mutter es sich erhofft hatte. Und nun planten sie gemeinsam, nach der Macht zu greifen.

Anfangs war es Adeas Idee gewesen, ein Jahr nach Alexanders Tod. Kynane hatte sich über Olympias' Plan ereifert, wieder zu Macht zu gelangen, indem sie ihre Tochter Kleopatra Leonnatos zur Frau gab. Da war Adea in den Sinn gekommen, dass Olympias ausnahmsweise einmal nicht so hoch griff, wie sie es hätte tun können: Weshalb sollte sich jemand mit einem Gefährten Alexanders begnügen, da doch sein Halbbruder und Erbe unverheiratet war? Sie hatte nicht daran gedacht, Philipp selbst zu ehelichen, als sie diesen Gedanken mit ihrer Mutter teilte – zu dem Zeitpunkt war sie selbst kaum zur Frau gereift und interessierte sich nicht im mindesten für Männer. Doch sie hatte sich dem Willen ihrer Mutter gebeugt und sich bereiterklärt, die Rolle zu spielen, die sie eigentlich Kynane zugedacht hatte. Allerdings tat sie es mit größtem

Widerstreben, denn sie fürchtete sich davor, in die Welt der Männer einzutreten. Barzid war einer von ganz wenigen, mit denen sie bislang in Kontakt gekommen war, und nachdem er ihr auf ihr eigenes Ersuchen gezeigt hatte, wie ein Mann den Beischlaf vollzog, hatte sie erst recht kein Bedürfnis, mit mehr Vertretern seines Geschlechts Bekanntschaft zu machen.

Schweren Herzens fügte Adea sich schließlich in das Vorhaben, das sie nun in Kürze beginnen würden. Sie ergriff die Hände ihrer Mutter. «Wann brechen wir auf, Mutter?»

«Sobald Barzid eine Eskorte zusammengestellt hat, die einer Königin würdig ist. Er rekrutiert einhundert der tapfersten Krieger der Stämme im Süden Illyriens, allesamt beritten und jeder mit einem Reservepferd. Wir müssen schnell reiten und weite Strecken zurücklegen, denn viele werden versuchen, uns aufzuhalten. Aus diesem Grund müssen wir einen Bogen um Makedonien machen und die nördliche Route nehmen. Durch Thrakien gelangen wir an den Hellespont, und diesen müssen wir bis zum Herbst erreichen, damit du noch in diesem Jahr Makedoniens neue Königin wirst.»

ANTIPATROS
DER REGENT

«Endlich Frieden», sagte Antipatros und wälzte sich von seiner Frau hinunter. Sein Herz schlug noch heftig von der Anstrengung, und seine Haut war schweißnass. «Nachdem die griechische Rebellion im Westen unter Kontrolle gebracht ist, kann ich die Sorgen darum, das Königreich zu verteidigen, für eine Stunde oder zwei aus meinem Kopf verbannen.» Er lag auf dem Rücken, einen Arm hinter dem Kopf, den anderen um seine Frau gelegt, schaute zur Decke hinauf und versuchte, nicht zu denken.

«War es so schlimm?», fragte Hyperia, schmiegte die Wange an seine Schulter und strich mit einem Finger über seine Brust.

«In meinem Alter sollte ich mich schonen, nicht Kriege ausfechten und den Besiegten Strafen auferlegen.»

«Weshalb trittst du dann nicht vom Amt des Regenten zurück?»

«Wer sollte denn übernehmen?»

«Krateros?»

«Ich habe daran gedacht, aber noch ist nicht der rechte Zeitpunkt dafür. Er war so lange aus Europa fort, dass er sich in der hiesigen Politik nicht mehr auskennt. Vielleicht wird er in ein paar Jahren so weit sein, bis dahin muss ich eben weitermachen.»

«Und wie wäre es mit Kassandros?»

«Kassandros! Wenn das dein Ernst ist, dann kennst du den Charakter deines Stiefsohnes nicht, Frau: Er ist käuflich und machthungrig, und das ist vielleicht die schlimmste Kombination. Hinzu kommt sein Gefühl der Unzulänglichkeit, weil Alexander ihn zurückgelassen hat – was in meinen Augen die richtige Entscheidung war. All das würde ihn zu einem denkbar ungerechten Herrscher machen und alles gefährden, worauf ich in den vergangenen zwölf Jahren hingearbeitet habe.»

«Weshalb redest du so über deinen eigenen Sohn?»

Antipatros dachte über die Frage nach. Er schloss die Augen und streichelte Hyperias Schulter. «Die Wahrheit ist, dass ich ihn noch nie mochte. Er war schon als Kind verschlagen und selbstherrlicher, als es ihm zustand. Außerdem halte ich ihn für einen Feigling. Er hat bislang nicht einmal auf der Jagd einen Keiler erlegt, deshalb muss er bei Tisch noch immer sitzen, statt zu liegen, und doch scheint er keine Scham zu empfinden. Alles in allem bin ich froh, dass Perdikkas ihn in Babylon behalten und ihm ein angesehenes Kommando übertragen hat – genug, um seine Eitelkeit zu befriedigen und sicherzustellen, dass er mir nicht in die Quere kommt. Nein, meine Liebe, ich kann mein Amt jetzt nicht niederlegen, nicht, solange ich keinen Nachfolger habe, der stark genug ist zu verhindern, dass Kassandros es an sich reißt.»

«Dann wirst du als Regent sterben, denn es gibt in ganz Makedonien keinen stärkeren Mann als dich.»

Antipatros lächelte. Er empfand eine tiefe Zuneigung zu seiner Frau, nun, nachdem das dringende Verlangen, das Bett mit ihr zu teilen, befriedigt war. Bei seiner Ankunft in Pella vor nicht einmal einer Stunde hatte er unverzüglich ihr Gemach aufgesucht, obwohl der Verbanntenjäger Archias von seinem Auftrag im Süden zurückgekehrt war und darauf wartete, ihn zu sprechen. Antipatros drehte sich auf die Seite und küsste sie, während er sich innerlich sammelte, um die Frage zu stellen, von der sie beide wussten, dass sie fällig war. «Bist du bereit, von Nikaia und Eurydike Abschied zu nehmen, Hyperia? Es ist an der Zeit, dass sie die Reise zu ihren künftigen Ehemännern antreten, und es kann viele Jahre dauern, bis du sie wiedersiehst, wenn überhaupt.»

«Ich mache mir weniger Sorgen um mich selbst als um dich. Du wirst sie wahrscheinlich nie wiedersehen – ich habe wenigstens den Vorteil, dass ich jünger bin als du.»

Sie hat recht, aber ich muss dennoch an meinem Entschluss festhalten, wenn wir Frieden wollen. «Ein Trost ist immerhin, dass Phila bei uns bleibt. Und Nikaia werden wir vielleicht doch wiedersehen – aber Eurydike in Ägypten? Nun, das bezweifle ich stark.»

«Ich auch, und deshalb habe ich ohne dein Wissen eine Vorkehrung getroffen.»

Antipatros schaute seine Frau neugierig an.

«Ich weiß, dass Eurydike gänzlich von ihrer Familie abgeschnitten sein wird, deshalb habe ich es so eingerichtet, dass ihre Cousine Berenike sie als ihre Gefährtin nach Ägypten begleitet.»

Antipatros drückte wohlgefällig Hyperias Schulter. «Das ist eine ausgezeichnete Idee. Und Berenike ist damit einverstanden?»

«Ja, nachdem ja ihr verstorbener Mann Philipp sie als Witwe mit drei kleinen Kindern zurückgelassen hat, spricht es ihren Abenteuergeist an. Ihre Mutter Antigone und ich sind uns einig, dass es so das Beste ist.»

«Und was sagt Magas dazu?»

«Berenike hat ihren Vater stets geachtet, doch nun, da der Mann, den Magas für sie erwählt hatte, tot ist, findet sie es an der Zeit, ihr Leben selbst in die Hand zu nehmen.»

«Sie war schon immer ein eigensinniges Mädchen, genau wie Antigone.»

«Sie weiß, was sie will, und sie meint, dass sie es hier nicht finden wird. Ehrlich gesagt kam der Vorschlag eigentlich von Berenike selbst, und wer wäre ich gewesen, nein zu sagen, da Eurydike doch auf diese Weise Unterstützung bekommt?»

«Und Iolaos begleitet Nikaia, so werden sich beide Mädchen weit weniger von der Familie abgeschnitten fühlen.»

«Aber ich werde dich so sehr vermissen, Vater», sagte Nikaia, schlang die Arme um Antipatros' Hals und küsste ihn auf die Wange.

«Ich ebenfalls, Vater», schloss Eurydike sich mit Tränen in den Augen an und küsste ihn auf die andere Wange. Iolaos stand dabei und sah zu.

Antipatros umarmte seinerseits beide Töchter. Dabei fiel sein Blick durch das Fenster seines Amtszimmers auf die Flotte unten im Hafen südlich der Stadt, die sich gerade zum Auslaufen bereit machte und seine Töchter in die Ferne bringen würde. «Ihr werdet mir auch fehlen. Aber wir alle müssen unsere Pflicht tun und unsere persönlichen Gefühle hintanstellen. Deine Heirat mit Perdikkas, Nikaia, und deine mit Ptolemaios, Eurydike, werden wesentlich dazu beitragen, den Frieden zu sichern, solange wir leben – und sogar darüber hinaus, wenn ihr beide kräftige Söhne hervorbringt. Wir leben in unsicheren Zeiten, meine Töchter, und Familienbündnisse, wie ich sie knüpfe, werden viel Leid vermeiden helfen. Nun macht euch für morgen früh bereit, wenn wir wirklich Abschied nehmen, vielleicht für sehr lange Zeit.» Er strich ihnen über die Wangen und lächelte mit traurigem Blick, dann bedeutete er ihnen, sie sollten ihn alleinlassen.

Während Nikaia und Eurydike sein Amtszimmer verließen, wandte Antipatros sich um, nahm ein zusammengerolltes Schriftstück von seinem Tisch und reichte es Iolaos. «Wenn du nach Babylon kommst, übergib dies Kassandros.»

«Was steht darin?»

«Zweifellos wirst du es ohnehin lesen, also kann ich es dir ebenso gut sagen. Ich will, dass er in Babylon bleibt und auf seine Halbschwester achtgibt, damit sie nicht etwa einen *Unfall* erleidet. Perdikkas heiratet sie zwar, aber es wäre dennoch töricht von mir, ihm völlig zu vertrauen, erst recht, wenn sie ihm erst einmal einen Erben geschenkt hat.»

Iolaos schaute seinen Vater bestürzt an. «Du denkst doch nicht etwa, Perdikkas würde ...»

«Mir wäre einfach wohler, wenn Kassandros in Babylon bliebe und, nun, sagen wir, dafür sorgte, dass man seine Anwesenheit nicht vergisst.» *Und wenn er mir hier im Norden nicht in die Quere käme.* «So bleibt Perdikkas im Bewusstsein, dass er mit unserer Familie verbunden ist. Geh jetzt und bereite dich auf die Reise vor, und schicke mir Archias herein.»

Archias stellte die zwei kleinen Kästchen auf den Tisch und grinste. «Doch in den Staub wenn das dahinsterbend dunkele Blut einmal sich gemischt hat, wer ruft es mit Zauber zurück in das Leben?»

«Was?»

«Agamemnon, von Aischylos.»

«Natürlich.» Antipatros verzog das Gesicht, denn die Kästchen verströmten widerlichen Verwesungsgestank. Er wollte sie nicht öffnen, wusste jedoch, dass der Verbanntenjäger es von ihm erwartete. Wenn er den Mann dafür bezahlte, auf sein Geheiß zu töten, dann sollte er wenigstens den Beweis für die Morde anschauen.

«Diese ist von Hypereides», sagte Archias, als Antipatros das erste Kästchen öffnete und eine herausgeschnittene menschliche Zunge zum Vorschein kam, die in der Hitze ein wenig zusammengeschrumpft war. «Seine war die kürzere von beiden. Er hat im Heiligtum des Aiakos auf Ägina Zuflucht gesucht.» Archias stieß ein bitteres Lachen aus. «Als könnte irgendein längst verstorbener Halbgott verhindern, dass Gerechtigkeit geschieht. Ich habe seinen Leichnam den Vögeln zum Fraß liegenlassen.»

Antipatros nickte und öffnete das zweite Kästchen. Er schnappte nach Luft – die Zunge war geschwollen und fast lila verfärbt.

«Gift», erklärte Archias. «Dem alten Aufwiegler ist es gelungen, die Sache selbst in die Hand zu nehmen. Er hatte im Heiligtum des Poseidon auf Kalaureia Zuflucht genommen. Weder ich noch meine Männer wollten den Frevel auf uns laden, immerhin haben wir in den nächsten Monaten eine weite Reise übers Meer vor uns.»

«Ja, ja», sagte Antipatros – seine Aufmerksamkeit galt mehr dem Körperteil, der die Ursache von so viel Gewalt gewesen war. *Zwei Kriege hat diese Zunge angestiftet, und für keinen von beiden hat sie sich je entschuldigt.*

«Nun, als er erkannte, dass wir das Heiligtum umstellt hatten, war ihm klar, dass er die Wahl hatte zwischen Hunger, einer Rhomphaia und Gift. Er wählte Letzteres.»

Antipatros schloss den Deckel wieder. «Du und deine Männer habt eure Sache gut gemacht, Archias.»

«Und mein Geld?»

Antipatros nahm einen schweren Beutel vom Tisch und warf ihn dem Verbanntenjäger zu. «Das ist für die Zungen.

Außerdem gebe ich dir jetzt die Hälfte deines Lohns dafür, dass du Nikaia und Iolaos nach Babylon eskortierst. Die andere Hälfte wird Kassandros dir auszahlen, wenn ihr dort seid.»

«Kassandros? Ich kenne niemanden, der einen Grund hätte, ihm zu trauen.»

Dieser Einschätzung konnte Antipatros sich insgeheim durchaus anschließen. «Er wird zahlen. Ich habe es ihm schriftlich befohlen – die Anweisung steht in dem Brief, den Iolaos bei sich trägt. Komm danach wieder zu mir, ich habe in den nächsten Monaten noch reichlich Arbeit für dich.»

«Dann sollten wir uns wohl auf den Weg machen.»

«Die Flotte segelt morgen bei Tagesanbruch los.»

«Was soll das heißen: Die asiatische Flotte wird im Osten stationiert?», rief Krateros verblüfft aus, als er und Antipatros am nächsten Morgen zum Hafen kamen.

«Es heißt ebendas, Krateros: Die makedonische Flotte bleibt hier im Norden, zusammen mit den von den Athenern erbeuteten Schiffen, und die Schiffe, die du in Asien requiriert hast, werden mit Kleitos dem Weißen dorthin zurückkehren. Die Hälfte bleibt in Tarsos, die andere Hälfte fährt weiter nach Alexandria.»

«Aber es ist meine Flotte.»

«Nein, es ist Alexanders Flotte, schließlich hat er dich beauftragt, sie zusammenzustellen. Nun, da er tot ist, gehört sie dem Reich. Und selbst wenn es deine wäre – du hast sie ebenso wie deine Armee meiner Befehlsgewalt unterstellt.»

«Aber das ist ... Das ist ...»

«Politik, Krateros, Politik. Wenn ich die gesamte Flotte hierbehalte, erscheine ich als Aggressor.» Antipatros wandte sich Krateros zu und fasste ihn an den Schultern. «Wir müssen vermeiden, in einen Krieg abzugleiten. Ich muss es vermeiden – um jeden Preis. Und das erreiche ich am besten, indem ich Perdikkas und Ptolemaios jeweils die Hälfte der asiatischen Flotte gebe, als Mitgift für Nikaia und Eurydike. Dann sind wir alle gleich aufgestellt.»

«Aber Kleitos ist mein Mann.»

Antipatros lächelte und klopfte Krateros auf die Schultern. «Das ist er. Nun wird er in Tarsos bleiben und Perdikkas dienen, aber es würde mich nicht wundern, wenn er für immer dein Mann bliebe.»

Allmählich dämmerte es Krateros. «Du listiger alter Fuchs. Kleitos wird zu uns überlaufen, falls Perdikkas versuchen sollte, die Flotte gegen uns einzusetzen.»

«Oder sich in die andere Richtung zu wenden und Ptolemaios anzugreifen.»

«Womit uns Ptolemaios' Dank und Loyalität sicher wären.» Krateros grinste und schüttelte staunend den Kopf. «Du gibst Perdikkas in Wirklichkeit gar nichts, wie?»

«Das ist nicht wahr, mein Freund. Ich gebe ihm – und Ptolemaios – sehr großzügige Mitgiften für meine Töchter.»

Antipatros konnte die Tränen nicht zurückhalten, als er, Hyperia, Phila und Krateros auf dem Kai des Hafens von Pella standen und zusahen, wie die Triere ablegte, die seine Töchter einer ungewissen Zukunft entgegentrug. Nikaia, Eurydike und Berenike würden gemeinsam bis nach Tarsos fahren, wo Nikaia mit Iolaos und ihrer Eskorte von Bord gehen würde, um im kühleren Winterwetter über Land weiter nach Babylon zu reisen. Das Schiff würde indessen Eurydike mit ihrer Gefährtin Berenike und deren drei Kindern bis in die neue Stadt Alexandria in Ptolemaios' Herrschaftsbereich bringen.

Wird es genügen, wenn ich meine Töchter so vergebe? Wird die Geschichte es mir danken, oder werde ich als gefühlsduseliger Schwachkopf dastehen, der glaubte, Familienbande könnten verhindern, dass das größte Reich aller Zeiten zerbricht?

Phila weinte ebenso hemmungslos wie ihre Mutter. Die beiden klammerten sich so aneinander, dass es aussah, als könnten sie sich unmöglich länger auf den Beinen halten.

Berenikes Abschied von ihren Eltern Magas und Antigone war ebenso tränenreich gewesen. Die drei Kinder hingegen, Magas, Antigone und Theoxena, waren noch zu klein, um die Bedeutung dieser Reise wirklich zu begreifen – Theoxena war noch ein Säugling.

Ein paar Bürger der Stadt waren erschienen, um den Frauen Lebewohl zu sagen, allerdings nicht so viele, wie es dem Anlass angemessen gewesen wäre – kaum jemand unter dem gemeinen Volk von Pella vermochte die politische Tragweite dieses Schrittes zu erfassen und die wahrscheinlichen Konsequenzen, falls er sich als unzureichend erweisen sollte.

Als Antipatros sich vom Anblick des davonsegelnden Schiffes losriss, sandte er ein stummes Gebet an Zeus, er möge seine Hände über diese Welt voller Unwägbarkeiten halten. Doch es war ein halbherziges Gebet, denn er hatte lange genug gelebt, um zu wissen, dass in Wahrheit nicht die Götter herrschten, sondern das Chaos. Da erblickte er Polyperchon, der schnellen Schrittes auf ihn zukam. Seine Miene verhieß schlimmes Unheil. Antipatros brach seine Bitte an Zeus mitten im Gebet ab – offensichtlich hörte der Göttervater ohnehin nicht zu. «Was gibt es?»

«Ich habe soeben Berichte von zwei verschiedenen Quellen im Norden erhalten.» Polyperchon schluckte und suchte nach den richtigen Worten. «Das Weib Kynane und ihre Tochter haben Illyrien verlassen. Sie sind nördlich von uns in Richtung Thrakien unterwegs und wollen von dort weiter nach Asien.»

Antipatros' Augen weiteten sich. «Was ist ihr Ziel? Wen beabsichtigen sie zu heiraten?» Er schaute sich rasch nach dem Schiff um – es verschwand eben in den Kanal, der den Hafen mit dem offenen Meer verband. «Doch gewiss nicht Perdikkas oder Ptolemaios?»

Polyperchon schüttelte den Kopf. «Beinahe wünschte ich, es wäre einer von diesen oder sogar beide, aber es ist viel schlimmer. Kynane plant, ihre Tochter mit dem Schwachsinnigen zu verheiraten, Philipp.»

Antipatros griff sich an die Stirn. *Ein Kind aus dieser Verbindung – sofern denn eines zustande kommt, und das ist denkbar – würde jahrelange Ungewissheit auslösen, und wenn Adea mit Philipp verheiratet wäre, könnte sie ihn zu ihrem Sprachrohr machen. Das darf nicht geschehen.* «Sende eine Nachricht an Lysimachos, er soll sie aufhalten, wenn sie durch sein Territorium kommen. Wie groß ist ihre Eskorte?»

«Ungefähr hundert Mann, alle beritten.»

«Sage ihm, zweihundert werden genügen. Aber betone, dass sie die beiden nicht töten dürfen – sie sollen sie lediglich zur Umkehr zwingen. Alexanders älteste Schwester und deren königliche Tochter zu töten, wäre der Gipfel der Torheit.»

ADEA
DIE KRIEGERIN

Seit zwei Tagen folgten sie dem Lauf des Strymon, wobei sie sich in der Flussebene am Westufer hielten. Nun machte der sechs Schritt breite Fluss eine Biegung nach Süden in Richtung Meer. Vor zwölf Tagen waren sie von Illyrien aufgebrochen. Sie waren durch das Land der Agrianer nördlich von Makedonien gezogen, an Philippopolis vorbeigeritten und hatten das Haimosgebirge im Süden umgangen, ehe sie ins Landesinnere von Thrakien gekommen waren. Unterwegs hatten sie kaum Menschen gesehen – Adea begann zu hoffen, sie könnten unbemerkt aus Europa entkommen.

Kynane und Barzid hatten die berittene Kolonne im wechselnden Gelände zu größter Eile angetrieben. Jeder wechselte vier- oder fünfmal täglich zwischen seinen beiden Pferden ab, um aus jedem Tier das Äußerste herauszuholen. Sie machten einen großen Bogen um alle Siedlungen, die mehr als nur eine Ansammlung ärmlicher Hütten waren, und wenn sie Menschen begegneten – zumeist Jägern –, siegte bei diesen die Angst über die Neugier, sodass sie sich eilends davonmachten. Jetzt waren sie fast am Ziel der ersten Etappe ihrer Reise.

«Was tun wir, wenn wir das Meer erreichen, Mutter?»,
fragte Adea und rieb sich das wundgerittene Hinterteil, während sie zum zweiten Mal an diesem Tag das Pferd wechselte.

«Ich habe Geld bei mir, viel Geld. Barzid hat es unter den
Männern aufgeteilt, sodass jeder einen Teil trägt. Zusammen
mit dem Erlös aus dem Verkauf der Pferde wird es reichen,
um unseren Weg per Schiff fortzusetzen.»

«Wohin?»

Statt einer Antwort schirmte Kynane ihre Augen gegen die
Vormittagssonne ab und spähte gen Süden. «Barzid! Sage mir,
was du siehst.»

Adea schwang sich auf ihr zweites Pferd, während Barzid
angestrengt nach Süden Ausschau hielt. Dort waren Gestalten auszumachen, Reiter auf Pferden, aber wie viele, konnte
sie nicht erkennen.

«Kavallerie, Herrin», verkündete Barzid. «Mehr, als wir haben – ich würde sagen, doppelt so viele. Sie sind auf der anderen Seite des Flusses und bewegen sich in unsere Richtung.»

Jetzt konnte auch Adea einzelne Gestalten ausmachen,
auch wenn sie auf diese Entfernung noch immer nur dunkle
Schatten waren. «Haben sie es auf uns abgesehen, Mutter?»

Kynane zuckte die Achseln. «Das weiß ich nicht, aber wir
müssen davon ausgehen. Antipatros hat inzwischen gewiss
von unserer Unternehmung erfahren, und er hätte von allen
am meisten Grund, uns aufhalten zu wollen.»

Ein Glänzen am Kopf eines der Reiter bestätigte, was sie
alle bereits vermuteten. «Er trägt einen Helm», murmelte
Barzid. «Sie sind zum Kampf gerüstet.»

Kynane beugte sich hinunter und löste ihren Helm vom
Gurt ihrer Satteldecke. «Dann sollten wir es ihnen gleichtun –
zu fliehen ist keine Option.»

«Wir kommen nicht, um gegen euch zu kämpfen», rief der

Anführer der fremden Kavallerie beim Näherkommen. Er hatte seine Männer über den Fluss geführt, nun waren sie am Westufer kaum mehr als zweihundert Schritt entfernt. «Wir bringen eine Botschaft von Antipatros, dem Regenten von Makedonien, und Lysimachos, in dessen Satrapie ihr euch hier befindet, und sie lautet folgendermaßen, Kynane: Kehre um und gehe heim nach Illyrien, und dir wird kein Leid geschehen. Setze deinen Weg fort, und du und deine Tochter werdet festgenommen, alle Männer eurer Eskorte werden getötet, und ihr beide werdet als Gefangene nach Pella gebracht, wo ihr gemäß eurem Stand behandelt, aber nie wieder freigelassen werdet. Ihr habt die Wahl.»

«Er hat eine dritte Möglichkeit vergessen», bemerkte Kynane.

«Durch ihre Truppe hindurchreiten und so viele wie möglich töten», schlug Barzid vor.

«Vorzugsweise alle.»

Adea schaute ihre Mutter an, überrascht über solche Zuversicht. «Aber sie sind doppelt so zahlreich wie wir.»

«Dann muss eben jeder von uns zwei von ihnen töten – sagen wir lieber drei, da auch wir Verluste erleiden werden.» Kynane schaute sich um, und ihre Miene erhellte sich. «Aber unsere Reservepferde können auch ihren Teil beitragen.» Sie wandte sich zu ihrem Gefolge um. «Diese Männer dort vor uns wollen verhindern, dass wir die Küste erreichen. Sie sagen, wir sollen umkehren, zurück nach Illyrien! Schleichen Illyrer etwa davon und kehren heim, nur weil ein Makedone es ihnen befiehlt?»

Das unwillige Grummeln ihrer Männer machte deutlich, was sie davon hielten.

«Sie sagen, wenn wir nicht tun, was sie verlangen, werden sie euch alle töten und mich und meine Tochter gefangen nehmen. Werdet ihr das zulassen?»

Die Antwort war einhellig ablehnend.

«Dann kämpfen wir?»

Diesmal äußerten die Männer Zustimmung.

Kynane zog drei kurze Wurfspeere aus dem Köcher an ihrem Sattelgurt, reckte sie in die Höhe und zeigte mit der anderen Hand auf den Feind. «Die hier sind für jene Männer da! Seht zu, dass jeder von ihnen sein Ziel erreicht, und die dort werden alle tot am Boden liegen, ehe die Sonne ihren höchsten Stand erreicht!»

Jubel zerriss die Luft.

«Führt euer zweites Pferd neben euch her und schaut auf meinen Arm – wenn ich ihn senke, lasst ihr den Führzügel los und haltet eure Reittiere zurück, sodass die Reservepferde vorauslaufen. Seid ihr bereit, Männer von Illyrien?»

Die Illyrer zogen Wurfspeere aus den Köchern, während sie ihre nervösen Pferde bändigten, und bekundeten ihrer Königin lauthals ihre Bereitschaft. Kynanes Ross bäumte sich auf und schlug mit den Vorderhufen. Mit einem Ruck am Zügel brachte sie das Tier unter Kontrolle, dann trieb sie es mit den Fersen an und beschleunigte zum leichten Galopp. Erregung durchströmte ihre Gefolgsmänner – unter Kampfgeschrei trieben auch sie ihre Pferde an und ritten mit den Reservepferden neben sich auf den von Lysimachos entsandten Feind zu, der ihnen zahlenmäßig zweifach überlegen war. Auch der Gegner beschleunigte zum Angriff.

Adeas Wangen waren vor Aufregung gerötet, sie kniff die Augen zusammen, da der Wind ihr ins Gesicht blies, während die Rosse in Galopp fielen. Sie beugte sich über den Hals ihres Pferdes vor und spannte die Schenkel an. In der linken Hand hielt sie die Zügel, in der rechten den Führzügel ihres Reservepferdes und ihre Wurfspeere. Der Abstand zu den Gegnern verringerte sich rasch.

Als sie auf hundert Schritt aneinander heran waren, ritten beide Seiten in vollem Galopp. Die Erde bebte unter ihren donnernden Hufschlägen, es klang wie unzählige Trommeln, die wahllos durcheinander geschlagen wurden.

Ein rauschhaftes Gefühl überkam Adea, als sie sah, wie ihre Mutter den Arm senkte. Sie ließ ihr Reservepferd los und versetzte ihm mit dem Schaft eines Wurfspeers einen Schlag aufs Hinterteil, sodass es davongaloppierte. Zugleich zog sie leicht die Zügel an, um ihr Pferd etwas zu bremsen. Die herrenlosen Rosse stürmten weiter, die Augen aufgerissen, die Ohren zurückgelegt, vom Schwung der Herde getragen. Über ihnen zischte die erste Salve illyrischer Wurfspeere durch die Luft, um in Lysimachos' Kavallerie einzuschlagen. Doch die Salve wurde nicht erwidert, denn die Gegner, beim Anblick der heranrasenden Masse unkontrollierter Pferdeleiber von Grauen erfasst, zielten mit ihren Speeren direkt auf diese. Zwanzig Rosse gingen in vollem Lauf zu Boden und brachten noch nachfolgende zu Fall, ein Durcheinander vor Schmerz schreiender Tiere.

Die Illyrer schleuderten gleichzeitig ihre zweite Salve Wurfspeere; sie hagelte auf den Feind nieder, Männer wurden durchbohrt und Pferde niedergestreckt, einen Augenblick bevor sie in die panische Masse herrenloser Rosse pflügten. Die Tiere scheuten, bäumten sich auf und schlugen mit den Vorderbeinen oder bockten wie besessen, und ihre Hufe brachen Gliedmaßen und schlugen Männer bewusstlos. In dieses Gemetzel stürmten Adea und Kynane nun mit ihren Männern hinein, warfen ihren letzten Speer nach allem, was noch auf den Beinen war, dann zogen sie ihre Schwerter und trieben ihre widerstrebenden Rosse weiter an. Adea ließ ihre Klinge von oben auf einen Reiter niedersausen, der sich nur noch mit Mühe auf dem Pferd hielt, und brachte ihm eine klaffende Wunde an der

Schulter bei, sodass er zu Boden glitt. Schreie von Mensch und Tier gellten um sie herum, und in ihr brannte ein Feuer, das sie antrieb, wieder und wieder zuzustechen und zu schlagen. Der Ansturm war jetzt beinahe zum Stillstand gekommen, da es in dem dichten Getümmel kaum noch möglich war voranzukommen. Dennoch drängten sie weiter, jetzt deutlich im Vorteil, während Lysimachos' Reiter verzweifelt versuchten, sich aus der Masse zu befreien, die sie an der Flucht hinderte.

Wieder tötete Adea, und wieder schrie sie dabei vor Begeisterung zum Himmel, denn in der Hitze des Gefechtes empfand sie keine Angst, nur Begeisterung, all die Lektionen ihrer langjährigen Ausbildung endlich anwenden zu können.

Es endete so plötzlich, wie es begonnen hatte. Das Töten war vollbracht, und langsam tauchten die Männer aus den dunklen Tiefen in ihrem Inneren auf, in welche die Nähe des Todes sie gestürzt hatte. Auch Adea nahm allmählich wieder mehr von ihrer Umgebung wahr als nur den begrenzten Raum, in dem sie ihre eigenen Kämpfe ausgefochten hatte. Was sie sah, bestürzte sie zutiefst: Ringsumher lagen tote und sterbende Menschen und Pferde, mit Schlamm und Blut verschmiert, und überall erhoben sich Schmerzenslaute. Ihre Mutter und Barzid ritten zwischen alldem umher und suchten, Adea wusste nicht, wonach.

«Hier ist er!», rief Barzid. Kynane hob den Kopf und lenkte ihr blutverschmiertes Pferd zu ihm hinüber. Adea folgte ihr neugierig.

Es war der Befehlshaber von Lysimachos' Kavallerietruppe, der lang hingestreckt am Boden lag, beide Beine unnatürlich verrenkt und mit aufgeschlitztem Bauch, aus dem die Eingeweide quollen. Barzid sprang neben ihm vom Pferd und hob den Kopf des Mannes an. Der schlug die Augen auf, aber sein Blick war glasig.

Kynane schaute den Sterbenden an. «Kannst du mich hören?»

Seine Augen suchten nach der Stimme und richteten sich schließlich auf Kynane.

«Perdikkas? Welche Nachricht gibt es von Perdikkas?»

Er bewegte die Lippen, brachte jedoch keinen Laut hervor.

«Perdikkas?», sagte Barzid ihm eindringlich ins Ohr. «Perdikkas? Wo ist er?»

«P... P... Pisidien», ertönte schwach die Antwort.

«Pisidien», wiederholte Kynane nachdenklich, während sie ihre blutige Klinge dem Sterbenden in den Hals stieß – ein Akt der Gnade. Sie wandte sich an Adea. «Dein zukünftiger Ehemann ist mit Perdikkas in Pisidien. Komm, Barzid, die Männer sollen sich bereit machen, wir müssen an die Küste reiten und ein Schiff suchen, das uns nach Tarsos bringt.»

PERDIKKAS
DER HALBERWÄHLTE

Mauern aus Lehmziegeln konnten den Schleudergeschützen nicht standhalten, die gegen Perge in Stellung waren, die letzte Stadt in Pisidien, welche sich noch der makedonischen Herrschaft widersetzte. Steinerne Geschosse schnellten im Bogen gegen die Wehranlagen und zertrümmerten sie zu Schutt und Staub.

Perdikkas atmete tief die Herbstluft und genoss das Leben. Er würde hier die gleiche Gerechtigkeit üben wie gegen Termessos. Das war die einzige andere Stadt, die nicht kapituliert hatte, nachdem er in einem Blitzangriff nach Westen ins rebellische Kernland vorgestoßen war, während Menandros seine Männer von Sardis südwärts führte. Und diese Gerechtigkeit bedeutete: Tod für alle Männer und Knaben über zwölf, Sklaverei für die Übrigen. Es waren einträgliche anderthalb Monate gewesen, erst recht, nachdem Antigonos sich stumm geweigert hatte, sich an dem Feldzug zu beteiligen. *Diesmal kann ich Antigonos' Widersetzlichkeit wirklich nicht durchgehen lassen. Entweder ich greife Phrygien an, dann stehe ich als der Aggressor da, oder ...*

Er richtete seine Aufmerksamkeit wieder auf die Gegenwart und überblickte die Reihen der Silberschilde, zum Angriff gerüstet mit Stichspeeren, Schwertern und Schilden. Ein paar der Veteranen fingen seinen Blick auf, und er grinste ihnen zu. Dann wandte er sich an ihren Befehlshaber, der neben ihm stand. «Die Jungs werden es genießen, Antigenes. Termessos hat sie auf den Geschmack gebracht, und das hier ist noch einmal halb so groß.»

«Ja, genug für alle», pflichtete Antigenes ihm bei. Gemeinsam sahen sie zu, wie ein gewaltiger Brocken von dem Mauerwerk abbrach, sodass durch den aufwölkenden Staub die Dächer der Häuser dahinter sichtbar wurden.

Doch statt vom Wind verweht zu werden, schien der Staub sich zu verdichten. Er wirbelte über den Gebäuden, bis mit einem plötzlichen Auflodern Flammen aus den Dächern schlugen.

«Sie haben Feuer gelegt», bemerkte Perdikkas im leidenschaftslosen Ton eines unbeteiligten Beobachters.

«Vielleicht meinen sie, wenn sie ohnehin ihr Zuhause verlieren, können sie wenigstens dafür sorgen, dass es auch niemand anders bekommt. Man kann es ihnen kaum verdenken.»

Perdikkas musste dem beipflichten. «Wir sollten aber versuchen, so viel wie möglich von der Stadt zu retten – es wäre gut, ein paar der Jungs hier unterzubringen, nachdem sie sich ausgetobt haben. Wenigstens drei dieser Breschen sind gangbar, Antigenes – führe sie hinein.»

Antigenes grüßte und kehrte zu seiner Truppe zurück. Binnen weniger Herzschläge erscholl das Hornsignal zum Angriff. Doch als die Töne verklangen, erhob sich aus Perge ein gewaltiger, schriller Klagelaut, als litten viele Menschen großen Schmerz. Die Klage schwoll an, während die Flammen immer höher loderten.

Perdikkas lauschte einige Augenblicke lang, dann rannte er erschrocken los. *Sie verbrennen ihre Frauen und Kinder, sie bringen mich um ein Vermögen.* «Antigenes! Schnell, die Hurensöhne töten sich selbst!»

Doch Antigenes hatte ebenfalls erkannt, was da vor sich ging, und führte seine Männer bereits im Laufschritt zur Mauer; manche von ihnen brachten Leitern mit. Die Katapulte hinter ihnen zielten nun auf die Mauerkrone, um die Verteidiger in die Deckung zu zwingen. Doch Männer, die wissen, dass sie den Tag ohnehin nicht überleben werden, scheren sich nicht darum, ob ihnen ein Geschoss den Kopf zerschmettert – erst recht nicht, wenn sie dadurch Zeit gewinnen können, damit ihre Familien sterben, um sie vor einem Leben in Ketten zu bewahren. Sobald die Silberschilde in Reichweite kamen, erschienen überall auf der Mauer Bogenschützen und Schleuderer in zwei bis drei Reihen hintereinander. Ihre Salven verdunkelten den rauchverhangenen Himmel noch mehr, während mit dem Qualm nun ein neuer Geruch zu den Angreifern herüberzog: der Gestank verbrennenden Fleisches. Die Schilde über ihre Köpfe erhoben, rannten die Silberschilde weiter, wütend, dass ihnen das bereits sicher geglaubte Vergnügen vorenthalten werden sollte. Durch den Hagel aus Pfeilen und Schleudergeschossen liefen sie, und ihre Schilde dröhnten von den Aufschlägen, denn obwohl die Verteidiger gewaltige Verluste erlitten, setzten sie den Beschuss unvermindert fort. Mit grässlicher Regelmäßigkeit schlugen die steinernen Geschosse der Katapulte Schneisen in die Reihen auf der Mauer, zertrümmerten Brustkörbe und zerschmetterten Schädel, dass das Blut spritzte. Doch die Überlebenden hielten die Stellung, ermutigt durch die Todesschreie ihrer Lieben, die nun für immer frei sein würden.

Und dann stürmten die Silberschilde die Mauer, denn in ihrem Zorn ließen sie sich durch nichts aufhalten. In Windeseile erklommen sie die Leitern, obwohl von oben Trümmerbrocken auf sie herabgeworfen wurden, die einige zur Strecke brachten und von den Schilden anderer abprallten. Immer näher kamen sie den Breschen nur etwa acht Fuß über ihnen, wo es nun von Verteidigern wimmelte.

Wie wilde Hunde kämpften diese Männer, um das Unabwendbare hinauszuzögern, denn sie wussten, dass die Stadt fallen würde. Nichts konnte die militärische Macht Makedoniens aufhalten, nicht einmal die Mauern von Tyros. Sprosse um Sprosse erklommen die makedonischen Veteranen die Leitern, und Perdikkas rannte, um sich ihnen anzuschließen. Seine Wut brannte wie das Inferno in der Stadt, wo die Flammen himmelwärts loderten und Rauch wölkte.

Als die Angreifer durch die Breschen stürmten, wurde die Abwehr schwächer, und bald konnte Perdikkas sich einen Weg in die Stadt bahnen. Auf der Mauer stehend gewahrte er einen Anblick, den er nie zuvor gesehen hatte. Jetzt wurde ihm klar, weshalb der eben noch erbitterte Widerstand binnen weniger Herzschläge dahingeschwunden war: In der Gewissheit, dass von ihren Frauen und Kindern nur noch verkohlte Leichen blieben, stürzten die Männer der Stadt sich nun selbst in die Feuersbrunst. Ohne Zögern rannten sie und sprangen in die Flammen, während wenige Auserwählte die Versuche der vordersten Makedonen abwehrten, die massenhafte Selbstverbrennung zu verhindern. Manche stürzten sich einzeln ins Feuer, andere hielten sich an den Händen, paarweise oder in langen Ketten. Mit triumphierendem Geschrei sprangen sie, dann schlug der Triumph in Todesqual um, wenn ihre verbrennenden Leiber sich in dem Inferno krümmten.

«Das ist das Tapferste, aber auch das Dümmste, was ich je gesehen habe», stellte Perdikkas fest, als er neben Antigenes anhielt, der mit offenem Mund die grauenhafte Szene verfolgte. «Wir hätten ihnen einen sauberen Tod gewährt.»

«Pfählen würde ich nicht sauber nennen», murmelte Antigenes, unfähig, den Blick von einem Vater und seinem jugendlichen Sohn loszureißen, die Arm in Arm geradewegs in ein Haus hineinrannten. Das Dach loderte auf und stürzte im nächsten Moment ein, dass Funken hoch aufstoben und Flammen gen Himmel schlugen. «Außerdem, selbst wenn sie wüssten, dass wir ihnen einen einigermaßen gnädigen Tod bereiten würden, denke ich, ihr Ehrgefühl würde trotzdem von ihnen verlangen, das Schicksal zu teilen, das sie ihren Frauen und Kindern aufgezwungen haben. Mir jedenfalls würde es so gehen.»

Perdikkas sog die Luft durch die Zähne und schüttelte ungläubig den Kopf. «Nun, es ist nicht mehr zu ändern, und wir können jetzt daran denken, für den Winter nach Babylon zurückzukehren. Rufe deine Männer zurück – es wäre sinnlos, ihr Leben aufs Spiel zu setzen, wenn die Hurensöhne von sich aus ins Feuer gehen. Alle ranghohen Offiziere sollen sich so bald wie möglich in meinem Zelt einfinden.» Er schüttelte noch einmal den Kopf, dann wandte er sich ab und ging zurück zum Lager.

«Ich will, dass du, Alketas, hinauf nach Tarsos gehst und dort auf Nikaia wartest», sagte Perdikkas, der in seinem Zelt auf und ab ging, die Hände hinter dem Rücken verschränkt.

«Und du?», fragte Alketas. Er, Seleukos und Menandros standen um ein Feuerbecken herum und wärmten sich die Hände.

«Ich? Ich kehre nach Babylon zurück, um sie dort feierlich in Empfang zu nehmen. Ich werde schnell reiten und an den Raststationen die Pferde wechseln. Seleukos und Antigenes kommen mit der Armee nach, sie nehmen Schiffe aus Attalos' Flotte. Sobald du Nikaia hast, bringst du sie schnellstmöglich nach Babylon.»

«Und was wirst du wegen Antigonos unternehmen?», fragte Seleukos und rieb sich die Hände.

«Ich werde ihn nach Babylon vor die Heeresversammlung laden, damit ihm der Prozess gemacht wird.»

Seleukos lachte. «Antigonos vorladen! Er wird ‹Leck mich am Arsch› sagen und dich einfach ignorieren.»

«Ja, ich weiß. Die letzten beiden Male ist er auch nicht gekommen, also habe ich keinen Grund anzunehmen, dass er es beim dritten Mal tun wird. Aber wenigstens habe ich mich dann korrekt verhalten, somit habe ich das Recht auf meiner Seite, sollte ich tatsächlich nächstes Jahr gegen ihn kämpfen müssen.»

Das Lachen gefror auf Seleukos' Gesicht. «So weit kannst du es doch nicht wirklich kommen lassen?»

«Ich würde es lieber vermeiden, aber indem er sich mir widersetzt, missachtet er Alexanders Ring und somit Alexander selbst. Das darf nicht ungestraft bleiben.»

«Du wirst auch alle anderen bedeutenden Männer auf deiner Seite haben», bemerkte Menandros, der Satrap von Lydien. In den Fünfzigern, mit beginnender Glatze und Bauchansatz, sah er unter allen Versammelten am wenigsten kriegerisch aus. Er zog die Bequemlichkeit seines Palastes in Sardis den Entbehrungen des Feldlagers vor. «Dein künftiger Schwiegervater Antipatros wird dich unterstützen, ebenso ich, Lysimachos in Thrakien und Eumenes in Kappadokien. Ptolemaios ist zu weit entfernt, um eine Rolle zu spielen. Antigonos ist ein Schwachkopf und ein toter Mann.»

Perdikkas konnte nicht verhehlen, dass ihn diese Beurteilung freute. «Ja, das denke ich auch.» Er hielt inne und richtete den Blick auf Menandros, wie um ihn einzuschätzen. «Ich werde in Lydien einen Wechsel vornehmen, Menandros, und ich denke, du wirst verstehen, warum.»

«Werde ich das?»

«Ja, davon bin ich überzeugt. Weißt du, nun, da Kleopatra sich dort niedergelassen hat, finde ich, ihr als Alexanders Vollschwester sollte gebührende Ehre zuteilwerden. Ich plane daher, sie zum Satrapen zu machen.»

«Zum Satrapen!», platzte Menandros heraus. «Du willst mich durch eine Frau ersetzen? Ist das deine Art, dich erkenntlich zu zeigen? Eine Frau! Eine Frau kann überhaupt kein Satrap sein!»

«Sie ist keine gewöhnliche Frau, sie ist Kleopatra.»

«Dennoch ist sie eine Frau. Erwartest du, dass ich Befehle von einer Frau entgegennehme? Tätest du das etwa? Täte irgendjemand das?»

Perdikkas schaute seinen Bruder und Seleukos an, die beide nicht aussahen, als wollten sie ihm beispringen. «Du brauchst keine Befehle von ihr entgegenzunehmen. Ich versetze dich nach Kleinphrygien.»

«Kleinphrygien! Das gehört Krateros.»

«Nein, es gehörte Leonnatos, aber wie du ja weißt, ist er tot.»

«Und Krateros hat es für sich beansprucht, als er Anfang dieses Jahres durch das Gebiet zog.»

«Es stand ihm nicht zu, es zu beanspruchen.»

«Sag du ihm das.»

Perdikkas hob die Hand. «Ich habe den Ring. Kraft dieser Autorität habe ich nach Alexanders Tod die Aufteilung der Satrapien vorgenommen, und kraft dieser Autorität versetze ich dich nach Kleinphrygien. Du bist nach wie vor ein Satrap. Du hast nach wie vor Macht.»

«Aber ich bin ganz zufrieden da, wo ich bin, Perdikkas. Und seien wir ehrlich – du hast kaum eine Möglichkeit, mir den Wechsel aufzuzwingen, oder?»

«Ich habe bereits an Kleopatra geschrieben und ihr meine Entscheidung mitgeteilt.»

«Du begreifst es wirklich nicht, Perdikkas, oder?», ließ Seleukos sich vernehmen. «Du begreifst nicht, dass der Ring an sich dir nicht Alexanders Autorität verleiht. Du kannst dich nicht so aufführen und willkürlich Männer, die dir gleichgestellt sind, herumkommandieren. Wie Ptolemaios so treffend bemerkte: Du wurdest nur halb erwählt.»

Das wird mir für den Rest meines Lebens anhängen, wenn ich mich in diesem Punkt nicht durchsetze. Ich muss den Plan verwirklichen, anders wird Kleopatra nicht akzeptieren, dass ich Nikaia heiraten muss, um Antipatros an mich zu binden, bevor ich sie heiraten kann. Wenn ich mit Alexanders Leichnam und mit Kleopatra als meiner Braut nach Makedonien zurückkehre, werde ich gewiss als Alexanders erwählter Erbe erscheinen. «Nun, es ist geschehen und kann nicht mehr ungeschehen gemacht werden.»

«Ich akzeptiere es nicht», erklärte Menandros mit fester Stimme. «Ich bleibe in Sardis, mag sie doch denken, was sie will.»

«Ob du es akzeptierst oder nicht, mein Entschluss steht, und ich lasse die entsprechenden Dokumente aufsetzen.»

«Du bist ein Schwachkopf, Perdikkas», stieß Menandros hervor und stürmte aus dem Zelt.

«Gut gemacht, Perdikkas», sagte Seleukos. «Mit einem einzigen ungeschickten Zug hast du es geschafft, Menandros und Krateros gegen dich aufzubringen und zudem sämtliche Makedonen zu beleidigen, indem du einer Frau derartige Macht verleihst. Wie lange beabsichtigst du noch am Leben zu bleiben?»

Perdikkas war nicht in der Stimmung für solche Diskussionen. «Ich breche unverzüglich nach Babylon auf, um mich zu vergewissern, wie die Arbeiten an Alexanders Leichenwagen vorangehen. Ihr seid entlassen.» Er kehrte ihnen den Rücken.

«Nein, Perdikkas, ich bin nicht entlassen – ich habe mich entschlossen zu gehen.» Seleukos neigte mit übertriebener Geste den Kopf und tat es.

«Alketas», rief Perdikkas, sobald sein Bruder und Seleukos das Zelt verlassen hatten.

«Ja?», erwiderte Alketas und steckte den Kopf noch einmal durch den Eingang.

«Denkst du, ich habe das Richtige getan?»

Alketas kam wieder ins Zelt und zuckte die Schultern. «Nun ist es geschehen. Ich frage mich allerdings, warum, und ich glaube, die Antwort zu kennen.»

«Sprich weiter.»

«Du willst, dass Kleopatra in deiner Schuld steht.»

«Vielleicht.»

«Du beabsichtigst, sie zu heiraten, auch wenn du zunächst Nikaia heiratest, nicht wahr?»

«Kleopatra wird mich zum König machen.»

«Dann heirate sie jetzt.»

«Damit wäre ich Antipatros' Feind.»

«Und wenn du seine Tochter heiratest und später wieder verstößt, dann etwa nicht?»

«Wenn ich seine Tochter heirate, sie schwängere und danach eine Nebenfrau nehme, sichere ich mir beides, ihn und die Krone.»

«Das klingt nach einer von Eumenes' Listen.»

«Tatsächlich stammt sie nicht von ihm, sondern allein von mir. Und ich weiß mit Sicherheit, dass der listige kleine Grieche sie nicht gutheißen würde. Aber da er draußen in Armenien ist, braucht er nichts davon zu erfahren, bis es geschehen ist.»

EUMENES
DER LISTIGE

Eumenes war selbst überrascht, wie sehr er den Feldzug genossen hatte. In seinen Jahren als Sekretär Philipps und später Alexanders war er nie auch nur in die Nähe eines Schlachtfeldes gekommen. Erst in Alexanders letztem Lebensjahr war Eumenes ein militärisches Kommando anvertraut worden, allerdings nur für kleinere, unterstützende Aktionen. Nun jedoch operierte er unabhängig und traf sämtliche taktischen Entscheidungen selbst. Das genoss er am meisten, denn es schien ihm, als besäße er ein natürliches Talent zur Kriegsführung.

«Parmida», sagte Eumenes, als er gemeinsam mit dem Befehlshaber seiner kappadokischen Kavallerie Karana überblickte, eine kleine ummauerte Stadt am Oberlauf des Euphrat, nur fünf Parasangen von dessen Quelle entfernt, «du nimmst die Hälfte der Männer, überquerst den Fluss und umgehst die Stadt im Norden, ich nehme mit den übrigen Männern den südlichen Weg. Wir schicken Patrouillen voraus, um etwaige Hinterhalte zu entdecken. Auf der anderen Seite treffen wir wieder zusammen. Wenn es keine Anzeichen militärischer Aktivität gibt, nehmen wir die Kapitulation der

Stadt entgegen und ziehen dann weiter flussabwärts in der Gewissheit, keine Bedrohung im Rücken zu haben. Dann geht es heim nach Kappadokien.»

«Wenn es dir beliebt, General, dann sei es so», erwiderte Parmida förmlich auf Griechisch mit starkem Akzent.

«Es beliebt mir, und es wird mir umso mehr belieben, da ich weiß, dass Neoptolemos vor Wut und Eifersucht schäumen wird, wenn wir in drei Monaten vollbringen, was ihm in einem halben Jahr nicht gelungen ist.»

Und so war Eumenes von einem warmen Gefühl erfüllt, als er mit seinen zweihundertfünfzig Reitern das Gelände südlich der Stadt auskundschaftete – sie war die letzte Ortschaft, die noch irgendwelche Feindseligkeit gegen die makedonische Vorherrschaft ausgedrückt hatte, und nun hatte sie ihre bedingungslose Kapitulation angeboten. Eine nach der anderen hatten sich die Städte Eumenes ergeben, als er mit seinen Kappadokiern durch Armenien zog, in einer Geschwindigkeit, die alle überraschte. Das Ganze wurde wesentlich dadurch erleichtert, dass die Armenier untereinander nicht geeint waren – wie sich herausstellte, gab es eine ganze Anzahl wechselseitig verfeindeter kleiner Territorialherrscher, die er sich einzeln vornehmen konnte. Dazu genügten die vergleichsweise wenigen Männer, die ihm unterstellt waren. Es war ihm nicht gelungen, seine Truppe zu vergrößern, da Neoptolemos sein Ersuchen um Verstärkung rundweg ablehnte – er hockte schmollend in Amida, der Stadt im Süden des Landes an der Königsstraße, und verfluchte seine aufsässigen, noch immer unbezahlten Männer, die sich nach wie vor weigerten, für ihn zu kämpfen.

Doch Eumenes war auch ohne Verstärkung ausgekommen, denn er machte durch Schnelligkeit wett, was ihm an Truppenstärke fehlte. Neoptolemos' Eifersucht wuchs mit jedem seiner Erfolge, da der Versuch, Eumenes zu behindern, indem er ihm keine Soldaten zur Verfügung stellte, nach hinten losging. Und nun wurde Armenien in die makedonische Einflusssphäre zurückgeholt, und in der Hauptstadt Armavir wurde der armenische Satrap Mithranes aus dem Herrscherhaus der Orontiden, einstmals von Alexander ernannt, erneut eingesetzt.

Mittlerweile genoss Eumenes es, durch das unwirtliche Land zu ziehen. Als er nun südlich um die Stadt Karana im Schatten des schneebedeckten Gipfels des Berges Abus herumritt, bedauerte er fast, dass der Feldzug sich dem Ende näherte und er bald in seine eigene Satrapie zurückkehren würde, wo er hauptsächlich mit Verwaltungsaufgaben beschäftigt war. Als die Stadt halb umrundet war, sammelte Eumenes seine Männer vor dem Westtor. Parmida führte indessen seine Truppe durch den Euphrat, der hier oben nicht breiter als zehn Schritt war.

«Irgendwelche Zwischenfälle, Parmida?», rief Eumenes und betrachtete wieder einmal wohlgefällig seine Männer mit ihren hohen Helmen, prächtig bestickten Hemden und Hosen, den Stiefeln aus weichem Leder und kunstvoll verzierten Köchern mit Wurfspeeren, die an ihren Sattelgurten hingen.

«Keine, General. Ich denke, sie haben die Wahrheit gesagt: Es sind keine Soldaten in der Gegend.»

Eumenes wies auf das Stadttor. «Dann geh und sage ihnen, sie sollen das Tor öffnen.»

In Festtagslaune führte Eumenes seine Kavallerie in die Stadt, nahm ihre Kapitulation entgegen und ließ sie den Treueschwur auf Mithranes ablegen. Die Bewohner säumten die Straßen, winkten und jubelten, als hätten sie nie den rebellischen Fürsten Arakha unterstützt, dessen gepfählten Leichnam sie stolz vor seinem einstigen Palast zur Schau stellten. Seine zahlreichen Frauen und Kinder hatten dasselbe Schicksal erlitten, ihre Leichen steckten dort ebenfalls auf Pfählen.

Der Bote traf ein, kurz nachdem Eumenes eine Rede beendet hatte, in der er die Einwohner von Karana dafür lobte, dass sie heldenhaft und selbstlos den Rebellen und all die unschuldigen Frauen und Kinder getötet hatten.

Eumenes entschuldigte sich bei den einheimischen Würdenträgern und entfernte sich ein Stück von der grausigen Ansammlung von Leichen. Er warf einen Blick auf das Siegel, stutzte und schaute noch einmal hin. *Olympias! Was sie wohl von mir will?* Er brach das Siegel, entrollte das Schriftstück und las:

Eumenes, du bist einer der wenigen, denen ich trauen kann, denn du hast meinem Sohn und zuvor seinem Vater stets die Treue gehalten. Mein Angebot an Perdikkas nach unserer Ankunft in Sardis, ihm meine Tochter Kleopatra zur Frau zu geben, wurde mit mäßiger Begeisterung aufgenommen, und nun erfahre ich, dass Nikaia, die Tochter dieser Kröte Antipatros, in Tarsos eingetroffen ist, von wo aus sie über Land an den Euphrat und weiter nach Babylon reisen wird, um ihn zu heiraten. Perdikkas hat – sehr zu Menandros' Empörung – Kleopatra zum Satrapen von Lydien ernannt, ein Zeichen seiner Gunst, und doch verfolgt er weiter seinen Plan, die Tochter eines bloßen Regenten zu ehelichen. Wenn diese Heirat wirklich zustande kommt, ist mein Angebot an Perdikkas hinfällig, denn ich werde nicht die Schande ertragen, dass meine Tochter eine Nebenfrau wird. Ebenso wenig werde ich zulassen, dass Kleopatra ihn zum Manne nimmt, wenn er Nikaia verstößt – ein Mann, der das einmal tun kann, ist ohne weiteres imstande, es ein zweites Mal zu tun, wenn es ihm zweckmäßig erscheint. Ich wäre dankbar, mein lieber Eumenes, und würde es als persönlichen Gefallen erachten, wenn du nach Babylon gehen könntest, um ihm meinen Standpunkt von Angesicht zu Angesicht darzulegen. Wenn er und Kleopatra gemeinsam den Thron von Makedonien beanspruchen sollen, so muss es jetzt geschehen – wenn nicht, dann niemals.

Es gibt noch eine weitere höchst interessante Entwicklung, von der ich finde, du solltest Kenntnis davon haben: Meine Spione berichten, kurz nachdem Nikaia in Tarsos eintraf und ihre Schwester Eurydike die Reise nach Alexandria in Ägypten fortsetzte, kam ein anderes Schiff aus dem Norden. An Bord waren zwei Frauen und rund siebzig illyrische Krieger. Sie haben ihr Schiff verkauft, von dem Geld Pferde gekauft und sich einen Führer genommen, der sie über Land nach Babylon bringen soll, nachdem sie erfahren hatten, dass Perdikkas wieder in den Süden gegangen war. Bei den Frauen soll es sich angeblich um Alexanders und Kleopatras Halbschwester Kynane und ihre Tochter Adea handeln. Man nimmt an, dass sie nach Babylon gehen, damit Adea den Schwachsinnigen heiratet, der nunmehr Philipp genannt wird, der Dritte dieses Namens. Ich denke, dass diese Vermutung zutrifft, denn ich an Kynanes Stelle hätte so gehandelt. Du musst es verhindern, ganz gleich, wie. Olympias.

Eumenes schlug die Augen zum Himmel auf. *Es kommt nicht oft vor, dass ich Olympias' Ansichten teile.* Er atmete tief durch, dann las er den Brief noch einmal. «Parmida!», rief er, als er fertig war.

«Was gibt es, General?», fragte Parmida und kam auf ihn zu.

«Lasse die Männer aufsitzen, wir brechen unverzüglich auf.»

«Wohin?»

«Den Fluss hinunter bis dorthin, wo er schiffbar wird. Ich brauche ein Schiff, ich muss so schnell wie möglich nach Babylon.»

Doch aus «so schnell wie möglich» wurden acht Tage, in denen sie Tag und Nacht segelten oder ruderten. Dabei hatte Eumenes das schnellste Schiff beschlagnahmt, das er in Melitene finden konnte, der Stadt, welche an der Grenze zwischen Armenien und Kappadokien über die Königsstraße wachte. Dennoch hoffte Eumenes, noch rechtzeitig zu kommen, als er nun beobachtete, wie die mächtigen blau gekachelten Mauern der großen Stadt an beiden Ufern des Euphrat näher kamen. Er wusste, dass er nicht allzu lange nach Nikaia eintreffen würde und lange vor Kynane und Adea, die ja laut Olympias die gesamte Strecke auf dem Landweg zurücklegen würden.

Bald glitt Eumenes' Schiff durch die Hafeneinfahrt, wo es zwischen den hoch aufragenden, jahrhundertealten Mauern winzig wirkte, und ließ den Hauptstrom des Flusses hinter sich. Nach einem unwirschen Vorschlag an den Hafenmeister, wo er nach seiner Anlegegebühr suchen könne, bahnte Eumenes sich einen Weg durch das Gedränge am Kai und in den umgebenden Straßen zum Palastkomplex. Sein plötzliches Erscheinen aus dem Norden verblüffte den Befehlshaber der Wache so, dass der ihm mit offenem Mund nachsah, als Eumenes durch das geöffnete Tor eintrat. «Mir wurde nicht gesagt, dass mit Euch zu rechnen sei, Herr.»

«Wo ist Perdikkas?», fragte Eumenes, den es nicht kümmerte, womit der Mann rechnete oder auch nicht.

«Er ist im Thronsaal.»

Mit einem knappen Nicken überquerte Eumenes den riesigen Innenhof, so schnell seine kurzen Beine ihn trugen, ohne zu rennen, was unter seiner Würde gewesen wäre. Er widerstand der Versuchung, innezuhalten und den prächtigen Leichenwagen zu betrachten, der unter einem großen Baldachin bereitstand, um Alexanders mumifizierten Leichnam in seine Heimat Makedonien zu bringen.

Eine düstere Atmosphäre umfing Eumenes, als er durch die stark erweiterte Tür in den Thronsaal trat. Der Raum war gedrängt voll, doch kaum jemand bewegte sich, denn alle verfolgten aufmerksam die feierliche Zeremonie, die im Gange war. Genau in diesem Moment nahm Perdikkas, der neben Alketas und einem selbstgefällig dreinblickenden Kassandros stand, Nikaia den Schleier ab und küsste sie. Damit war die Heiratszeremonie abgeschlossen – denn um eine solche handelte es sich, wie Eumenes erkannte. «Du Schwachkopf!», brüllte er in das feierliche Schweigen hinein. «Du riesengroßer Schwachkopf, Perdikkas, nun hast du alle Hoffnung zunichtegemacht, das Reich geeint zu erhalten.»

Perdikkas blickte ob dieses Ausbruchs erschrocken auf und erkannte den kleinen Griechen, den er Hunderte Parasangen entfernt geglaubt hatte. «Weshalb bist du hier?»

«Um dich an dem zu hindern, was du soeben getan hast, und um dich vor einer gewaltigen Gefahr zu warnen, die auf dich zukommt.»

«Was für eine Gefahr?»

«Nicht vor all diesen Leuten, Perdikkas – lass uns draußen reden.»

«Kynane?» Perdikkas kniff verwirrt die Augen zusammen. «Aber ich dachte, sie sei nach Illyrien zurückgekehrt, in die Heimat ihrer Mutter.»

Eumenes hatte Mühe, seinen Ton zu mäßigen, während sie in den Palasthof hinaustraten. «Die Dinge ändern sich, Perdikkas, das musst doch selbst du inzwischen erkannt haben. Kynane ist nach Asien gekommen und befindet sich auf dem Weg hierher, um ihre Tochter mit König Philipp zu verheiraten.»

«Das werde ich nicht zulassen.»

«Nein? Nicht einmal, wenn die Armee verlangt, dass Alexanders Halbbruder seine Halbnichte zur Frau nimmt, damit das Herrscherhaus der Argeaden einen wahren Erben bekommt? Immer vorausgesetzt, die Verbindung würde sich als fruchtbar erweisen.»

«Ich werde mit der Armee reden und sie überzeugen, dass dieser Schritt nicht zum Besten des Reiches wäre.»

«Denkst du, der gemeine Soldat würde verstehen, dass aus einer Ehe zwischen Adea und Philipp ein weiterer Rivale für dich und Antipatros hervorgehen könnte, sodass ein Krieg noch wahrscheinlicher würde? Nein, Perdikkas, sie werden es nicht verstehen. Sie werden nur auf den Fortbestand von Alexanders Blutlinie schauen, und glaube mir, die Vorstellung wird ihnen gefallen, denn so gäbe es eines Tages Hoffnung auf einen zweiten Alexander.»

Perdikkas überdachte diese Worte. Sie näherten sich nun dem Leichenwagen. «Dann muss ich verhindern, dass sie hier ankommt – ich denke, ich muss beide töten.»

Oh, welche Glanzleistung militärischen Verstandes. «Perdikkas, versuche doch bitte, deine törichten Ideen auf eine pro Tag zu beschränken. Dann hättest du dein Soll für heute bereits erfüllt, indem du die falsche Frau geheiratet hast. Du kannst nicht einfach hingehen und Alexanders Angehörige ermorden, die Armee würde dich mit bloßen Händen in Stücke reißen. Gib mir ein paar Männer, dann mache ich die beiden ausfindig, bringe sie zurück nach Tarsos und setze sie dort auf ein Schiff.»

Perdikkas schüttelte den Kopf. «Nein, das kann Alketas übernehmen. Du musst für mich nach Sardis gehen.»

«Es ist zu spät, Perdikkas – Kleopatra wird dich nun nicht mehr heiraten.»

«Sie muss, um Alexanders Erbe zusammenzuhalten.»

«Ich weiß, und glaube mir, ich will das auch. Deshalb habe ich dir ja überhaupt geraten, sie zu heiraten. Olympias hat mir geschrieben, wenn du deine Heiratspläne mit Nikaia verwirklichst, ist ihr Angebot nichtig.»

Perdikkas schien überrascht. «Dasselbe hat Kleopatra mir auch geschrieben.»

Eumenes konnte nicht glauben, was er da hörte. «Wenn du es wusstest, was hat dich dann geritten, Nikaia dennoch zu heiraten?»

Perdikkas schaute Eumenes an, als könne dieser das Offensichtliche nicht erkennen. «Wenn ich das Reich einen will, brauche ich Antipatros ebenso, wie ich Kleopatra brauche.»

Angesichts solcher Dummheit wäre es sinnlos, noch länger zu diskutieren. Ich kann nur noch versuchen, den Schaden, den der Schwachkopf angerichtet hat, wieder zu beheben, um Alexanders willen. «Also gut, Perdikkas – du entsendest Alketas, damit er Kynane aufhält und zurückschickt, und ich gehe nach Sardis und sehe zu, ob ich Olympias und Kleopatra irgendwie umstimmen kann.»

Perdikkas klopfte Eumenes auf die Schulter. «Wenn irgendjemand es vermag, dann du, mein listiger kleiner Grieche.»

«Etwas weniger Betonung auf ‹klein›, Perdikkas, wenn ich bitten darf, und mehr auf ‹listig›», murmelte Eumenes. Dann hielt er inne, um Alexanders Leichenwagen zu bestaunen.

«Er geht morgen auf die Reise», verkündete Perdikkas mit unüberhörbarem Stolz. «Er fährt über Land am Euphrat entlang bis Thapsakos und von dort hinüber zum Meer, das er hoffentlich bis zum Frühjahr erreicht. Dann geht es an der Küste entlang nach Tarsos, weiter nach Sardis und hinauf zum Hellespont. Ich plane, dort mit meinen beiden Bräuten zusammenzutreffen und im Spätsommer im Triumph in Makedonien Einzug zu halten, wo ich die Regentschaft über das gesamte Reich beanspruchen werde. Ich rechne damit, dass man mir daraufhin den Thron anbietet.»

Der Mann ist verblendet. «Ich werde noch zuschauen, wie der Leichenzug von Babylon aufbricht, dann mache ich mich auf den Weg den Fluss wieder hinauf und versuche, den Schaden, den du angerichtet hast, zu beheben.»

Am nächsten Morgen zur zweiten Stunde waren sämtliche Einwohner Babylons auf den Beinen, um zuzusehen, wie Alexanders Leichnam die Stadt verließ. Zu Zigtausenden säumten sie die breiten Straßen vom Palast zum Nordtor, an denen die Häuser der Reichen standen. Vierundsechzig Maultiere zogen das prächtige Gefährt, begleitet vom Klingeln zahlreicher Glocken und von den Protestlauten der Tiere, deren Treiber sie mit angespitzten Stöcken traktierten. An der Spitze der Prozession ritt Perdikkas mit König Philipp und Arrhidaios, dem Erbauer des Leichenwagens, dem es oblag, ihn auf dem gesamten Weg nach Makedonien zu begleiten. Mit ihm gingen zwei Ilen zu je zweihundertfünfzig Mann Hetairenreiterei.

Eumenes ritt mit Alketas, Kassandros, Seleukos, Attalos und Antigenes hinter Perdikkas. Er musste dem Mann wider Willen Respekt für das großartige Werk zollen, das dieser Leichenwagen war. Darin lag Alexanders Leichnam in einem

Sarkophag mit einem gewölbten Deckel aus kleinen Glasscheiben, die mit Blei verbunden waren. So war sein gebrochenes Bild für jeden sichtbar, der staunend darauf hinunterschaute. Alexander lag auf einem Bett aus konservierenden Kräutern und Spezereien, sein blondes Haar war sorgfältig auf dem Kissen arrangiert, und die Augen waren geschlossen, sodass es aussah, als schliefe er sanft. Unwillkürlich verfiel man in seiner Nähe in Flüsterton, als müsse man befürchten, ihn zu wecken. Sein lederner Brustpanzer mit silbernen Einlegearbeiten in Form zweier sich aufbäumender Pferde auf beiden Brustmuskeln war glänzend poliert, und seine Hände hielten das Schwert, das auf seiner Brust lag. Eumenes waren die Tränen gekommen beim Anblick des Mannes, der mehr vollbracht hatte als je ein anderer vor ihm und mehr, als jemals nach ihm einer vollbringen würde. Er hatte seine Fingerspitzen geküsst und damit das Glas über Alexanders Stirn berührt.

Und so trat Alexander seine letzte Reise an. Die Prozession verließ Babylon, und sie schauten ihr nach, wie sie in die Ferne verschwand. Eumenes wandte sich an Perdikkas. «Wie erfährst du, wann sie den Hellespont erreicht?»

«Ich habe Arrhidaios angewiesen, alle zehn Tage Boten zurückzuschicken, um mich über den Fortgang der Reise auf dem Laufenden zu halten. Der Leichenzug wird nur langsam vorankommen, aber er wird sein Ziel erreichen.»

Eumenes blickte dem Vermögen in Gold und Silber nach, das da über die staubige Straße rumpelte, und fragte sich, ob er selbst nicht eine größere Wache mitgeschickt hätte als die fünfhundert Mann.

«Du solltest dich nun auf den Weg machen», sagte Perdikkas und riss Eumenes damit aus seinen Überlegungen. «Ich brauche Kleopatras Einwilligung so bald wie möglich.»

Eumenes seufzte über diese schier unlösbare Aufgabe und die politische Notwendigkeit, sie zu bewältigen. «Also gut, Perdikkas, du bekommst hoffentlich in etwa einem Monat Nachricht von mir. Sorge in der Zwischenzeit dafür, dass Alketas nichts Törichtes mit Kynane und Adea anstellt.»

ADEA
DIE KRIEGERIN

Die Tage gingen unterschiedslos ineinander über, eintönig wie die karge Landschaft, in der nur da und dort ärmliche Dörfer aus Lehmziegeln zu sehen waren. Der Führer hatte Adea, Kynane und ihre berittene Eskorte durch die Wüste gebracht, von der Küste bis an den Euphrat. Nun, da sie dem Lauf des Flusses folgten, war die Landschaft grüner, auch wenn es Winter war – in diesem südlichen Klima stellte der Winter für Reisende kein Schrecknis dar. Im Gegenteil, er war ihr Freund. Selbst nach der Wintersonnenwende brannte die Sonne noch immer auf Adeas Kopf nieder, und ihre Kleidung war feucht von Schweiß, während die Kolonne in gemächlichem Schritt südwärts zog, um die Pferde zu schonen. Für Reservepferde reichte ihr Geld nicht und erst recht nicht für einen Transport auf dem Fluss für die gesamte siebzigköpfige Truppe.

Bei Tag ritten sie, abends schlugen sie ihr Lager am Ufer des Euphrat auf und tauchten ihre müden Glieder ins Wasser, während die Pferde ihren Durst stillten. So kamen sie zwar langsam, aber stetig voran. Inzwischen hatten sie die Satrapie Assyrien hinter sich gelassen und Babylonien erreicht, sie waren noch zehn Parasangen vom Flusshafen Is und nur fünfzig von Babylon selbst entfernt. Und hier, kurz hinter der Grenze, erblickten sie das, wovor Adea schon die ganze Zeit gegraut hatte.

«Wie viele sind es diesmal, Barzid?», fragte Kynane, schirmte ihre Augen ab und betrachtete die Linie der Reiter, die ihnen tausend Schritt voraus den Weg versperrten.

«So viele wie beim letzten Mal: zweihundert, vielleicht zweihundertfünfzig.»

«Und wir sind diesmal nur noch siebzig und haben keine Reservepferde.» Kynane wandte sich an ihre Tochter. «Ehe wir uns hier zur Umkehr zwingen lassen, wäre der Tod vorzuziehen. Ich denke, es ist an der Zeit, dass wir an die Soldaten Makedoniens appellieren und ihre Herzen gewinnen.»

Adeas Magen krampfte sich zusammen bei der Aussicht, vor einer Menschenmenge reden zu müssen – sie wusste, dass ihre Fähigkeiten auf dem Gebiet der körperlichen Auseinandersetzung weit größer waren als auf dem der Redekunst.

Kynane lächelte, als sie die unbehagliche Miene ihrer Tochter sah. «Ich übernehme das Reden. Du brauchst nur neben mir zu sitzen und ein entsprechendes Bild abzugeben.»

«Was für ein Bild soll ich denn abgeben, Mutter?»

«Du entstammst der Dynastie der Argeaden, dem Königshaus Makedoniens – du fürchtest nichts und niemanden. Du bist unerschütterlich.»

Adea fühlte sich alles andere als unerschütterlich, als sie neben ihrer Mutter auf die makedonische Kavallerie zuritt. Barzid hielt ihre Eskorte hinter ihnen zurück, um deutlich zu machen, dass sie in Frieden kamen und mit keiner Gewalttat rechneten.

Nur zehn Schritt vor dem Befehlshaber der Truppe hielten sie ihre Pferde an. Kynane und Adea überblickten mit ausdruckslosen Gesichtern die vier Reihen tiefe Formation schildloser, lanzenbewehrter Reiter mit ihren Bronzehelmen mit hohem Kammbusch und Muskelkürassen aus gehärtetem Leder. Alle hielten ihre Waffen gesenkt, bereit zum Angriff.

«Wer versperrt den Weg vor Kynane, der Tochter Philipps von Makedonien, des Zweiten dieses Namens, und ihrer Tochter Adea?» Kynane sprach laut und mit hoher Stimme, sodass alle sie hören konnten.

«Ich», erwiderte der Befehlshaber wenig erhellend.

Als überraschtes Raunen durch die Reihen lief und die Männer die beiden Frauen neugierig musterten, empfand Adea Erleichterung. *Sie wussten gar nicht, wen sie hier abfangen sollten – Mutters Worte haben sie völlig überrascht.*

«Ich meinte: Wie lautet dein Name?»

Der Befehlshaber schaute sich ungehalten um, als aus den Reihen leises Kichern zu hören war. «Alketas, Sohn des Orontes, Bruder des Perdikkas, welcher gebietet, dass ihr nicht weitergeht.»

Kynane reckte das Kinn, rümpfte die Nase und schaute Alketas herablassend an. «Im Reich meines Bruders Alexander gehe ich, wohin es mir beliebt.»

Bei der Erwähnung des magischen Namens und der Erinnerung daran, wie eng Kynane mit dem Träger verwandt war, änderte sich die Atmosphäre schlagartig. Adea spürte nun, dass die Männer ebenso wie Kynane der Ansicht waren, sie sollte ungehindert passieren dürfen.

Alketas nahm den Stimmungsumschwung ebenfalls wahr, und gleich darauf sah er den Beweis: Viele seiner Männer richteten ihre Lanzen wieder auf. «Perdikkas ist im Besitz von Alexanders Ring, und er hat in Alexanders Namen befohlen, dass ihr euren Weg nicht fortsetzen dürft, sondern dorthin zurückkehren sollt, von wo ihr gekommen seid.»

Kynane schüttelte den Kopf und stieg vom Pferd. Sie ging ein paar Schritte an der Linie der Kavallerie entlang, wobei sie Alketas den Rücken kehrte, richtete sich zu ihrer vollen Größe auf und holte tief Luft. «Männer von Makedonien, ihr wisst, wer ich bin, die älteste Tochter Philipps. Wäre ich als Mann geboren worden, dann wäre ich jetzt euer König. Doch mir wurde der Körper einer Frau zuteil, und ich füge mich in die Rolle der Frau, deren Aufgabe es ist, Nachkommen hervor-zubringen.» Sie zeigte auf Adea. «Dies ist meine Tochter, die Amyntas, ebenfalls aus dem Hause der Argeaden, mir gezeugt hat. Ihr Name ist Adea, und in ihren Adern fließt fast das glei-che Blut wie einst in denen Alexanders.» Sie hielt inne, damit die Männer Zeit hatten, die Tragweite des Gesagten zu erfas-sen. Das Raunen in den Reihen nahm zu. «Sie ist gekommen, um der Ungewissheit um die Thronfolge ein Ende zu machen. Sie hat ihre Heimat im Norden verlassen, um gen Süden nach Babylon zu gehen und meinen Halbbruder zu heiraten, ihren Halbonkel, den neuen König Philipp. Aus der Verbindung der beiden wird ein Erbe von reinem Argeadenblut hervor-gehen, ohne den Makel östlicher Vorfahren. Ein Erbe, der die gesamte Armee, ja, ganz Makedonien hinter sich einen wird. Dieser Nachkomme wird die Gefahr eines Krieges abwenden, weil er der unangefochtene Erbe von Alexanders Thron sein wird. Wir kommen, um euch einen makedonischen Thron-erben zu schenken, und doch verstellt ihr uns den Weg. Was hat das zu bedeuten, Soldaten von Makedonien? Weshalb versucht ihr, eine Friedensmission zu vereiteln?» Eine Hand auf der Hüfte, die andere am Griff ihres Schwertes, stand sie da und ließ den Blick über die Reihen gleiten, schaute den Männern ins Gesicht und hinterfragte mit ihrem Blick die Beweggründe, die einen jeden von ihnen zu solchem Han-deln trieben. Die meisten wichen ihrem Blick aus, starrten zu

Boden oder schauten zu Alketas, ob er einen Grund nennen könne, weshalb etwas von ihnen verlangt wurde, das so offensichtlich wider das Gemeinwohl aller Makedonen war.

Adea wahrte eine ausdruckslose Miene, doch innerlich lächelte sie. *Jetzt hat sie sie auf ihre Seite gebracht. Die Männer, die uns gefangen nehmen sollten, werden uns stattdessen Geleitschutz geben, und Alketas wird sich damit abfinden oder sterben.*

Kynane begann nun, kraftvollen, gemessenen Schrittes auf die Reiter zuzugehen. Als sie die Köpfe zweier Pferde beinahe erreicht hatte, lenkten ihre Reiter die Tiere zur Seite. Ihre Kameraden in den Reihen dahinter taten dasselbe, sodass eine Gasse durch die Formation entstand.

«Schließt die Reihen!», brüllte Alketas, während Kynane zwischen den ersten zwei Pferden hindurchging. Er wiederholte den Befehl, jedoch vergeblich. Als er erkannte, dass es zwecklos war, riss er heftig am Zügel, wendete sein Pferd nach links und ritt im Galopp außen um seine Truppe herum.

Adea trieb ihr Ross an und folgte ihrer Mutter durch die Reihen der Makedonen, die sie mit respektvollem Kopfnicken und dem Ansatz eines Lächelns auf ihren verhärteten Gesichtern grüßten.

Kynane war fast zwischen den letzten beiden Pferden hindurch, als Alketas sein Pferd vor ihr in einer Staubwolke abrupt zum Stehen brachte. Er wendete das Tier in ihre Richtung und senkte seine Lanze, die Spitze auf ihr Herz gerichtet.

«Du kannst nicht vorbei», sagte der makedonische Befehlshaber mit entschlossenem Blick.

«Ich gehe, wohin ich will, Alketas», entgegnete Kynane und schritt weiter.

«Ich warne dich, kehre um.»

«Und ich warne dich, Alketas, lass Alexanders Schwester

passieren.» Sie ging weiter, bis die Spitze der Lanze sie an der linken Brust berührte. Doch auch jetzt hielt sie nicht inne, sondern drückte sich gegen die Waffe, sodass sich ein kleiner Blutfleck auf ihrem Gewand ausbreitete wie eine Blüte.

«Halt! Ich befehle es!», schrie Alketas hörbar verzweifelt und hielt mit der Lanze dagegen.

Und noch immer ging Kynane weiter, selbst als die geschliffene Spitze zwischen ihre Rippen drang. Immer weiter schob sie sich vorwärts, und immer fester hielt Alketas dagegen, während Adea entsetzt zusah.

Sie ist gewillt, sich für mich zu opfern. «Mutter, nicht! Halte ein!»

Doch ihre Schreie trafen auf taube Ohren. Kynane sah zu Alketas auf und schob sich mit einem Ruck noch weiter nach vorn, das Gesicht vor Schmerz verzerrt, da das Eisen sich tiefer in ihren Körper bohrte. Alketas starrte auf sie hinunter, voller Grauen über das, was sie tat, aber dennoch gab sein Arm nicht nach. Seine Männer hatten sich auf ihren Pferden umgewandt und beobachteten entgeistert die Konfrontation.

Noch ein Ruck, und die Lanzenspitze war halb eingedrungen. Nun war der Punkt überschritten, von dem es kein Zurück mehr gab, und Kynane spürte es – sie packte den Schaft mit beiden Händen. «Alketas, lass ... mich ... durch!» Ihre Armmuskeln spannten sich an, sie hielt die Lanze fest umklammert und spießte sich daran auf, bis das Eisen ihr Herz durchbohrte. Mit seinem letzten Schlag pumpte es einen Schwall Blut aus der Wunde auf den Schaft der Lanze. Ein heftiges Zittern durchlief Kynanes ganzen Körper, die Muskeln in ihren Beinen verkrampften sich. Sie röchelte, Blut quoll aus ihrem Mund, und noch einmal krampfte ihr Körper.

Adea schrie auf, als Alketas mit entsetzter Miene die Lanze losließ, als sei sie plötzlich glühend heiß. Kynanes Beine gaben nach, sie brach zusammen und fiel auf die Seite. Aus ihrer Brust ragte die Lanze, und darum herum färbte ihr Gewand sich rot.

Adea sprang vom Pferd. Alketas blickte fassungslos auf die Leiche, während sich aus den Reihen seiner Männer ein tiefes Grollen erhob.

Kniend nahm Adea den Kopf ihrer Mutter in beide Hände und drehte das Gesicht zu sich herum. Die Augen blickten ihr leer und glasig entgegen. «Mutter! Mutter!» Sie brach in verzweifeltes, gequältes Schluchzen aus, dann küsste sie Kynane auf die Wange und flüsterte ihr ins Ohr: «Mutter, du hast geschworen, immer für mich da zu sein.»

Doch Kynane hörte sie nicht mehr.

Adea sah zu Alketas auf, Hass in den von Tränen verschleierten Augen. «Du hast sie umgebracht. Du hast meine Mutter getötet.»

Alketas schnappte nach Luft. Er blickte auf und sah, dass seine Männer auf ihn zuritten, einen Ring um ihn und Adea bildeten, die noch immer den Kopf ihrer Mutter im Schoß hielt. «Zurück in eure Formation!» Doch der Befehl wurde ignoriert. Jetzt senkten sich Lanzen, richteten sich auf seinen Hals. «Zurück in die Formation!» Aber sie rückten weiter gegen ihren Befehlshaber vor, dem jeder Fluchtweg abgeschnitten war.

In diesem Moment wurde Adea durch ihre Trauer hindurch bewusst, dass sie, um den größtmöglichen Nutzen aus dem Opfer ihrer Mutter zu ziehen, nun wie eine Königin handeln musste, nicht wie ein verzweifeltes Mädchen. Sie stand auf und gebot mit erhobenen Händen Ruhe. *Dies ist meine Chance, meine Position abzusichern und mir zugleich eine makedonische Leibwache zu verschaffen.*

Die Männer brachten ihre Pferde zum Stehen, und alle

Blicke richteten sich auf das junge Mädchen mit der toten Mutter zu Füßen.

Adea zeigte auf Alketas, und ihre Scheu, vor einer Menschenmenge zu reden, war vergessen. «Dieser Mann hat die Schwester Alexanders ermordet, die Frau, die mir das Leben geschenkt hat. Ich kann euren Zorn fühlen, der meine brennt stark in mir. Doch wir dürfen nicht unseren Gefühlen nachgeben, sondern müssen so handeln, dass wir ihr Andenken ehren. Alketas zu ermorden hieße, sich auf sein Niveau herabzulassen.» Adea hielt inne. Ihr Herz schlug schnell, in ihr tobte ein Sturm unterschiedlicher Gefühle: Trauer, Zorn, Hass und Erregung. Sie atmete tief durch, ehe sie fortfuhr: «Alketas soll den Leichnam meiner Mutter in Babylon der Armee zeigen und erklären, weshalb er sie getötet hat. Er soll die Männer um Vergebung bitten, wenn sie über den Verlust von Alexanders Schwester wehklagen. Ergreift und fesselt ihn, aber tut ihm kein Leid an. Baut meiner Mutter einen Leichenwagen, und wir werden damit nach Babylon ziehen. Alketas wird hinten angebunden, er soll ständig den Leichnam der Frau aus dem makedonischen Königshaus der Argeaden vor Augen haben, die er umgebracht hat. Und ihr, tapfere Männer von Makedonien, sollt mich hinfort gegen jeden verteidigen, der mich davon abhalten will, euch einen reinblütigen Erben für Alexanders Vermächtnis zu schenken.»

Sie jubelten ihr mit Inbrunst zu. Alketas wurde von seinem Pferd gezerrt, gefesselt und geknebelt, sosehr er sich auch auf seine Verwandtschaft mit Perdikkas berief. Barzid und seine Männer wurden von den makedonischen Soldaten brüderlich aufgenommen, und gemeinsam bauten sie eines der makedonischen Gepäckfuhrwerke zu einem Leichenwagen um und legten die tote Kynane hinein.

Und so geleitete Adea, nun von dreihundertzwanzig berittenen Kriegern eskortiert, den Leichnam ihrer Mutter gen Babylon, und Alketas stolperte hinter dem Wagen her, von den Männern verspottet und angespuckt. Als sie Alexanders prächtigem Leichenwagen begegneten, der in die entgegengesetzte Richtung unterwegs war, sprach Adea ein Gebet für die toten Geschwister und schloss mit der Bitte, ihre Verbindung mit dem neuen König Philipp möge fruchtbar sein.

ROXANE
DIE WILDKATZE

Ein warmes Gefühl breitete sich in Roxanes Bauch aus, als sie hörte, wie im Palast Tumult ausbrach. Klagelaute zerrissen die Nacht, und das Geräusch vieler rennender Füße hallte von den hohen Wänden und Decken der Korridore wider. Roxane selbst hatte sich seit dem Tod ihrer beiden persischen Rivalinnen nicht mehr so gut gefühlt, denn der Augenblick ihres Triumphes nahte.

Es hatte einige Planung und nicht wenige Beutel mit Münzen zur Bestechung erfordert, sich die Mittel und den Zugang zu verschaffen, doch schließlich waren alle Vorkehrungen getroffen. Das erste Problem hatte darin bestanden, ein Gift zu finden, das ein Vorkoster nicht bemerkte, denn die meisten geschmacklosen Mittel zeigten sofort eine Wirkung und führten rasch zum Tod. Schließlich hatte Roxane einen Trank ausfindig gemacht, der langsam wirkte, wenn er an drei aufeinanderfolgenden Tagen verabreicht wurde.

Doch die erforderliche Dosis drei verschiedenen Mahlzeiten hinzuzufügen, hatte sich als schwierig erwiesen. Schließlich hatte eine der Frauen ihres Gefolges einen Sklaven in den Gemächern des Opfers mit Verführungskünsten und Erpressung dazu gebracht, und die Tat ward getan. Nun war der Abend des dritten Tages, und der Sklave lag bereits mit durchgeschnittener Kehle in einem flachen Grab, damit er nicht mehr verraten konnte, wer Philipp, den Dritten dieses Namens, ermordet hatte.

Mit einem Lächeln auf den Lippen malte Roxane sich aus, welche Qualen der schwachsinnige König jetzt wohl gerade erleiden mochte, während in ihrem Gemach liebliche Musik klimperte, die jedoch den Aufruhr draußen nicht übertönen konnte.

Nun stand nur noch einer ihrem Sohn Alexander im Weg, und das war der Bastard Herakles, der Sprössling der Hure Barsine. Doch an ihn war leicht heranzukommen. *Die Hure werde ich gleich mit erledigen, wenn ich schon einmal dabei bin.*

Auch das war eine erfreuliche Vorstellung, und Roxanes Lächeln wurde breiter, das angenehme Gefühl intensiver. Sie hatte den Bastard bis zum Schluss aufgespart, weil sie fürchtete, wenn sie ihn vor Philipp vergiftete, würde Perdikkas sie sofort verdächtigen und argwöhnen, dass sie es als Nächstes auf den König abgesehen hätte. Dann wären die Sicherheitsvorkehrungen um den sabbernden Schwachsinnigen verschärft worden. Also noch ein Mord, und all ihre Rivalen wären aus dem Weg geschafft. Dann konnte nichts sie mehr hindern, durch ihren Sohn die Macht zu ergreifen. Er war inzwischen ein ungestümes Kleinkind. Natürlich würde sie sich gedulden müssen, bis der kleine Wildfang heranwuchs, und natürlich würde sie in der Zwischenzeit auch Perdikkas' Unverschämtheit hinnehmen müssen. Er weigerte sich noch immer, ihren Stand als Alexanders Königin anzuerkennen, nach ihrem Sohn die bedeutendste Person auf der Welt – wenigstens jetzt, da Philipp im Todeskampf lag.

Roxane nahm sich einen Pfirsich aus der Schale auf dem Tisch. Sie schätzte, dass Philipp irgendwann im Laufe des übernächsten Nachmittags sterben würde, vorausgesetzt, die Ärzte errieten nicht, was ihn tötete. Nur dann – und auch nur im unwahrscheinlichen Fall, dass einer von ihnen das Gegenmittel kannte – würde Philipps Leben gerettet werden.

Nein, er ist so gut wie tot, und ich kann heute Nacht friedlich schlafen.

Ein Krachen ließ Roxane zusammenfahren – die Tür wurde mit einem Fußtritt aufgestoßen. Sie ließ den angebissenen Pfirsich fallen, und die Musikanten in der Ecke des Raumes hielten erschrocken inne.

Perdikkas stürmte auf sie zu, wortlos, doch seine Miene sagte genug. Hinter ihm drängten Seleukos und Aristonous mit gezogenen Schwertern herein.

«Was tust du?», fauchte Roxane. «Wie kannst du es wagen, einfach so in meine Gemächer zu stürmen? Einer Königin drängt man sich nicht auf.»

«Eine Königin kann mich mal am Arsch lecken», entgegnete Perdikkas grimmig. Er packte sie am Arm und zerrte sie von ihrem Sitz hoch. «Aber vorher wird sie das Gegenmittel zu dem herausgeben, was sie Philipp heimlich verabreicht hat.»

«Ich weiß nicht, wovon du sprichst –»

Eine heftige Ohrfeige ließ sie verstummen.

«Stell dich nicht dumm, Roxane. Philipp wurde vergiftet, und ich weiß, dass du mit Gift arbeitest. Außerdem würdest du am meisten von seinem Tod profitieren – wenigstens hast du dir das eingebildet.» Er wandte sich an Seleukos und

Aristonous. «Ergreift den Knaben und bringt ihn in meine Gemächer.» Mit widerlichem Grinsen schlug er Roxane noch einmal ins Gesicht. «Das ist, damit dein Kopf klar wird und du genau verstehst, womit ich dir jetzt drohe. Du wirst dafür sorgen, dass Philipp überlebt und in keiner schlechteren Verfassung ist als ohnehin schon, der arme Tropf. Wenn du das tust, dann werde ich vielleicht – *vielleicht* – der Armee verschweigen, dass ein Anschlag auf sein Leben verübt wurde und wer dahintersteckt. Wenn du ihn nicht rettest, wird die Armee erfahren, dass die furchtbare Krankheit, welcher der ältere König erlegen ist, bedauerlicherweise im Palast um sich gegriffen und auch den jüngeren König dahingerafft hat, woraufhin seine arme Mutter, die schöne und gütige Roxane, sich vor Trauer erhängte. Und zum Beweis werde ich die Strangmarken am Hals deiner Leiche vorweisen. Nun, hast du mich auch ja richtig verstanden?»

«Das kannst du nicht tun.»

«Ich kann und ich werde», versetzte Perdikkas. Gerade wurde der kleine Alexander, der Vierte seines Namens, zappelnd und unter schrillem Geschrei von Aristonous aus seinem Schlafzimmer getragen, während Seleukos eine kleine Schar Frauen mit der Breitseite seines Schwertes abwehrte. Zwei von ihnen gingen bewusstlos zu Boden.

Roxane schrie bei dem Anblick auf, dann spuckte sie Perdikkas ins Gesicht. «Wenn ich mich weigere und du meinen Sohn und mich tötest, hast du überhaupt keinen König mehr. Ha! Was sagst du nun?»

Perdikkas verstärkte seinen Griff um den schlanken Arm und wischte sich den Speichel vom Gesicht. «Du irrst, Hure – ich hätte noch immer Herakles. Er mag ein Bastard sein, aber er ist Alexanders Bastard.»

Herakles! Vielleicht hätte ich ihn doch zuerst töten sollen. Das merke ich mir für das nächste Mal.

«Oder vielleicht entscheide ich auch, dass ich gar keinen männlichen Verwandten Alexanders brauche. Wer weiß? Eines ist gewiss: Du und dein Sohn seid beide tot, wenn Philipp stirbt. Also, wie hättest du es gern, Roxane? Du solltest dich schnell entscheiden, denn meine Geduld ist am Ende, und ich würde dich mit Vergnügen hier und jetzt aufknüpfen.»

Roxane sank in sich zusammen, als fügte sie sich drein. «Bringe mich zu ihm, aber zuerst muss ich das Gegengift holen.»

Die türkisfarbene Phiole, schimmernd im sanften Lampenschein, zitterte in Roxanes Hand, als sie sie dem sterbenden König an den Mund hielt. Philipp stöhnte mit geschlossenen Augen. Roxane war es unerträglich, dass sie gezwungen wurde, ihr ganzes gutes Werk zunichtezumachen, um das Leben ihres Sohnes zu retten. Perdikkas war unerträglich. Ihre Situation war unerträglich – war sie etwa nicht Königin? Und doch musste sie hier das Leben eines sabbernden Schwachsinnigen retten, für den selbst der Tod zu gut gewesen wäre.

Sie zog die Phiole zurück, da hörte sie hinter sich ein Kind wimmern. Als sie sich umschaute, stand Perdikkas da und umklammerte mit einer Hand den Hals ihres Kindes, dass seine Fingerknöchel weiß wurden. Alexander war noch zu klein, um zu begreifen, was vor sich ging, doch er spürte die Spannung und erkannte, dass er in Gefahr war. Tränen liefen ihm übers Gesicht, und er schaute sich vergeblich nach einer Amme um, damit sie ihn tröstete.

«Tu es!», befahl Perdikkas.

Roxane hielt ihm das Fläschchen hin. «Tu du es.»

Statt einer Antwort verstärkte Perdikkas seinen Griff um Alexanders Hals.

«Ich werde es tun!», rief Tychon, Philipps Leibarzt und ständiger Gefährte, verzweifelt aus. Er hielt mit beiden Händen die seines Schützlings.

Roxane fauchte den Griechen an. *Ich habe keine Wahl. Beim nächsten Mal werde ich besser planen und Perdikkas gleich mit ausschalten.* Resigniert drückte sie die Phiole an die schlaffen Lippen und flößte dem König sorgsam den Inhalt ein.

Philipp prustete ein wenig, doch die Flüssigkeit blieb in seinem Mund. Er schluckte.

«Wie lange wird es dauern?», fragte Perdikkas, der nun ans Bett trat und auf den König hinunterschaute.

«Ich muss ihm das Gegengift an drei aufeinanderfolgenden Tagen geben.»

«Drei Tage!»

«Ja, so habe ich ihm auch das Gift verabreicht.» Roxane nahm die nächste Frage vorweg. «Nein, der Sklave, der es getan hat, ist tot – ich wäre wohl kaum so töricht, einen Komplizen am Leben zu lassen, wie?»

Perdikkas knurrte. «Dann bleibst du so lange hier, Roxane – du bleibst, bis es Philipp wieder gut geht.»

«Dazu kannst du mich nicht zwingen.»

Perdikkas schaute auf sie hinunter. «Wann geht es endlich in deinen Kopf, dass ich mit dir tun kann, was ich will? Du bedeutest mir nichts. Du bleibst hier – an der Tür wird eine bewaffnete Wache stehen. Ich nehme den Jungen mit, damit du weiterhin ein Interesse daran hast, dass die Behandlung gelingt.»

Der Uringestank, der von Philipps Bett ausging und ständig in der Luft lag, stach Roxane in der Nase. Die Fensterläden waren geschlossen, um die Nachmittagshitze abzuhalten, die draußen im Hof herrschte. Roxane schaute auf ihr einstiges Opfer hinunter und sah mit einer Mischung aus Erleichterung und Wut, dass Philipps Lider sich flatternd öffneten, eine Stunde nachdem sie ihm die letzte Dosis verabreicht hatte. Sein Blick wanderte suchend umher und blieb an Tychon hängen, der während der dreitägigen Behandlung nicht von seiner Seite gewichen war.

«Tychon», brachte Philipp mit schwacher Stimme heraus, «werde ich jetzt wieder gesund?»

Zu Roxanes Erstaunen standen Tychon Tränen in den Augen. «Ja, Herr, jetzt wirst du gesund. Jetzt wird alles gut.»

Wie kann diese nach Pisse stinkende Missgeburt irgendjemandem am Herzen liegen? Roxane wollte nicht noch mehr von dieser widerwärtigen Szene mit ansehen. Sie stand auf, gerade als Perdikkas zur Tür hereinstürmte.

Philipp wandte sich an ihn. «Perdikkas, ich werde wieder gesund, alles wird gut. Tychon hat das gesagt.»

Perdikkas ging mit langen Schritten zum Bett, fasste den Kopf des Königs mit einer Hand und schaute ihm prüfend in die Augen. «Es scheint dir gut zu gehen.»

«Oh ja, Perdikkas, es geht mir gut», versicherte Philipp. Da ertönten draußen im Hof laute Rufe. «Ich möchte gern gebratenes Fleisch und meinen Elefanten.»

Aber Perdikkas beachtete Philipps Wünsche nicht. Aufgeschreckt von dem Lärm, ging er ans Fenster und öffnete die Läden. Er erstarrte. «Götter der Unterwelt», flüsterte er eben laut genug, dass Roxane es verstehen konnte. «Alketas, was hast du getan?» Er wandte sich ab und lief eilends hinaus.

Roxane sah ihm erschrocken nach, dann trat sie selbst ans Fenster und schaute hinunter. Da stand ein Mädchen auf einem Wagen mit einer Leiche zu Füßen, umringt von einer riesigen Schar Soldaten, teils beritten, teils zu Fuß. Das Mädchen gebot mit erhobenen Armen Ruhe.

«Soldaten von Makedonien.» Ihre Stimme klang überraschend kräftig und maskulin. Das Mädchen zeigte auf einen gefesselten Mann, der hinter dem Wagen kniete. «Dieser Mann, Alketas, den ihr alle kennt, möchte euch erklären, weshalb er meine Mutter Kynane getötet hat, die Schwester Alexanders.»

Roxane kicherte in sich hinein, erfreut über die Nachricht, dass ein weiteres Mitglied von Alexanders Familie tot war. *Und Alketas ist der Mörder – das wird diesen makedonischen Schweinen nicht gefallen.* Ihr Lächeln wurde breiter, als Alketas mit Tritten und Schlägen traktiert wurde, unter lauten Rufen, die immer zorniger klangen.

Abermals gebot das Mädchen Ruhe. Bis diese einkehrte, lag Alketas bereits blutend am Boden.

«Meine Mutter hat mich euretwegen hergebracht, Soldaten vom Makedonien.»

«Wartet!»

Roxane sah, wie Perdikkas sich einen Weg durch die Menge bahnte, gefolgt von zwei makedonischen Offizieren. «Was macht ihr da mit meinem Bruder?» Er zeigte mit dem Finger auf die Männer, die sich um den Wagen drängten. «Zurück, allesamt. Dokimos, Polemon, drängt sie zurück.»

«Er hat Kynane getötet!», lautete die vielstimmige Erklärung. Das Mädchen stand bei der Leiche, die Hände auf den Hüften, und sagte nichts. Indessen machten die beiden Offiziere den Weg für Perdikkas frei.

«Wenn ihr uns anrührt, seid ihr tote Männer», rief Dokimos, der ältere der zwei, mit drohender Stimme, während er und Polemon die Menge zurückdrängten.

Dann würde die Situation eskalieren. Roxane lächelte mit kalten Augen.

Perdikkas erreichte den Wagen und sah zu dem Mädchen auf. «Glaube mir, Adea, ich habe ihm gesagt, keiner von euch beiden dürfe ein Leid geschehen.»

Adea blickte auf den Leichnam ihrer Mutter hinunter und wies mit der offenen Hand darauf. «Und doch liegt sie da!»

Wieder packten grobe Hände Alketas, zogen ihn auf die Füße, und Schläge in rascher Folge zerschmetterten ihm Rippen und Gesicht. Er krümmte sich zusammen, während Dokimos und Polemon sich bemühten, zu ihm zu gelangen.

Erbostes Grollen lief durch die Menge, die bereits Tausende zählte und ständig weiter wuchs, da immer mehr Männer durch die Tore strömten. Die Kunde von dem Mord an Alexanders Schwester breitete sich durch die ganze Stadt aus.

«Rührt meinen Bruder nicht an!» Diesmal war es eine weibliche Stimme. Roxane suchte in der Menge nach der Quelle und entdeckte eine hochgewachsene Frau Mitte dreißig, schön und selbstbewusst im Auftreten. *Atalante! Das wird ja immer besser – wenn die Schwester zusammen mit ihren Brüdern getötet würde, wäre das mehr, als ich zu hoffen wagte.*

«Wer bist du, meinen Bruder so zu behandeln, Mädchen?»

Adea richtete den Blick auf die Frau. «Ich bin die Tochter einer ermordeten Mutter und die Enkelin von Alexanders Vater Philipp, und ich fordere Gerechtigkeit.»

«Du kannst fordern, was immer dir beliebt, aber wenn noch einer Hand an meinen Bruder legt, dann werde ich Gerechtigkeit von dir fordern. Jetzt lasst ihn los.» Atalante ging auf

Alketas zu. Die Männer, so zornig sie auch waren, machten ihr den Weg frei. Als sie bei ihm ankam, hob sie ihn auf, löste seine Fesseln und führte ihn an der Hand durch die Menge. «Lasst uns durch.»

Niemand hielt die beiden auf, doch alle grollten zornig.

Wieder gebot Adea Ruhe, während Atalante ihren Bruder in Sicherheit brachte. «Ich bin mit einer Absicht hergekommen, und wenn du nun meine Vergebung willst, Perdikkas, und wenn du willst, dass ich mich bei den Soldaten von Makedonien dafür einsetze, dass sie das Leben deines Bruders verschonen, auch wenn er nicht unter dem Schutz seiner Schwester steht, dann wirst du dich mir nicht in den Weg stellen. Gewähre mir Gerechtigkeit.»

Perdikkas schaute sich um. Er spürte die Feindseligkeit, die ihn umgab. «Also gut, Adea, ich werde dir Gerechtigkeit gewähren. Was willst du?»

Jubel brach los und breitete sich durch die ganze Versammlung aus; Helme wurden in die Luft geworfen, Waffen über den Köpfen geschwenkt.

Roxane fühlte, wie sich die Eifersucht in ihr regte, da vor ihren Augen einer Frau gehuldigt wurde, wie sie selbst es sich nur erträumen konnte, und sie war verwirrt, da sie die Ursache nicht kannte.

Sie brauchte nicht lange auf eine Erklärung zu warten, denn bald dämpfte Adea den Jubel. «Soldaten von Makedonien, ich bin hergekommen, um den neuen König Philipp zu heiraten.»

Roxane fühlte sich, als hätte ihr jemand einen Faustschlag in die Magengrube versetzt. Sie drehte sich um und schaute zu dem Mann hinüber, den sie hatte vergiften wollen, dann aber gezwungenermaßen wieder geheilt hatte. Seine Miene war kindlich verständnislos.

Adeas Stimme lenkte Roxanes Aufmerksamkeit wieder auf den Hof.

«Ich bin gekommen, um eure Königin zu werden. Ich werde den königlichen Namen Eurydike annehmen und euch einen wahren Erben von reinem Argeadenblut schenken.»

Galle stieg Roxane in die Kehle, und sie wandte sich taumelnd vom Fenster ab. *Nur über meine Leiche, du kleine Hure.*

ANTIGONOS
DER EINÄUGIGE

Und du bist sicher, dass sie tot ist?», fragte Antigonos. Der Blick aus seinem einen Auge bohrte sich abwechselnd in die beiden von Babrak, dem Kaufmann, der ihm am Amtstisch gegenübersaß. Philotas und Demetrios saßen in zwei Lehnstühlen am Fenster im Sonnenlicht, das von der schneebedeckten Landschaft draußen reflektiert wurde.

Babrak zog die Schultern hoch und breitete die Hände aus. «Nun, natürlich habe ich den Leichnam nicht selbst gesehen, edler Herr, es geschah hundert Parasangen den Euphrat hinunter an der babylonischen Grenze. Aber Arrhidaios hat es mir erzählt, als ich auf dem Weg von Ägypten nordwärts auf die Prozession mit Alexanders Leichnam traf. Die beiden Leichenzüge sind sich begegnet, und so hat er sie gesehen. Er sagte, Alketas habe sie getötet.»

Antigonos schaute zu Philotas hinüber. «Auf Perdikkas' Befehl, wie man annehmen muss. Alketas hatte noch nie den Mumm, etwas aus eigenem Entschluss zu tun. Und Perdikkas erwartet von mir, in Babylon vor der Heeresversammlung zu erscheinen, während er so mir nichts, dir nichts Alexanders sämtliche Angehörige umbringen lässt? Von wegen, er kann mich mal an meinem haarigen Arsch lecken.» Er warf einen Blick auf Perdikkas' Brief, der seit vier Monaten unbeantwortet auf seinem Tisch lag. «Nun, dann brauche ich wenigstens keine Skrupel mehr zu haben, ihm die gleiche Antwort zu schicken wie das letzte Mal, als er versuchte, mir Befehle zu erteilen.» Er nahm das Schreiben, mit dem Perdikkas ihn nach Babylon beordert hatte, und zerriss es. «Ich sage es ungern, mein Junge, aber mir scheint, wenn Perdikkas sich so aufführt, wird ein Krieg unvermeidlich sein.»

«Und wo stehen wir dann?», fragte Demetrios.

Antigonos wischte sich eine Träne ab, die aus der Narbe sickerte, wo einst sein zweites Auge gewesen war. «Das ist eine sehr gute Frage.»

Er warf Babrak einen Beutel mit Münzen zu. «Ich danke dir, alter Freund. Wir sehen uns, wenn sich unsere Wege wieder einmal kreuzen.»

Babrak stand auf und führte eine Hand an die Stirn. «Die Welt wird eine andere sein, wenn wir uns das nächste Mal begegnen, edler Herr. Ich spüre, dass der Wind sich zum Schlechteren dreht, wie wenn ein Knabe der Blüte der Jugend verlustig geht und zum Manne wird.»

«Wie? Ach so, ja – da könntest du in der Tat recht haben, Babrak.»

«Aber der Krieg bringt auch Gelegenheiten zu guten Geschäften mit sich, deshalb will ich mich nicht beklagen.» Mit einer Verbeugung verließ der Kaufmann den Raum.

Antigonos dachte einen Moment lang über diese Feststellung nach, dann wandte er sich an Philotas. «Nun? Wo also stehen wir?»

Philotas brauchte nicht lange zu überlegen. «Es hängt ganz davon ab, welche Position Eumenes in Kappadokien bezieht. Nach dieser Geschichte mit den Söldnern kann Perdikkas sich auf die Unterstützung von Peithon in Medien verlassen und auf die von Peukestas in Persien auch, aber sonst auf niemanden, außer vielleicht auf den listigen kleinen Griechen. Wenn Eumenes zu Perdikkas hält, werden wir kämpfen müssen; wenn er sich auf unsere Seite stellt, ist Perdikkas ein toter Mann.»

Antigonos kratzte sich den Bart und schaute Philotas an. «Du hast recht, alter Freund, wir müssen mit Eumenes reden, auch wenn ich mich geweigert habe, ihn in Kappadokien zu unterstützen.» Er blickte durchs Fenster zum schneebedeckten kappadokischen Hochland in der Ferne hinüber. «Wer möchte gern zu dieser Jahreszeit einen Ausflug nach Kappadokien unternehmen?»

«Er hält sich derzeit nicht in Kappadokien auf, Vater», teilte Demetrios ihnen mit. «Als ich in Tarsos eintraf, war er kurz zuvor auf dem Weg von Babylon dort vorbeigekommen.»

«Vorbeigekommen? Wohin war er denn unterwegs?»

«Gerüchten zufolge nach Sardis, sagte Babrak.»

Antigonos' Auge weitete sich, als ihm klarwurde, was das bedeuten konnte. «Sardis? Nun, gewiss ist er nicht auf dem Weg zu Menandros, denn den muss er in Kleinphrygien wähnen, nicht in Sardis. Also will er zu Kleopatra, und wenn er aus Babylon kommt, dann steckt Perdikkas dahinter.» Die ungeheure Tragweite dieser Erkenntnis traf Antigonos wie ein Schleudergeschoss. «Der listige kleine Grieche verhandelt für Perdikkas um eine zweite Heirat! Perdikkas hat Kynane getötet, und jetzt will er mit Antipatros brechen, Nikaia verstoßen und Kleopatra heiraten – der Hurensohn hat es auf den Thron abgesehen! König Perdikkas, so weit kommt es noch. Wenn Antipatros davon erfährt, kann er gar nicht mehr anders, als sich gegen Perdikkas zu stellen.» Antigonos grinste, und sein Auge glänzte. «Nun denn, meine Herren. Ich schere mich einen Dreck um das Wetter – ich muss zu Antipatros, um die Dinge in Gang zu bringen. Philotas, du bleibst hier und mobilisierst eine möglichst große Streitmacht. Demetrios, du hilfst ihm dabei. Ich muss einen Schiffsführer auftreiben, der bereit ist, trotz des Winters loszusegeln. Nun ist es so weit: Uns steht ein Krieg bevor.» *Phalanx gegen Phalanx – Götter, das wird herrlich. Viele der Jungs werden dabei ihr Leben lassen, aber ich werde es in vollen Zügen genießen.*

Antigonos' Auge starrte Antipatros mit loderndem Blick an. «Dann musst du einen Waffenstillstand mit ihnen schließen, die Armee nach Pella zurückrufen und dich bereithalten, über den Hellespont zu setzen, sobald das Wetter es erlaubt.» Er schlug mit der flachen Hand auf den Feldtisch, um seinen Worten Nachdruck zu verleihen.

Antipatros hüllte sich fester in seinen Schaffellmantel und starrte in die Flammen im Feuerbecken. Seine Augen waren müde, seine Miene zerknirscht. «Ich hatte kaum genug Zeit, meine Frau erneut zu schwängern, ehe die Ätolier beschlossen, die griechische Rebellion neu anzufachen, und ich abermals herunter in den Süden kommen musste, in dieses ... dieses ...» Er deutete durch den Zelteingang auf die unwirtlichen, stellenweise verschneiten Berge Ätoliens südöstlich von Thessalien und die Stadt auf der Kuppe, die unter winterlicher Belagerung stand. «Und gerade jetzt, wo es nur noch eine Frage von wenigen Monaten wäre, bis ich die Hurensöhne ausgehungert hätte, sagst du mir, ich soll ihnen stattdessen auf den Rücken klopfen und sie ermahnen, künftig nicht mehr so ungezogen zu sein. Und dann soll ich, statt in die tröstenden Arme meiner Frau zurückzukehren, einen Krieg anfangen, der mich vielleicht jahrelang von zu Hause fernhält – in meinem Alter? Ist es wirklich das, was du mir sagen willst?»

«Genau das.»

Antigonos schaute zu Krateros und Nikanor hinüber, die beide bekräftigend nickten.

«Scheiß auf die Ätolier, Vater», sagte Nikanor. «Mit einer Armee aus Ziegenhirten werden wir jederzeit fertig. Perdikkas hat es auf den Thron abgesehen. Er ist im Begriff, unserer Familie eine persönliche Kränkung zuzufügen, indem er Kleopatra zur Frau nimmt und Nikaia entweder verstößt oder auf den Rang einer Nebenfrau hinabstuft. Und er hat den Befehl dazu erteilt, ein Mitglied des Königshauses zu ermorden –»

«Eines, das ich hasse.»

«Persönliche Gefühle spielen hier keine Rolle», fuhr Antigonos ihn an und entschuldigte sich gleich darauf mit einer beschwichtigenden Geste für den schroffen Ton. «Du selbst hast mich das vor mehr als vierzig Jahren gelehrt, als ich zwanzig war.»

Antipatros seufzte. «So lange ist das schon her? Philipp war damals noch nicht einmal König, ich ging gerade auf die vierzig zu und dachte daran, es allmählich etwas ruhiger angehen zu lassen.» Er schüttelte den Kopf. «Und nun, vierzig Jahre später, soll ich den größten Krieg meines Lebens beginnen?»

«Du musst», sagte Krateros mit so viel Mitgefühl in der Stimme, wie er aufzubringen vermochte. «Perdikkas wird nicht ruhen, ehe er uns alle in seiner Gewalt hat. Er bildet sich ein, er könne mir Kleinphrygien abnehmen und es Menandros geben – bei Ares, was glaubt er denn, wer er ist? Dem Gott des Krieges sei Dank, dass Menandros ein Ehrenmann ist. Aber der Mord an Kynane ist unverzeihlich.»

«Wir wissen nicht, ob er Alketas wirklich befohlen hat, sie zu töten.»

«Es spielt keine Rolle, ob sein törichter Bruder es versehentlich getan hat oder ob es ihm befohlen wurde – so oder so ist die Tat Perdikkas anzulasten. Aber das Gefährlichste ist, dass er um Kleopatra wirbt. Wenn er sie heiratet, wird er den Thron beanspruchen, und wer ist dann wieder an der Macht?»

Antipatros schlug sich vor die Stirn. «Olympias.»

Nikanor blies in seine hohlen Hände und rieb sie. «Genau, und dann sind wir alle tot, unsere ganze Familie.»

Antipatros blickte seinen Sohn mit müden Augen an. «Gibt es denn niemals Frieden?»

«Wie meinst du das? Für dich persönlich oder für das Reich?», fragte Antigonos.

Antipatros seufzte noch einmal tief. «Nun, mir scheint, ich habe keine Wahl – ich kann nicht zulassen, dass diese Zauberin Olympias nach Makedonien zurückkehrt, ihre Rache würde in einem Blutbad enden.» Er wandte die Augen von dem Feuer ab, und nun schien wieder Kraft in sie zu strömen – sein Entschluss war gefasst. «Also gut, meine Herren, wir führen eine Armee nach Asien, um Perdikkas zu schlagen und alle, die auf seiner Seite sind.» Antipatros erhob sich und ließ den Mantel von seinen Schultern gleiten, sodass die volle Rüstung darunter sichtbar wurde. Er ging zum Zelteingang, warf einen Blick zu der belagerten Stadt hinüber und atmete tief die eisige Luft ein. Als er weitersprach, bildete sein Atem Dampfwolken. «Ich werde mit dem Ungeziefer da oben in der Stadt eine Einigung schließen – zweifellos werden sie das für sich als Sieg verbuchen, weil ich abziehe, ohne ihre dreckigen kleinen Hütten einzunehmen. Aber sei's drum, auch wenn ich denke, dass ich es eines Tages noch bereuen werde.» Er drehte sich wieder zu den anderen im Zelt um. «Antigonos, gehe zurück nach Asien und wirb um Unterstützung – Menandros und Asandros werden auf unserer Seite sein, erinnere Kleitos an seine Loyalitäten und versuche, Neoptolemos und Eumenes zur Vernunft zu bringen. Krateros, du und ich, wir machen die Armee für einen ausgedehnten Feldzug bereit. Wir werden nach Asien übersetzen, sobald das Wetter milder wird, also ungefähr in einem Monat. Ich lasse Polyperchon als meinen Stellvertreter in Pella zurück, und du, Nikanor, bleibst bei ihm, mit genügend Soldaten für den Fall, dass Epirus angreift. Ich vermute, sobald die Zauberin erfährt, dass ich gen Osten ziehe, wird sie aus Sardis wieder herbeischleichen und abermals ihre Intrigen spinnen. Sie wird den Schwächling Aiakides zu einem neuerlichen Versuch überreden, uns ein paar Städte abzunehmen.» Er lächelte düster entschlossen. «Ich werde an Ptolemaios schreiben und ihn fragen, ob er wohl so gütig wäre, für einiges Ärgernis zu sorgen. Wir wollen Perdikkas die Sache so schwer wie möglich machen.»

PERDIKKAS
DER HALBERWÄHLTE

«Wir marschieren unverzüglich nordwärts», erklärte Perdikkas und richtete den Blick der Reihe nach auf seine ranghohen Offiziere, die um den Tisch im Thronsaal versammelt waren. «Die gesamte Armee nach Norden, sofort. Wenn die Informationen korrekt sind – und ich vertraue da völlig auf Eumenes und seine Spione –, dann müssen wir an den Hellespont, um zu verhindern, dass Antipatros und Krateros einmarschieren.» Er wandte sich an Archon, den Satrapen von Babylonien. «Versammle alle Schiffe im Hafen, die groß genug für Truppentransporte sind. Antigenes und Seleukos, macht die Armee marschbereit.» Er zeigte nacheinander auf zwei Offiziere mittleren Alters. «Dokimos, ich will, dass du Peithon aufsuchst, und Polemon, du gehst zu Peukestas. Sagt ihnen, sie sollen ihre Armeen nach Tarsos führen, wir treffen dort zusammen und marschieren gemeinsam weiter nach Norden. Aristonous, ich will, dass du nach Tyros eilst und dich Nearchos anschließt. Nimm sämtliche Schiffe, die er in der Zwischenzeit versammelt hat, und sichere Zypern. Wir müssen verhindern, dass die Insel als Basis für Flotteneinsätze gegen uns benutzt wird, während wir nach Norden ziehen.»

Er schaute über den Tisch hinweg seinen Schwager Attalos an. «Nimm Alketas mit und sorge dafür, dass er nicht in Schwierigkeiten gerät. Atalante kann euch begleiten. Geht so schnell wie möglich nordwärts nach Tarsos. Schickt Nachrichten an Eumenes und Neoptolemos, sie sollen ihre Armeen an den Hellespont führen, um Kleitos und die Flotte zu unterstützen. Anschließend nehmt ihr sämtliche Schiffe, die etwa noch in Tarsos sind, und bringt sie nach Süden zu Aristonous. Alketas mobilisiert indessen die Armee von Kilikien und wartet darauf, dass ich mit der Haupttruppe komme. Wenn Alexanders Leichenzug eintrifft, sagt Arrhidaios, er möge warten, dann kann er mit uns gen Norden ziehen. Niemand wird es wagen, sich uns entgegenzustellen, wenn wir Alexanders Leichnam das Geleit geben.» Er wandte sich an Kassandros. «Ich will, dass du in Babylon bleibst und hier die Geschäfte führst, solange ich fort bin.»

Kassandros machte ein finsteres Gesicht. «Als Geisel? Schließlich ist es mein Vater, gegen den ihr ins Feld zieht.»

«Ebendeshalb halte ich es für das Beste, wenn du dich heraushältst. Du bist keine Geisel – du bist der Kommandeur der Garnison von Babylon.»

«Welchem meiner Offiziere wirst du den Befehl erteilen, mich zu töten, falls mein Vater dich schlagen sollte?» Er wies mit einer Kopfbewegung auf Archon. «Oder bekommt diese unbedeutende Figur von einem Satrapen endlich einmal eine verantwortungsvolle Aufgabe, statt immer nur dein Schatten zu sein?»

«Dazu wird es niemals kommen.»

«Dann hast du also schon daran gedacht?»

Selbstverständlich habe ich das – du würdest genauso handeln. «Du führst das Kommando über die Armee in Babylon.»

Kassandros schnaubte.

Perdikkas wischte sich den Schweiß von der Stirn und versuchte, seine Nerven zu beruhigen. Er war aufs äußerste angespannt, seit vor weniger als einer Stunde durch eine Botenstaffel die Nachricht von Eumenes eingetroffen war, Antipatros habe einen höchst unvorteilhaften Friedensvertrag mit den Ätoliern geschlossen und sich mit seiner Armee nach Pella zurückgezogen, um einen Angriff auf Asien vorzubereiten. Wenn all seine Bemühungen, einen Krieg abzuwenden, nicht fruchteten und seine Autorität als Träger von Alexanders Ring in einem fort beleidigt wurde, dann sollte es eben so sein: Er würde ihnen entgegentreten, und sie würden nachgeben, weil schließlich und endlich er den großen Ring von Makedonien hatte. Ihm kam das vortrefflich zupass: So war er selbst nicht der Aggressor, sondern verteidigte nur treu Alexanders Vermächtnis und die Rechte der beiden Könige. Er würde reinen Gewissens gegen seine Landsleute ins Feld ziehen in dem sicheren Bewusstsein, das Recht auf seiner Seite zu haben. Eumenes, Kleitos und Neoptolemos würden den Hellespont gegen Antipatros und Krateros verteidigen, und wenn er mit Alexanders Leichenzug dort eintraf, würde er selbst die Meerenge überqueren. *Dann wollen wir sehen, ob sie es wagen, Krieg gegen Alexanders Leichnam zu führen. Sie werden zu mir kommen und mich um Verzeihung anflehen, und ich werde sie ihnen gewähren, wenn sie mir im Angesicht von Alexanders Leichnam die Treue schwören.*

Ja, Antipatros spielte ihm mit diesem törichten Zug in die Hände – warum tat der Mann das eigentlich? Er, Perdikkas, war immerhin sein Schwiegersohn. Selbst wenn der alte Regent von seinen Absichten bezüglich Kleopatra wüsste, so hatte er sie doch noch nicht geheiratet. Tatsächlich hatte Eumenes erst vor ein paar Tagen enttäuscht geschrieben, es sei ihm nicht gelungen, sie umzustimmen und zu der Heirat zu bewegen. *Doch das wird sich nun ändern – wenn sie die konkrete Gefahr eines Krieges vor Augen hat, wird sie begreifen, dass es nur eine Möglichkeit gibt, diesen abzuwenden: indem sie mich heiratet, damit Makedonien und das Großreich einen legitimen König und eine Königin haben.*

«Was wird aus den Königen und ihren beiden knurrenden Hündinnen?», fragte Seleukos – diese Bezeichnung hatte sich eingebürgert, seit Adea, nunmehr Königin Eurydike, Philipps Frau geworden war. Die Heirat hatte eine Fehde zwischen der neuen Königin und Roxane ausgelöst, die in den vergangenen paar Monaten für allseitige Belustigung gesorgt hatte.

Perdikkas wand sich innerlich bei dem Gedanken an das, was er würde tun müssen, um sicherzustellen, dass die zwei sich während des Feldzugs nicht gegenseitig umbrachten. «Nun, ich kann sie nicht trennen, eine hier zurücklassen und die andere mitnehmen, schließlich müssen beide mit Alexanders Leichnam in Pella Einzug halten. Also müssen sie nun wohl beide mitkommen, damit ich sie im Auge behalten kann.» *Bis die Zeit kommt, da ich sie nicht mehr brauche. Dann überlasse ich es Roxane, ihre Rivalin zu beseitigen, und anschließend ... Oh, wie ich das genießen werde.* «Gibt es noch Fragen?»

«Nur zwei», sagte Seleukos. «Ptolemaios – was ist mit Ptolemaios?»

«Was soll mit ihm sein?»

«Mir ist etwas aufgefallen: Wenn die gesamte Streitmacht Asiens abgezogen wird, um der gesamten Armee Europas entgegenzutreten, dann kann die gesamte Streitmacht Afrikas unterdessen tun, was immer ihr beliebt.»

Perdikkas tat den Einwand mit einer wegwerfenden Handbewegung ab. «Unfug. Ptolemaios ist mit Ägypten vollauf zufrieden – er wird nichts unternehmen, wodurch er meine Aufmerksamkeit auf sich ziehen oder Feindschaft zwischen sich und mir stiften könnte. Er wird sich heraushalten. Und die andere Frage?»

«Was ist mit den Griechen? Könnte es nicht sein, dass sie versuchen, einen makedonischen Bürgerkrieg zu ihrem Vorteil zu nutzen?»

Perdikkas lächelte triumphierend und hielt einen Brief in die Höhe. «Das wäre ein sehr berechtigter Einwand, hätte nicht Demades mir aus Athen geschrieben und verlangt, dass ich Antipatros absetze – sie haben die Bedingungen, die er ihnen auferlegt hat, noch immer nicht verwunden. Auch sie werden nichts unternehmen, während ich mit ihm beschäftigt bin.»

Seleukos nickte, dann legte er die Fingerspitzen aneinander. «Mir fällt auf, dass du immer ‹ich›, ‹mir› und ‹mein› sagst.»

«Ich meine natürlich ‹wir›, ‹uns› und ‹unser›.»

«Ja? Meinst du das wirklich?»

«Aber selbstverständlich. Nun, meine Herren, wenn es weiter nichts gibt, schlage ich vor, wir machen uns für den Marsch nach Norden bereit. Mit etwas Glück holen wir den Leichenzug irgendwo in der Nähe von Tarsos ein.»

«Damaskos!», rief Perdikkas aus, fassungslos über die Antwort seines Bruders. Er ging eben von Bord der Triere, die ihn und Seleukos rasch die Küste hinauf nach Tarsos gebracht hatte, dem Haupttrupp der Armee voraus. «Wer hat Arrhidaios gesagt, er solle den Leichenwagen nach Damaskos bringen? Das ist die völlig falsche Richtung.»

Alketas schaute ratlos drein. Sein Blick huschte zwischen den Schiffen umher, die im Flusshafen lagen, als könne er in einem von ihnen Inspiration finden. «Ich weiß es nicht. Ich nahm an, die Anweisung käme von dir.»

Perdikkas packte seinen Bruder am Kragen. «Du nahmst an! Weshalb solltest du annehmen, ich hätte Arrhidaios angewiesen, den Leichenzug nach Süden zu führen, wenn wir doch alle wissen, dass er nach Norden muss, heim nach Makedonien? Habe ich dir nicht sogar ausdrücklich aufgetragen, in Tarsos auf ihn zu warten? Also warum hast du nicht Soldaten entsandt, als du hörtest, dass er nach Süden zieht, um herauszufinden, was da im Gange war, verdammt?»

Alketas packte Perdikkas' Handgelenk fest und löste den Griff seines Bruders. «Weil du nicht mit mir redest, Bruder – du erteilst mir immer nur Befehle, Befehle, Befehle. Und wenn ich nach Tarsos komme und erfahre, dass der Leichenzug nach jüngsten Berichten durch Damaskos gekommen ist, dann denke ich eben, du hast es dir wieder einmal anders überlegt, ohne mir etwas davon zu sagen. Also halte ich mich an die letzten Befehle, die du mir erteilt hast, mobilisiere die Armee und stelle sicher, dass Eumenes, Kleitos und Neoptolemos den Hellespont bewachen. All das ist geschehen, aber höre ich von dir einen Dank? Nein, ich höre nichts als Gejammer darüber, dass der Leichenzug nach Damaskos gegangen ist.»

«*Durch* Damaskos», warf Seleukos ein. «Das hast du doch eben gesagt, nicht wahr? Du hast bei deiner Ankunft hier erfahren, ‹dass der Leichenzug nach jüngsten Berichten durch Damaskos gekommen ist›. Das bedeutet, er zieht noch weiter nach Süden.»

Perdikkas griff Seleukos' Gedankengang auf. «Wie lange ist es her, dass du diese Information erhalten hast, Alketas?»

«Es war am Tag meiner Ankunft hier, also vor acht Tagen.»

«Dann könnte er jetzt bereits in Hierosolyma sein, und dann ...» Seleukos sprach den Satz nicht zu Ende.

Perdikkas wandte sich langsam Seleukos zu, und sein Gesicht wurde bleich. «Denkst du, was ich denke?»

Seleukos nickte.

Die Erkenntnis traf Perdikkas wie ein Schlag in die Magengrube. «Ptolemaios! Der Hurensohn, das kann er doch nicht wirklich getan haben.»

«Es hat ganz den Anschein. Wohin sonst könnte der Leichenzug unterwegs sein?»

«Aber wie hat er das bewerkstelligt?»

Seleukos schaute Perdikkas überrascht an. «Glaubst du vielleicht, Arrhidaios hat es gefallen, wie du ihn behandelt hast? Du hast ihm die Schuld daran gegeben, dass er den Leichenwagen in einem Saal gebaut hat, durch dessen Türen die fertige Konstruktion nicht hindurchpasste – meinst du, das hat ihm nichts ausgemacht? Und so schroff, wie du immer mit ihm umgesprungen bist – denkst du etwa, er hätte sich einfach gesagt: ‹Ach ja, so ist er eben, der gute alte Perdikkas›? Wenn dann ein Mittelsmann mit einem Angebot an ihn herangetreten ist, Alexanders Leichenwagen zu entführen, glaubst du wohl, Arrhidaios hätte das Ansinnen rundheraus abgelehnt? Oder gefiel ihm die Vorstellung vielleicht sogar ganz gut, weil er dich so von Herzen leid war?»

Perdikkas schaute abwechselnd Seleukos und Alketas voller Entsetzen an. «Wollt ihr beide etwa sagen, ich sei schuld?»

Seleukos schüttelte den Kopf und lächelte bitter. «Es geht hier nicht um Schuldzuweisungen, sondern darum, den Tatsachen ins Auge zu blicken. Die Frage ist jetzt nicht, warum es so gekommen ist, sondern was du deswegen unternehmen wirst.»

Perdikkas griff sich mit beiden Händen an den Kopf, als litte er heftige Schmerzen. *Wenn ich Alexanders Leichnam nicht habe, kann ich nicht nach Europa übersetzen, ohne dass es wie eine Invasion aussieht. Alles steht und fällt damit, dass ich ihn und Kleopatra mitbringe. Ich werde abermals an sie schreiben und sie bitten, es sich noch einmal zu überlegen, und ich werde Eumenes auftragen, sie erneut aufzusuchen und sich für mich einzusetzen. Neoptolemos und Kleitos müssen gemeinsam den Hellespont besetzt halten.* «Diese Sache muss geheim bleiben. Kein Wort zu irgendwem, verstanden?»

Seleukos nickte. «Selbstverständlich. Es würde unsere Position erheblich schwächen, wenn diese Kunde sich verbreitet.»

«Ganz genau. Wir müssen darauf vertrauen, dass unsere Truppen im Norden den Hellespont halten können, während wir die Armee nach Süden führen. Peithon und Peukestas können nachkommen. Zusammen werden wir den Leichenwagen zurückholen, und ehe wir dann nach Makedonien ziehen, werden wir Ptolemaios ein für alle Mal unschädlich machen.»

PTOLEMAIOS
DER BASTARD

Memphis war eine Stadt, die Ptolemaios nur in den Wintermonaten ertragen konnte. Ansonsten herrschte in der uralten Hauptstadt Ägyptens eine solche Gluthitze, dass sich seiner Meinung nach nur verrückte Hunde und Einheimische dort aufhalten sollten. Doch dieses Mal machte er eine Ausnahme, indem er seine bezaubernde neue Braut Eurydike und ihre reizende Cousine Berenike aus der kühlen Seeluft des noch im Bau befindlichen Alexandria in diesen Backofen am Scheitelpunkt des Nildeltas brachte. Er hatte auch Thais mitgenommen, denn ungeachtet der Wonnen mit seiner neuen Frau gab es gewisse Dinge, die nur Thais mit der Begeisterung tun konnte, welche für völlige Befriedigung erforderlich war, erst recht bei dieser Hitze. Doch er hatte die Reise aus einem guten Grund unternommen: In Kürze würde er etwas in Empfang nehmen, das ihm eine Legitimität verschaffen sollte, welche den anderen Männern seines Standes fehlte: Er würde den mumifizierten Leichnam Alexanders in seinen Gewahrsam nehmen.

Ptolemaios lächelte in sich hinein, während er der Heiligen Straße folgte, vom Herzen des Palastes vorbei an den farbenprächtig gestalteten Tempeln von Ptah und Amun mit den hohen, sitzenden Statuen der Götter davor zu der hohen Treppe, von der aus er seinen einstigen König begrüßen würde. Stolz wie ein Pfau mit seinem großen Helmbusch, dem purpurnen Mantel und den schönen Frauen im Gefolge, hatte Ptolemaios ein gutes Gefühl für sein neues Reich. Es war genau das Richtige für ihn, das hatte er schon immer gewusst. *Noch ein paar Jahre, dann könnte ich daran denken, mich selbst zum Pharao zu erklären. Wie gern ich Perdikkas' Gesicht sehen würde, wenn er davon hört – ich wette, es wäre noch sehenswerter als das Gesicht, das er gemacht hat, als er erfuhr, dass meine Kavallerie den Leichenzug in Damaskos abgefangen hat.*

Der Würde des Anlasses zum Trotz gestattete er sich ein leises Kichern darüber, wie leicht ihm das Ganze gelungen war. Arrhidaios hatte Wort gehalten – wobei sein, Ptolemaios', Gold eine nicht unerhebliche Rolle gespielt haben dürfte – und den Leichenwagen gen Süden nach Damaskos geführt, wo Ptolemaios' Soldaten sich der Prozession angeschlossen hatten. Unter der Eskorte war wiederum Gold verteilt worden, und dann hatten sie den Leichenzug durch die Stadt und weiter zum Hafen von Tyros geführt. Dank einer riesigen Bestechungszahlung an den Satrapen Nearchos lagen hier fünf Schiffe bereit, um den Leichenwagen, die Maultiere und alle, die in Ptolemaios' Dienst einzutreten wünschten, nach Ägypten zu bringen. Kein einziger Mann blieb zurück.

«Du klingst, als seist du recht zufrieden mit dir, mein Gemahl», bemerkte Eurydike, die rechts hinter ihm ging.

«Ich habe auch allen Grund dazu, Eurydike, auch wenn ich nicht annehme, dass der Gemahl deiner Schwester derselben Meinung wäre.»

«Welchen meinst du, Philas Gemahl oder Nikaias?»

Ptolemaios überlegte kurz. «Das ist eine gute Frage. Ich

meinte eigentlich Nikaias Mann, aber Krateros wäre vielleicht ebenfalls nicht einverstanden mit meinem Handeln, auch wenn Antipatros mich brieflich gebeten hat, ob ich so gütig sein könnte, an Perdikkas' Südgrenze für Ärgernis zu sorgen. Nun, ich kann wohl mit Fug und Recht sagen, dass ich meinen Schwiegervater stolz gemacht habe.»

Und nun werde ich mich selbst stolz machen, indem ich dies zu einer Angelegenheit von größter Bedeutung für das Land mache – erst eine Krise herbeiführen und sie dann bewältigen, so präsentiert man sich als Held, als derjenige, der von den entsetzlichen Göttern Ägyptens dazu bestimmt ist, über das Königreich zu herrschen. Sollte ich wirklich Philipps Bastard sein, so wäre er wohl ebenfalls stolz.

Unter tosendem Applaus zeigte sich Ptolemaios am oberen Ende der hohen Treppe über dem Exerzierplatz, den ein längst verstorbener Pharao einst angelegt hatte, damit seine Armee mit ihren Streitwagen darauf üben konnte. Der Platz war riesig und voll mit makedonischen Soldaten sowie ihren einheimischen Kameraden. Die Rekrutierung Letzterer war Teil von Alexanders Bemühungen gewesen, die Völkerschaften, über die er herrschte, zu einen. Ptolemaios hatte bei seiner Ankunft festgestellt, dass dieser Prozess schon weit vorangeschritten war, und er dankte Alexander täglich dafür, dass er Ägypten mit einer solch gewaltigen Armee ausgestattet hatte. Zwanzigtausend Mann sah er nun vor sich, doch das war nur ein Drittel der Streitmacht, die ihm zur Verfügung stand. Und nach allem, was er getan hatte, war er sicher, dass er sie schon bald würde einsetzen müssen.

Hinter den Soldaten stand das gemeine Volk Ägyptens, die Bauern und Kaufleute, welche die Felder bestellten und die Märkte belieferten. Heute waren sie in Festtagslaune hier versammelt, um den größten Herrscher ihrer Zeit zu empfangen, wenn er in ihr Land zurückkehrte. Und sie jubelten von ganzem Herzen dem Mann zu, der das möglich gemacht hatte, denn Alexanders Rückkehr war ein Wunder, von den Göttern selbst beschlossen: Ptolemaios hatte verlauten lassen, ihm sei göttliche Inspiration zuteilgeworden. Er hatte das Gerücht in Umlauf gesetzt, er habe in Babylon das Orakel von Bel-Marduk, der höchsten Gottheit der Stadt, gefragt, wo der König beigesetzt werden solle, und das Orakel habe geantwortet: «Es gibt in Ägypten eine Stadt namens Memphis. Dort soll er begraben werden.» Die Ägypter waren ein religiöses Volk und standen daher voll und ganz hinter dieser frommen Tat. In ihren Augen war es der Wille sämtlicher ägyptischer Götter, nicht nur der von Bel-Marduk. Ptolemaios hatte lediglich als frommer Diener der Götter agiert, und er hatte die Rolle weidlich ausgenutzt. Nun, da die Tore zum Komplex geöffnet wurden und Alexanders prächtiger Leichenwagen erschien, machte er sich bereit, die nächste Szene mit Hingabe zu spielen. An den Kais am Nilufer lagen die Schiffe, die seine Beute in nur drei Tagen von Tyros hergebracht hatten. Im Osten, in der Hitze flimmernd und von der Vormittagssonne beschienen, segelten Fischerboote flussauf und flussab über den Strom, der die Lebensader Ägyptens war.

Hörner wurden geblasen und Trommeln geschlagen. Die Soldaten bildeten eine Gasse, sodass die vierundsechzig Maultiere den Wagen mit der kostbaren Last geradewegs an den Fuß der hohen Treppe ziehen konnten, wo sich nun die Priester und Priesterinnen der verschiedenen Kulte in der Stadt drängten. Alle, Männer wie Frauen, trugen ihren prunkvollsten Ornat: hohe und flache Kopfbedeckungen, Gewänder unterschiedlichster Länge, manche gingen barfuß, andere mit prächtigem Schuhwerk, manche mit dicker Schminke im Gesicht und manche gänzlich ohne. Diese gemischte

Schar stimmte geeint die Hymne auf Alexander an, die eigens für diesen Tag komponiert worden war – einen langsamen, schwermütigen und überaus würdevollen Gesang, passend zur Trauer um den großen Mann, der nun in die Stadt zurückkehrte, welche er einst von der verhassten Herrschaft der Perser befreit hatte.

Je näher der Leichenwagen kam, umso trauervoller wurde der Gesang – die Reihen der Priester füllten sich, immer mehr Stimmen fielen ein, die der Frauen hoch und klagend, verstärkt durch die Masse junger Knaben zu beiden Seiten der hohen Treppe, während die tiefen Töne der Männer die Melodie trugen. Vielen in der Menge standen Tränen in den Augen, und jeder spürte einen Kloß im Hals.

Als der Leichenwagen die hohe Treppe fast erreicht hatte, trat Ptolemaios vor. Er nahm seinen Helm ab und begann hinabzusteigen, Alexander symbolisch entgegenzugehen, als habe dieser ihn gerufen, statt respektlos zu warten, bis Alexander zu ihm kam. Die Menge der Priesterschaft teilte sich, um Ptolemaios durchzulassen, der langsam Stufe um Stufe hinabstieg, feierlich, wie es der Anlass gebot. Gerade als er unten ankam, hielten die Maultiere an, sodass der Eingang des fahrenden Tempels sich am Fuß der Treppe befand. Ptolemaios stieg mit gesenktem Haupt hinauf in den Leichenwagen; der Gesang der Priester und Priesterinnen verstummte, und Stille legte sich über die riesige Menge.

Alle warteten, während Ptolemaios im Namen Ägyptens Zwiesprache mit Alexander hielt.

Drinnen brannte in jeder Ecke eine Kerze vor einem Bronzespiegel. Ihr Schein mischte sich mit dem Tageslicht, das durch das Goldgewebe zwischen den goldenen Säulen hereindrang, auf denen das Dach ruhte. Ptolemaios kniff ein paarmal die Augen zu und öffnete sie langsam wieder, um sich an das Dämmerlicht zu gewöhnen. Unwillkürlich schnappte er nach Luft und blickte sich andächtig staunend in dem über und über mit Gold verzierten Innenraum um. *Nun habe ich nicht nur Alexander, sondern dazu noch die Hälfte der Schätze Babylons.* Denn nicht nur das Äußere war mit einem Vermögen in Gold verziert – das Innere war ebenso kostbar und sogar noch prächtiger und kunstvoller, mit Edelsteinen in allen Farben besetzt. Den Sarkophag bewachten zwei goldene Löwen mit Klauen aus Elfenbein, Augen aus Rubinen und diamantenen Zähnen. Überall um ihn herum glänzte und funkelte es, und Ptolemaios vergaß beinahe, wozu er hergekommen war. Ein Schreck durchfuhr ihn, als er durch das trübe Glas des Sarkophags in Alexanders schlafendes Gesicht schaute. *Perdikkas hat seine Sache gut gemacht, das muss ich ihm lassen – er sieht wunderschön aus. Das hier wird Perdikkas ganz und gar nicht passen. Ich sollte unverzüglich mobilmachen – ich an seiner Stelle würde mich nicht damit aufhalten zu verhindern, dass Antipatros und Krateros nach Asien übersetzen. Ihm bleibt noch reichlich Zeit, sich ihrer anzunehmen, wenn er mit mir fertig ist.* Er betrachtete Alexanders lebensechtes Gesicht eingehender. *Du würdest so handeln, nicht wahr, alter Freund? Ein Blitzfeldzug und dann so schnell an die zweite Front wechseln, dass dein Feind kaum glauben kann, dass du es bist. Wie damals, als du die Thraker niedergeschlagen hattest und dann so kurz darauf vor den Toren Thebens standest, dass sie glaubten, es sei Antipatros, nicht du.* Ptolemaios lächelte bei der Erinnerung. Sacht streichelte er mit den Fingerspitzen das Glas über Alexanders Gesicht. *Warum bist du nur so jung gestorben und hast solches Chaos hinterlassen?*

Kopfschüttelnd kehrte er aus seinen tiefgründigen Betrachtungen in die Gegenwart zurück. Er veranstaltete dieses Theater zu einem ganz bestimmten Zweck, und nun war die

Zeit für seine Vorstellung gekommen. Er wandte sich ab, stieg aus dem Leichenwagen und erklomm in völliger Stille wieder die hohe Treppe. Gespannte Erwartung lag in der Luft.

«Alexander ist an den Ort gekommen, den er sich zur Ruhestätte erwählt hat, und findet ihn zu seiner Zufriedenheit», verkündete Perdikkas ohne Umschweife, als er oben ankam und sich schnell zur Menge herumdrehte. Auf dem Platz verteilt gaben Ausrufer seine Worte in griechischer und ägyptischer Sprache wieder. Hingerissener Beifall breitete sich durch die Menge aus wie ein Lauffeuer.

Mit erhobenen, ausgebreiteten Händen, als wolle er sie alle umarmen, feierte Ptolemaios mit seinen Untertanen die Rückkehr des Königs. Etliche Dutzend Herzschläge lang schrien sie ihre Freude hinaus, bis Ptolemaios fand, sie seien bereit für das, was er zu sagen hatte. So würdevoll wie möglich gebot er mit Gesten Ruhe und brachte die Menge bald unter Kontrolle.

«Wir haben den Willen der Götter und Alexanders getan, nicht mehr und nicht weniger», hob er an, als es still wurde. Mit einer raschen Handbewegung brachte er den Jubel, der sich bei dieser Feststellung erheben wollte, gleich wieder zum Verstummen. «Aber dadurch haben wir uns gewiss den Zorn sterblicher Menschen zugezogen, Menschen, die Ägypten nun übelwollen. Deshalb, meine Brüder, müssen wir handeln, um ihnen Einhalt zu gebieten. Wir müssen handeln, um Ägypten und Alexander zu retten; wir müssen seinen Leichnam hierbehalten, wie es der Wille der Götter ist. Wir müssen die Armee gen Norden führen und die Überquerung des Nilarms bei Pelusion verhindern – kurz, wir müssen verhindern, dass Feinde in unser geheiligtes Land Ägypten einmarschieren.»

Gewaltiger Beifall brandete auf, da die Menge sich von der Rhetorik ihres neuen Herrschers mitreißen ließ. Die Leute schrien ihre Zustimmung hinaus und winkten mit den Händen, und die Soldaten stießen ihre Schilde in die Luft.

«Religion und Vaterlandsliebe», sagte Ptolemaios zu seinen Frauen, die hinter ihm ebenfalls applaudierten. «Das ist schon zu besten Zeiten ein berauschendes Gebräu, aber mir scheint, dies war genau der rechte Moment, um es dem Volk einzuschenken.»

Er wandte sich wieder der Menge zu und nahm dankend ihren Jubel entgegen, aus dem sich langsam ein Sprechgesang herausbildete. «Soter! Soter!», schrien die Leute wieder und wieder, was Ptolemaios ein Lächeln entlockte.

«Sie nennen dich ihren Erlöser», sagte Thais, als das Wort deutlich zu verstehen war.

«So, sie glauben also, ich sei ihr Erlöser? Ptolemaios Soter, das gefällt mir. Ein Erlöser kann nichts Unrechtes tun – wenn ich Alexander aus diesem Glutofen hinauf nach Alexandria in sein Mausoleum bringe und die Stadt zu meiner Hauptstadt erkläre, werden sie sich meinem Willen widerspruchslos fügen.» Er richtete den Blick wieder auf die Menge, breitete die Arme aus und bemühte sich, so fromm dreinzuschauen, wie er es vermochte. *Aber zuerst gehen wir gegen Perdikkas vor.*

OLYMPIAS
DIE MUTTER

«Perdikkas ist noch immer der Weg zur Macht», verkündete Olympias.

«Dein Weg oder der meine, Mutter?», überlegte Kleopatra durchaus vernehmlich, während ihr eine edelsteinbesetzte Nadel in die Frisur gesteckt wurde und geschickte Finger die letzte Locke befestigten.

«Das habe ich gehört.»

«Gut, schließlich ist die Frage nicht unwichtig.»

«Natürlich bist du diejenige, die ihn heiraten wird.»

«Dann bin ich doch gewiss auch diejenige, die diese Entscheidung treffen sollte, nicht du.»

Dionysos, dieses Kind ist wirklich schwierig. «Ich gebe dir lediglich meinen Rat.»

«Voreingenommenen Rat, gegründet auf deinem Verlangen nach Rache an sämtlichen makedonischen Adelsgeschlechtern für all die empfundenen Kränkungen, die sie dir vielleicht irgendwann einmal zugefügt haben. Und nun bitte, Mutter, Eumenes wird bald eintreffen, und ich muss meine Gedanken ordnen.»

«Aber –»

«Kein Aber!», fuhr Kleopatra ihr über den Mund. Eben hielt ihre junge Sklavin ihr einen silbernen Spiegel vor, damit sie ihre Frisur überprüfen konnte. Sie betastete kurz beide Seiten ihres Kopfes, um sich zu vergewissern, dass die kunstvoll aufgetürmten Strähnen sicher festgesteckt waren, dann deutete sie ein Nicken an und hielt ihrer Sklavin die Handgelenke hin, um sich Parfüm auftragen zu lassen. «Ich muss wissen, inwiefern sich die Lage so sehr verändert hat, dass Eumenes schon wieder herkommt – es sind kaum zwei Monate vergangen, seit er zuletzt hier war, um sich für diesen Schwachkopf Perdikkas einzusetzen. Also sei praktisch und hilf mir, Mutter – hilf *mir*, nicht dir selbst, wenn du verstehst.»

«Uns.»

Kleopatra rieb ihre Handgelenke aneinander, dann roch sie daran. «Also schön, uns. Wenn du denn nur hilfst. Was ist geschehen, dass Perdikkas neuerdings so verzweifelt scheint? Was wissen wir?»

«Die Hure Kynane ist tot, und ihre Tochter ist mit dem Schwachsinnigen verheiratet. Jetzt hat Adea – oder Königin Eurydike, wie sie sich seither nennt – einen stärkeren Anspruch auf den Thron als Perdikkas, es sei denn, er wäre mit dir verheiratet. Sie ist eine echte Bedrohung für ihn.»

«Und deshalb muss sie sterben, sollte ich es mir anders überlegen.»

«Sie muss so oder so sterben, und glaube mir, ich werde darauf hinarbeiten.»

«Daran zweifle ich nicht.» Kleopatra stand auf, damit die Sklavinnen den Faltenwurf ihres Gewandes richten und die Perlen an ihrem Hals zurechtrücken konnten. «Was wissen wir sonst noch?»

«Antipatros und Krateros marschieren in Richtung Hellespont und sind wahrscheinlich bereits auf halbem Weg.

Sie haben sich von Lysimachos freies Geleit durch Thrakien gesichert – die Details der Vereinbarung sind geheim. Dieser Niemand Polyperchon ist stellvertretender Regent in Makedonien. Polyperchon! Wer ist er überhaupt?»

«Ja, ja, aber was sonst noch?»

Olympias schluckte ihren Zorn hinunter und schaute ratlos drein. «Ich weiß nicht. Antigonos ist wieder in Asien, und Asandros, der Satrap von Karien, hat sich auf seine Seite geschlagen. Menandros ist nach wie vor hier und bekundet seine Unterstützung für ein mögliches Bündnis gegen Perdikkas, aber er redet nur und unternimmt nichts. Perdikkas hat alle überrascht, indem er seine Streitmacht südwärts nach Damaskos geführt hat, und Peithon folgt ihm in kurzem Abstand. Das sind alle neuen Entwicklungen, von denen wir in jüngster Zeit erfahren haben.»

Kleopatra drehte sich ein wenig nach rechts und links und bewunderte den Schwung ihres Gewandes. «Glaube mir, Mutter, etwas ist vorgefallen. Etwas Bedeutsames, sonst wäre Perdikkas selbst gekommen, statt plötzlich nach Süden aufzubrechen und stellvertretend Eumenes herzuschicken, der doch eigentlich den Hellespont bewachen sollte.»

Sie hat recht, ich könnte allerdings nicht sagen, was es ist. Aber, ja, die Lage spitzt sich zu, und ich habe das Gefühl, dass es für mich an der Zeit ist, nach Epirus zurückzukehren. «Du siehst wahrhaftig aus wie eine Königin.»

«Danke, Mutter. Dann will ich mir einmal anhören, was Eumenes zu sagen hat, und anschließend entscheide ich, ob ich Perdikkas zum König mache.»

«Es ist die einzige Möglichkeit, einen Krieg abzuwenden», beharrte Eumenes. Er saß auf einem niedrigen Schemel und schaute zu Kleopatra auf, die den erhöhten Sitz des Satrapen innehatte. «Schau dich einmal im Reich um, Kleopatra, und du wirst sehen, dass die Welt ins Chaos stürzt. Eine griechische Rebellion draußen im Osten wurde nur mit Mühe eingedämmt; eine griechische Rebellion im Westen wurde einstweilen niedergeschlagen, doch der Groll schwelt weiter. Antipatros und Krateros marschieren nach Asien, mit Antigonos, Asandros und Menandros als Verbündeten und mit Lysimachos' heimlicher Unterstützung. Unsere Welt, wie wir sie kennen, wird in Krieg versinken, wenn wir nicht unverzüglich einen einzelnen starken Herrscher präsentieren. Dieser Herrscher könnte Perdikkas sein, wenn er mit dir an seiner Seite Alexanders Leichenzug nach Makedonien führt. Er könnte den Thron beanspruchen, und durch dich würde noch immer das Haus der Argeaden in Makedonien herrschen.»

«Aber wäre er stark genug, den Thron zu halten?», fragte Kleopatra.

«Antipatros wird seine Autorität akzeptieren müssen, trotz der Kränkung, die Perdikkas ihm törichterweise in der Angelegenheit mit Nikaia zugefügt hat.»

Nein, das muss er nicht, dachte Olympias, die hinter dem Sitz ihrer Tochter stand. «Einmal angenommen, er tut es und Perdikkas besteigt den Thron – was wird dann aus Philipp dem Schwachsinnigen und meinem Enkel Alexander?»

Eumenes dachte kurz über die Frage nach. «Ich kann nicht leugnen, dass die Situation heikel ist. Perdikkas ist durchaus bewusst, welche Woge starker Gefühle das Reich überrollt hat, als diese furchtbare Sache mit Kynane geschah. Aber ich will ehrlich sein: Für Philipp gibt es keinen Platz in diesem Szenario. Glücklicherweise hat Roxane bereits einen Anschlag auf sein Leben verübt, den Perdikkas vertuscht hat. Sollte Perdikkas König werden, dann wird der unselige Philipp tatsächlich den Gifttränken dieser asiatischen Hure zum Opfer fallen und seine kürzlich angetraute junge Frau ebenfalls. Roxane wird den Preis dafür zahlen, und dein Enkel bleibt als Waise zurück. Wer wäre besser geeignet, ihn zu adoptieren, als seine Tante und ihr Mann – so gewinnen der König und die Königin einen Erben, der zugleich Alexanders Sohn ist. Ich denke, alle werden das als die stabilste Lösung ansehen.»

«Was, wenn ich selbst ein Kind bekommen will?», fragte Kleopatra. «Und was, wenn dieses Kind ein Junge wird? Vielleicht sähe Perdikkas lieber einen Erben aus seiner eigenen Linie.»

Eumenes machte eine hilflose Geste. «Was so weit in der Zukunft geschieht, liegt nicht in unserer Hand. Wir müssen uns um die Gegenwart Gedanken machen, darum, wie wir jetzt den Fortbestand der Argeadendynastie sichern.» Er hielt inne und betrachtete die beiden Frauen mit tiefernster Miene. «Schon mein ganzes Erwachsenenleben diene ich eurer Familie: zuerst Philipp, der mich in eine einflussreiche Position erhob – obwohl ich kein Makedone bin –, dann Alexander. Meine Treue gilt einzig und allein dem Königshaus der Argeaden. Nichts und niemand wird das je ändern. Ich werde bis zum letzten Atemzug kämpfen, um das Überleben der Dynastie zu sichern. In diesem Vorgehen sehe ich eine Möglichkeit zu einer friedlichen Lösung, einer, durch welche der Fortbestand der Linie sichergestellt wird, ohne dass viel Blut fließt – nur das eines Schwachsinnigen, einer Wildkatze und eines zänkischen Weibes. Was ist das schon im Vergleich zum Tod Tausender Männer und einem ungewissen Ausgang, bei dem eure Dynastie womöglich sogar vollständig ausgelöscht würde? Manchmal denke ich, als Außenstehender – als Grieche gar, als listiger kleiner Grieche – sehe ich klarer, was zu tun ist: Überwinde die Kränkung, die er dir zugefügt hat, indem er Nikaia zur Frau nahm, und heirate Perdikkas, Kleopatra. Bringt Alexander nach Makedonien, bestattet ihn dort und beansprucht dann gemeinsam den Thron. Denkt darüber nach, meine Damen. Ich habe um Perdikkas' willen gesagt, was zu sagen war, und habe nichts mehr hinzuzufügen als dies.» Er hob eine kleine Schatulle aus Walnussholz auf, die er zu seinen Füßen abgestellt hatte, und öffnete den Deckel. «Ich habe hier Alexanders Diadem, und ich werde es dir geben, damit du es Perdikkas zur Hochzeit schenkst, sofern du beschließt, ihn zum Manne zu nehmen.»

Olympias' Augen funkelten machtlüstern beim Anblick dieses Symbols der Herrschaft. Kleopatra nickte langsam, als sie erkannte, was Eumenes ihr da offerierte.

Schweigend dachten die beiden Frauen über Eumenes' Argumentation nach.

Olympias warf einen Seitenblick auf ihre Tochter. *Er hat sie mit seinen Worten erreicht – der kleine Grieche kann sehr überzeugend sein. Meine Tochter die Königin, mein Enkel der unanfechtbare Erbe, und ein Schwachsinniger, eine asiatische Hure und ein zänkisches Weib wären aus dem Weg – sehr hübsch. Eumenes, mehr hätte ich mir nicht wünschen können. Also wo ist der Haken?*

Kleopatra wandte sich an Olympias. «Wenn ich es tue, Mutter, dann versprich mir, unverzüglich nach Epirus zu gehen und dafür zu sorgen, dass Aiakides' Armee die Westgrenze Makedoniens bedroht, um Polyperchon dorthin zu locken. So kann Antipatros nicht auf Verstärkung hoffen und nirgendwohin fliehen. Das dürfte ihm die Entscheidung erleichtern, sich uns zu unterwerfen.»

«Genau das hatte ich vor, ganz unabhängig davon, ob du Perdikkas heiratest.»

«Auf deine Einmischung ist doch stets Verlass.» Kleopatra erhob sich, stieg zu Eumenes hinunter und streckte ihm beide Hände entgegen. «Also gut, Eumenes, ich werde es tun, jedoch unter folgenden Bedingungen: Erstens muss Nikaia seine Frau bleiben, damit es keinen Grund zur Rache seitens Antipatros' oder Kassandros' gibt, und sie müssen einwilligen, Iolaos als Pfand für ihr Wohlverhalten auszuliefern.»

Eumenes neigte den Kopf. «Einverstanden.»

«Zweitens: Ich bin bei sämtlichen Verhandlungen mit Antipatros zugegen – ich denke, durch weiblichen Einfluss werden sie freundlicher verlaufen.»

«Ebenfalls einverstanden.»

«Und schließlich: Wir müssen den Plan so bald wie möglich umsetzen, ehe es zu Blutvergießen kommt und der Punkt überschritten wird, von dem es kein Zurück mehr gibt. Deshalb schlage ich vor, dass Perdikkas unverzüglich nach Sardis kommt und Alexanders Leichenwagen mitbringt. Was immer er in Damaskos treiben mag, ist nicht von Belang für die wichtige Aufgabe, den Frieden im Norden zu sichern.»

Eumenes' Griff um ihre Hände wurde schwächer. «Das wird möglicherweise nicht so leicht sein. Perdikkas könnte wohl kommen, allerdings ...» Er senkte den Blick in sichtlichem Unbehagen.

Sie verbergen etwas.

Kleopatra runzelte die Stirn. «Perdikkas könnte kommen, aber nicht mit Alexanders Leichenwagen – ist es das, was du meinst?»

«Ja, aber mir wurde versichert, dass es sich nur um eine vorübergehende Situation handelt.»

In diesem Moment begriff Olympias. *Ptolemaios.* «Ptolemaios! Ptolemaios hat ihn entführt.» Sie wusste, dass es sich so verhielt. *Ich an seiner Stelle hätte so gehandelt.*

Kleopatra ließ Eumenes' Hände los, als seien sie plötzlich glühend heiß. «Ist das wahr?»

«Ihr wusstet nichts davon?»

«Wir wussten, dass etwas nicht stimmte, aber ich hätte nie gedacht, dass die Lage so katastrophal ist. Wenn Ptolemaios Alexander hat, dann wird Perdikkas ihn nie zurückbekommen. Und ohne seinen Leichnam sind wir nur eine unter mehreren Parteien, die Anspruch auf den Thron erheben, nicht rechtmäßiger als die anderen zwei. Damit ist die Vereinbarung geplatzt.»

EUMENES
DER LISTIGE

Sie wussten es nicht. Götter! Wie konnte ich nur so dumm sein? Aber nun ist es geschehen, und wahrscheinlich ist es besser so. Die Tatsache, dass ein Leichenwagen fehlt, kann man nicht verbergen, nicht einmal vor Peithon. «Vielleicht bekommt er ihn doch noch zurück.» *Und vielleicht wachse ich noch, bis ich so groß wie Seleukos bin.*

«Eumenes», sagte Kleopatra mit bedauerndem Lächeln, «Perdikkas hat ungefähr alles falsch gemacht, seit er Alexanders Ring empfing – weshalb meinst du, es werde ihm gelingen, Ptolemaios zu überlisten?»

Dieser verdammte Ptolemaios. Andererseits muss man ihn schon bewundern, es war ein kühner Zug. Ich wette, dass Arrhidaios beteiligt war, und ich kann es ihm nicht einmal verübeln. «Wärest du wenigstens bereit, es dir noch einmal zu überlegen, falls es ihm doch gelingen sollte?»

«Das wäre sinnlos, denn bis dahin hätte der Krieg schon begonnen. Ptolemaios dürfte mit dem Leichenwagen mittlerweile in Ägypten sein – er wird den Seeweg genommen haben, schließlich ist es für ihn nicht von Bedeutung, langsam über Land zu ziehen, damit alle die Prozession sehen. Um ihn zurückzuholen, muss Perdikkas somit in Ägypten einmarschieren. Du siehst also, es ist zu spät: Unsere Welt wird in Krieg versinken, Makedonen gegen Makedonen. Es ist unausweichlich.»

Eumenes musste sich eingestehen, dass das die Wahrheit war. Die Erkenntnis verschlug ihm den Atem. *Götter, sie hat recht.* «Und was wirst du jetzt tun?»

«Ich? Ich bleibe hier und warte ab, wer am Ende der Sieger ist, um denjenigen dann zu heiraten.»

Eumenes lächelte düster. «Etwas sagt mir, dass du vielleicht lange wirst warten müssen.»

«Das denke ich auch. Aber es tut mir leid für dich, Eumenes, denn ich weiß, wie sehr du dich bemüht hast, und ich weiß, du hast das Herz am rechten Fleck, und deine Ehre bleibt unbeschadet.» Sie ergriff noch einmal seine Hände, zog ihn zu sich heran und küsste ihn auf die Wange. «Sieh zu, dass du überlebst.»

«Herrin! Herrin!» Eine dralle Frau mittleren Alters drängte sich an dem Wachposten vorbei durch die Tür.

«Ich hoffe, du hast einen guten Grund, hier so unhöflich hereinzuplatzen, Thetima.»

«Antigonos ist soeben mit einer bewaffneten Eskorte gewaltsam durch das Nordtor eingedrungen und verlangt, man solle ihm Eumenes ausliefern.»

Eumenes runzelte die Stirn. Schwache Rufe hallten durch den Palast. «Niemand weiß, dass ich hier bin, darauf habe ich größten Wert gelegt.»

«Menandros!», sagte Kleopatra. «Er hat überall in Sardis seine Spione. Verschwinde durch den Hinterausgang und dann durch das Westtor, Thetima wird dir den Weg zeigen.»

«Was wird aus meinen Männern? Sie warten draußen vor dem Palast.»

«Für sie ist es zu spät. Ich werde sie retten, wenn ich kann, aber ich nehme an, sie werden die ersten Opfer dieses Krieges. Mutter, geh mit ihm. Wenn Antigonos dich hier antrifft, wird er vielleicht versuchen, Antipatros' Gunst zu erlangen, indem er dich zu ihm bringt. Gehe nach Ephesos und kehre von dort mit unserem Schiff heim, dort kannst du dich jetzt am nützlichsten machen. Eumenes kannst du auf dem Weg bei Kleitos und seiner Flotte im Hellespont absetzen.»

Olympias küsste ihre Tochter.

«Geh einfach, Mutter.»

«Vielleicht sehen wir uns nie wieder.»

«Ich weiß, aber wenn du bleibst und Antigonos in die Hände fällst, dann sehen wir uns erst recht nicht wieder.»

Nach einem weiteren Kuss wandte Olympias sich ab und folgte Thetima nach draußen. Eumenes nickte Kleopatra zu und wünschte, sie wäre als Mann geboren. Dann rannte er den beiden nach, dass seine Schritte von den Wänden widerhallten.

Mit dröhnenden Hufschlägen ritten Eumenes und Olympias im Galopp den Hang hinunter zum Hafen von Ephesos. Olympias, die reiten konnte wie ein Mann, hatte die Führung übernommen. Ihre weißen Röcke waren fleckig vom Schweiß des Pferdes, ihr Haar hing lose und wirr nach dem zweitägigen Ritt von Sardis.

Mit widerwilligem Respekt beobachtete Eumenes, wie sie die Wachen einschüchterte, bis diese sie und ihren «Sklaven» durch das Tor in die uralte Stadt ließen. Die Pferde mussten zurückbleiben. Die beiden bahnten sich einen Weg durch die belebten Straßen zur Agora, vorbei an der großen Bibliothek mit der strahlend weiß getünchten, monolithischen Front und weiter zum Hafen.

«Aufs Meer hinaus, sofort!», rief Olympias, während sie und Eumenes über die Laufplanke auf das Schiff rannten, das Mutter und Tochter im vorigen Jahr von Makedonien hergebracht hatte. Weiterer Anweisungen bedurfte es nicht – die Dringlichkeit in ihrer Stimme und der knappe Befehl genügten, schon bellte der Trierarchos seine Mannschaft in fließendem Nautisch an, und die Männer eilten auf ihre Positionen.

Ruderer hasteten zu ihren Bänken, Matrosen hissten Segel, Leinen wurden geworfen und Ruder ausgefahren. Als das schnittige Schiff ablegte und durch die Hafenmündung glitt, stürmte ein Dutzend Reiter unter donnernden Hufschlägen auf den Kai, wo es noch ein paar hundert Herzschläge zuvor gelegen hatte.

«Wir haben es mit knapper Not geschafft», sagte Eumenes, dann wurde ihm bewusst, wie überflüssig diese Bemerkung war.

«Weil ich das Schiff ständig in Bereitschaft halte. Man kann nie wissen, ob man nicht einmal plötzlich verschwinden muss.» Olympias machte eine obszöne Geste in Richtung ihrer abgehängten Verfolger, die auf dem Kai durcheinanderritten, riefen und auf das sich entfernende Schiff zeigten. «Sie werden eine Weile brauchen, bis ein Schiff für sie bereit ist. Das verschafft uns einen Vorsprung von wenigstens zwei Stunden. Wir halten uns in südlicher Richtung, dann können wir sie zwischen den Inseln endgültig abhängen, ehe wir einen nördlichen Kurs einschlagen.»

«Was meinst du, wird Kleopatra zurechtkommen?»

«Mache dir ihretwegen keine Sorgen – niemand würde es wagen, Alexanders Schwester etwas anzutun.»

«Und doch hat seine Mutter die Flucht ergriffen?»

Olympias spuckte über die Reling. «Die Hurensöhne würden sich nicht erkühnen, mich zu töten, dazu haben sie nicht die Eier, aber sie würden mich einkerkern, wenn sie die Gelegenheit bekämen. Mich irgendwohin bringen, wo ich den Lauf der Dinge nicht mehr beeinflussen könnte – das wäre für mich schlimmer als der Tod.»

«Und nun planst du, Polyperchon in Makedonien das Leben schwer zu machen – damit stehen wir auf derselben Seite, auch wenn es kein formelles Bündnis durch Heirat gibt.»

Olympias musterte den Griechen ein paar Augenblicke lang. «Weißt du was, Eumenes, ich glaube dir. Ich sehe keine Arglist in deinen Augen – du kämpfst wirklich für meine Familie. Damit stehen wir in der Tat auf derselben Seite, und zum ersten Mal in meinem Leben bin ich ehrlich froh, einen Verbündeten zu haben, dem ich trauen kann, ohne ihn bestechen oder erpressen zu müssen. Allerdings weiß ich nicht, inwiefern wir uns gegenseitig unterstützen können, da du im Osten sein wirst und ich im Westen.»

Eumenes lächelte. Er war selbst überrascht, welche Zuneigung er zu dieser Frau empfand, der ein furchteinflößender Ruf als Zauberin und Giftmischerin vorauseilte. «Vielleicht werden wir nichts füreinander tun können, vielleicht aber auch eine ganze Menge – wir beide können die Wechselfälle dieses Krieges nicht vorhersehen. Aber eines verspreche ich dir, Olympias: Ich werde alles tun, was in meiner Macht steht, damit deiner Tochter und deinem Enkel im Osten nichts zustößt.»

«Ich weiß, aber zuerst müssen wir dich zurück zum Hellespont bringen.»

Sigeion an der Einfahrt zum Hellespont gehörte zu Kleinphrygien und unterstand somit offiziell Krateros. Doch er war mit seiner Armee noch nicht wieder nach Asien herübergekommen, deshalb hegte Eumenes keine Befürchtungen, als er am

Mittag des dritten Tages nach ihrem Aufbruch von Ephesos mit einem Ruderboot an Land gesetzt wurde. In einen Reisemantel mit Kapuze gehüllt, eingelullt von den rhythmischen Ruderschlägen, sah er die Stadt näher kommen. Zum ersten Mal seit vielen Monaten fühlte er sich entspannt. Nun, da er sich mit der Unabwendbarkeit eines Krieges abgefunden hatte, war der Druck von ihm abgefallen, ihn verhindern zu müssen. Ihm blieb nichts weiter zu tun, als diesen Krieg mit allen Mitteln zu führen und sicherzustellen, dass die Unterstützer des Königs ihn gewannen. *Aber mit welcher Armee – das ist das Problem. Ich habe meine kappadokische Kavallerie, etwas über dreitausend griechische Söldner, davon die Hälfte Peltasten, die andere Hälfte Hopliten, etwas thrakische Kavallerie und Infanterie sowie eine ansehnliche Zahl kretischer Bogenschützen. Sonst habe ich kaum etwas, abgesehen von den persischen Freiwilligen, die sich bereiterklärt haben, unter mir zu dienen – nur noch eine Truhe voller Geld, das ich mir von Leonnatos ausgeborgt habe. Ich brauche makedonische Infanterie, aber woher nehmen? Neoptolemos wird mir wohl kaum welche abtreten – wahrscheinlich wird er nicht einmal meine Autorität anerkennen. Und doch müssen wir mit vereinten Kräften verhindern, dass Antipatros über den Hellespont gelangt.* Er ließ die Finger durchs Wasser gleiten, während er sich die Situation vor Augen führte. Allmählich erhellte sich seine Miene, da er erkannte, welchen Weg er einschlagen musste. *Natürlich: Neoptolemos ist das Problem. Kein Neoptolemos, kein Problem.*

Und so stand Eumenes' Entschluss fest, als er von dem Boot an Land sprang. Er warf noch einen Blick zurück zu Olympias' Schiff, das fünfhundert Schritt vor der Küste lag, dann machte er sich auf, den Kommandeur der Garnison griechischer Söldner in der Stadt zu finden, um ihn davon in Kenntnis zu setzen, wer er war.

Als Eumenes der ersten Patrouille begegnete, wurde ihm klar, dass etwas nicht stimmte: Die Männer waren keine Söldner, sondern reguläre makedonische Soldaten. Er, Eumenes, hatte keine, und die von Neoptolemos waren in Abydos weiter oben an der Küste. Seine bösen Ahnungen verstärkten sich, als er eine zweite Patrouille sichtete. Eumenes zog die Kapuze seines Mantels wieder über, und statt das Hauptquartier der Garnison aufzusuchen, begab er sich auf den Tiermarkt, wo er für viel Geld ein Pferd und Zaumzeug erwarb.

Die Sonne neigte sich bereits hinter ihm gen Westen, als er einen Hang hinaufritt und einen hohen Aussichtspunkt sechs Parasangen von Sigeion entfernt erreichte. Von dort hatte er weiten Ausblick über Abydos und den Hellespont fast bis zu der Stelle, wo dieser in die Propontis mündete. Die Meerenge war voller Schiffe, alle segelten von Norden nach Süden, und alle waren voll besetzt mit Männern. Entlang dem asiatischen Ufer war eine Zeltstadt entstanden: genug, um eine Armee unterzubringen.

Er brauchte einige Augenblicke, um den Eindruck zu verarbeiten. *Kleitos, du elender Verräter, du bist mit der Flotte zu Antipatros übergelaufen.*

ANTIPATROS
DER REGENT

«Es dauert höchstens noch zwei Tage, Herr», teilte Kleitos Antipatros mit. Sie beide und Krateros sahen zu, wie die Flotte, den Nordwind in den vollen Segeln, von Europa nach Asien hinüberfuhr. In ihrer gewaltigen Zahl boten die Schiffe ein majestätisches Bild. «Ich brauche noch vier Überfahrten für die Armee und dann ungefähr drei weitere für das Gepäck.»

Warum ist es immer das Gepäck – mein Leben lang behindert mich Gepäck. Könnte nicht wenigstens mein letzter Feldzug frei von Gepäck sein? Doch Antipatros wusste, dass das nicht möglich war – es wäre, als wünschte man sich eine Frau, die keine eigene Meinung hätte. «Gut, Kleitos», sagte er mit einem tiefen Seufzer und bemühte sich, den Dreizack des Mannes zu übersehen. «Ich schulde dir Dank dafür, dass du dich in meinen Dienst gestellt hast – deine Flotte trägt wesentlich dazu bei, meine Sache voranzubringen.»

«Unsere Sache», erinnerte Krateros ihn.

«Wie? Ach ja, unsere Sache, Kleitos. Gut gemacht.»

«Es war eigentlich gar keine Frage. Als Perdikkas mir schrieb, ich müsse die Autorität eines Griechen anerkennen, war mein Entschluss gefasst. Er hat das Gleiche auch an Neoptolemos geschrieben, und du kannst dir wohl vorstellen, was dieser molossische Mistkerl davon hielt.»

Das konnte Antipatros in der Tat, auch wenn er den Mann seit mehr als zwölf Jahren nicht gesehen hatte. Er kannte ihn nur als einen Jüngling, dem die Rüstung etwas zu groß war. Er wandte sich an Krateros. «Wie ist er denn so, dieser Neoptolemos?»

«Wie die meisten Angehörigen des molossischen Königshauses bildet er sich mehr ein, als ihm zusteht. Denke dir eine jüngere, männliche Version von Olympias, nur ohne den scharfen Verstand, dann hast du eine ganz gute Vorstellung von ihm.»

«Wirklich, so schlimm? Nun, ich glaube, ich sollte an Neoptolemos schreiben und ihm die Gelegenheit bieten, etwas von dem Ruhm zu erringen, von dem er so offensichtlich glaubt, er stünde ihm zu.»

«Und gib Eumenes noch eine Chance überzulaufen», riet Krateros. «Wir wollen doch sehen, ob wir diese Sache nicht ohne allzu viel Blutvergießen regeln können.»

Du hast für Perdikkas' Sache getan, was die Ehre gebietet, doch nun ist der Punkt erreicht, da wir alle entscheiden müssen, was in dieser Angelegenheit richtig ist und was falsch. Perdikkas versucht, den Thron für sich zu beanspruchen und sich über uns alle zu erheben. Wirst du kämpfen, um ihn bei der Erreichung dieses Ziels zu unterstützen, oder schließt du dich uns an, um den Möchtegern-Tyrannen zu schlagen und die Rechte der beiden Könige abzusichern? Überlege es dir gut, denn viele Menschenleben stehen auf dem Spiel. Solltest du dich entscheiden, dich mir anzuschließen, dann ist dir die Strafe für alle früheren Missetaten erlassen, dein Rang wird respektiert und du erhältst die Chance auf Ruhm.

Antipatros ließ den Brief sinken, die Stirn nachdenklich gefurcht. *Ich denke, ich kann wohl rechtmäßig den Anspruch erheben, für die Rechte des Kleinkinds und des Schwachsinnigen zu kämpfen, auch wenn mir offen gestanden nicht klar ist, welchen Nutzen diese beiden dem Reich bringen könnten – es wäre besser, es einfach aufzuteilen und fertig. Götter, ich bin zu alt für das alles.* Er reichte das Schriftstück seinem Sekretär. «Fertige zwei Kopien an, eine geht an Neoptolemos, die andere an Eumenes. Bringe sie mir zum Unterzeichnen, sobald sie fertig sind. Ich will, dass die beiden sie gelesen haben, ehe unsere Armeen auf Sichtweite aneinander herankommen.»

Nachdem der Sekretär gegangen war, um sich ans Werk zu machen, wandte Antipatros sich dem Neuankömmling in seinem Lager zu und schenkte ihm etwas zu trinken ein. «Nun, Antigonos, alter Freund – der listige kleine Grieche ist also uns beiden entwischt.»

Antigonos nahm den gefüllten Becher. «Es scheint so. Man muss den kleinen Hurensohn einfach bewundern: Ich weiß wirklich nicht, wie er es von Sigeion an all deinen Jungs vorbei und den ganzen Weg bis zurück zu seiner Armee – oder was sich so nennt – in Parion geschafft hat.»

«Wie auch immer, jedenfalls ist er jetzt dort, und meine Kundschafter berichten, Neoptolemos habe sich in seine Richtung zurückgezogen.» Er kicherte atemlos. «Oder vielleicht ist er auch gegen ihn vorgerückt, wenn mein Brief seine Wirkung tut. Das sollte Eumenes zu denken geben.» Er hob seinen Becher zu einem Trinkspruch. «Auf dass Neoptolemos und Eumenes zur Vernunft kommen.»

Mit tiefem Bedauern empfing Antipatros Eumenes' Weigerung, sich von Perdikkas' Sache abzuwenden.

«Der listige kleine Hurensohn hat sich sogar als Vermittler

zwischen Perdikkas und mir angeboten», sagte Krateros nach der Lektüre des Briefes, den er selbst von Eumenes erhalten hatte. «Mir scheint, seine Strategie ist ‹Teile und herrsche›. Nun, bei mir wird er damit nichts erreichen.»

Antipatros warf sein Antwortschreiben von sich. «Wir sollten mit diesem Nebenschauplatz abschließen, damit wir uns auf das eigentliche Problem konzentrieren können: Perdikkas. Lasse die Männer antreten und mache alles zum Vormarsch bereit.»

Selbst nach sechzig Jahren im Feld empfand Antipatros beim Anblick einer zur Schlacht gerüsteten Armee noch immer Erregung: Seine Formation stand geschlossen auf fast einer halben Parasange Breite, mit zwei Linien makedonischer Lanzenkämpfer, je sechzehn Reihen tief, und auf den Flügeln Kavallerie in dichten Blöcken, unterstützt von Peltasten. Es war eine gewaltige Streitmacht, die mit dem schweren Marschtritt von vierzigtausend Paar Füßen Staubwolken aufwirbelte.

Wie Wellen überzog sie das sanfte Hügelland, die Front stets gerade, während die Fläche sich den Konturen des Geländes anpasste.

«Da sind sie», sagte Antipatros, der seine Augen gegen die grelle Sonne abschirmte. «Weniger als eine Parasange entfernt, würde ich sagen.»

«Und sie rücken vor», stellte Krateros fest. «Soll das hier wirklich sein? Phalanx gegen Phalanx? Neoptolemos stellt sich uns mit seiner Infanterie entgegen, während Eumenes sich zurückhält, feiger kleiner Grieche, der er ist.»

«Vielleicht wartet er nur ab, ehe er entscheidet, auf welchen Flügel er seine kappadokischen Reiter am besten schickt – ich habe gerüchteweise gehört, sie seien gut.»

«Mit einer so großen Phalanx wie der unseren können sie

es nicht aufnehmen. Ich frage mich, ob die Jungs ihre Lanzen vielleicht noch im letzten Moment aufrichten und sich einfach gegen ihre Schilde stemmen, um den Gegner zurückzudrängen, oder ob sie es wirklich über sich bringen, ehemalige Kameraden zu töten.»

Antipatros verzog das Gesicht. *Das ist genau die Frage, die mir Kopfzerbrechen bereitet: Wenn die Männer nicht kämpfen, wie können wir diese Auseinandersetzung dann beenden?* «Wenigstens ist Eumenes kein Makedone, und Neoptolemos ist Molosser, also könnte man immer noch argumentieren, dass es kein richtiger Bürgerkrieg ist. Das könnte helfen, unsere Jungs zum Kämpfen zu überreden. Und wenn Eumenes' und Neoptolemos' Jungs begreifen, dass es wirklich ernst wird, beschließen sie vielleicht sogar, zu uns überzulaufen, ehe überhaupt Blut fließt.»

Je näher die beiden Armeen sich kamen, umso deutlicher waren die einzelnen Männer in den Reihen auszumachen, und die Ähnlichkeit in der Kleidung war unverkennbar. Antipatros überblickte die Linie von Neoptolemos' Phalanx, die in jeder Hinsicht identisch mit seiner eigenen war. Dann hielten sie an, die Lanzen senkrecht, ein Wald aus Eschenholz. «Blase ‹Halt›!», befahl er und schaute auf den Signalgeber hinunter, der neben seinem Pferd marschierte. «Wir geben ihnen noch eine Chance, es sich zu überlegen, nun, da sie die Größe unserer Streitmacht im Vergleich zu ihrer gesehen haben.»

Hörner ertönten zu beiden Seiten entlang der Linie, Offiziere bellten ihre Befehle. Die riesige Truppe kam zum Stehen, und Stille senkte sich über das Feld, wo die Armeen einander auf tausend Schritt Abstand gegenüberstanden.

«Wir können nicht den ganzen Tag hier so stehen», bemerkte Krateros nach einer Weile. «Sie werden uns gewiss nicht angreifen, also ist es an uns.»

Antipatros hob eine Hand ans Ohr. «Horch!»

Zuerst war nichts zu hören, doch dann konnte Antipatros allmählich das Rumpeln und Quietschen zahlreicher Fuhrwerke und das Brüllen von Zugtieren ausmachen. «Dort!», rief er und zeigte auf den rechten Flügel von Neoptolemos' Phalanx. «Dort, es ist ihr Tross.» *Ich hätte wirklich nicht gedacht, dass ich mich einmal über den Anblick eines Gepäcktrosses freuen würde.*

Der Tross nahte im gemächlichen Tempo der brüllenden Ochsen, welche die Fuhrwerke mit der Habe von Neoptolemos' Armee zogen, einer Armee, die seit nunmehr über zehn Jahren im Feld war, einer Armee, die in Dutzenden Ländern geplündert und Beute gemacht hatte – einer fetten Armee mit einem Gepäcktross, der von diesem Umstand zeugte.

Als das letzte Fuhrwerk an Neoptolemos' Phalanx vorbei war, machte die Armee mit einem gewaltigen Krach kehrt, sodass sie ihrem vormaligen Verbündeten gegenüberstand. Ein einziges gellendes Trompetensignal ertönte.

«Nun, Krateros, ich denke, wir sollten uns zurückhalten und zuschauen, denn dies ist streng genommen keine makedonische Angelegenheit», sagte Antipatros mit deutlich hörbarer Erleichterung. «Das war der Befehl zum Vorrücken – mir scheint, unser neuer Freund Neoptolemos der Molosser wird uns einen Gefallen tun, indem er es mit Eumenes dem Griechen aufnimmt.»

EUMENES
DER LISTIGE

Erst Kleitos und nun dieser Dreckskerl Neoptolemos – ach, scheiß doch auf sie alle. Eumenes sah mit starrer, düsterer Miene zu, wie Neoptolemos seine Armee gegen ihn vorrücken ließ. Er schaute zu der riesigen Streitmacht, die Antipatros herüber nach Asien geführt hatte, und schnappte nach Luft. *Sie bewegen sich nicht! Sie bleiben einfach stehen und schauen zu, weil sie glauben, ich hätte gegen Neoptolemos keine Chance – die können alle was erleben, wenn sie denken, ich sei so leicht auszuschalten.* «Parmida!»

«Ja, Herr.» Der Befehlshaber der kappadokischen Kavallerie trieb sein Pferd vorwärts.

«Wir werden dieses arrogante Stück Scheiße schlagen.»

«Ja, Herr, aber wie?»

Eumenes' Miene verriet echte Belustigung. «Es ist doch ganz einfach: Wir haben nicht genug Infanterie, um gegen diese Phalanx anzukommen, also weichen wir in zügigem Tempo zurück. Du führst indessen deine Männer auf den rechten Flügel und achtest auf mein Zeichen.»

Eumenes blickte an der dünnen Linie seiner Söldner entlang, nur drei Reihen tief, bestehend aus Hopliten, die durch

Peltasten in der dritten Reihe verstärkt wurden. Die Formation war knapp so breit wie Neoptolemos' zehntausend Mann starke Phalanx, die hangabwärts gegen ihn vorrückte, doch es wäre völlig aussichtslos gewesen, die Stellung halten zu wollen. Eumenes ritt an der Front seiner Männer entlang und schwang sein Schwert durch die Luft. «Jungs, ihr braucht heute weder den Sieg zu erringen noch zu sterben. Ich verlange von euch nichts weiter, als euch geordnet zurückzuziehen, damit die Phalanx euch folgt. Lasst sie nicht an euch herankommen, denn ein solches Kräftemessen könnten wir nicht gewinnen, deshalb lassen wir uns gar nicht erst darauf ein. Zieht euch langsam zurück und vertraut auf mein Urteilsvermögen, dann ist der Sieg unser, ohne dass auch nur einer von euch dafür mit dem Leben bezahlen muss.»

Der Jubel, den er empfing, war nicht überwältigend. *Aber wenigstens ist er mehr als halbherzig. Nun, dies ist für mich die alles entscheidende Stunde.* Er hob den Blick zu der dunklen Horde, die ihm entgegenströmte: lederne Brustpanzer, Bronzehelme über bärtigen Gesichtern, die sechzehnstrahlige Sonne von Makedonien auf den Schilden, die mit Riemen an der linken Schulter und dem Unterarm gehalten wurden, damit beide Hände für die sechzehn Fuß lange Sarissa frei blieben, die jeder Soldat trug. So stampften sie entschlossenen Schrittes vorwärts. Als sie auf einhundertfünfzig Schritt heran waren, lösten seine kretischen Bogenschützen die erste Salve. Die Pfeile gingen klappernd durch den Wald aus Lanzen nieder, die ihnen den Schwung nahmen. Bald waren die Gegner auf hundert Schritt heran, dann auf fünfzig, und die Männer in den vorderen fünf Reihen brachten ihre Lanzen in die Waagerechte, während der Pfeilhagel anhielt. Einige gingen getroffen zu Boden, aber nicht genug, um die Formation zu zerreißen.

«Jetzt!», rief Eumenes, als die beiden Armeen noch dreißig Schritt voneinander entfernt waren. Schritt um Schritt wichen seine Söldner stetig zurück, den Rundschild vor sich haltend, den langen Speer über der Schulter, bereit zuzustoßen. Doch Eumenes rechnete nicht damit, Blut an den Speerspitzen zu sehen. Diese Berufskrieger mit ihren Helmen, die das ganze Gesicht umschlossen, hielten im Rückzug ihre Linie lückenlos und gerade.

Immer weiter wichen sie zurück und lockten die Makedonen vorwärts. Es war, wie Eumenes angenommen hatte: Neoptolemos wollte seine Treue zu seinen neuen Herren unter Beweis stellen, indem er für sie einen überwältigenden Sieg errang. Doch gegen Soldaten, die sich weigerten zu kämpfen, konnte man nicht siegen. In wachsender Ungeduld trieb Neoptolemos seine Männer an, und in ebendiese Ungeduld setzte Eumenes seine Hoffnung, denn sie würde Neoptolemos in die Niederlage führen.

Fünfhundert Schritt weit wichen sie zurück, dann noch einmal fünfhundert. An diesem Punkt trieb Eumenes sein Pferd an. Er erteilte dem Befehlshaber der Infanterie die Anweisung, den tapferen Rückzug beizubehalten, dann ritt er im Galopp zu Parmida und seinen Kappadokiern. «Mir nach!», rief er, als er sich ihrer Front näherte. «Mir nach um die Flanke herum.»

Als fünfhundert johlende Reiter sich ihm mit donnernden Hufschlägen anschlossen, erlebte Eumenes abermals die Begeisterung des Angriffs, in der er bereits in Armenien geschwelgt hatte. Doch als er nun im Bogen um die Flanke der riesigen Phalanx herumritt, die immer weiter nach Osten gelockt wurde, hatte er es nicht auf eine Kavallerie- oder Infanterieformation abgesehen. Ihm ging es um etwas von weit höherem Wert, und als er die letzte Reihe von Neoptolemos' Kriegern hinter sich ließ, erspähte Eumenes das, worauf er aus war. «Ihr Gepäck!», schrie er seinen Männern über das Donnern der Hufschläge hinweg zu, und als sie erkannten, dass ihre Beute ungeschützt war, wurde dieses Donnern heftiger.

Die Kappadokier strömten zwischen den Reihen stehender Fuhrwerke und Packmaultiere hindurch, die hoch mit Beute beladen waren. Sie töteten alle, die ihnen in den Weg kamen. Schreiende Frauen rannten um ihr Leben, ihre Säuglinge und Kleinkinder an sich gedrückt. Doch Eumenes interessierte sich nicht für die Frauen, denn er wusste nur zu gut, wie gewöhnliche Soldaten dachten: Vor die Wahl gestellt, ihre Frauen zu retten oder ihre Beute des vergangenen Jahrzehnts, würden neun von zehn sich für Letztere entscheiden. Eine Frau war viel leichter zu ersetzen als das Plündergut vieler Jahre.

Schnell hatte die Kavallerie den Tross umzingelt und zwang ihn, sich nach Norden in Bewegung zu setzen. «Parmida», rief Eumenes, als er sah, dass die Beute gesichert war und weder Antipatros' Armee noch die von Neoptolemos Anstalten machte, sie zurückzuholen. Neoptolemos' Phalanx war so auf den stetig weiter zurückweichenden Feind konzentriert, dass die Männer ihr Unglück noch gar nicht bemerkt hatten. «Du übernimmst das Gepäck und sicherst es mit der Hälfte deiner Männer, die andere Hälfte überlässt du mir.» Er zeigte auf den ungedeckten Rücken der feindlichen Formation fünfzehnhundert Schritt von ihnen entfernt. «Diese Gelegenheit kann ich mir nicht entgehen lassen.»

Grinsend führte Parmida den Tross weiter nordwärts und ließ zweihundertfünfzig schwere Reiter bei Eumenes zurück. Der brauchte das Kommando zum Angriff nicht zu erteilen, denn allen war klar, was jetzt kam, und alle waren begeistert über die Aussicht, so leicht gegnerische Leben auszulöschen.

Im Heranstürmen fächerten sich die zweihundertfünfzig kappadokischen Reiter zu einer einzigen fast achthundert Schritt breiten Linie auf. So hielten sie auf den angreifbarsten Teil der Phalanx zu, ihre Wurfspeere in den Fäusten, und der Wind zauste ihre Bärte und ließ die Mähnen und Schweife ihrer Pferde wehen.

Die unselige Infanterie gewahrte die Gefahr nicht, bis die ersten Reihenschließer zu Boden gingen, durchbohrt von Wurfspeeren, die in ihre Rücken eindrangen und an der Brust wieder austraten. Gleich darauf pflügte die Kavallerie schon durch die letzten zwei oder drei Reihen, ließ ihre Schwerter niedersausen, schlitzte Hälse und Schultern auf und trennte Köpfe ab. Die Soldaten, die ihrem Ansturm schutzlos ausgesetzt waren, versuchten auszuweichen, sodass Wellen der Panik durch die gesamte Formation liefen. Doch es lag nicht in Eumenes' Interesse, dass allzu viele Männer ihr Leben ließen, denn lebend konnte ihm diese Phalanx mehr nutzen als tot. Und so zog er die Zügel an, als die ersten Gegner ihre Waffen von sich warfen und niederknieten, um sich zu ergeben.

«Rückzug! Rückzug!»

Die Kappadokier gehorchten und hinterließen eine Spur blutiger Leichen und stöhnender Verwundeter. Nun fiel die gesamte Phalanx auf die Knie und flehte um Gnade.

Jetzt muss ich sie nur noch davon überzeugen, dass sie unter mir weit bessere Aussichten hätten als unter Neoptolemos, und schon habe ich mit einem Schlag eine richtige Armee. Manchmal überrasche ich mich selbst.

Eumenes setzte eine verärgerte Miene auf und schwang sein blutiges Schwert durch die Luft, während er mitten in die Schar aus zehntausend knienden Männern ritt. Keiner bedrohte ihn, denn nun konnten sie sehen, dass ihr Gepäck gen Norden fortgebracht wurde, und ihnen war klar, dass nur Eumenes es ihnen zurückgeben konnte.

«Soldaten von Makedonien!», hob Eumenes an, als er in der Mitte der knienden Phalanx anhielt. «Soldaten von Makedonien, weshalb lasst ihr mich im Stich und wendet euch dann gar noch gegen mich? Erst vor einer Stunde standen wir Schulter an Schulter, doch dann habt ihr euch von Neoptolemos zum Verrat überreden lassen. Neoptolemos konnte euch schon in Armenien nicht einmal anständig bezahlen. Nun liegen seinetwegen drei- oder vierhundert von euch tot da, und eure Beute von Jahren befindet sich in meiner Hand. Wo ist Neoptolemos jetzt? Seht ihr ihn hier irgendwo? Nein, natürlich nicht – er hat euch ins Verderben geführt, doch er selbst ist nicht bereit, eure Not zu teilen. Was ist das für ein Anführer?» Er hielt inne, um die Stimmung der Männer abzuschätzen, und wurde mit Äußerungen düsterer Zustimmung belohnt. «Ich mache euch nun folgendes Angebot: Wenn ihr schwört, mir zu dienen und König Philipp und König Alexander, bekommt ihr eure Habe zurück, und ich werde dafür sorgen, dass ihr regelmäßig bezahlt werdet. Ihr sollt sogar jeglichen ausstehenden Sold erhalten, den Neoptolemos euch noch schuldet. Schließt euch mir an und reinigt euch selbst vom Makel des Verrats, zu dem Neoptolemos euch durch List verleitet hat. Schwört mir die Treue, werdet meine Krieger!» Mit großer Geste steckte er sein Schwert in die Scheide und sprang vom Pferd. Gewaltiger Jubel erhob sich. Die Männer, die ihm am nächsten waren, standen auf, manche mit Tränen in den Augen, drängten sich um ihn und streckten die Hände aus, um ihren Erlöser zu berühren, während sie ihm ihre Treue schworen. Sie hoben Eumenes auf ihre Schultern und trugen ihn im Triumph durch seine neue Armee, während die beiden Truppen sich miteinander vermischten, um ihre Verbrüderung zu feiern.

Eumenes blickte auf den Freudentaumel hinunter. *Das war der erfolgreichste Tag seit langem.* Er schaute sich nach der zweiten Armee um, die eine Parasange entfernt noch immer die Stellung hielt. *Und nun habe ich die Mittel dazu, Antipatros und Krateros erhebliche Schwierigkeiten zu bereiten.*

KRATEROS
DER FELDHERR

Das ist keine schlechte Kriegsführung, ganz und gar nicht», stellte Krateros fest, während er beobachtete, wie Eumenes' Armee sich in Richtung des rund vierzig Parasangen entfernten Flusses Halys zurückzog.

«Es war Glück», behauptete Neoptolemos entschieden. «Er ist ein Sekretär, kein Feldherr. Und noch dazu ein griechischer Sekretär.»

«Ein griechischer Sekretär, der dich soeben geschlagen hat», stellte Antipatros fest.

Neoptolemos stampfte mit dem Fuß auf. «Er hat mich nicht geschlagen, er hat mich überlistet. Er hat sich nicht auf einen Kampf eingelassen, sondern sich nur immer weiter zurückgezogen.»

«Und dann hat er seine Kavallerie um deine Flanke herumgeführt, dein Gepäck erbeutet und ist dir anschließend in den Rücken gefallen, sodass deine Phalanx sich nur noch ergeben konnte und zu ihm übergelaufen ist», resümierte Antigonos. «Das nenne ich gute Kriegsführung, so etwas hätte ich Eumenes nicht zugetraut.»

Neoptolemos' Gesicht war vor Wut und Scham dunkelrot

angelaufen. «Weshalb ist keiner von euch mir zu Hilfe gekommen?»

«Diese kümmerliche Armee hättest du auch ohne Hilfe besiegen müssen», entgegnete Krateros, der noch immer den Rückzug von Eumenes' Truppen beobachtete. «Und als klarwurde, dass du Hilfe brauchtest, warst du schon zu weit entfernt. Wir wären nicht mehr rechtzeitig gekommen.» Er wandte sich an Antipatros. «Nun, eines steht jedenfalls fest: Keiner von uns wird den listigen kleinen Griechen jemals wieder unterschätzen. Selbst jetzt tut er gerade das, was am klügsten ist: Er zieht sich landeinwärts in Richtung Kappadokien zurück. Die Frage ist: Verfolgen wir ihn oder gehen wir das Risiko ein, ihn im Rücken zu haben, wenn wir uns nach Süden wenden?»

Antipatros sah zu, wie die Armee über einen Höhenzug verschwand, während er über das Problem nachdachte. «Weder noch», sagte er schließlich. «Wir teilen uns auf.»

Krateros zog fragend eine Augenbraue hoch. «Wirklich?»

«Ja. Ich kann es mir nicht leisten, mich ablenken zu lassen und Eumenes nachzujagen. Du verfolgst ihn und bringst ihn zur Strecke, Krateros, und dann kommst du mir nach in den Süden.»

«Und ich gehe mit», erklärte Neoptolemos entschieden. «Ich werde dieses kleine Stück Scheiße umbringen.»

«Ja, du hast gewiss von uns allen am meisten Grund dazu. Bringe ihn rasch zur Strecke, Krateros, wir treffen uns dann bei Issos. Vielleicht erfahren wir dort mehr über den Verbleib von Perdikkas. Antigonos, führe die Hälfte deiner phrygischen Armee hinunter nach Tyros und überzeuge Nearchos, dass es das Vernünftigste ist, sich auf unsere Seite zu stellen. Ich schicke Kleitos Nachricht, dass er dort mit dir zusammentreffen soll. Ich will, dass du Zypern besetzt – wenn Perdikkas einen

Funken Verstand besitzt, hat er gewiss schon jemanden beauftragt, dasselbe für ihn zu tun. Wer Zypern hält, kontrolliert die Küste, also sorge dafür, dass wir es sind, alter Freund.»

Antigonos grinste bei der Vorstellung und rieb sich die Hände. «Es wird mir ein Vergnügen sein. Und Demetrios bekommt eine Gelegenheit, etwas über das koordinierte Vorgehen von Land- und Seestreitkräften zu lernen.»

Antipatros lächelte. *Ich wünschte, ich könnte mich so grenzenlos für die Kriegsführung begeistern wie er.* «Nun, meine Herren, machen wir uns ans Werk. Je schneller es vollbracht ist, umso eher können wir zu unseren Frauen zurückkehren und uns ausruhen.»

Krateros war nicht darauf vorbereitet gewesen, dass Eumenes kehrtmachen und sich ihm entgegenstellen würde. *Ich hätte gedacht, er würde versuchen, den Halys zu überqueren, anstatt sich mit dem Rücken zum Fluss in die Enge treiben zu lassen. Vielleicht hatte Neoptolemos ja doch recht, und der Sieg des kleinen Griechen war nichts als Glück.* Zehn Tage lang hatte Krateros Eumenes durch unwegsames Gelände im phrygischen Binnenland verfolgt und ihm zugesetzt, vorbei an Ankyra, und nun, da der Halys bereits in Sicht war, hatte Eumenes offenbar beschlossen, sich zum Kampf zu stellen. Das verwirrte Krateros, denn er konnte nicht erkennen, dass das Gelände für den Griechen besonders vorteilhaft wäre. Ebenso wenig war ihm klar, wie Eumenes seine zwanzigtausend Mann Infanterie und dreitausend Reiter zu besiegen gedachte, da seine eigene Truppe nur knapp halb so groß war. Dennoch formierte er gerade seine Armee zur Schlacht, und Krateros würde ihm den Wunsch gewiss nicht verwehren. Er stellte seine Phalanx in die Mitte und verteilte die Kavallerie auf beide Seiten. «Das mag nicht besonders originell sein», bemerkte er, an Neoptolemos gerichtet, während sie darauf warteten, dass die letzten Einheiten der Phalanx in Stellung gingen, «aber es war von jeher effektiv.»

«Sobald sie deine Mütze sehen und begreifen, dass du es bist, werden sie sich ohnehin weigern zu kämpfen», versicherte Neoptolemos ihm.

Krateros nahm seine Kausia ab und klopfte den Staub von dem ledernen Deckel. «Dann sollte ich wohl lieber dafür sorgen, dass sie gut zu erkennen ist. Mir scheint, er stellt seine kappadokische Kavallerie auf den rechten Flügel – dann wird er selbst wohl ebenfalls dort sein.»

Neoptolemos schirmte seine Augen mit der Hand ab und beobachtete den Aufmarsch. «Dann übernehme ich unsere linke Flanke, wenn es dir recht ist – ich will den Hurensohn zum Kampf Mann gegen Mann stellen und ihm zeigen, was es heißt, es mit einem Molosser aufzunehmen.»

«Tu das, Neoptolemos. Ich bin sicher, er wird für die Lektion dankbar sein. Denke daran, die Losung des Tages zu benutzen, Athena und Alexander, um Freund und Feind zu unterscheiden – das Ganze könnte ziemlich unübersichtlich werden. Wir sehen uns, wenn es vorbei ist.» *Es ist ein Jammer, dass wir mit Eumenes keine Einigung erzielen konnten – ich mochte ihn immer ganz gern.* Krateros setzte seine Kausia wieder auf und überblickte die Linie seiner Hetairenreiterei, fünfzehnhundert Mann stark und vier Reihen tief. Ihre Bronzehelme und Speerspitzen glänzten in der Sonne. *Die vortrefflichste Kavallerie der Welt, und jeder Mann ein erprobter Krieger; unter meiner Führung und unterstützt durch eine Phalanx erfahrener Lanzenkämpfer. Eumenes' Armee wird es nicht wagen, es mit ihnen aufzunehmen.* Voller Stolz schaute er zur Phalanx hinüber, die inzwischen fast vollständig aufmarschiert war. *Bald ist es so weit.*

Mit flatternden Bannern und wehenden Mänteln, vom Klang zahlreicher Hörner begleitet, stürmten die Reiter an beiden Flanken der gegnerischen Formation plötzlich vorwärts, rechts Kappadokier, gegenüber von Krateros eine gemischte Truppe aus Paphlagoniern und Thrakern. Eumenes' plötzlicher Angriff mit der Kavallerie beider Flügel erfolgte völlig überraschend, ehe die Infanterie fertig in Stellung war. *Dieser schlaue kleine Hurensohn. Er hält die Mitte zurück, damit seine makedonischen Soldaten nicht merken, dass ich es bin, der ihnen gegenübersteht. Wir werden also doch gegen sie kämpfen müssen – nun ist es wirklich so weit gekommen.* Er richtete seine Lanze auf und erteilte mit tiefem Bedauern den Befehl zum Vorrücken.

Sie ritten los, erst im Schritt, dann trieben sie ihre schnaubenden Rosse allmählich zum Trab an, immer darauf bedacht, die Formation zu halten. Die Schenkel um die verschwitzten Flanken ihrer Rosse gespannt, zogen die Reiter mit der linken Hand die Zügel an, um ihre Rosse zu bändigen, während sie in der rechten die Lanze hielten, und ihre Herzen schlugen rasend wie immer im Moment des Angriffs. Krateros brüllte auf und trieb seinen Hengst mit den Fersen zum leichten Galopp an. Die gemischte Kavallerie ihnen gegenüber, nur noch hundert Schritt entfernt, stürmte ihnen entgegen und beschleunigte nun zu vollem Galopp. Nur ein paar Herzschläge später ließ Krateros die Zügel fahren und spürte die unbändige Kraft seines Rosses unter sich. So flogen sie aufeinander zu, zwei Wälle aus Pferdeleibern auf Kollisionskurs. Wurfspeere zischten durch die Luft und schlugen in die lanzenbewehrte, schildlose Kavallerieformation ein, ohne dass die Salve erwidert wurde. Doch im Augenblick des Zusammenpralls zeigte sich die Überlegenheit der Lanze, welche die Verluste durch die Speersalve mehr als ausglich. Manche stießen von oben zu, andere tief, doch alle brachten ihre geschliffenen Spitzen zum Einsatz, ehe die Thraker und Paphlagonier nah genug heran waren, um ihre kürzeren Speere und Schwerter zu gebrauchen. In Hälse, Augen und Brustkörbe bohrten sich die messerscharfen Waffen und warfen schreiende Männer rücklings von ihren Pferden, sodass sie unter die Hufe der nachfolgenden Kameraden gerieten. Mit den geübten Bewegungen eines schlachtenerprobten Mannes riss Krateros seine Lanze aus dem Brustkorb des Gegners zurück, während sein Ross sich aufbäumte und mit den Vorderhufen schlug. Er beugte sich über die Mähne vor und stach einem herangaloppierenden Pferd ein Auge aus, doch durch den Schwung des Tieres wurde ihm dabei die Lanze aus der Hand gerissen. Im nächsten Moment hatte er sein Schwert gezogen und brachte einem rotbärtigen Thraker eine klaffende Wunde am Oberschenkel bei, während seine Getreuen zu beiden Seiten sich ebenfalls den Weg freikämpften. Immer weiter drang Krateros in die gegnerische Formation vor, die Zähne im Schlachtenrausch gebleckt. Blut spritzte unter seinen Schwerthieben auf, und sein Hengst biss und trat nach allem, was ihm in den Weg kam.

Dann war das Gedränge von Mensch und Tier auf einmal so dicht, dass Krateros nicht weiterkam, und seine Getreuen konnten nicht zu ihm vordringen, so verzweifelt sie es auch versuchten – er war allzu weit vorgeprescht. Seine Klinge sauste blitzschnell bald nach links, bald nach rechts, während die Thraker ihn von allen Seiten einschlossen. Ein Speer bohrte sich in seine Hüfte, da stieg sein Pferd, und in der blutigen Schulter des Tieres steckte ein Wurfspeer. Aus dem rot schäumenden Maul drangen tierische Schmerzenslaute. Ein Schnitt quer über Krateros' Unterarm durchtrennte mehrere Sehnen, sodass ihm die Zügel entglitten, doch er kämpfte

furchtlos und wild entschlossen weiter, löschte noch im Angesicht des eigenen Todes weitere Leben aus. Er schrie vor
Schmerz, bog den Rücken durch, als Eisen sich in seine Niere
grub. Dann sah er das Schwert auf den ledernen Deckel seiner Kausia niederschnellen, und zum ersten und letzten Mal
wünschte er sich einen Helm. Im nächsten Moment wurde
sein Schädel gespalten, er sah einen weißen Lichtblitz und
wünschte nichts mehr.

EUMENES
DER LISTIGE

Eumenes! Eumenes, du kleines Stück Scheiße! Komm her.»
Der Ruf dröhnte durch das Schlachtengetümmel – *Neoptolemos*! Eumenes, dessen rechter Arm blutüberströmt war, lenkte sein Pferd in die Richtung, aus der die Stimme ertönte. Er hieb sein Schwert auf eine Klinge hinunter, die auf ihn zuschnellte, lenkte so den Stich ab und schmetterte gleich darauf seine beschwerte Faust in das Gesicht des Angreifers, wobei er dessen Nase zertrümmerte. Er wollte diese Sache zwischen sich und Neoptolemos nur noch zu Ende bringen, so oder so.

Doch im Herzen wusste er, dass er siegen würde, denn Alexander selbst hatte ihm gezeigt, wie. Er war aus einem Traum erwacht, in dem zwei Alexander gegeneinander angetreten waren, jeder mit einer eigenen Phalanx. Einer hatte Demeter auf seiner Seite, der andere stand unter Athenas Schutz und Führung. Der Demeter-Alexander ging als Sieger aus der Schlacht hervor, und die Göttin flocht ihrem Helden eine Siegeskrone aus Kornähren. Heute nun hatte Eumenes erfahren, dass Krateros «Athena und Alexander» als Losung des Tages benutzte, und deshalb war er überzeugt, dass er siegen würde.

Er selbst hatte die Losung «Demeter und Alexander» ausgegeben und seine Männer angewiesen, sich Getreidehalme um die Handgelenke zu binden, ehe er seinen Angriff begann. Mit Bedacht brachte er Paphlagonier und Thraker gegenüber von Krateros in Stellung und erzählte seiner Armee, der andere Befehlshaber neben Neoptolemos sei ein barbarischer Stammesfürst mit dem fremdländischen Namen Pigres. Durch die simple List, seine aus makedonischen Soldaten bestehende Mitte zurückzuhalten und zunächst nur mit den asiatischen und thrakischen Einheiten anzugreifen, hatte er sichergestellt, dass seine Armee für ihn kämpfte, denn diese Männer hatten Krateros mit seiner Kausia noch nie gesehen.

Und so fürchtete er sich nicht vor einem Kampf Mann gegen Mann mit dem körperlich überlegenen Neoptolemos. Im Gegenteil, die Aussicht darauf begeisterte ihn. *Wenn ich den Hurensohn mit bloßen Händen töte, hätte sein elendes Leben am Ende vielleicht doch einen Sinn gehabt.* Mit einem Schlag aus der Rückhand zerschnitt er einem makedonischen Lanzenkämpfer das Gesicht, und noch während der Mann zusammenbrach, drängte er sich an ihm vorbei. Da sah Eumenes Neoptolemos vor sich, mit gebleckten Zähnen, herausfordernd Beschimpfungen brüllend. Ohne innezuhalten und nachzudenken, trieb Eumenes sein Pferd in seine Richtung. Hass durchströmte ihn. Plötzlich erhob sich aus Krateros' Armee ein Klageruf, und von der rechten Flanke lief die Kunde durch die Phalanx, ihr geliebter Feldherr habe den Weg zum Fährmann angetreten. Im selben Moment stürmten Eumenes und Neoptolemos aufeinander zu.

Beide gleichermaßen wütend, prallten sie zusammen, ihre Schwerter trafen klirrend aufeinander. Schmerz durchfuhr Eumenes' Arm, und die Wucht des Schlages warf ihn zurück. Klinge gegen Klinge drückend versuchten sie sich gegenseitig mit der linken Hand zu packen, suchten nach Halt, zerrten am Helm des Gegners, während ihre Pferde bissen und mit dem Kopf schlugen. Unter Aufbietung aller Kräfte gelang es Eumenes, Neoptolemos zu sich heranzuziehen, bis auch er selbst das Gleichgewicht nicht mehr halten konnte und vom Pferd stürzte. Der Gegner fiel auf ihn, dabei verloren beide ihre Helme. Eumenes blieb von dem Aufprall die Luft weg, doch er hielt Neoptolemos am Chiton fest und hatte auch sein eigenes Schwert fest im Griff. Die beiden wälzten sich über den Boden. Um sie herum gerieten alle anderen Kämpfe ins Stocken, denn die Soldaten beider Seiten erkannten: Die Angelegenheit würde sich hier und jetzt entscheiden, ohne dass sie ihr Leben zu lassen brauchten.

Zähne gruben sich in Eumenes' Hals. Als er sein Knie in die Weichteile des Gegners rammte, ließen die Zähne los. Neoptolemos stöhnte vor rasendem Schmerz. Eumenes wand sich wie ein Aal, kam auf die Beine und stieß seinem Widersacher das Schwert in die Wade. Neoptolemos schrie auf und versuchte, sich ebenfalls aufzurappeln, doch es gelang ihm nicht. Kniend, sodass sein Kopf eine Spanne tiefer als der des Gegners war, schlug er mit dem Schwert nach Eumenes, der ihn umkreiste und nach einer Blöße suchte, um den tödlichen Schlag zu führen. Seiner unterlegenen Position zum Trotz gebrauchte Neoptolemos sein Schwert meisterhaft. Zweimal schnellte seine Klinge vor, zweimal brachte sie Eumenes blutige Verletzungen an den Armen bei, ehe der Grieche im letzten Moment behände zurückweichen konnte. Das mit Schlamm und Blut verschmierte Gesicht zu einer hasserfüllten Fratze verzerrt, griff er ein drittes Mal an und schlitzte Eumenes den Oberschenkel auf. Im selben Moment warf Eumenes sich nach vorn und riss Neoptolemos mit sich zu Boden, sodass dieser unter ihm zu liegen kam. Eumenes' Faust, die noch immer das Schwert umklammerte, schmetterte in das Gesicht des Gegners und schlug ihm mehrere Zähne aus. In blindem, rasendem Hass hieb Eumenes mit der Faust wieder und wieder zu, dass das Blut spritzte, ehe er sich wieder auf sein Schwert besann. Mit dem Anflug eines ungläubigen Lächelns setzte er die Spitze über dem Halsausschnitt von Neoptolemos' Brustpanzer an und stieß zu. Gurgeln und Röcheln drangen aus dem zerschlagenen Mund. Immer tiefer bohrte sich Eumenes' Klinge hinein, während Neoptolemos krampfartig zuckte und seine weit aufgerissenen Augen Eumenes entsetzt anstarrten. «Von einem Griechen getötet, Neoptolemos, noch dazu von einem kleinen Griechen – was werden die Leute sagen?» Ein letzter Ruck, Neoptolemos spuckte Blut, und Eumenes sank schwer atmend über dem Gegner zusammen. Stille breitete sich um ihn aus, die Soldaten beider Seiten starrten auf den toten Molosser hinunter, der von einem einstigen Sekretär besiegt worden war. Allen war klar, dass die Schlacht damit beendet war, denn es gab keinen Grund mehr zu kämpfen.

Die makedonische Kavallerie zog sich bis auf die Höhe ihrer Phalanx zurück.

Nach einer kurzen Atempause begann Eumenes, sich an den Riemen von Neoptolemos' Brustpanzer zu schaffen zu machen – er beanspruchte das Recht des Siegers, dem Besiegten die Rüstung abzunehmen. Über seiner Brust kniend, nestelte er mit zitternden Fingern an dem steifen Leder. Ein Ruck und ein scharfer Schmerz, Eumenes erstarrte und fühlte, wie Blut an der Innenseite seines Oberschenkels hinunterlief. Ein Hauch eines höhnischen Grinsens huschte über Neoptolemos' Gesicht, seine Augen öffneten sich einen Spalt, und mit einem Seufzer wich das Licht aus ihnen.

Eumenes schaute hinunter und sah sein Schwert in der

Faust des nunmehr toten Gegners, die Klinge blutig. Er griff zwischen seine Beine – die Wunde an seinem Unterleib war nicht tief, aber sie blutete. Doch es gab noch eines für ihn zu tun, bevor er diese und all seine sonstigen Verletzungen versorgen lassen konnte. Er musste sich Respekt verschaffen.

Erschöpfung wollte ihn übermannen, er kämpfte gegen den Drang an, einfach die Augen zu schließen und auf der Stelle einzuschlafen. Stattdessen kam Eumenes mühsam wieder auf die Beine, löste den Brustpanzer vollends und zog sein Schwert, einen Fuß auf Neoptolemos' leblose Brust gestellt. «Hole mir mein Pferd und begleite mich, Barzid. Lasse deine Männer hier zurück, nur zur Sicherheit für den Fall eines weiteren Angriffs.» Er warf einen Blick zu der Hetairenreiterei hinüber, die sich sechs- oder siebenhundert Schritt entfernt sammelte. «Ich rechne allerdings nicht damit, dass sie es noch einmal versuchen, sofern es stimmt, dass Krateros tot ist. Wir machen uns auf, um das herauszufinden.»

Sie ritten zwischen den Fronten der beiden Phalangen hindurch, die sich auf fünfzehnhundert Schritt Abstand gegenüberstanden. Die Stimmung unter den Soldaten war düster, denn inzwischen hatten alle das Gerücht gehört, Krateros, seit vielen Jahren der Liebling der makedonischen Armee, sei gefallen. Alle Blicke waren auf Eumenes gerichtet, der in leichtem Galopp vorbeiritt und beiden Seiten mit Gesten signalisierte, sie sollten auf Abstand bleiben. «Wir werden nicht angreifen, wenn ihr bleibt, wo ihr seid.»

Trauer stieg in Eumenes auf, als er die Realität des Bürgerkrieges in Gestalt von Krateros' zerschmettertem Kopf vor sich sah. Blut und Hirnmasse quollen aus der klaffenden Wunde, die sich mitten durch sein Gesicht zog. Die Hälften seiner durchtrennten Kausia lagen zu beiden Seiten daneben. Eumenes kniete neben Krateros nieder und nahm dessen kalte Hand in seine beiden. «Das hätte nicht geschehen dürfen», murmelte er, dann schaute er zu Krateros' Hetairenreiterei auf. «So weit hätte es niemals kommen dürfen.»

«Und doch liegt er nun hier und ist tot», stellte der Kommandeur der Reiter voller Bitterkeit fest.

Eumenes legte Krateros' Hände über der Brust zusammen, ehe er sich aufrichtete. «Dann wollen wir nun sicherstellen, dass wir nicht noch mehr Kameraden verlieren. Schließt euch mir an, gemeinsam sind wir Antipatros überlegen. Wenn Perdikkas von Süden kommt und wir von Norden, können wir ihn in die Zange nehmen und zum Einlenken zwingen. Wenn ihr euren Beitrag leistet, könnte dies die letzte Schlacht zwischen Alexanders Generälen gewesen sein.»

Der Kommandeur blickte skeptisch drein.

Jetzt muss ich all meine Überredungskunst aufbieten. «Wie lautet dein Name?»

«Xennias.»

«Also, Xennias, ich mache dir ein Angebot. Ich kann deine Reiter nicht daran hindern abzuziehen, wenn sie es wollen, ich hätte nicht genug Männer, um sie aufzuhalten. Aber wenn ihr euch entschließt zu bleiben, seid ihr in meinen Reihen willkommen. Wenn ihr euch hingegen entschließt zu kämpfen, wird es ein blutiger Tag, und ihr werdet schwere Verluste erleiden.» Er zeigte auf den gewaltigen Block aus zwanzigtausend Fußsoldaten, die sich bislang nicht beteiligt hatten. «Die Phalanx könnte ich allerdings nicht schlagen, aber ich könnte sie umzingeln und ihr den Nachschub an Nahrung und Wasser abschneiden, sodass sie zu einer schmählichen Kapitulation gezwungen wäre. Geh hin und sprich in meinem Namen mit den Männern, Xennias. Richte ihnen aus, ich garantiere ihnen Straffreiheit, wenn sie mir die Treue schwören, und dann können wir gemeinsam unsere Toten begraben.»

528

Die Scheiterhaufen loderten hell, als die Sonne die Berge im Westen berührte. Insgesamt waren es mehr als dreihundert, jedoch keiner so groß wie der in der Mitte, denn auf ihm verbrannten die sterblichen Überreste von Alexanders größtem Feldherrn. Alle, die es mit ansahen und unter ihm gedient hatten, weinten und fragten sich, wie es hatte geschehen können, dass er getötet wurde.

«Ich werde eine Ehrengarde mit seiner Asche nach Makedonien schicken», sagte Eumenes zu Xennias, als die Feuer herunterbrannten. «Phila kann ihn dort bestatten.»

Xennias wischte sich die Tränen aus den Augen. «Ich würde den Trupp sehr gern anführen, Herr.»

Eumenes warf ihm einen Seitenblick zu. «Ach ja? Und wohin würdest du anschließend gehen?»

Xennias zögerte nicht. «Ich werde hierher zurückkommen und dir dienen. Du hast dich als ehrenhafter und tapferer Mann erwiesen, ein Mann, der es wert ist, dass man ihm folgt, selbst –»

«Selbst wenn er ein Grieche ist?»

«Das ist es nicht, was ich sagen wollte, aber ja, selbst wenn er ein Grieche ist.»

«Danke für das Kompliment.» Eumenes kratzte an dem Verband um seinen Oberschenkel; die Blutung war endlich gestillt. «Und was ist mit ihnen?», fragte er und wies auf Krateros' einstige Phalanx. Die Männer hatten Eumenes die Treue geschworen und schauten nun zu, wie ihr einstiger Feldherr verbrannte. «Denkst du, sie werden noch bei mir sein, wenn du zurückkommst?»

Xennias schüttelte den Kopf. «Ich nehme an, sie werden bei der ersten Gelegenheit abtrünnig werden und wieder zu Antipatros überlaufen.»

«Und ich werde zu schwach sein, um sie zurückzuhalten.

Ich fürchte, du hast recht.» *Das heißt, auch wenn ich hier im Norden zwei Siege errungen habe, wird mein Brief an Perdikkas ihm doch von den zwei Armeen berichten, die an mir vorbeigelangt sind.* Er richtete den Blick wieder auf die Scheiterhaufen. *Wie viele davon werden wir noch brennen sehen, ehe wir alle geeint hinter den Königen und Perdikkas stehen? Oder sollte ich die Frage meiner Loyalität vielleicht noch einmal überdenken und abwarten, was im Süden geschieht – was, wenn letztendlich gar nicht Perdikkas siegt?*

PERDIKKAS
DER HALBERWÄHLTE

Perdikkas fasste sich mit beiden Händen an den Kopf, als das elfte Syntagma in Folge dafür stimmte, Ptolemaios freizusprechen. *Wie konnte ich mich zu dieser Farce nötigen lassen?* Doch er kannte die Begründung, und sie lag in den Rechten der Soldaten Makedoniens: Je näher sie dem pelusischen Nilarm gekommen waren, dem östlichsten Zweig des Mündungsdeltas an der ägyptischen Grenze, umso lauter hatten sie die Notwendigkeit dieses Krieges in Frage gestellt. Peithon war es gewesen, der – soeben mit seiner Armee mitsamt Elefanten aus dem Osten eingetroffen – Perdikkas geraten hatte, die Heeresversammlung einzuberufen und vor den vereinigten Armeen gegen Ptolemaios Anklage wegen Rebellion zu erheben. Jedoch hatte Perdikkas nicht mit den Spionen im eigenen Lager gerechnet. Diese hatten Ptolemaios, der ihn jenseits des Flusses erwartete, von dem Prozess in Kenntnis gesetzt, sodass er Fürsprecher zu seiner Verteidigung schicken konnte. Da er noch nicht für schuldig befunden worden war, hatte Perdikkas keine Möglichkeit zu verhindern, dass sie das Wort ergriffen. Auf einem Podium mit den beiden Königen sitzend, von denen einer in den Armen seiner Mutter zappelte und der andere mit einer hölzernen Elefantenfigur in der Hand sabbernd und hingerissen seine Frau anstarrte, hatte Perdikkas nur mit Mühe den Drang unterdrücken können, Ptolemaios' Verteidiger kurzerhand hinzurichten.

Mit geschliffenen Worten und gespaltener Zunge hatten sie argumentiert, Ptolemaios sei nichts weiter als ein frommer Mann, der eine religiöse Pflicht erfülle, und seine Tat rückgängig machen zu wollen hieße, sich gegen die Götter Ägyptens, Babylons und Makedoniens selbst zu wenden.

Und dann sprach sich ein Syntagma nach dem anderen zu Ptolemaios' Gunsten aus, und Perdikkas' Autorität schwand im gleichen Maß dahin, wie seine Niedergeschlagenheit wuchs.

«Warum gesteht man diesen Bauern überhaupt eine Meinung zu?», zischte Roxane hinter ihrem Schleier. «Zum Kämpfen brauchen sie keine Zunge – man sollte sie ihnen herausschneiden.»

Perdikkas überhörte die Bemerkung. Er wünschte, diese Frau möge in ihren Gemächern bleiben, doch stattdessen bestand sie darauf, jedes Mal dabei zu sein, wenn ihr Sohn einer Versammlung vorsitzen musste. Und er, Perdikkas, konnte es ihr nicht verwehren, denn Philipp hing mittlerweile so an Adea – nunmehr Königin Eurydike –, dass er sich weigerte, irgendwohin ohne sie zu gehen. Und die beiden Frauen mussten gleich behandelt werden, damit es keinen Unfrieden gab.

«Lass mich zu ihnen sprechen», drängte Adea. «Auf mich haben sie immer gehört.»

«Dies ist eine Heeresversammlung», versetzte Perdikkas unwirsch, «keine Zusammenkunft von Waschweibern. Ich werde nicht noch einmal den Fehler machen, dich zu Soldaten sprechen zu lassen.» *Frauen! Die beiden werde ich mir als Erste vornehmen, sobald ich Alexander und Kleopatra sicher in den Norden gebracht habe.*

«Das hier wird dich eine Menge Geld kosten», bemerkte Seleukos, als noch zwei weitere Einheiten für Ptolemaios' Freispruch stimmten. «Eine Zahlung vorab und das Versprechen eines größeren Anteils an der Beute aus dem reichsten Land der Welt könnten sie so gerade dazu bewegen, den Fluss zu überqueren. Wenn sie einmal drüben sind, nun ja ...»

Perdikkas stöhnte, als Polemon in betretenem Ton verkündete, dass auch seine Männer zu Ptolemaios' Gunsten gestimmt hatten. *Seleukos hat recht, Geld muss die Lösung sein. So ist es meist.*

«Ich verstehe das nicht», sagte Peithon, der mit verwirrtem Stirnrunzeln an das Podium herantrat, während auch die letzte Einheit seiner Armee ihre Stimme für Ptolemaios' Freispruch abgab. «Ich nahm an, sie würden Alexander treu sein.»

Perdikkas fuhr ihn an, froh, jemanden zu haben, an dem er seinen Zorn auslassen konnte. «Und ich nahm an, du würdest mir treu sein, aber was hast du getan? Du hast versucht, dir eine Armee widerrechtlich anzueignen, so sieht es aus! Und was hast du dir dabei gedacht? Nun? Nein, Peithon, du bist der lebende Beweis dafür, dass man niemandem trauen kann, dass auf niemandes Treue je Verlass ist.»

«Wenigstens bin ich jetzt hier, und das ist mehr, als man von Peukestas sagen kann. Angeblich will er Eudemos, den Satrapen von Indien, gegen eine Rebellion im Osten unterstützen – Blödsinn, davon wüsste ich.»

«Wahrscheinlich hast du sie selbst verursacht. Und jetzt lass mich bitte nachdenken.»

«Geld», erinnerte Seleukos ihn beflissen.

«Die Jungs haben das Angebot angenommen», teilte Antigenes Perdikkas am folgenden Tag lange nach Einbruch der Dunkelheit mit. Seine Augen waren vom Schlafmangel gerötet und tief gerändert, denn er hatte seit Ptolemaios' Freispruch mit seinen Silberschilden verhandelt. Jede Einheit der Armee hatte ihre Befehlshaber zu diesem Vorgehen genötigt, das so gar nicht mit dem militärischen Konzept von Befehl und Gehorsam vereinbar war.

«Sie sind die letzte Einheit, die einwilligt», sagte Perdikkas unverhohlen erleichtert. «Jetzt können wir uns vielleicht endlich wieder dem Vorhaben zuwenden, Alexanders Leichnam zurückzuholen, ehe wir nach Norden marschieren und es mit Antipatros aufnehmen.»

«Und weshalb denkst du, die Armee werde damit einverstanden sein?», fragte Seleukos.

Perdikkas runzelte verständnislos die Stirn.

Seleukos seufzte ungeduldig. «Du hast soeben einen wahrhaft gefährlichen Präzedenzfall geschaffen: Die Armee war nicht bereit, gegen eine andere makedonische Armee zu kämpfen, bis du sie bestochen hast. Die Jungs sind nicht dumm – wenn du in Ägypten erfolgreich bist und sie alle als wohlhabende Männer aus der Unternehmung hervorgehen, warum sollten sie dann ihr Leben im Kampf gegen Antipatros' Jungs aufs Spiel setzen, wenn nicht ein noch größerer finanzieller Anreiz sie lockt?»

Perdikkas tat den Gedanken mit einer unwirschen Geste ab. «Peithon hat die Elefanten mitgebracht. Wenn ich ein paar der besonders vorlauten Hurensöhne zu Tode trampeln lasse, werden die anderen schon zur Vernunft kommen.»

«Weshalb hast du das dann nicht schon diesmal getan?»

«Weil du gesagt hast, Geld sei die Lösung.»

Seleukos schüttelte den Kopf. «Das habe ich gesagt, und es war auch die Lösung. Wenn du diesmal die Rädelsführer hingerichtet hättest, dann hättest du die Armee und dein Leben verloren. Wir spielen jetzt nach anderen Regeln, Perdikkas, nun kämpfen Makedonen gegen Makedonen. Dazu wirst du die Jungs nicht durch Einschüchterung bringen, indem du ein paar hundert von ihnen zu Tode trampeln lässt, nein – gegen alte Kameraden werden sie nur ins Feld ziehen, wenn der Anreiz groß genug ist. Erst recht, wenn sie ihren Feldherrn nicht sonderlich lieben.»

«Was soll das heißen?»

«Denke dir dabei, was du willst, Perdikkas – ich meinte es lediglich als Feststellung von Tatsachen.»

Ich gebe dir gleich eine Feststellung von Tatsachen: Wenn du weiter so mit mir redest, bist du ein toter Mann. «Die Männer werden die Dinge sehr anders sehen, wenn ich sie erst einmal erfolgreich über den Fluss geführt habe.»

«Aber Ptolemaios hat Attalos daran gehindert, mit der Flotte herunterzukommen, und du hast keine Boote mitgebracht – wie gelangen wir über den Fluss?»

Perdikkas winkte ab. «Ich war mit Alexander am Istros, am Oxos, am Indus und am Hydaspes. Ich habe vom Meister gelernt: Schnelligkeit ist entscheidend, mit Schnelligkeit werden wir über den Nil gelangen. Und wir fangen jetzt gleich an, indem wir einen Kanal ausheben, durch den wir Wasser aus dem pelusischen Nilarm ableiten, damit er flacher wird. Dann können wir hinüberwaten.»

«Es ist auch diesmal nicht gelungen», meldete Dokimos, der Offizier, der das Ausheben des Kanals beaufsichtigte.

Perdikkas konnte nur mit Mühe den Drang unterdrücken, den Mann niederzuschlagen, obwohl der ihm seit Alexanders Tod unerschütterlich die Treue hielt. «Weshalb nicht? Das ist nun schon der dritte Tag in Folge.»

«Weil Ptolemaios stets über unsere Pläne Bescheid weiß.» Dokimos deutete über den Nilarm. «Er ist gleich auf der anderen Seite des Flusses, und jede Nacht laufen Männer aus unserer Armee zu ihm über. Er weiß immer schon im Voraus, wo wir graben werden, und hält Bogenschützen auf Booten bereit, um die Arbeiten zu stören. Gleichzeitig lässt er auf seiner Seite einen Umleitungskanal graben, der unseren Kanal nahezu wirkungslos macht.»

Perdikkas schlug mit den flachen Händen auf den Tisch. «Aber ich habe sechstausend Mann bereitstehen, um den Fluss zu überqueren und einen Brückenkopf zu sichern.»

Dokimos zuckte die Achseln.

«Und das sind sechstausend Mann, die von einem weiteren Fehlschlag hören werden», merkte Seleukos an. «Sechstausend Mann, die bezüglich deiner Führerschaft zunehmend desillusioniert werden.»

Perdikkas fuhr ihn an: «Warum kannst du nicht positiver sein?»

«Es fällt mir schwer, etwas Positives an einer Situation zu sehen, in der Ptolemaios stets genau weiß, was wir als Nächstes tun werden, und es vereitelt, während Antipatros mit jedem Tag näher kommt und uns bald in den pelusischen Nilarm drängen wird, den wir ja nicht überqueren können.»

«Und was sollen wir tun?»

Das war für Seleukos völlig klar. «Vergeude keine weitere Zeit auf den Versuch, den Fluss seichter zu machen. Suche stattdessen eine geeignete Stelle, wo man ihn zur Not auch so durchqueren kann, und führe die Armee bei Nacht dorthin. Verrate vorher niemandem, wo sich diese Stelle befindet, selbst mir nicht.»

Perdikkas dachte einige Augenblicke über den Vorschlag nach. «Ja, das werde ich tun. Ich werde Kundschafter ausschicken.»

«Nein, Perdikkas, dann erfährt Ptolemaios, dass du an eine überraschende Überquerung denkst. Rufe alle bereits ausgesandten Kundschafter zurück und befrage sie nach der günstigsten Stelle, die sie gesehen haben. Dann triffst du die Entscheidung und verrätst sie niemandem, und die Kundschafter hältst du so lange in sicherem Gewahrsam, bis wir drüben sind.»

Seit vor neun Stunden die Abenddämmerung hereingebrochen war, führte Perdikkas seine Angriffstruppe in südwestlicher Richtung am pelusischen Nilarm entlang. Unter den sechstausend Mann waren auch Antigenes mit seinen dreitausend Silberschilden und dreißig Elefanten. Sie marschierten schweigend, Stofffetzen dämpften das Scheppern ihrer Ausrüstung, und sie trugen alles, was sie brauchen würden, auf dem Rücken. Perdikkas war entschlossen, dass ihr Angriff völlig überraschend kommen sollte.

Zehn Parasangen hatten sie zurückgelegt, und nun waren sie an der Stelle angekommen, die er für die Flussüberquerung ausersehen hatte. Im Osten krochen die ersten Vorboten des Morgengrauens am Himmel empor, während die Reihen schattenhafter Gestalten am Ufer Aufstellung nahmen, bereit, den Fluss zu durchqueren, sobald es ein wenig heller wurde und sie genug sehen konnten.

«Schnelligkeit ist entscheidend», sagte Perdikkas zum hundertsten Mal in dieser Nacht vor sich hin. «Mit Schnelligkeit gelangen wir durch den Fluss und in die Festung, und wenn wir erst einmal drinnen sind, steht uns der Weg nach Ägypten offen.»

Voller Zuversicht wartete Perdikkas darauf, dass das tiefe Rot der Morgendämmerung die hohen Wolken am Wüstenhimmel färbte, denn ihm war von Kamelonteichos berichtet worden, einer seit Jahrhunderten aufgegebenen Grenzfestung, die über eine längst vergessene Furt wachte.

«Aber wenn du von diesem Ort weißt, dann hat Ptolemaios doch gewiss auch schon von ihm gehört?», hatte er zu dem Mann gesagt, der ihm davon erzählt hatte.

Der Kundschafter hatte achselzuckend erwidert, als er vier Tage zuvor zuletzt dort gewesen sei, habe die Festung noch immer verlassen ausgesehen. Perdikkas hatte den Mann unverzüglich knebeln und in Ketten legen lassen, und noch in derselben Nacht hatte er seine Männer aus dem Lager geführt.

Die Rufe erwachender Wildvögel und das sanfte Plätschern des großen Flusses waren die einzigen Geräusche in diesen stillen Momenten, in denen ein neuer Tag geboren wurde. Perdikkas ertappte sich immer wieder selbst dabei, dass er den Atem anhielt, während er darauf wartete, dass das erste Tageslicht der Landschaft Konturen verlieh.

Kein Hornsignal, keine Salve schroffer Befehle leitete den Vormarsch ein, nur ein Handzeichen von Perdikkas. Er stieg in den Fluss, gerade als das andere Ufer sichtbar wurde und die Silhouette der Festung sich abzeichnete. Der Schlamm des Nilufers schmatzte unter seinen Füßen, als er ins Wasser ging. Bald erreichte es seine Knie, dann die Oberschenkel, den Unterleib, die Taille, die Brust. Tiefer wurde es zu Perdikkas' Erleichterung nicht, seine Schultern ragten eben noch heraus. Die Strömung bereitete ihm in diesem trägen äußersten Flussarm kaum Probleme, und so legte er ohne große Mühe fünfzig Schritt zurück, hundert, dann war die Flussmitte erreicht, und er war noch einhundertfünfzig Schritt vom Ziel entfernt. Sein Herz schlug schnell. Er warf einen Blick hinter sich und sah Antigenes, der seine Silberschilde anführte, dunkle Schemen über der Wasserfläche. Manche trugen Leitern über den Köpfen. Perdikkas kämpfte sich weiter vor, mit den Armen rudernd, bis plötzlich ein Ruf die frühmorgendliche Stille zerriss. Er richtete den Blick nach Norden, und Galle stieg ihm in die Kehle. Im blassen Licht sah er Hunderte Reiter in vollem Galopp nahen, und vor seinen Augen ritten die ersten von ihnen in die Festung hinein.

Ptolemaios, du Bastard, wie hast du davon erfahren?

PTOLEMAIOS
DER BASTARD

Auf die Mauern!», rief Ptolemaios, der sein Ross im gepflasterten Hof der Festung abrupt zum Stehen brachte. Er sprang ab, die Lanze fest im Griff, und rannte zu den ausgetretenen Stufen, die auf den Wehrgang führten. Gefolgt von seinen Männern hastete er hinauf, um Ausschau zu halten, und seufzte erleichtert bei dem Anblick: Die ersten Gegner waren noch gut dreißig Schritt vom Westufer des Flusses entfernt. «Ich bin dir zuvorgekommen, Perdikkas!», schrie er seinem einstigen Gefährten zu. «Kehre um und gehe zurück nach Babylon – Alexander und Ägypten gehören mir, du wirst mir keines von beidem je wieder abnehmen. Du wirst nichts weiter erreichen, als sinnlos deine Männer zu opfern.»

Doch Perdikkas kämpfte sich weiter vorwärts und feuerte seine Männer an, sich zu beeilen. Hinter ihnen begannen nun die Elefanten mit der Flussdurchquerung.

Dann ist es also so weit gekommen? Wir sind tatsächlich im Begriff, gegeneinander zu kämpfen – wie Alexander das wohl gefunden hätte? Bei diesem Gedanken schmunzelte Ptolemaios. *Natürlich, er wollte es so, davon bin ich überzeugt. Sonst hätte er seine Nachfolge klar geregelt, anstatt Chaos zu hinterlas-*

sen. Nun wird dich niemand jemals an Glanz übertreffen. Das Schmunzeln ging in ein Kichern über. *Aber ich werde in die Nähe kommen, alter Freund, vorausgesetzt, ich kann dich hier halten.*

Ptolemaios lachte noch einmal über den Zynismus, mit dem der große Mann dafür gesorgt hatte, dass sein Name auf ewig der größte sein würde. Dann ging er über den Mauerabschnitt, der zum Fluss hin lag, und redete seinen Männern ermutigend zu. Sie gingen in Stellung und bereiteten sich darauf vor, den Angriff ehemaliger Kameraden abzuwehren, denn sie alle kannten die Silberschilde.

Die ersten Leitern schlugen fast gleichzeitig gegen das Mauerwerk. Ptolemaios hielt seine Lanze bereit und wartete, während die ersten Männer eilends hinaufkletterten. Da die Mauer nur mit lanzenbewehrten Kavalleriesoldaten bemannt war, hagelten weder Pfeile noch Wurfspeere auf die Angreifer hinunter – die Infanterie war noch wenigstens eine Stunde entfernt. Ptolemaios war in höchster Sorge aufgebrochen, als seine Spione vom anderen Flussufer zurückgekehrt waren und berichtet hatten, Perdikkas zöge im Schutz der Dunkelheit mit einer kleinen Infanterietruppe gen Süden, sie hätten einige Leitern, und Elefanten seien auch dabei. Ptolemaios hatte sich denken können, dass wahrscheinlich die Festung Kamelonteichos das Ziel der Unternehmung war, und so war er mit seiner Kavallerie durch die Nacht gestürmt, um zu verhindern, dass Perdikkas sie besetzte. Er gab sich keinen Illusionen hin: Wenn Perdikkas das gelänge, könnte er auf Memphis marschieren, und wie die Sache dann ausgehen würde, war gelinde gesagt ungewiss.

Ptolemaios selbst führte den Eröffnungsschlag in diesem Krieg von Makedonen gegen Makedonen, indem er seine Lanze auf den erhobenen Schild des ersten Silberschilds auf der Leiter hinunterstieß. Wieder und wieder traf die Spitze krachend die ins Metall gravierte sechzehnstrahlige Sonne Makedoniens, bis der alte Krieger für einen Augenblick die Kontrolle über seinen Schild verlor und seinen Hals nicht mehr decken konnte. Ptolemaios nutzte die Blöße und rammte seine Lanze zwischen Brustpanzer und Schlüsselbein. Mit einem gellenden Aufschrei stürzte der graubärtige Veteran, der in zwanzig Schlachten und unzähligen kleineren Scharmützeln gekämpft hatte, rücklings von der Leiter. Für einen Moment trafen sich ihre Blicke, und in beider Augen stand Überraschung – Ptolemaios kannte den Mann gut, er hatte mit ihm und seinen Kameraden so manchen Weinschlauch geleert, an Lagerfeuern in allen Teilen des Großreiches, das sich nun selbst zerfleischte. Ptolemaios zog seine Lanze zurück und schob das Bild des Sterbenden von sich, der in das Getümmel am Fuß der Mauer hinunterstürzte. Nun, da dieser Krieg begonnen hatte, gab es kein Zurück. Gefühle und Skrupel hatten hier keinen Platz, auch wenn es reichlich Grund dafür gegeben hätte: Um zu siegen, würde er noch viele einstige Kameraden töten müssen, auch solche, die er persönlich kannte, ja, vielleicht würde er sogar gezwungen sein, Freunde zu töten. Diese Vorstellung bereitete ihm kein Vergnügen, während er seine Lanze in den nächsten Mann auf der Leiter bohrte. *Aber wenn das der Weg ist, meine Position in Ägypten abzusichern, dann sei es so. Perdikkas hat das hier begonnen, nicht ich – der Tod dieses Mannes geht auf sein Gewissen, nicht auf das meine.*

Immer mehr Männer wateten in der Düsternis aus dem Nil, durchnässt und voller Schlamm, dunkle Schemen, die vom Flussufer kamen und die Leitern zur Mauer erklommen, wo sie auf erbitterten Widerstand stießen. Ptolemaios' Gefährten setzten gnadenlos ihre Lanzen ein, Schulter an Schulter entlang dem zweihundert Schritt breiten Mauerabschnitt. Wieder und wieder stießen sie nach unten zu, sodass Männer von den Leitern stürzten und Blut in Strömen floss, schwarz im grauen Dämmerlicht. Doch aus dem Fluss hinter ihnen kamen immer mehr nach. Welle um Welle strömten sie heran, rannten über die Leichen ihrer Kameraden hinweg, aber die Verteidigung hielt, und es war klar, wer die Oberhand hatte.

Allmählich ließ der Ansturm der Infanterie nach. Den Grund dafür erkannte Ptolemaios, als er aus der Düsternis tierisches Trompeten hörte, und in seinem Herzen regte sich Furcht. Dann erschienen sie schwerfällig aus den Schatten, die dunkle Haut im zunehmenden Licht vor Nässe glänzend, und die Schemen verdichteten sich zu Tiergestalten, die mit ihren großen Ohren wedelten und ihre langen Rüssel in die Höhe reckten. Sie brachten gellende Laute hervor, wie sie es von den indischen Mahuts gelernt hatten, die auf ihren Nacken ritten. Auf dem Rücken eines jeden Tieres saß ein Makedone mit einer gewaltigen Lanze von zwanzig Fuß Länge, die Füße zur Sicherheit in einen Strick gehakt, der um den Bauch des Tieres gebunden war. Während die Elefanten das Gelände zwischen dem Flussufer und der Festung überquerten, formierten sie sich zu einer Linie – ein Wall aus Elefanten mit bronzenen Kopfpanzern, Kriegselefanten in den besten Jahren, stampften sie auf die uralten Mauern von Kamelonteichos zu, die seit Jahrhunderten nicht instandgesetzt worden waren, bröckeliges, schiefes Mauerwerk. Perdikkas' Absicht war offensichtlich, schließlich konnten Elefanten weder über Mauern springen noch Leitern erklimmen.

«Die Augen, zielt auf ihre Augen!», schrie Ptolemaios, während die lebenden Rammböcke unter ohrenzerreißendem Trompeten vorrückten.

Ehe die Kavallerielanzen der Verteidiger zum Einsatz

kommen konnten, stießen die Elefantenreiter ihre längeren Waffen aufwärts in die Gesichter der Männer auf der Mauer. Diese duckten sich und wichen aus, doch die scharfen Spitzen schlitzten die Wangen und Hälse vieler Soldaten auf, die keine Möglichkeit zur Gegenwehr hatten. Ein paar warfen ihre Lanzen wie Speere, womit sie ihre einzige Waffe opferten, jedoch richteten sie wenig aus, denn keine traf einen Mahut oder Reiter. Sie glitten einfach an der dicken Haut der Tiere ab. Schnell und tödlich setzten die Männer ihre Lanzen ein, sodass keiner der Verteidiger einen Elefanten zu verletzen vermochte, ehe alle dreißig Tiere zugleich mit ihren bronzegepanzerten Köpfen gegen die uralte Mauer von Kamelonteichos stießen.

Die Wehranlagen bebten, als habe ein Donnerkeil von Zeus selbst sie getroffen.

Die Mahuts ließen ihre Tiere ein paar Schritte rückwärts gehen, um Anlauf für den nächsten Stoß zu nehmen. Wieder erzitterten die Mauern, sodass Ptolemaios beinahe das Gleichgewicht verloren hätte, während eine Lanzenspitze dicht an seinem Gesicht vorbeischnellte. Und abermals nahmen die Ungeheuer Anlauf, unter Jubel und Anfeuerungsrufen der Infanterie, die sich hinter ihnen bereithielt. Ptolemaios war klar, dass das altersschwache Bauwerk dieser modernen Kriegsführung nicht mehr lange standhalten konnte, denn unter seinen Füßen zeigten sich bereits Risse.

Wenn Perdikkas die Festung einnimmt und seine Armee über den Fluss bringt, könnte ich mich in einer prekären Lage wiederfinden. Und wenn diese Bestien so weitermachen, ist es gut möglich, dass es dazu kommt. In dem Gefühl, er habe kaum etwas zu verlieren, lenkte Ptolemaios eine vorschnellende Lanze mit dem Unterarm ab, packte dann den Schaft und riss ihn mit aller Kraft zu sich heran, so plötzlich, dass der

Angreifer seine Waffe nicht halten konnte. Ptolemaios zog die Lanze vollends zu sich herauf, drehte sie um und rammte die Spitze einem der mächtigen Tiere ins Auge. In rasendem Schmerz bäumte sich der Elefant auf, und sein Trompeten gellte himmelwärts. Der entwaffnete Reiter stürzte ab und wurde zu Tode getrampelt, der Mahut klammerte sich in grimmiger Entschlossenheit fest. Ptolemaios veränderte den Winkel und stieß abermals zu. Diesmal glitt die Waffe von dem bronzenen Kopfschutz des rasenden Tieres ab, und im selben Moment donnerten die übrigen Elefanten wieder gegen die Mauer, die nun zusehends nachgab. Wieder bebte der Boden, und wieder jubelten die Silberschilde bei dem Anblick. Ptolemaios stieß erneut mit der Lanze zu, rammte sie tief in das zweite Auge, sodass die Bestie nun vollständig blind war. Der rasende Elefant wandte sich nach rechts und stieß heftig gegen das nächste Tier, das verstört reagierte. Der geblendete Elefant prallte zurück und drehte sich in die entgegengesetzte Richtung, während der Mahut mit einer Hand hastig in einem Beutel an seinem Gürtel kramte. Das Tier warf sich nun gegen seinen Nachbarn zur Linken, der ebenfalls in Panik geriet, und prallte wiederum zurück. So breiteten sich Angst und Schrecken durch die Reihe der Elefanten aus, und der Zusammenhalt ging verloren, da ein Tier nach dem anderen von der Raserei des geblendeten Artgenossen angesteckt wurde. Indessen beugten sich die Verteidiger über die Mauerbrüstung und brachten ihre kürzeren Lanzen zum Einsatz. Nun brauchten sie keine Gegenwehr mehr zu fürchten, denn die Angreifer waren vollauf damit beschäftigt, sich mühsam auf den Elefanten zu halten. Also stießen die Verteidiger von den Mauern hinunter und verwundeten immer mehr Tiere, sodass diese in Raserei gerieten. Sie machten kehrt und stürmten auf die Silberschilde zu, die den Angriff beobachtet hatten. Die Veteranen flüchteten sich in die relative Sicherheit des Flusses, doch manche wurden dabei zu Tode getrampelt, Bäuche und Köpfe zerstampft wie überreife Trauben.

Und so zog Perdikkas' Armee sich durch den Nil zurück, während die Elefanten im seichten Uferwasser platschten und Schlamm aufwühlten, sodass das Wasser sich dunkelbraun färbte. Während sie sich allmählich beruhigten, gelang es dem Mahut des geblendeten Tieres endlich, einen langen Nagel und einen Hammer aus seinem Beutel zu ziehen. Er setzte den Nagel am Hinterkopf an und schlug mit aller Kraft zu, um das Eisen ins Gehirn zu treiben – ein letzter Akt der Gnade. Tränen standen ihm in den Augen, denn er hatte sein halbes Leben mit diesem Tier verbracht. Der Elefant brach zusammen und begrub dabei einen Verwundeten unter sich, der sich am Boden wand. Der Mahut sprang ab und rannte los, um sich der Armee auf ihrem Rückzug von der gescheiterten Flussüberquerung anzuschließen.

Die Leichen einstiger Kameraden zu bergen, war eine traurige Pflicht, und Ptolemaios sorgte dafür, dass sie in angemessener Würde und Feierlichkeit erfüllt wurde. Die Scheiterhaufen wurden am Ufer des Nils errichtet, und Perdikkas' Armee sah von jenseits des Flusses zu, wie sie entzündet wurden. Als der Rauch zum wolkenlosen Wüstenhimmel aufstieg, hoben die Silberschilde ihre Schwerter und grüßten ihre toten Kameraden sowie die Männer, die ihnen im Tode den gebotenen Respekt erwiesen hatten.

Ptolemaios beobachtete mit einem Lächeln auf den Lippen, wie Perdikkas versuchte, die Silberschilde zum Abmarsch zu bewegen. Sein Gebrüll hallte über das Wasser, doch sie weigerten sich zu gehen, ehe die Scheiterhaufen heruntergebrannt waren. Dann setzten sie sich mit einem letzten Gruß in Bewegung gen Osten, fort vom Fluss. *Was nun, mein einstiger Freund? Wirst du weitere Leben sinnlos opfern, oder lässt du mich künftig in Ruhe, Perdikkas? Oder sollte ich die Sache selbst in die Hand nehmen und für eine dauerhafte Lösung sorgen?* Er wandte sich an Arrhidaios, der neben ihm stand. «Ich finde, es ist an der Zeit, mit Perdikkas' Offizieren in Verhandlungen zu treten.»

PERDIKKAS
DER HALBERWÄHLTE

Niederlage war eine Speise, die Perdikkas noch nie gekostet hatte, und sie schmeckte ihm bitter – bitterer, als er je gedacht hätte. Keiner seiner Soldaten oder Offiziere vermochte ihm in die Augen zu sehen, als sie müde den Weg nach Osten antraten, um sich Ptolemaios' Blicken zu entziehen. Perdikkas hatte dem Rest der Armee befohlen, mit den beiden Königen zu ihm zu stoßen, und nun ließ er eine Parasange vom Fluss entfernt ein Lager aufschlagen. Mit einem wachsenden Gefühl der Scham entließ er die Soldaten und bestellte die Offiziere zu einer Besprechung in sein Zelt. Niemals hätte er es für möglich gehalten, dass er einen Rückschlag erleiden würde, nie – aber er hatte auch noch nie gegen Makedonen gekämpft.

Seleukos brachte auf den Punkt, wie die Dinge standen: «Wenn ein Makedone gegen einen Makedonen kämpft, wird immer ein Makedone der Verlierer sein, und heute warst du es. Entscheidend ist nun, das nicht zur Gewohnheit werden zu lassen.»

«Und was soll ich tun? Wenn ich jetzt abziehe, unmittelbar nach einer Niederlage, dann bin ich nichts weiter als ein geschlagener Feldherr mit herzlich wenig Autorität.»

«Das bist du bereits. Und du darfst nicht einmal daran denken abzuziehen – die einzige Möglichkeit, das hier zu überleben, besteht darin, weiterzumachen und einen Sieg zu erringen. Du musst Memphis einnehmen und Ptolemaios schlagen.»

«Ja, aber wie?»

«Schnell.»

«Das ist nicht hilfreich.»

Doch zu Perdikkas' Überraschung wurde die Lösung bald offenkundig, denn da ein Rückzug reiner Selbstmord gewesen wäre, blieb ihm gar nichts anderes übrig, als noch in derselben Nacht entlang dem pelusischen Nilarm hinauf nach Memphis zu marschieren. *So hätte Alexander auch gehandelt – Schnelligkeit, es geht immer um Schnelligkeit. Ptolemaios wird nicht damit rechnen, dass ich nach Süden ziehe. Wir wollen sehen, was der neue Tag mir bringt.*

«Es ist eine Insel», bestätigte Peithon, als im Licht der aufgehenden Sonne ein neuer Abschnitt des Flusses sichtbar wurde. «Mitten im Strom und groß genug, dass die gesamte Armee darauf lagern könnte.»

Seleukos warf einen Stock in den Fluss und sah zu, wie die Strömung ihn davontrug, immer schneller, je weiter er vom Ufer abgetrieben wurde. «Die Strömung ist hier viel stärker als flussabwärts, aber wir können den Fluss in zwei Etappen durchqueren.»

Perdikkas richtete den Blick nach Norden. «Von Ptolemaios ist nichts zu sehen – wir sind ihm entwischt. Bringen wir das hier so schnell wie möglich hinter uns. Antigenes, du führst deine Jungs zuerst auf die Insel hinüber und suchst auf der anderen Seite schon einmal eine geeignete Stelle für die Durchquerung. Ich komme mit dem Rest der Armee nach.»

Also gingen sie in den Fluss, die ersten Einheiten der Silberschilde, und bald reichte ihnen das Wasser bis zum Hals. Die

Strömung war hier stärker, denn sie waren nur noch eine Parasange von der Stelle entfernt, wo der Nil sich in die schmaleren Flüsse verzweigte, die das Mündungsdelta bildeten. Die Veteranen, die schon viele Flüsse durchquert hatten, kämpften sich mit Mühe vorwärts, um die Insel zu erreichen, wobei ein paar von der Strömung mitgerissen wurden und durch das Gewicht ihrer Ausrüstung untergingen.

«Schicke die Elefanten hundert Schritt stromaufwärts in den Fluss, um eine Barriere zu bilden», wies Perdikkas Seleukos an, während der Rest der Armee sich zu einer Kolonne formierte. «Das hemmt die Strömung, sodass Peithon und ich die übrigen Männer durch den Fluss führen können.»

Seleukos blickte skeptisch drein. «Ob das so klug ist? Es sind schwere Tiere, nicht mit Pferden zu vergleichen.»

«Tu es einfach!»

Seleukos wandte sich achselzuckend ab und schlenderte davon – er hatte es nicht eilig, den Befehl auszuführen.

Perdikkas nahm seinen Platz an der Spitze der Kolonne ein und ging energischen Schrittes in den Fluss, den Blick nach Norden gerichtet. *Noch immer keine Anzeichen von Ptolemaios – wir werden es tatsächlich schaffen.*

Weitere Einheiten folgten, während die Silberschilde die erste Etappe der Durchquerung bereits hinter sich brachten und die Insel erreichten. Ein kleines Stück weiter südlich wateten nun die Elefanten ins Wasser, bis sie zwischen dem Ufer und der Insel auf der gesamten Breite des Flussarms die Strömung hemmten. Doch große Tiere haben eine große Wirkung, und wie groß die Wirkung der Elefanten war, zeigte sich, als Perdikkas fast die Hälfte der Strecke zurückgelegt hatte: In der Mitte, wo der Fluss am tiefsten war und das Wasser ihm bis zum Hals reichte, entstand auf einmal eine heftige, strudelnde Strömung dunkelbraunen, sedimentreichen Wassers. Sie fuhr durch die

Reihen der Männer, und dann hob das Geschrei an. Soldaten gingen unter und kamen nach Luft schnappend wieder an die Oberfläche, denn die schweren Schritte der Elefanten hatten Schlick vom Flussbett gelöst, der vom Wasser fortgespült wurde, und die veränderte Strömung führte dazu, dass auch weiter flussabwärts Sediment vom Grund losgeschwemmt wurde. Plötzlich verlor Perdikkas den Boden unter den Füßen, und der Fluss, der ihm eben noch bis zum Hals gereicht hatte, war auf einmal tödlich tief. Panik machte sich breit, und alle, die den Kopf noch über Wasser halten konnten, versuchten verzweifelt, entweder die Insel zu erreichen oder ans Ufer zurückzukehren. Doch das ausgeschwemmte Sediment wog schwer im Fluss, und die Strömung wurde immer stärker.

Nun wurde auch Perdikkas unter Wasser gezogen, und er fühlte, wie es an seiner Kleidung zerrte. Er ruderte heftig mit den Armen und gelangte wieder an die Oberfläche, wo er prustend und keuchend nach Atem rang. Da er erkannte, dass die Durchquerung in Chaos endete, machte er verbittert kehrt und versuchte, wieder das Ufer zu erreichen. Mit der Kraft der Verzweiflung kämpfte er gegen die Strömung an, die unversehens so stark geworden war, dass auch Grund unter den Füßen noch keine Überlebensgarantie darstellte. Dutzende, dann Hunderte wurden mitgerissen, mit den Armen rudernd, schreiend und nach Luft ringend. Ihre Kameraden am Ufer und auf der Insel sahen voller Grauen zu, denn in ihrem Kampf ums Überleben hatten die Männer eine neue Bedrohung angelockt, einen noch schrecklicheren Tod: Durch das aufgewühlte Wasser glitten mit grässlicher Leichtigkeit die im Nil heimischen Krokodile herbei, um sich an den Leckerbissen gütlich zu tun, die der Fluss ihnen zutrug.

Perdikkas schwamm an einem der im Wasser rudernden Ungeheuer vorbei, dankbar, dass nicht er es war, der von spitzen Zähnen unter die Oberfläche gezerrt wurde, um zu ertrinken und zerfleischt zu werden – nicht unbedingt in dieser Reihenfolge –, während das braune Wasser sich vom Blut rötlich färbte. Panik stieg in ihm auf, stärker als die Verzweiflung, da immer mehr der Bestien erschienen, mit ihren Rücken wie rissige Borke, den aufgerissenen Mäulern, die plötzlich zuschnappten, und kräftigen Schwänzen, die das Wasser aufpeitschten. Aus Leibeskräften mit den Armen rudernd, erreichte Perdikkas bald flacheres Wasser, wo er Grund unter den Füßen hatte, und gelangte endlich ans Ufer. Starke Hände zogen ihn aus dem Fluss, dann brach er zusammen. Schwer atmend lag er am Boden und wartete darauf, dass seine Panik abflaute. Als sie nachließ, kehrte die Verzweiflung zurück, denn er war abermals vor all seinen Männern gescheitert.

«Da ist Ptolemaios», sagte Peithon und setzte sich neben Perdikkas auf den Boden. «Er ist gerade rechtzeitig zur Stelle, um mit anzusehen, wie du das Leben deiner Männer sinnlos opferst. Und ehrlich gesagt, nach dem, was du mir angetan hast, bringe ich kein Mitgefühl für dich auf.»

Perdikkas blickte auf und sah Peithon höhnisch grinsen. Er öffnete den Mund, um etwas zu erwidern, dann schloss er ihn wieder, denn ihm wurde klar, dass es keine Verteidigung gegen den Vorwurf gab, leichtfertig Männer in den Tod geschickt zu haben. Die Beweise waren überall, manche der Opfer schrien noch, während ihre Gliedmaßen zerfleischt wurden, und kämpften im strudelnden Wasser, andere trieben mit dem Gesicht nach unten und hatten das Schlimmste hinter sich.

«Aber wenigstens zeigt Ptolemaios einen gewissen Respekt», bemerkte Peithon. «Er schickt bereits Trupps los, um die Toten zu bergen, die an seinem Ufer angeschwemmt werden.»

Hell brannten die Scheiterhaufen bis weit in den Abend, denn das Feuer hatte viel Nahrung. Der Gestank quälte Perdikkas, der allein in seinem Zelt saß und trank – die Schmach setzte ihm so zu, dass er keinen seiner Offiziere bei sich haben wollte.

«Ich verlange Einlass!», kreischte Roxane draußen die Wachen an. «Wie könnt ihr es wagen, einer Königin den Weg zu verstellen?»

«Du bist keine Königin», rief Adea. «Ich bin die Königin, und ich verlange, Perdikkas zu sprechen. Ich verlange, dass wir in die Zivilisation zurückkehren – der König steht als töricht da, wenn sich Niederlage an Niederlage reiht.»

«Dieser Schwachsinnige ist kein König», fauchte Roxane, «und du bist keine Königin. Ich verlange Einlass.»

«Hier wird überhaupt niemand eingelassen», entgegnete der Hauptmann der Wache, denn so lauteten seine Befehle – Perdikkas wollte niemanden sehen.

«Dann bleibe ich hier, bis er herauskommt.»

«Und ich bleibe auch!»

Perdikkas ließ den Kopf in seine Hände sinken, den leisesten Anflug eines Lächelns auf den Lippen. *Welche Ironie, dass solch eine Katastrophe die zwei erbittertsten Feindinnen eint. Sollen sie warten.* Er trank seinen Becher leer, dann füllte er ihn erneut bis zum Rand. Dabei betrachtete er Alexanders Ring an seinem Zeigefinger. *Verflucht sollst du sein, dass du ihn mir gegeben hast, verflucht sollst du sein, dass du mich nicht als Nachfolger benannt hast. Verflucht sollst du sein, dass du mir den Fluch aufgebürdet hast, «der Halberwählte» zu sein.*

SELEUKOS
DER ELEFANTENBULLE

Hunderte, vielleicht sogar Tausende guter Jungs, makedonischer Jungs, ertrunken oder gefressen – das ist ein Tod, den ich nur meinen schlimmsten Feinden wünsche.» Seleukos blickte in das Licht der Öllampe; die Flamme flackerte im leichten Luftzug, der durch den offenen Zelteingang hereinstrich. Er schüttelte ungläubig den Kopf, dann schaute er seine beiden Gefährten an. «Und wofür? Für Perdikkas' Ehrgeiz? Einen Ehrgeiz, der weit größer ist als seine Fähigkeiten. Ich habe ihn gewarnt, dass die Elefanten zu massig sind, aber hat er auf mich gehört? Hört er jemals auf irgendwen?» Er schlug mit der Faust auf den Feldtisch. Die Öllampe und der halbvolle Weinkrug flogen durch die Luft, als die wackelige Konstruktion unter der Wucht des Schlages splitterte. «Wir alle hier tragen Schuld daran, dass es so weit gekommen ist und ein Bruder gegen den anderen kämpft – können wir es uns leisten, es noch weiter kommen zu lassen?» *Aber ich werde nicht als Erster vorschlagen, was wir tun müssen – das überlasse ich Antigenes oder Peithon. Ich werde nicht derjenige sein, der einen Mord vorschlägt.* Seleukos musterte seine beiden Gefährten, die mit gesenkten Köpfen dasaßen und in ihre

Becher starrten. Von außen drangen laute Stimmen herein, eine hitzige Auseinandersetzung. *Es klingt, als ob die Jungs die Sache ebenso sehen wie ich – sie dürften leicht zu überzeugen sein. Und dann ... Nun, dann kann ich die Hand nach Babylon ausstrecken. Mein Ziel ist zum Greifen nahe, ich brauche nur noch etwas Geduld.*

In Geduld übte Seleukos sich schon seit Alexanders Tod. Denn er war zwar keiner der sieben Leibwächter Alexanders, doch er verstand etwas von Kriegsführung und war ein Mann, den man geistig wie körperlich nicht unterschätzen sollte. Kurz, er wusste, wenn jene, die über ihm standen, stürzten, würde er unweigerlich aufsteigen. Leonnatos war bereits aus dem Weg, und Perdikkas würde bald folgen. In den Rängen über ihm taten sich Lücken auf.

«Mehr als vierhundert meiner Silberschilde sind heute gestorben», sagte Antigenes mit düsterer Stimme. Sein Becher war fast leer. «Vierhundert! Sie sind gegen Griechen ins Feld gezogen, gegen Perser, Baktrer, Sogder, Inder, gegen jeden erdenklichen Feind. Und doch sind sie nun teils von der Hand makedonischer Landsleute gestorben, teils durch die Unfähigkeit ihres Befehlshabers.»

Zeit für ein wenig falsche Zurückhaltung. «Perdikkas hat noch immer die Autorität des Ringes inne, auch wenn er nicht Alexander ist.»

«Wie er bewiesen hat, indem er gegen deinen Rat die Elefanten in den Fluss führte», versetzte Antigenes, ohne von dem Becher in seinen Händen aufzublicken. «Aber ein Ring macht einen Mann nicht groß, noch verleiht er ihm Autorität – die gewinnt er, indem er schnelle Entscheidungen trifft, denen Männer vertrauen, weil sie an sein Verständnis von Strategie und Taktik glauben, nicht wegen eines Schmuckstückes. Das macht einen erheblichen Unterschied.»

«Und wo waren die Boote?», donnerte Peithon. «Um einen Fluss zu überqueren, braucht man Boote, keine Elefanten.»

Nun, wenn selbst Peithon das verstanden hat, dann muss es wirklich für jedermann offensichtlich sein. Noch einen Punkt zu Perdikkas' Verteidigung, dann lasse ich mich überzeugen. «Ptolemaios hat den Fluss blockiert, sodass Attalos mit der Flotte nicht zu uns gelangen konnte.»

«Aber wir wussten, dass wir über den Nil mussten», betonte Antigenes, «und doch haben wir keine kleinen Boote mitgenommen. Hätte der überragende Taktiker Alexander diesen Fehler begangen?»

Seleukos lächelte bedauernd. «Selbst wenn, dann hätte er eben Flöße gebaut wie damals zur Überquerung des Hydaspes.»

«Und das ist der Unterschied», knurrte Peithon, ehe er seinen Becher leerte.

Gut, das hätten wir anscheinend geklärt. Jetzt muss ich sie dazu bringen, die Lösung zu erkennen.

«Meine Herren.»

Seleukos schaute sich nach der Stimme um; im Zelteingang zeichnete sich eine Silhouette ab. «Arrhidaios?»

«Ja, Seleukos. Ich bringe eine Botschaft von Ptolemaios.»

Arrhidaios setzte sich wieder, nachdem er ausgeredet hatte. Im Zelt wurde es still, während alle über die Bedeutung seiner Botschaft nachdachten. Draußen machte eine geschlagene Armee ihrem wachsenden Ärger lautstark Luft.

Seleukos schaute zu Antigenes und Peithon, doch keiner der beiden begegnete seinem Blick. *Anscheinend ist es an mir zu antworten.* «Ptolemaios will also Alexanders Leichnam behalten und Perdikkas im Gegenzug absolut nichts geben – verstehe ich das richtig, Arrhidaios?»

Arrhidaios neigte den Kopf. «Perdikkas ist nicht in der Position, irgendetwas von Ptolemaios zu fordern. Ptolemaios zeigt bereits Zurückhaltung, indem er nicht seine Flotte herbeiruft, um seine Armee über den Fluss zu setzen und eine offene Feldschlacht zu erzwingen, Makedonen gegen Makedonen. Er hat mir aufgetragen zu sagen, heute habe er einen alten Kameraden getötet, mit dem er am Lagerfeuer so manchen Weinschlauch geteilt habe, und er wünsche dergleichen nicht zu wiederholen. Dass es überhaupt zum Kampf kam, ging nicht von ihm aus – er erfüllte lediglich den Willen der Götter, indem er Alexander nach Ägypten holte. Perdikkas' Angriff auf ihn war ein Akt der Gottlosigkeit.»

Seleukos hätte beinahe laut gelacht. «Lassen wir doch den religiösen Unfug beiseite, Arrhidaios. Wir alle wissen, dass Ptolemaios dieser Traum politisch höchst gelegen kam – so, wie es Perdikkas gelegen gekommen wäre, Alexander nach Makedonien zu geleiten. Pragmatisch gesprochen sieht es so aus: Ptolemaios hat Alexander, und niemand kann ihn zurückholen, also sollten wir aufhören zu kämpfen, ehe der Punkt überschritten ist, von dem es kein Zurück mehr gibt. Wir sollten jeder in seine Satrapie gehen und einander in Frieden lassen. Ist es das?»

«Sehr freundlich formuliert, ja.»

Und es ist das einzig Vernünftige, mit einer kleinen Änderung: Wir werden nicht alle abziehen. «Und wenn wir das Perdikkas unterbreiten und er nicht einverstanden ist?»

«Dann ist Perdikkas das Einzige, was einem Frieden im Wege steht.»

Endlich ist es gesagt. «Und Ptolemaios würde es gutheißen, wenn dieses Hindernis beseitigt würde?»

«Ptolemaios wünscht nichts weiter, als dass nicht noch mehr makedonisches Blut vergossen wird. Deshalb wartet er jenseits des Flusses auf mein Signal, überzusetzen und Friedensverhandlungen mit demjenigen aufzunehmen, der hier das Kommando führt, wer immer es sein mag.» Arrhidaios sagte das mit wissend hochgezogener Augenbraue.

Seleukos schaute abermals seine zwei Kameraden an; diesmal fingen beide seinen Blick auf und nickten knapp. Er wandte sich wieder an Arrhidaios. «Also gut. Gib Ptolemaios das Zeichen zum Übersetzen, ich garantiere für seine Sicherheit. Wenn er eintrifft, werden wir in der Lage sein, Friedensverhandlungen zu führen.»

«Wird er das Wort an die Armee richten können?»

Seleukos warf noch einmal einen verstohlenen Blick zu Peithon und Antigenes – die beiden schienen keine Einwände zu haben. «Ich wüsste nicht, was dagegen spräche.»

«Gut.» Arrhidaios erhob sich. «Es freut mich, dass wir zu einer Einigung gelangt sind, meine Herren. Ptolemaios wird in Kürze hier sein.» Mit einem knappen Nicken verließ er das Zelt.

«Ich denke, wir alle wissen, was nun unsere Pflicht ist», sagte Seleukos nach kurzem Nachdenken. Er klopfte auf sein Schwert und erhob sich. «Wir sollten uns aufmachen und sehen, ob auch Perdikkas sich über die seine im Klaren ist.»

Durch eine Atmosphäre eben noch beherrschten Zorns gingen sie zu Perdikkas' Zelt in der Mitte des Lagers. Ihre Eskorte hatte alle Mühe, ihnen einen Weg zu bahnen, so dringend wollten die Männer ihren Befehlshabern ihre Beschwerden vortragen.

«Diese missliche Lage wird sehr bald behoben sein», rief Seleukos ihnen im Gehen zu. «Lass uns durch, wir werden um euretwillen mit Perdikkas sprechen.»

Das Gedränge wurde immer dichter, je näher sie Perdikkas' Zelt kamen. Wachen bildeten einen Schildwall darum

558

und hielten die Menge mit aller Kraft zurück. Schrille Stimmen drangen durch den Tumult; zuvorderst in der Schar, die sich Zugang zu Perdikkas' Zelt zu verschaffen suchte, schimpften und zeterten Adea und Roxane auf die Wachen ein. *Geeint in einem Verlust der Würde – wenn diese zwei sich in einem gemeinsamen Anliegen verbünden, ist das ein deutliches Zeichen dafür, wie schlimm die Dinge in der königlichen Armee stehen.*

«Seleukos! Wir müssen reden.»

Seleukos schaute sich um und erblickte Kassandros, der sich einen Weg durchs Getümmel bahnte. Er gab seiner Eskorte ein Zeichen, den Mann durchzulassen. «So, dir ist es wohl um diese Jahreszeit zu heiß in Babylon, wie?»

Kassandros grinste mit der Liebenswürdigkeit eines tollwütigen Hundes und schaute zu ihm auf. «Ich habe mich davongestohlen, sobald ich konnte. Wenn Perdikkas dachte, ich würde bleiben und auf den Dolch des Meuchelmörders warten, so ist er nicht mehr bei Sinnen.»

«Ich glaube, in diesem Punkt sind wir uns alle einig. Und was führt dich nun hierher?»

«Ich komme von meinem Vater. Er schlägt vor, dass wir alle uns gemeinsam an einen Tisch setzen und reden.»

«Ptolemaios hat soeben dasselbe vorgeschlagen.»

«Dann wird Perdikkas hoffentlich zur Vernunft kommen. Neoptolemos hat sich uns angeschlossen, er und Krateros sind nach Osten marschiert, um es mit Eumenes aufzunehmen. Mein Vater zieht gen Süden, und Krateros wird nachfolgen, wenn Eumenes geschlagen ist.»

«Gibt es Nachrichten darüber, wie der Feldzug verläuft?»

Kassandros zuckte die Schultern. «Als ich vor vier Tagen aufbrach, gab es nichts Neues. Aber es ist nur eine Frage der Zeit, bis Krateros den Griechen in die Enge treibt und ihn entweder überzeugt, sich zu ergeben, oder ihn vernichtet. Seine Armee ist doppelt so groß.»

«Und er ist Krateros», fügte Seleukos hinzu. «Warte hier. Wer immer aus diesem Zelt kommt, wird bereit sein, sich mit deinem Vater und Ptolemaios an den Verhandlungstisch zu setzen.»

«Er schlägt den Ort bei den drei königlichen Wildparks in den Bergen nördlich von Tyros vor, welcher unter dem Namen Triparadeisos bekannt ist – die kühle Brise dürfte uns allen guttun.»

Seleukos fasste Kassandros an der Schulter. «Ich bete darum.» Er wandte sich ab und ging auf den Befehlshaber der Wache zu.

«Niemand wird eingelassen», erklärte der Mann entschieden.

«Für uns wirst du eine Ausnahme machen. Wir wollen doch nicht, dass heute noch mehr Männer unnötig ihr Leben lassen, wie?»

Der Wachmann schaute auf Seleukos' Hand hinunter, die den Griff seines Schwertes fest umklammerte und es eine Daumenbreite weit aus der Scheide zog. «Aber meine Befehle –»

«Sind unangemessen. Die Armee steht unmittelbar vor der Meuterei, und der Oberbefehlshaber verschanzt sich in seinem Zelt und weigert sich, mit irgendwem zu sprechen. Lass mich durch.»

Der Mann warf noch einmal einen verstohlenen Blick auf Seleukos' Schwerthand, dann schaute er in das entschlossene Gesicht hoch über ihm auf und gab den Weg frei. Seleukos schlug die Zeltplane auseinander.

PERDIKKAS
DER HALBERWÄHLTE

Kreischende Frauenstimmen rissen Perdikkas aus seinen Grübeleien. Gleich darauf wurde die Zeltplane am Eingang zurückgeschlagen.

Perdikkas erhob sich, während Seleukos, Peithon und Antigenes sich an den Wachen vorbeidrängten. Diese verhinderten mit Mühe, dass auch Roxane und Adea sich Zutritt verschafften. «Ich sagte doch, dass ich nicht gestört werden will.»

Seleukos' Lächeln erreichte seine Augen nicht. «Ja, noch so ein unangemessener Befehl – du musst es doch allmählich leid sein, solche zu erteilen.»

«Was wollt ihr?»

«Kassandros ist soeben im Lager eingetroffen.»

«Kassandros? Aber er –»

«– sollte eigentlich in Babylon sein, ich weiß. Doch er ist zu seinem Vater gelaufen, sobald du aus dem Weg warst – dir war doch zweifellos klar, dass er das tun würde.»

Perdikkas runzelte verwirrt die Stirn.

«Ach, du dachtest also, er würde tun, was du ihm aufgetragen hast, und sich in Babylon selbst als Geisel festhalten. Und ich dachte, du hättest es geschickt so eingerichtet, ihm eine Gelegenheit zur Flucht zu bieten, damit es einen Grund weniger für einen Krieg zwischen dir und Antipatros gibt. Wie töricht von mir, dabei hast du dich nur so dumm benommen, wie du tatsächlich bist. Wie dem auch sei, jedenfalls ist er im Auftrag seines Vaters hier, der vorschlägt, wir sollten uns zusammensetzen und reden, ehe alles noch schlimmer wird.»

Perdikkas baute sich vor seinem Stellvertreter auf. «Antipatros hat Eumenes und Neoptolemos im Rücken – er kann nicht in den Süden kommen und ist somit nicht in der Position, Bedingungen zu stellen.»

«Irrtum. Neoptolemos ist abtrünnig geworden, ebenso wie Kleitos, und hat sich nun Krateros angeschlossen, der gegen Eumenes ins Feld zieht. Nichts hindert Antipatros mehr, in den Süden zu kommen, und er und Ptolemaios könnten uns gemeinsam vernichten. Ist es das, was du willst? Noch mehr makedonisches Blut an deinen Händen?»

Perdikkas schaute abwechselnd Seleukos, Antigenes und Peithon an, betastete den Ring an seinem Zeigefinger und brachte kein Wort heraus. *Sie glauben wirklich, ich sei für all dies verantwortlich – ich, der ich Alexanders Ring habe. Die meine Befehle missachtet haben, die haben das hier herbeigeführt, nicht ich.*

«Es ist vorbei, Perdikkas!», fuhr Seleukos ihn an. «Ptolemaios hat ebenfalls eine Botschaft geschickt und kommt jetzt gerade mit einem Boot über den Fluss!» Er machte zwei Schritte nach vorn. «Denke dir, Perdikkas, ein Boot – warum haben wir eigentlich keine Boote mitgebracht? Wie dem auch sei, auch er will reden.»

«Worüber? Ich habe ihm nichts zu sagen, solange er mir nicht Alexanders Leichnam zurückgibt.»

«Er wird dir den Leichnam nicht herausgeben, und du wirst

nicht in der Lage sein, ihn dir zu holen. Vergiss Alexander – seine letzte Ruhestätte wird für immer in Ägypten sein.»

Die Wut kochte in Perdikkas hoch, als er sah, dass ihm alles, wonach er gestrebt hatte, entrissen wurde. «Ich bestehe darauf, dass man mir seinen Leichnam überlässt, vorher wird es keine Verhandlungen geben. *Mir!* Ich bin sein Erbe! Ich sollte ihn –» Er verstummte abrupt, als ihm bewusst wurde, was er da sagte.

Seleukos schüttelte den Kopf, und ein halbes Lächeln umspielte seine Lippen. «Nein, Perdikkas, das bist du nicht. Keiner von uns ist es, das ist ja gerade das Problem. Alexanders Erben sind ein Schwachsinniger und ein Wickelkind, und ich glaube fast, dass er es so wollte. Nun, Antipatros hat Gespräche in Triparadeisos angeboten. Ptolemaios kommt in Kürze, und Kassandros ist bereits hier – machen wir uns doch gemeinsam auf den Weg nach Norden, um einen Frieden auszuhandeln.»

Ich lasse mich nicht irgendwohin beordern. «Sie werden zu mir kommen. Wenn sie Friedensverhandlungen wollen, dann werden diese in meinem Lager stattfinden, und zwar vor der Kulisse von Alexanders Leichenwagen. Das sind meine Bedingungen.»

Antigenes schob Seleukos beiseite. «Wir dachten uns schon, dass du diese Haltung einnehmen würdest. Nun, ich fürchte, für dich ist es jetzt wirklich zu spät, noch zur Einsicht zu gelangen.»

Der Stich zwischen die Rippen kam für Perdikkas völlig überraschend. Seine Augen weiteten sich, als sie auf den Dolch in seiner Brust hinunterschauten. Ein Blutfleck breitete sich auf seinem Chiton aus. Er sah auf und begegnete Antigenes' Blick, während Peithon und dann Seleukos ebenfalls zustießen, jeder einmal.

«Dir muss klar gewesen sein, dass es dazu kommen würde», sagte Seleukos beinahe sanft. «Du warst nie für die Politik bestimmt, aber du konntest dich nicht überwinden, das einzugestehen – denke darüber nach, während du verblutest.»

Perdikkas' Sicht verschwamm, während Seleukos, Peithon und Antigenes sich abwandten und davongingen. Er schwankte und fühlte, wie die Kraft aus seinen Beinen schwand. Blut stieg ihm in die Kehle, er sank auf die Knie, und sein Kopf fiel in den Nacken. Von dem Schwung mitgezogen, kippte sein Körper hintenüber.

Seine Augen wurden trüb, der langsamer werdende Herzschlag pochte in seinen Ohren, und Frieden umfing ihn, ein Frieden, den er nicht mehr gekannt hatte, seit Alexander ihm die Bürde auferlegt hatte, die am Ende sein Verderben war.

Leise Schritte kamen dicht an seinem Kopf vorbei; er wollte hinschauen, doch alles war weiß, und seine eigenen Gedanken waren wie in weiter Ferne. Ein leichter Zug an seinem Zeigefinger, und trotz der Gelassenheit, in die er sank, umspielte noch ein Lächeln seinen Mundwinkel, denn er verstand: Er hatte den Ring verloren. Ein anderer hatte die Bürde von Alexanders Vermächtnis auf sich genommen.

NACHWORT DES AUTORS UND DANKSAGUNG

Das größte Problem, das wir mit den Kriegen der Diadochen – der Nachfolger Alexanders – haben, liegt in der Chronologie. Es gibt zwei Zeitraster, genannt die lange und die kurze Chronologie. Beide weichen deutlich voneinander ab: Die lange datiert Perdikkas' Tod auf das Jahr 321 v. Chr., die kurze auf das Jahr 320, mit erheblichen Auswirkungen, die sich durch die Geschichte fortsetzen. In diesem Roman habe ich mich für die lange Chronologie entschieden, jedoch habe ich mich bemüht, die zeitliche Einordnung nicht zu stark in den Vordergrund zu rücken, während ich die Geschichte dieser bedeutsamen Jahre erzähle.

Fast jedes Ereignis in diesem Roman ist durch eine der wenigen Primärquellen belegt. Ohnehin besteht kaum Anlass, Dinge zu erfinden, da die Tatsachen schwerlich zu übertreffen wären: Dass Meleagros' Unterstützer von Elefanten zu Tode getrampelt wurden, dass Roxane ihre zwei Rivalinnen vergiftete und die Leichen in einem Brunnen entsorgte, Eumenes' erbitterter Zweikampf mit Neoptolemos – all das könnte man sich fast nicht besser ausdenken. Allerdings habe ich der Wirklichkeit das eine und andere hinzugefügt:

So lasse ich beispielsweise Alexanders Leichenwagen in einem Raum bauen, dessen Türen nicht groß genug für ihn sind, um Arrhidaios ein zusätzliches Motiv für den Verrat an Perdikkas zu geben. Auch dass Iolaos die Belagerungslinien um Lamia durchbricht und später von Eumenes' Männern getötet wird, ist meine Fiktion, ebenso dass Roxane Philipp vergiftet und gezwungen wird, ihm das Gegengift zu verabreichen, doch das sind nur wenige Einzelfälle.

Fast alle Personen im Roman haben wirklich gelebt – sogar Archias der Verbanntenjäger, und er war tatsächlich ein ehemaliger Tragödienschauspieler! Die wichtigsten fiktiven Figuren sind Babrak der Kaufmann und Antipatros' Frau Hyperia. Allerdings hatte Antipatros wirklich eine Frau, wir kennen nur ihren Namen nicht. Und er muss in der Tat ein sehr aktiver Ehemann gewesen sein, denn sein jüngster Sohn Triparadeisos wurde erst etwa ein Jahr vor seinem Tod geboren.

Da die Primärquellen spärlich und bruchstückhaft sind, habe ich mich stark auf moderne Geschichtsbücher und Biographien gestützt, deren Verfassern ich zu Dank verpflichtet bin: *Der Geist auf dem Thron* von James Romm und *Dividing the Spoils* von Robin Waterfield waren quasi meine Bibel, und ich kann die Lektüre dieser Bücher nur wärmstens empfehlen. Auch Jeff Champions Biographie über Antigonos den Einäugigen, John Graingers *Rise of the Seleukid Empire* und *The Wars of Alexander's Successors* von Bob Bennett und Mike Roberts bieten ausgezeichnete Einblicke in jene Zeit. All diesen Autoren gilt mein Dank.

Ferner danke ich Will Atkinson und Sara O'Keeffe bei Atlantic Books dafür, dass sie diese neue Reihe angenommen haben, und meinem Agenten Ian Drury dafür, dass er die beiden überzeugt hat, sie zu kaufen. Außerdem möchte ich

Susannah Hamilton, Poppy Mostyn-Owen und allen bei Atlantic/Corvus für die viele Arbeit danken, die in der Veröffentlichung eines Buches steckt.

Wieder einmal gelten meine Liebe und mein Dank meiner Frau Anja, die sich damit abgefunden hat, dass ich während der sechsmonatigen Arbeit an diesem Roman so abwesend war, und die mich stets unterstützt.

Und schließlich danke ich meinen lieben Lesern, die sich mit mir auf dieses Abenteuer eingelassen haben – ich hoffe, ich kann es spannend genug machen, dass alle bis zum Schluss durchhalten.

Alexanders Erbe findet seine Fortsetzung in *Der Fall des Weltenreichs.*

FIGUREN

Die Namen fiktiver Figuren sind kursiv gesetzt.

Adea – Tochter von Kynane und Alexanders Cousin Amyntas
Aiakides – der junge König von Epirus
Akakios – ein makedonischer Seeoffizier
Alexander der Große – die Ursache sämtlicher Probleme
Alexander der Vierte – Alexanders posthum geborener Sohn mit Roxane
Alketas – Bruder von Perdikkas
Amastris – Krateros' persische Ehefrau, Cousine von Stateira
Antigenes – altgedienter Befehlshaber der Silberschilde
Antigonos – von Alexander ernannter Satrap von Phrygien
Antipatros – in Alexanders Abwesenheit Regent in Makedonien
Antiphilos – ein griechischer Söldnerführer im Dienste Athens
Archias – ehemaliger Schauspieler, jetzt Kopfgeldjäger
Ariarathes – der rebellische Satrap von Kappadokien
Aristonous – der Älteste unter Alexanders Leibwächtern
Aristoteles – Alexanders einstiger Lehrer und Briefpartner und Freund von Antipatros

Arrhidaios – Alexanders geistig behinderter Halbbruder

Arrhidaios – ein makedonischer Offizier, mit dem Bau des Leichenwagens beauftragt

Artakama – Ptolemaios' persische Ehefrau, Schwester von Barsine

Asandros – von Alexander ernannter Satrap von Karien

Atalante – Perdikkas' Schwester, verheiratet mit Attalos

Attalos – makedonischer Feldherr, Schwager von Perdikkas

Babrak – Kaufmann aus dem Volk der Pakhta

Barsine – Alexanders persische Mätresse und Mutter seines illegitimen Sohnes Herakles

Barzid – illyrischer Edelmann

Berenike – Antipatros' Großnichte und Großcousine von Eurydike

Dareios – besiegter Großkönig des Perserreiches

Deidameia – Tochter von Aiakides, dem König von Epirus

Demades – ein promakedonischer Athener

Demetrios – Sohn von Antigonos

Demosthenes – ein Athener und lebenslanger Feind Makedoniens

Eudemos – von Alexander ernannter Satrap von Indien

Eukleides – ein makedonischer Veteran

Eumenes – erst Philipps, später Alexanders Sekretär, ein Grieche aus Kardia

Eurydike – eine von Antipatros' Töchtern

Harpalos – Alexanders untreuer Schatzmeister

Hekataios – Tyrann von Kardia

Hephaistion – ein makedonischer Feldherr und Alexanders Geliebter

Herakles – Alexanders unehelicher Sohn mit Barsine

Hypereides – ein Athener Redner, einstiger Verbündeter von Demosthenes

Hyperia – Antipatros' Frau

Iolaos – Antipatros' Sohn, Halbbruder von Kassandros

Kassandros – Antipatros' Sohn, Halbbruder von Iolaos

Kleitos – ein makedonischer Admiral mit Poseidon-Komplex

Kleomenes – von Alexander ernannter Satrap von Ägypten

Kleopatra – Tochter von Philipp und Olympias, Alexanders
Vollschwester

Krateros – der größte lebende Feldherr Makedoniens

Kynane – Tochter von Philipp II., Alexanders Halbschwester

Leonnatos – einer von Alexanders sieben Leibwächtern

Leosthenes – ein griechischer Söldnerführer im Dienste
Athens

Letodoros – ein griechischer Söldner und Philons
Stellvertreter

Lysandros – ein griechischer Söldneroffizier

Lysimachos – einer von Alexanders sieben Leibwächtern

Magas – Antipatros' stellvertretender Befehlshaber, mit
dessen Nichte verheiratet

Meleagros – altgedienter makedonischer Infanterieoffizier

Menandros – von Alexander ernannter Satrap von Lydien

Menon – thessalischer Kavalleriegeneral

Nearchos – ein Kreter, Alexanders ranghöchster Admiral

Neoptolemos – ein Makedonier aus dem molossischen
Königshaus

Nikaia – eine von Antipatros' Töchtern

Nikanor – Sohn von Antipatros und Bruder von Kassandros

Olympias – eine von Philipps Ehefrauen, Mutter von
Alexander und Kleopatra

Ophellas – Ptolemaios' Statthalter in Kyrene

Oxyartes – baktrischer Edelmann, Vater von Roxane und
Satrap von Paropamisaden

Parmida – kappadokischer Kavallerieoffizier

Parysatis – eine von Alexanders persischen Frauen, Cousine von Stateira

Peithon – einer von Alexanders sieben Leibwächtern

Perdikkas – einer von Alexanders sieben Leibwächtern

Peukestas – einer von Alexanders sieben Leibwächtern

Phila – Antipatros' kürzlich verwitwete Tochter

Philipp – Alexanders Vater und Vorgänger auf dem Thron

Philon – ein griechischer Söldner im Dienste Makedoniens

Philotas – Freund von Antigonos

Phokion – altgedienter Athener Feldherr und Freund von Antipatros

Polyperchon – Krateros' Stellvertreter

Ptolemaios – einer von Alexanders sieben Leibwächtern, vielleicht Philipps unehelicher Sohn

Roxane – eine baktrische Prinzessin, Ehefrau von Alexander und Mutter von Alexander

Seleukos – Befehlshaber der Hypaspisten

Sisygambis – Mutter von Dareios dem Dritten

Stateira – Tochter von Dareios dem Dritten, Ehefrau von Alexander

Stratonike – Ehefrau von Antigonos und Mutter von Demetrios

Thais – langjährige Mätresse von Ptolemaios

Thessalonike – Tochter von Philipp II. in der Obhut von Olympias

Thetima – Sklavin von Kleopatra

Tychon – Gefährte und Leibarzt von Arrhidaios dem Schwachsinnigen

Xennias – makedonischer Kavallerieoffizier

Xenokrates – athenischer Staatsmann und einstiger Freund von Aristoteles

LESEPROBE

ROBERT FABBRI

ALEXANDERS ERBE

DER FALL DES WELTENREICHS

Historischer Roman

Aus dem Englischen von
Anja Schünemann

ROWOHLT TASCHENBUCH VERLAG

PTOLEMAIOS
DER BASTARD

Armeen haben immerfort etwas zu klagen, sinnierte Ptolemaios und stieg aus dem Boot, über einen abgetrennten Arm hinweg, der am Ostufer des Nils angespült worden war. *Aber diese hat mehr Grund dazu als die meisten.* Mit einem Lächeln und einem Kopfnicken begrüßte er den makedonischen Offizier, der mit Mitte dreißig zehn Jahre jünger war als er. Der Mann erwartete ihn mit zwei Pferden. Ein paar Schritt entfernt hielt sich eine berittene Eskorte bereit, auf den Gesichtern den goldenen Schein der Sonne, die sich gen Westen neigte. «Sie sind also zu einem Gespräch bereit, Arrhidaios?»

«So ist es, Herr.» Arrhidaios bot Ptolemaios die Hand, als dieser im Schlamm am Rand des blutig verfärbten Wassers von Ägyptens heiligem Fluss ausrutschte.

Ptolemaios wehrte seine Hilfe ab. «Bleibt noch die Frage, wer die Delegation anführen wird, Perdikkas oder einer seiner ranghöchsten Offiziere?»

«Ich habe mit Seleukos, Peithon und Antigenes gesprochen. Sie sind sich darin einig, dass Perdikkas dem Frieden im Wege steht und deshalb beseitigt werden muss, wenn er sich weiterhin unnachgiebig zeigt.»

Leseprobe

Ptolemaios verzog bei dieser Vorstellung das Gesicht. Er rieb sich den muskulösen Nacken, dann machte er eine schnelle Kopfbewegung, sodass es knackte. «Es wäre für uns alle besser, wenn man ihn dazu bewegen könnte, vernünftig zu verhandeln. Es besteht keine Notwendigkeit, derart drastische Maßnahmen zu ergreifen.» Er deutete auf das Flussufer zu beiden Seiten, das mit Leichen in unterschiedlichen Stadien der Verstümmelung übersät war – das Werk der zahlreichen Krokodile im Fluss. «Er hat so viele seiner Jungs bei dem Versuch verloren, über den Nil zu kommen – nun wird er gewiss ein Einsehen haben und sich zurückziehen, wenn man ihm mit einem Kompromiss ermöglicht, das Gesicht zu wahren.»

«Er wird dir nie verzeihen, dass du Alexanders Leichenwagen entführt und nach Ägypten geholt hast – seine Offiziere glauben, er werde sich nicht mit dir an einen Tisch setzen, solange du ihn nicht zurückgibst.»

«Nun, er bekommt ihn nicht.» Ptolemaios grinste, und seine dunklen Augen funkelten durchtrieben. «Mag sein, dass nun ich der Unnachgiebige bin, aber das ist in meinem eigenen Interesse. Alexanders Leichnam in Memphis zu bestatten und ihn später, wenn ein angemessenes Mausoleum errichtet ist, nach Alexandria zu überführen, verschafft mir Legitimität, Arrhidaios.» Er schlug mit der Faust auf seinen Brustpanzer aus gehärtetem Leder. «Dadurch erscheine ich als sein Nachfolger in Ägypten, und ich bin entschlossen, hier zu bleiben. Perdikkas mag von mir aus haben, was immer er sonst in seinem Besitz zu halten vermag, aber er bekommt Alexander nicht zurück, und Ägypten bekommt er auch nicht.»

«Dann denke ich, er wird nicht an den Verhandlungen teilnehmen.»

«Ich befürchte, du hast recht. Der Narr hätte den Leichnam

in Babylon behalten und sich darauf konzentrieren sollen, seine Position in Asien zu festigen, statt zu versuchen, sich das ganze Reich zu eigen zu machen, indem er Alexander heim nach Makedonien bringt. Alle wissen, dass es traditionell die Aufgabe eines Makedonenkönigs ist, seinen Vorgänger zu bestatten; Perdikkas wollte sich als König über uns alle erheben. Inakzeptabel.»

«Deshalb hast du recht daran getan, den Leichnam zu entführen.»

«Das war nicht allein mein Werk, mein Freund. Du hattest das Kommando über den Leichenzug inne; du hast zugelassen, dass ich Perdikkas den Leichenwagen stahl.»

«Und ich habe mir genüsslich ausgemalt, wie der selbstherrliche, arrogante Hundesohn dreinschauen würde, wenn er davon erführe.»

«Ich wünschte, ich hätte sein Gesicht sehen können, doch nun ist es zu spät.» Ptolemaios sog die Luft zwischen den Zähnen ein, dann ergriff er den Zügel seines Pferdes und streichelte ihm die Nase. «Dass es so weit kommen musste», sagte er vertraulich zu dem Tier, «dass Alexanders Nachfolger sich im Streit um seinen Leichnam gegenseitig umbringen.» Das Pferd schnaubte und stampfte mit dem Huf auf. Ptolemaios blies ihm in die Nüstern. «Du tust weise daran, deine Meinung für dich zu behalten, mein Freund.» Ptolemaios schaute zum Lager der Perdikkaner hinüber, das etwas mehr als eine Parasange entfernt lag, durch die Hitze und den Rauch zahlreicher Kochfeuer nur verschwommen sichtbar, dann schwang er sich aufs Pferd. «Gehen wir?»

Arrhidaios nickte. Er saß ebenfalls auf und trieb sein Ross zu gemächlichem Trab an. «Unmittelbar bevor ich dir die Aufforderung schickte, über den Fluss zu kommen, hat Seleukos sich für deine Sicherheit im Lager verbürgt und zugesagt, dass du zu den Soldaten sprechen darfst. Ihm ist wirklich sehr daran gelegen, mit dir zu einer Einigung zu gelangen.»

«Das kann ich mir denken. Er ist der ehrgeizigste von Perdikkas' Offizieren; ich mag ihn beinahe.»

«Und ich bin sicher, dass er dich beinahe mag.»

Ptolemaios warf den Kopf in den Nacken und lachte. «Ich werde jeden Beinahe-Freund brauchen, den ich bekommen kann. Ich nehme an, er spekuliert auf einen einträglichen Posten wie beispielsweise den des Satrapen von Babylonien – sofern das Amt frei werden sollte und wir Archon, den Perdikkas dazu ausersehen hat, aus dem Weg räumen.»

«Ja, ich denke, genau das hat er im Sinn. Wie jeder ehrgeizige Mann erkennt er selbst in einer Niederlage noch eine Chance.»

«Perdikkas und seine Verbündeten mögen hier im Süden gegen mich verloren haben, aber nicht im Norden. Noch wissen sie nicht, dass Eumenes Krateros und Neoptolemos besiegt und getötet hat.»

Ein verschwörerisches Lächeln umspielte Arrhidaios' Lippen. «Ich wette, wenn sie es wüssten, hätten sie nicht so rasch beschlossen, ihren Anführer umzubringen, sofern er nicht zu Gesprächen bereit ist.»

Ptolemaios schüttelte stirnrunzelnd den Kopf. Er konnte nicht anders, als den Mord zu bedauern, schließlich war Perdikkas ebenso wie er einer von Alexanders sieben Leibwächtern gewesen. «Dass es wirklich so weit kommen musste, und so bald – einst waren wir Waffenbrüder und eroberten gemeinsam die bekannte Welt, jetzt stoßen wir uns gegenseitig Dolche zwischen die Rippen. Und all das, weil Alexander Perdikkas seinen Ring gegeben, sich dann aber geweigert hat, einen Nachfolger zu benennen. So wird nun aus dem halberwählten Perdikkas der tote Perdikkas.» Er beugte sich hinüber und klopfte Arrhidaios auf die Schulter. «Und ich denke, mein Freund, du und ich, wir tragen einen Großteil der Verantwortung für seinen Tod.»

Arrhidaios spuckte aus. «Er hat es sich selbst zuzuschreiben, durch seine Arroganz ist es so weit gekommen.»

Ptolemaios befand, dass das stimmte. In den zwei Jahren seit Alexanders Tod in Babylon hatte Perdikkas versucht, das Reich zusammenzuhalten, indem er in überaus selbstherrlicher Weise das Kommando an sich gerissen hatte, einzig auf der Grundlage, dass Alexander ihm auf dem Sterbebett den großen Ring von Makedonien gegeben und gesagt hatte «Dem Stärksten», ohne jedoch zu erklären, wen er damit meinte.

Ptolemaios hatte sofort erkannt, dass mit diesen zwei Wörtern die Saat zu einem Krieg gelegt war, und er argwöhnte, dass Alexander das bewusst getan hatte, damit niemand ihn je übertreffen konnte. Wenn das wirklich die Absicht des großen Mannes gewesen war, so war sein Plan aufgegangen, denn das zuvor Undenkbare war geschehen: Binnen achtzehn Monaten nach seinem Tod hatten einstige Waffenbrüder makedonisches Blut vergossen. Ja, es war fast unverzüglich ein Krieg entbrannt, da die griechischen Stadtstaaten im Westen gegen die makedonische Herrschaft rebelliert und die im Osten stationierten griechischen Söldner ihre Posten verlassen hatten, um zurück nach Westen zu marschieren. Mehr als zwanzigtausend hatten sich zu einer langen Kolonne zusammengeschlossen und sich auf den Weg in die Heimat gemacht, ans Meer; auf Seleukos' Betreiben waren sie bis auf den letzten Mann niedergemetzelt worden. Das Massaker an der Kaspischen Pforte sollte eine Warnung an andere sein, die vielleicht versuchen würden, ihren Vorteil aus Alexanders Tod zu ziehen.

Im Westen hatte indessen Antipatros, der betagte Regent

Leseprobe

von Makedonien, die griechische Rebellion niedergeschlagen, wenn auch unter erheblichen Schwierigkeiten – er war zunächst unterlegen und hatte sich in die Stadt Lamia zurückziehen müssen, wo er den Winter über belagert worden war. Schließlich war der eitle und geckenhafte Leonnatos ihm zu Hilfe gekommen und hatte den Belagerungsring durchbrochen, wobei er selbst allerdings getötet worden war. So hatte der erste von Alexanders sieben Leibwächtern sein Leben gelassen. Antipatros hatte seine Truppen in Makedonien erneut zusammengezogen und mit der Hilfe von Krateros – Makedoniens größtem lebendem Feldherrn, dem Liebling der Armee – die Rebellion niedergeschlagen. Er hatte Athen, die Stadt, von der die Rebellion ausgegangen war, mit einer Garnison belegt und dort eine promakedonische Oligarchie eingerichtet.

Nachdem der Westen also gesichert war, hatte Antipatros Perdikkas den Krieg erklärt, da dieser seine Tochter Nikaia erst geheiratet und dann verstoßen hatte, während er sich insgeheim zugleich um die Hand von Alexanders Vollschwester Kleopatra bemüht hatte. Und so hatte der erste Krieg zwischen Alexanders Nachfolgern begonnen. Der kleine Eumenes, Alexanders einstiger griechischer Sekretär und nunmehr Satrap von Kappadokien, hatte Perdikkas unterstützt. Doch Eumenes hatte nicht verhindern können, dass Antipatros und Krateros über den Hellespont nach Asien kamen, denn Kleitos, Perdikkas' Admiral, war abtrünnig geworden. Antipatros und Krateros hatten allerdings Eumenes' kriegerische Fähigkeiten unterschätzt und den fatalen Fehler begangen, sich aufzuteilen: Krateros war losgezogen, um es mit dem Griechen aufzunehmen, während Antipatros gen Süden marschiert war, um Perdikkas entgegenzutreten. Aber der gerissene kleine Eumenes hatte sich als Feldherr in einer Weise bewährt, wie man es ihm nicht zugetraut hätte, da er nie zuvor ein bedeutendes militärisches Kommando innegehabt hatte. Obwohl sein einstiger Verbündeter Neoptolemos die Seiten gewechselt hatte, war es ihm gelungen, Krateros zu schlagen. Dabei hatte Eumenes sowohl den großen Feldherrn als auch den Verräter Neoptolemos getötet.

Davon wusste bislang allerdings nur Ptolemaios, da seine Kriegsflotte den Nil kontrollierte. Er hatte verhindert, dass die Kunde rasch in Perdikkas' Lager drang – hätten diese Leute von ihrem Sieg im Norden erfahren und gewusst, dass Antipatros' Armee nun zwischen ihnen und Eumenes stand, dann hätte das ihre Bereitschaft zu einem Friedensschluss entschieden gemindert.

Und so war für Ptolemaios nun Eile geboten.

SELEUKOS
DER ELEFANTENBULLE

Seleukos warf einen Blick auf die blutverschmierte Klinge in seiner Faust, dann trat er in die Menge hinaus, die Perdikkas' Zelt umgab. Breitschultrig, mit Stiernacken und einen Kopf größer als die meisten Männer, blickte er auf die überwiegend vollbärtigen Gesichter der Umstehenden hinunter. Der Großteil war in den Vierzigern oder älter – wenigstens zehn Jahre älter als er. Sie alle waren Veteranen von Alexanders Feldzügen, und nun kämpften sie für Perdikkas gegen makedonische Landsleute, die durch die Macht der Umstände in Ptolemaios' Armee geraten waren. Die Aussicht auf einen Anteil an den Reichtümern Ägyptens hatte diese Männer dazu bewogen, sich gegen ihre einstigen Kameraden zu wenden. Doch diese einstigen Kameraden hatten sie geschlagen, sie daran gehindert, über den Nil zu kommen. Viele waren vom Strom mitgerissen worden, als der Schlamm im Flussbett von den Kriegselefanten aufgewühlt wurde, die Perdikkas flussaufwärts von der Überquerung in den Fluss führen ließ, um die Strömung zu bremsen. Die Katastrophe lockte Krokodile an, denen das Versagen des Befehlshabers einen Festschmaus bescherte. Entsprechend zornig war nun die Menge, die sich hier um Perdikkas' Zelt drängte – zornig über den grausigen Tod, den viele ihrer Kameraden hatten erleiden müssen. Im Maul eines Reptils zu enden, nachdem sie die halbe Welt erobert hatten – ein solches Schicksal konnten Alexanders stolze Veteranen nicht hinnehmen. Und für sie stand fest, wer dafür verantwortlich war.

«Was hast du getan?», grollte eine Stimme zu seiner Rechten.

Seleukos schaute sich um und sah Dokimos, einen treuen Gefolgsmann von Perdikkas, mit der Hand am Schwertheft auf sich zukommen. «Ich an deiner Stelle würde kehrtmachen, Dokimos, deinen kleinen Freund Polemon suchen und von hier verschwinden, ehe die Menge kurzen Prozess mit dir macht – dein Beschützer ist tot.» Er hielt das blutige Messer hoch. Hinter ihm erschienen Peithon und Antigenes, ebenfalls mit Blut an den Händen, und ihr schmallippiges Lächeln wirkte bedrohlich. Dokimos zögerte kurz, schaute noch einmal auf das Blut und entfernte sich dann eiligen Schrittes.

Seleukos wandte sich ab und verschwendete keinen Gedanken mehr an Dokimos, denn er hatte weit Wichtigeres zu tun. Furchtlos stieg er auf ein Fuhrwerk und reckte seinen blutigen Dolch in die Höhe; hinter ihm kletterten seine beiden Mitverschwörer Peithon und Antigenes ebenfalls auf die behelfsmäßige Rednerbühne. *Sie werden uns entweder auf der Stelle umbringen oder uns huldigen – gestern hätten sie noch Ersteres getan, aber nach dem heutigen Debakel rechne ich eher mit Letzterem.* Beim Anblick von Perdikkas' drei ranghöchsten Offizieren, die sich offen zu dem Mord am Träger von Alexanders Ring bekannten, erhob sich unter den Veteranen beifälliges Raunen. Noch vor zwei Jahren, kurz nach dem frühen Tod des großen Mannes, wäre dergleichen undenkbar gewesen. Aber vor zwei Jahren wäre es auch noch undenkbar gewesen, dass ein Makedone das Blut eines Landsmannes vergießen könnte.

So vieles hatte sich verändert.

«Perdikkas ist tot», verkündete Seleukos mit heller, tragender Stimme, sodass die paar tausend Mann, die zusammengeströmt waren, ihn hören konnten. «Wir drei haben es auf uns genommen, das einzige Hindernis für einen Friedensschluss aus dem Weg zu schaffen; den Mann, durch dessen Arroganz so viele unserer Kameraden ihr Leben lassen mussten. Den skrupellosen Mann, der Nikaia, die Tochter von Antipatros, dem Regenten von Makedonien, erst heiratete und dann verstieß, wodurch er einen Keil zwischen Asien und Europa trieb. Den Mann, der sich anschließend dazu verschwor, Alexanders Vollschwester Kleopatra zu ehelichen, um sich selbst zum König aufzuschwingen. Zum König! Dabei hatte er doch geschworen, als Regent die Interessen seiner beiden Mündel zu vertreten, der rechtmäßigen Könige Alexander und Philipp.» Aus dem Augenwinkel bemerkte er, dass zwei Frauen mit ihrem Gefolge sich abwandten und getrennt zu ihren jeweiligen Zelten zurückgingen: Roxane, die Mutter des zweijährigen Alexander, des Vierten dieses Namens, und Adea, nunmehr als Königin Eurydike bekannt, seit sie Alexanders geistesschwachen Halbbruder Philipp geheiratet hatte, den dritten makedonischen König, der den Namen führte. *Nun, da ihr wisst, was euer vormaliger Beschützer wirklich im Sinn hatte, werdet ihr zwei Huren es vielleicht für geboten erachten, euch etwas dankbarer zu zeigen.* «Ich schlage vor, im Geiste der Versöhnung und im Eingeständnis von Perdikkas' Torheit – einer Torheit, an der wir alle Anteil hatten – sollten wir Ptolemaios bitten, die Regentschaft für die beiden Könige zu übernehmen.» Er überblickte die Schar seiner Zuhörer, konnte jedoch keine Anzeichen von Ablehnung erkennen.

Mir scheint, ich habe genau den richtigen Zeitpunkt gewählt. Wenn sie keine Einwände gegen meinen Vorschlag erheben, dass Ptolemaios Regent werden soll, dann wird er mir zum Dank dafür Babylonien überlassen. Es liegt an Ptolemaios, im Geiste der Versöhnung weiterzumachen. «Unser Bruder Ptolemaios – gegen den wir in kollektivem Irrsinn, aufgestachelt von Perdikkas, zu kämpfen gezwungen waren – ist im Begriff, zu Friedensgesprächen über den Fluss zu kommen. Dann werden wir ihm das Amt antragen.» Darauf folgte gedämpfte Zustimmung. «Kassandros ist ebenfalls hier.» Seleukos machte eine Geste in die Richtung, wo er zuletzt mit Antipatros' ältestem Sohn gesprochen hatte, unmittelbar bevor er in Perdikkas' Zelt eingetreten war, doch er konnte sein verkniffenes, pockennarbiges Gesicht nicht in der Menge entdecken. «Er bringt eine Einladung von seinem Vater Antipatros an uns alle, in Triparadeisos zusammenzukommen, in den zedernbestandenen Bergen über Tripolis in Syrien, um dort eine abschließende Einigung auszuhandeln.» Er schwieg, doch der Jubel der Menge fiel spärlicher aus als erwartet.

«Eine Einigung, die alle einschließt», rief Kassandros und sprang zu Seleukos' Überraschung hinter ihm auf das Fuhrwerk. Er lächelte der Menge mit der Liebenswürdigkeit eines tollwütigen Hundes zu, und seine blassen, tiefliegenden Augen zu beiden Seiten der Adlernase blickten völlig gefühllos. Mit seinen spindeldürren Beinen, den schmalen Schultern und der schwachen Brust wirkte er fehl am Platz in dem reich verzierten Muskelpanzer und den Pteryges eines makedonischen Feldherrn – ein Vogel, der versehentlich in eine Uniform hineingeraten war. Dennoch besaß er die Fähigkeit, durch seine bloße Anwesenheit alle Aufmerksamkeit auf sich zu ziehen. Die Menge verstummte. «Mein Vater hat sämtliche Satrapen aus allen Teilen des Reiches zur Teilnahme aufgefor-

Leseprobe

dert, selbst Eumenes, trotz – oder vielleicht wegen – seiner Unterstützung für Perdikkas. Mein Vater und ich sind entschlossen, dass niemals wieder Makedonen gegen Makedonen kämpfen sollen! Mein Vater und ich werden dafür sorgen, dass ihr, tapfere Soldaten von Makedonien, nie wieder durch die Hand eurer Kameraden Leid erfahren sollt.»

Donnernder Jubel scholl zum sich verdunkelnden Himmel. Kassandros hob beide Arme, die Hände verschränkt, als habe er soeben einen Ringkampf gewonnen.

Seleukos wechselte einen kurzen, aber vielsagenden Blick mit Antigenes, dann lächelte er Kassandros zu und legte einen muskulösen, stark behaarten Arm um den drahtigen Mann. *Ich sehe, ich muss dich im Auge behalten, mein hässlicher Wurm. Wer sich von meinen Männern lauter bejubeln lässt als ich selbst, kommt nicht ungestraft davon.* «Wohl gesprochen, Kassandros», rief er laut, sodass alle ihn hörten. «Ich sehe, wir haben ein gemeinsames Ziel.» Auch wenn Kassandros das bejahte, genügte ein Blick in sein verkniffenes Gesicht, um Seleukos vom Gegenteil zu überzeugen. Allerdings überraschte ihn das nicht. *Was könnte ich wohl gemeinsam mit dir erreichen wollen?* Er wandte sich wieder der Menge zu und gebot mit Gesten Ruhe. «Einstweilen werden wir unsere Toten beklagen, und morgen bei Tagesanbruch werden wir eine Heeresversammlung halten. Dort wollen wir hören, was Ptolemaios zu sagen hat.»

«Ist es denn klug, Ptolemaios zu den Männern sprechen zu lassen?», fragte Antigenes, während er gemeinsam mit Seleukos, Peithon und Kassandros den Satrapen von Ägypten erwartete. Die Nacht brach herein, und es wurde kälter. Ein Dutzend Lampen und zwei Feuerbecken wärmten das Kommandozelt. In ihrem Schein war der dunkle Blutfleck auf dem orientalischen Teppich zu sehen, Zeugnis des Verbrechens, das hier vor nicht einmal drei Stunden begangen worden war. Die Leiche war heimlich fortgeschafft worden, damit dieser handfeste Beweis nicht zum Stein des Anstoßes werden und in dem neuen Regime Anlass zu Zwietracht geben konnte.

«Haben wir eine andere Wahl?», fragte Seleukos zurück und trank einen Becher Wein in einem Zug aus.

«Du sagst ‹wir›, doch in Wahrheit hast du Arrhidaios dein Wort gegeben, ohne Rücksprache mit Peithon oder mir.»

«Ich habe euch beiden Gelegenheit gegeben, Einspruch zu erheben, aber keiner von euch hat es getan.» Seleukos wischte die Kritik mit einer Handbewegung beiseite. «So oder so muss Ptolemaios Gelegenheit bekommen zu sprechen. Er hat Alexanders Leichnam; er muss sich dafür erklären, dass er ihn entführt hat. Wenn er seine Handlungen rechtfertigt, erscheint Perdikkas' Entscheidung, ihn zu bekriegen, umso zweifelhafter.»

«Und wenn Ptolemaios sich nicht zur Zufriedenheit der Männer rechtfertigen kann?», fragte Kassandros.

Seleukos knurrte und verzog den Mund zu einem schiefen Grinsen. «Hast du schon einmal erlebt, dass Ptolemaios sich aus einer Situation nicht herausreden konnte?» Er unterbrach sich, als sei ihm eben etwas Wichtiges eingefallen. «Ach, natürlich, wie dumm von mir – du wurdest ja in Makedonien zurückgelassen, nicht wahr, Kassandros? Dann kannst du dich wohl kaum noch an ihn erinnern, auch wenn du ihn in den ersten paar Monaten nach Alexanders Tod flüchtig kennengelernt hast, ehe er nach Ägypten ging.» Seleukos tat, als forsche er angestrengt in seinem Gedächtnis. «Du *warst* doch zu der Zeit in Babylon, oder nicht?»

«Du weißt sehr wohl, dass ich dort war.»

«Doch, ja, jetzt erinnere ich mich: Du kamst an dem Tag, bevor Alexander krank wurde. Du hattest den weiten Weg von Pella auf dich genommen, weil Alexander Krateros entsandt hatte, um deinen Vater als Regenten von Makedonien abzulösen, und du brachtest einen Brief von ihm, in dem er um Bestätigung dieses Befehls bat. Seltsam, dachten wir alle, dass Antipatros seinen Sohn als Botenjungen schickt, wo doch jeder andere es auch getan hätte – erst recht, da der bloße Anblick deines Gesichts genügt hätte, um Alexander rasend zu machen, so groß war seine Abneigung gegen dich.» Er lächelte dem finster dreinblickenden Kassandros liebenswürdig zu. «Doch am Ende spielte es keine Rolle, wie? Binnen drei Tagen nach deiner Ankunft war Alexander tot.» Er wechselte einen wissenden Blick mit Peithon und Antigenes. «Wie praktisch.»

Kassandros sprang auf. «Was willst du damit andeuten?»

Seleukos bedeutete ihm, sich wieder zu setzen. «Nichts, Kassandros, gar nichts. Dein jüngerer Bruder Iolaos war Alexanders Mundschenk. Dass Alexander sich von ihm seinen Wein mit Wasser vermischen ließ, zeigt, wie sehr er eurer Familie vertraute, wenngleich er dich persönlich hasste.»

Kassandros warf Seleukos einen Blick voller puren Abscheus zu, nahm jedoch zögernd wieder Platz, da der größere Mann beiläufig seine Fingerknöchel knacken ließ.

«Ich will nichts andeuten, mein Freund», sagte Seleukos noch einmal, schenkte sich unverdünnten Wein nach und zuckte die Achseln. «Rein gar nichts. Aber viele andere würden möglicherweise ungerechtfertigte Schlüsse ziehen, wenn man den Gerüchten keinen Einhalt gebõte. Meinst du nicht auch, Antigenes?»

Der schlachtenerprobte General kratzte sich an seinem kahlen Schädel und zog die Unterlippe zwischen die Zähne, als müsse er eine gewichtige Angelegenheit überdenken. «Ja, ich stimme dir zu. Ein paar meiner Jungs haben sich bereits über diesen Zufall gewundert, aber ich habe ihnen gesagt, sie sollen nicht so argwöhnisch sein. Diese Ermahnung muss ich noch immer von Zeit zu Zeit wiederholen.»

Seleukos schaute ihn mitfühlend an. «Es wäre eine Schande, wenn du damit aufhörtest.»

«Oh, ich denke nicht, dass ich das täte.»

Seleukos nickte zustimmend. «Nein, das denke ich auch nicht, es sei denn, jemand sollte versuchen, sich bei unseren Jungs allzu beliebt zu machen, indem er mitreißende Reden hält und sich überschwänglich bejubeln lässt.» Er sah Kassandros direkt an. «Dann müssten wir vielleicht ... wie soll ich es ausdrücken? Die Glut der Gerüchteküche ein wenig anfachen?»

«Das tätest du nicht. Zumal du ja weißt, dass ich mit Alexanders Tod nichts zu tun hatte.»

«Weiß ich das? Weiß ich wirklich, dass du nichts damit zu tun hattest?» Seleukos wandte sich an Peithon. «Weißt du es, Peithon?»

Peithon schaute nachdenklich drein, während sein langsamer Verstand fieberhaft arbeitete. «Ich weiß nicht.» Er runzelte die Stirn. «Weiß ich es?»

«Vergiss es. Antigenes, wie steht es mit dir?»

«Im Augenblick weiß ich, dass er nichts damit zu tun hatte», bestätigte Antigenes, dann hob er mahnend den Finger. «Aber wenn er sich noch einmal zwischen uns und unsere Jungs drängen sollte wie vorhin, dann könnte es wohl sein, dass neue Hinweise ans Licht kämen.»

«Ihr Hurensöhne», stieß Kassandros hervor. «Leute wie ihr aus Familien vom Lande, Bauerntölpel mit Schafscheiße am Schwanz, drohen mir, dem Sohn des Regenten von Makedonien – wie könnt ihr es wagen?»

«Wie wir es wagen können?» Seleukos blickte ungläubig

drein. «Mein Vater Antiochos war einer von Philipps Generälen, ebenso wie Peithons Vater Krateas. Antigenes mag sich in der Truppe hochgedient haben, doch inzwischen genießt er in der ganzen Armee großes Ansehen. Vergiss nicht, er war bis unlängst einer von Krateros' ranghöchsten Offizieren, und viel höher kann man in dieser Armee nicht aufsteigen. Wir wagen es, dir zu drohen, Kassandros, weil es uns nicht passt, wie du dich bei unseren Männern einschmeichelst, mag auch dein Vater schöne Reden über Frieden und Zusammenarbeit schwingen. Wir wollen nicht, dass du dir die Loyalität der Truppen erschleichst und für uns zum Rivalen wirst. Noch ein Rivale mehr ist nicht das, was das Reich in diesen Zeiten braucht.» Er streckte die Hand aus. «Den Ring, wenn ich bitten darf.»

Kassandros machte ein bestürztes Gesicht. «Was?»

«Alexanders Ring, bitte. Stell dich nicht dumm – ich weiß, dass du ihn hast. Als wir drei das Zelt verließen, lag Perdikkas im Sterben und hatte seinen Ring noch am Finger, aber als wir den Leichnam wegschaffen ließen, war der Ring verschwunden. Ich habe draußen nach dir Ausschau gehalten, während ich zu meinen Männern sprach, doch du warst nicht zu sehen, bis du plötzlich hinter mir auf das Fuhrwerk stiegst. Da kamst du aus der Richtung des Zeltes. Also bitte, den Ring.»

Weitere Titel

Die Vespasian-Reihe

Vespasian: Das Schwert des Tribuns

Vespasian: Das Tor zur Macht

Vespasian: Der falsche Gott

Vespasian: Der gefallene Adler

Vespasian: Das Blut des Bruders

Vespasian: Roms verlorener Sohn

Vespasian: Das zerrissene Reich

Vespasian: Das ewige Feuer

Vespasian: Kaiser von Rom

Arminius: Der blutige Verrat